清代及近代學人留影

黃宗羲（1610-1695）

顧炎武（1613-1682）

王夫之（1619-1692）

顏元（1635-1704）

戴震（1724-1777）

段玉裁（1735-1815）

崔述（1740-1816）

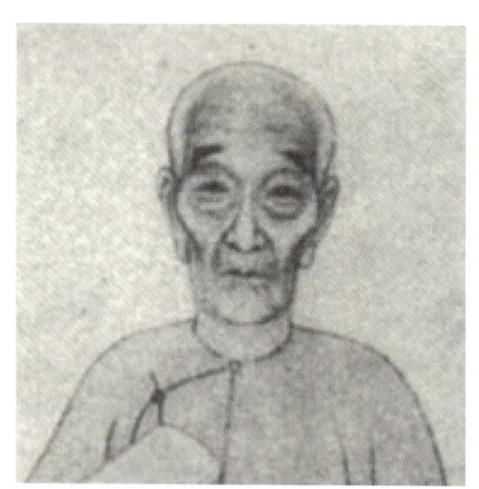
王念孙（1744-1832）

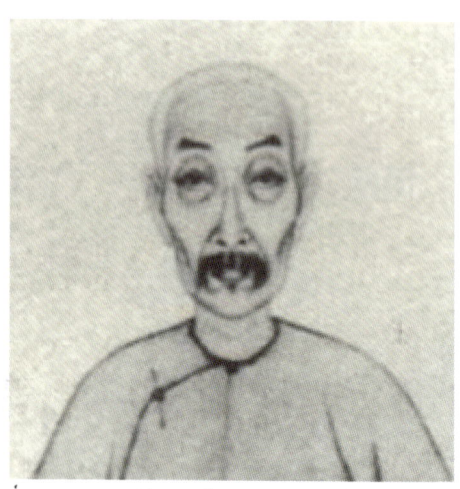
王引之（1766-1834）

俞樾（1821-1907）

孫詒讓（1848-1908）

劉鶚（1857-1909）

康有為（1858-1927）

羅振玉（1866-1940）

蔡元培（1868-1940）

章太炎（1869-1936）

梁啟超（1873-1929）

王國維（1877-1927）

熊十力（1885-1968）

楊樹達（1885-1956）

黃侃（1886-1935）

錢玄同（1887-1939）

陳寅恪（1890-1969）

胡適（1891-1962）

趙元任（1892-1982）

郭沫若（1892-1978）

顧頡剛（1893-1980）

梁漱溟（1893-1988）

董作賓（1895-1963）

金岳霖（1895-1984）

錢穆（1895-1990）

馮友蘭（1895-1990）

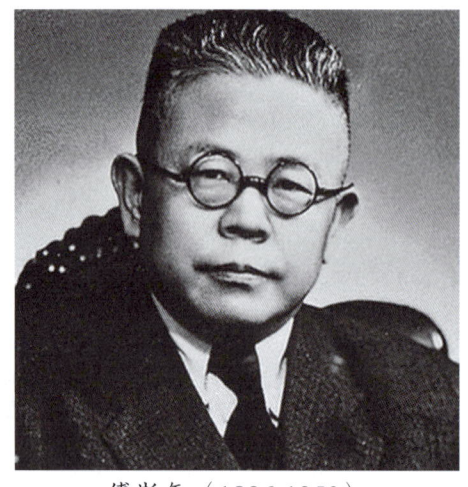
傅斯年（1896-1950）

李濟（1896-1979）

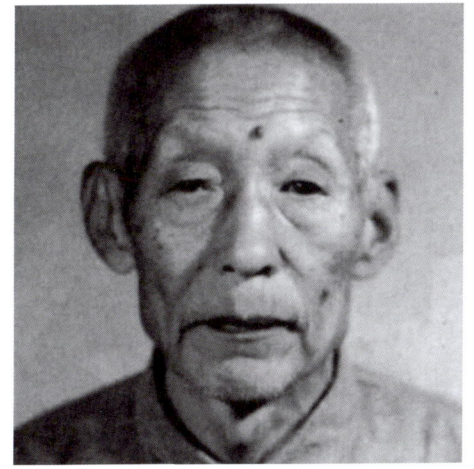
于省吾（1896-1984）

聞一多（1899-1946）

梁思成（1901-1972）

梁思永（1904-1954）

徐復觀（1904-1982）

屈萬里（1907-1979）

牟宗三（1909-1995）

陳夢家（1911-1966）

胡厚宣（1911-1995）

殷海光（1919-1969）

中國近代學術講義

朱歧祥 著

臺灣 學生書局 印行

自　序

　　「中國近代學術專題」，是我近幾年在臺灣開授的課程。這書稿是我手寫的課堂講義。書中要表達的，是個人對於學術史的粗淺知識，其間重點引錄前輩學人的觀念和治學方法，加上少許特殊的民族情感和盼望。書稿重在推廣和存真，為後來的朋友提供一條讀書的參考路線。行文力求簡易，並不是高深嚴謹的學術論著。

　　清末民初時的學術發展，基本仍承襲乾嘉學風的軌跡，以「小學治經學」，最終因經部的訓校已難以突破前修，加上「學術救國」的思潮，需要與西學接軌，遂轉從「子書」中謀出路，尋覓新的研究重點和認同。在西潮東吹之際，經學儒學的考訂頓成為守舊的學問，不足以抗禦西學。因緣際遇，甲骨適時在亂世中發現，為學界注入一全新的本土材料，備受當世矚目。1899 年，河南安陽洹水之濱出土甲骨文後，經王國維毫無依傍的一篇〈殷卜辭中所見先公先王考〉，巧妙的利用綴合甲骨證經斷史，把地下材料和紙上材料牢牢的黏合起來，提出具實證意識的「二重證據法」。新的材料和新的方法，詮釋著一邁向新世代新學術環境的學風到來。又隨著西北的邊患，也早自 1899 年，俄、英、德、法等外國考古學家經中東考古而進入中國新疆、甘肅，大肆搜掠，敦煌石室的發現，開展了另一段沉重民族淚水的敦煌學研究，學界才注意到蒙古史、西北地理研究的時代意義。陳寅恪對比眾多不同的古今語言文字，提供文獻解碼的新工具，落實「歷史語言研究」在中國的另一新研究方向。

　　由於清儒全面的否定宋明理學心學，民國以來的新儒家一脈無疑是乾嘉學問的反動，透過文獻的重新理解，增添佛學和西哲的參證。肯定人性溫情在中國學術研究背後的意義。

　　近代百年的學術圈是上承清儒治學求博求通的最後一批學者，從此開始走向的，是轉趨於專精、言必稱「科學」的一路，不復睹通人。王國維能由博而精而博，已是異數。統觀這一代留名的讀書人，積學一生，各自練就一張讀書照妖鏡，對照著浩瀚的書海人生，他們都擁有獨特求真辨偽的看法。照妖鏡的角度廣度不同，開創的方法互異，其投射反映的趣味特色亦各有出入。積學深思愈多元愈全面，其成就也愈大。然而，他們都單純的為知識智慧以至追求人性的光華而奉獻一生，不管身飄何處？歷經多少社會劫難？進入何種政治氛圍？其心靈之所執所繫，

都一致的堅持回歸精神母體：文化中國。

講義先交代中國學術史的縱線帶出，接著簡介清儒治學的特色，最後進入主題，討論近代學術的背景、學人治學的方法和治學開示的必讀書。百年間數以千萬計的近代學人，繁星點點，行列的照耀著艱苦的學術道途。當中，我依序嚴選了：

「章太炎、梁啟超、王國維、楊樹達、陳寅恪、胡適、郭沫若、顧頡剛、董作賓、錢穆、于省吾、徐復觀、屈萬里、陳夢家」

以上 14 位名足以垂後的典範讀書人，本書稿嘗試逐一整理其學術生平，重點的在註中在文末進行臧否評論，藉以彰顯學人堅持學術的難度，感受他們面對千錘百鍊的人事悲涼。14 位不世出的學術明星，在無情的歲月中奮勇闖渡，孤寂前行，或有成，或凋謝，或啟蒙，或晚年才發熱，一生為學術追魂。書中並排一列，方便讀者前後對照的觀看他們之間的學術優劣特色，也作為今後有心朋友在獨學道途上激勵自我的參考。

講義之後有附錄王國維、陳寅恪、梁啟超、胡適等幾篇「開創」的典範、富啟發的文字，作為示例。最後，補充三篇我的拙文，權充對王國維、陳寅恪、徐復觀三位學人在學問上風骨上的禮贊和懷念。

今後的中國學問，文史哲不分，重點一在古一在今、一在因一在果的縱線研究上。同中求異，異中求同，尋覓異同而生「對比」，由多元的「對比」中求證據。只要一涉及「論」，首要需在驗證處做一番功夫。站在語言文字上進行分析，逐句破讀，再宏觀的了解全面材料的內容，接著才系統離析文本或材料背後的義理深意、人事制度、文化社會現象等，達到還原材料的真面目和彰顯材料價值的目的。

治中國學問的途徑，由傳統經學而史學而小學而開地下出土的甲骨金文等古文字學的訓練，應視為正途。今人的學風，則有以古文字逆向入手，且先由戰國文字而甲金文，再上溯小學（當中又無視《說文》的重要性）而經史研究，則是一萬難之事。後之學者，對於研治方法之循序漸進，不可不慎思講究。

書前的「清代和近代學人留影」圖樣，是囑學生沈魚幫忙整理的，誌此以嘉勉其勤。

中國近代學術講義

目　次

清代及近代學人留影

自　序 …………………………………………………………… I

第一章　談學術 ………………………………………………… 1

第二章　中國學術簡史 ………………………………………… 3

第三章　清代學人簡介 ………………………………………… 11

第四章　近代學人簡介 ………………………………………… 23

第五章　近代學人推介書目 …………………………………… 39

第六章　近代學人的學術生平 ………………………………… 43

　　一、章太炎學術年表 ……………………………………… 46

　　二、梁啟超學術年表 ……………………………………… 58

　　三、王國維學術年表 ……………………………………… 69

　　四、楊樹達學術年表 ……………………………………… 81

　　五、陳寅恪學術年表 ……………………………………… 95

　　六、胡適學術年表 ………………………………………… 111

　　七、郭沫若學術年表 ……………………………………… 128

　　八、顧頡剛學術年表 ……………………………………… 139

　　九、董作賓學術年表 ……………………………………… 155

　　十、錢穆學術年表 ………………………………………… 165

　　十一、于省吾學術年表 …………………………………… 175

　　十二、徐復觀學術年表 …………………………………… 181

十三、屈萬里學術年表 …………………………………… 190
十四、陳夢家學術年表 …………………………………… 201

附　錄

附一　殷卜辭中所見先公先考 ……………………… 王國維　209
附二　古史新證（節錄）……………………………… 王國維　225
附三　西吳徐氏印譜序 ………………………………… 王國維　227
附四　禪宗六祖傳法偈之分析 ………………………… 陳寅恪　229
附五　四聲三問（刪節）……………………………… 陳寅恪　233
附六　史料之蒐集與鑑別（節錄）…………………… 梁啟超　237
附七　《中國古代哲學史》導言 ……………………… 胡　適　239
附八　歷史語言研究所工作之旨趣 …………………… 傅斯年　255
附九　朱子讀書法（節錄）…………………………… 錢　穆　263
附十　我的讀書生活 …………………………………… 徐復觀　275

補　充

補一　論王國維的詞 …………………………………… 朱歧祥　279
補二　談陳寅恪的詩 …………………………………… 朱歧祥　291
補三　談徐復觀先生的二度飄零 ……………………… 朱歧祥　307

第一章　談學術

　　學，字原最早是从雙手从爻。爻是卦爻意，本取象蓍草交疊卜算之形，其後混同為上古先民通鬼神並預知吉凶的抽象數字線條，拓大為泛指「教」和「學」的知識內容[1]。

　　爻，在甲骨文「學」字形中有改作為从數字的「五」、「六」，表示一單一雙數的組合。「五」，兩筆交叉成字，是數「一」至「十」之中點，也是數字由「一」至「五」以積畫成字改變為「五」至「九」用兩筆不同角度組合成字的轉接點；「六」，兩筆斜接成字，是數字形式的交合處。而「五」、「六」也是甲骨「數字卦」中出現頻率最多的兩個數字，強調有「中」、「合」和「變」的特徵，或即衍化為後來易卦陽和陰的記錄。

　　學，是一種覺悟、一種繼承。術是方法、是技巧。因此，「學術」一詞，既是本質，也注意方法。

　　學，出發點是在個人的內心（中國人重視用心，多於用腦），透過經驗實證和師承為橋樑，其中人文科學「學」了解的對象主要是文獻和地下材料，以至人世間和思維中的各種不同現象問題。學，涵蓋有「求知」和「求智」的過程。先秦時《論語》言「學」字就多達 64 次。如〈學而〉篇開宗明義，即言「子曰：學而時習之，不亦說乎？」，儒家的「學」，主要講的並非只學知識、學六藝，而是要學為人，透過力行實作，學習「成聖」之道。

　　學，包括「學問」、「學理」、「學養」、「學力」等方面的訓練及追求：

　　「學問」，「學」和「問」互為因果，是指有目標、有內涵而具疑問的研究對象。「學」是對外，「問」是反求諸己。一般掌握「學問」的方法：先廣泛閱讀思考（兼具謄抄基本材料的習慣），從中尋覓異同。由異同而生疑，由生疑而存疑，細心、靜心洞察問題所在，再透過不斷「正反合」的反思、對比異同和求證（尋找最大可能的主證和旁證），最後嘗試歸納出一規律或可能的結論。其中由異同處能發現出好的問題，是治學撰文的開始。

　　「學理」，即學問的綱領規律，是擁有或建立具系統、歸納的理論架構。任何

---

[1] 參考朱歧祥〈說爻、學〉一文。文見朱著《甲骨文》。學生書局。2024 年 3 月。

具價值的學問，都會建構不同系統的「學理」。

「學養」，指治學者自身的培育過程和胸懷，由平常不斷的挑戰自我、發現自我而肯定自我，相當於古人所謂善「養氣（浩然之氣）」的功夫，建立對學習本身的趣味、執著、堅持態度和價值觀。一般儒學重功夫，陸九淵所謂「不識一字一句，亦還我堂堂正正一箇人」，正是要強調「實踐」二字。

「學力」，指後天的心、力訓練，對人事問題擁有批判精神和勇於開創的靈敏度。

「學術」[2]，是一種科學研究，需具備驗證的過程，和一般文藝創作、報導、純文學不相同。它具備如下的特徵：

1、它是專業的，而非普羅大眾、世俗化的。它的成果可以轉化為常識，成為啟蒙的利器，但在開創或追求過程中只有極少數人才具備真正探討的能力。
2、它需要有提出問題，並企圖解決問題的清楚步驟，有尋根究底的實證精神，它涵蓋歸納、分析、討論、導引現象等流程，而不只單獨停留在敘述材料。
3、它有具體的研究方法和一定的邏輯分析，經常會針對問題作縱線（史）或定點（專題）的思考。
4、它重視求真、理性的客觀態度，事事求證，而並非是主觀、感性的描述。
5、它致力於發現（對舊有人事物的新看法）或發明（對新事物、新理論的創建），具備開創或修訂，並形成體系的成果。
6、它只單純的追求真理，不為其他目的服務。因此，它的過程是無實用的，儘管「學術」的精神和成果可以作為「經世致用」的理論基礎。

舉凡能滿足以上諸項要求的作品，就是學術。

（原文見《國文天地》1998 年 12 月號）

---

[2] 早在 1911 年，梁啟超在《飲冰室全集》中，就寫過一篇〈學與術〉的文章，以體、用對立的角度對學和術下定義，梁說：「學也者，觀察事物而發明其真理者也；術也者，取所發明之真理而致諸用者也。」

第二章　中國學術簡史

中國學術源自先秦。

中國歷史文化由上古三代說起。夏商時期，是原始宗教、物質文明的開始，兩周以降，則是精神文明趨於成熟的階段。早自西漢司馬遷《史記》以降的傳統古史史觀，是理想的堯舜禹相繼禪讓的單線傳承，由夏而商而周，都屬於黃帝之後，朝代一個接著一個的緊密相連而下。相對的，現今考古知識，「三代」是屬於上古三個不同地域而共時的部族，相互影響，其中有以共主合盟的形式領導其他部族。

傳說的「夏商周」三代古史茫茫，一直到清光緒 25 年（1899 年）河南安陽小屯村出土大量甲骨文，才正式證實殷商文明的可靠。商民族遷殷，已擁有高水平的青銅冶煉技術、鄭州商城城牆遺址和成熟的文字。青銅、城址、文字三者，正是介定「文明誕生」的基本條件。殷墟出土十萬餘版甲骨卜辭，印證商代的物質文化和原始宗教信仰，傳遞著商人對祖先[1]、上帝[2]、自然神[3]的崇拜，從而逐漸凝聚國族的向心力和對生命本身的敬畏之心。殷代的巫、史並列，掌握著文字的發生和應用，各種經驗事例也因文字的記錄得以保留傳承。殷商最大的巫是王，此時的神權和王權仍相結合為一。夏商民族主要是在原始宗教階段，面對生死、黑暗、大自然和種種不可知的力量，由畏懼轉而崇拜天地神祇，此時的物質文明已展開一段漫長歲月。

殷甲骨文已反映「人」的重要意義和肯定「人」的價值，而周民族開始察覺到精神文明的需要，逐漸把解決外界困難的能力，由不可知的外在的「天」轉移到「人」的身上，和由「我」個人一肩挑開創的人文精神。殷甲骨文透過占卜的功能，繫聯生和死、過去和未來、天上和人間；周金文物勒功名，傳諸久遠，衍生傳

---

[1] 如王亥、上甲、中宗祖乙、般庚、妣甲、父甲、母丙、兄庚等殷先公先王的專名、私名。

[2] 帝，甲文字形从燎从一。燎，字从火燒束木，原為用火燒柴的泛神之祭，後因需求發明神中之神的專名，古人就利用此祭眾神的「燎」字，再增一橫畫，以示區別意，並轉生出新意的用法。

[3] 如河、岳。

統民族重視血親和「留名」的觀念，影響了《左傳》記載春秋以降讀書人「立德、立功、立名」的「三不朽」精神。

商民族自盤庚遷居於洹水之濱後，正式進入較穩定的農業社會，累積生活經驗，重視物質的創建發明。周民族除繼承殷商文化之外，更因為商人的嗜酒和商王紂無道而亡國，透過《尚書》〈酒誥〉、〈無逸〉等文誥一再告誡後人：用酒適可而止、祭拜祖先神靈務需公平合宜，並以殷亡為鑑，轉生出治國重民求安的「憂患意識」，奠定了周民族以至日後中華民族精神文明的起源。「憂患」一詞最早見於《易》〈繫辭下〉，是一種勇於自我承擔的責任意識，當人類面對生命的苦難，顛沛無常，仍堅持不退，在困難將解決而未解決的當下一刻，凝聚心中的執著、奮進和戒慎小心的自覺心理狀態。無以名之，周人稱之為「憂患」。

西周初期自周公旦攝政，為求家國的長治安定，建立了宗法制度，傳長不傳賢，並重視禮教五倫的關係，要求「君君臣臣，父父子子」人我對立的和諧責任，開啟「民本」的人文精神。相對於殷卜辭中見殷人將人事責任全祈求倚仗於祖宗神靈的保佑，並發明了神中之神的「上帝」，周文化則進一步肯定「人」的重要和強調「天」「人」之間的關係。周金文中有大量出現從金偏旁的用字，作為西周普遍使用青銅器過渡至東周以後鐵器出現的獨特字例，這代表著周人的生活習性、生產工具、征伐殺戮方式，甚至社會結構和制度的重大變革。相對於中國社會科學院考古所編《甲骨文編》中罕見有從金偏旁的字例，容庚編的《金文編》卷 14 金部就收錄多達 44 個从金的字[4]。生產工具改變了社會形態，政治實權則漸由王權下降至諸侯權。

東周時期，封建禮樂崩壞，「諸侯力征，不統於王，惡禮樂之害己，而皆去其典籍，分為七國，田疇異畮，車涂異軌，律令異灋，衣冠異制，言語異聲，文字異形」[5]，不斷的戰亂徭役，百姓流離，國與國的對立，產生了以遊說為志業的說客、縱橫家、遊士，和求公義平是非了恩仇的俠士、刺客。先秦諸子學說，無非是經由長期動盪不安而欲求治謀安的各種「治國方案」。如儒家思想的「以禮化爭，以義防利」，一直至西漢司馬遷撰寫 130 篇的《史記》，欲要「究天人之際，通古今之變，成一家之言」[6]，都是企圖在「尋古今之常」，於變動歷史中尋求古今治世之常道。由此可見，中國學術思想一開始就帶有「實用」、「致用」的安民色采。相對的，及至戰國竹簡中發生大量從心偏旁的用字，如 1993 年冬湖北荊門郭

---

[4] 如金、鐘、鉦、鈴、鑑、鏐、銅、鑄等是。

[5] 許慎《說文解字》序。

[6] 這成為古往今來讀書人有志一同追求的目標。

店一號戰國中期楚墓出土 730 枚竹簡，从心的字就多達 110 個[7]，無疑也反映著這一時代重視心靈思辨活動的需求。

先秦諸子學說的興起，《漢書》有所謂「九流十家」，其中主要的有：儒、道、法、墨。而具備完整思想體系的，也唯獨儒家和道家。儒道二家學說影響中華民族積極進取和消極超離的精神。儒家首推平民教育，開「有教無類」的先河，知識從上古的王室巫史獨斷之手，逐漸普及至貴族，再下降至平民。儒者形成一讀書教書的群體集團，思想以孔孟為正統，荀況為歧出。儒家務實踐力行，由「學」入手，透過「習」（一種反省、漸進）的功夫，體悟「忠恕之道」[8]，目標是要求「成聖」[9]，以成就個人的生命哲學，企圖在人世間建構平和的天國。

儒家主要的思想體系，是以「禮」為起點，重視人類生活和文化的秩序。春秋以前，「禮」的基礎原在外在的天。《左傳》文公 16 年：「禮以順天，天之道也。」及至孔子、孟子的時候，始明確的將「禮」收攝於內在的仁心[10]：

仁（大公心）←義（合宜、合理）←禮（禮文、禮儀）

而孔孟和荀子之間的偏重差別，在於：

孔子（仁心）、孟子（惻隱之心）主性善：絕對善；學智為人

荀子主性惡，是對立的概念：　　　　　　善／惡二分；強調學知

孟子言「惻隱之心」、「不忍之心」，是人面對生命苦難或破壞所由生的一種「不應有」之自覺心。荀子強調後天禮義的師法，才得以去偽化惡。然而，人學師、師學聖人，但聖人如何或自何「學」得以判別善惡？荀子的文章並沒有具體的回應。

道家以老、莊為首。思想體系是以「反」、「復」入手，破相對齊萬物而了悟絕對[11]，抽離形軀我，才能見絕對的「道」和成「道」，強調自然和藝術的精神。「老莊」思想入漢之後因實用和政治考量，發展或被改變而為「黃老」，轉用「術」來駕馭道德，強調「無為而無不為」的效果，重視手段，遂為此後帝王一貫所樂用。

先秦時期的文書是各方面思潮啟蒙和經典建構的開始。透過歷史紀錄（尚書、春秋）、情感抒發（詩經）、占卜（易）、制度（三禮）、思辨講義（諸子）等書

---

[7] 如心、忌、志、忠、思、惠、愿、恨、悲、惻、意、情、感、愛、憂、偽、仁等字。

[8] 《論語》〈里仁〉篇：「曾子曰：夫子之道，忠恕而已矣」，盡其在我之謂忠，推己及人之謂恕，主要強調的是人與人的關係。

[9] 強調做人，達成完整的人格。

[10] 參考勞思光的《中國哲學史》、馮友蘭的《中國哲學史》。

[11] 如《莊子》〈逍遙遊〉言「化」，由小魚而大魚而大鳥，是要破限制、破大小、破對待，最終而達到無待、不動心的自由。

載於竹帛,展開了中國學術的第一階段:「經典的開創時期」。

及至秦一統六國,統一文字,焚書坑儒,「非秦記,皆燒之。有敢偶語詩書者,棄市。」[12];楚漢相爭奪,項羽「燒秦宮室,三月不滅」[13],大量先秦典籍悉遭消毀散佚。待至漢初文景之治,休養生息,解除禁書令,廣徵民間藏書和抄書,才得以重聚經典和復原文獻,並設置今文博士官,用通行的隸楷書體傳授文獻。及漢景帝年間出土壁中書,「魯恭王壞孔子宅,而得禮記、尚書、春秋、論語、孝經。又,北平侯張蒼獻春秋左氏傳。」[14],字體與秦小篆、隸書相異,又因是自孔子故宅出,時人推尊為古文經,另有立博士官以傳授。自此,開始了理解文字和文獻內涵差異的「今、古文經之爭」。

兩周儒道習稱的「周孔」、「老莊」,入漢之後重點觀念轉為「孔孟」、「黃老」。自漢武帝劉徹獨尊儒術,陽儒而陰法。另董仲舒撰《春秋繁露》,言天人相互感應之道,倡行天人三策,陽儒而陰陰陽。由於仕途和權利之趨附,讀書人集中關注並凝聚出儒家經典:經學。經書區分作今文和壁中書的古文。今文重義理發揮,三傳中強調側重微言大義的《公羊》;古文重訓詁考據求真,三傳中重視的是較平實敘事的《左傳》。東漢復經由古文經大家賈逵、許慎、鄭玄等的倡導發明,其中又以鄭玄集經注的大成,用力於訓解字詞,企圖還原經書中「聖人」的真面貌,成為學術的主流。

兩漢時期距古不遠,以嚴謹詁訓之風建構經學,是中國學術的第二階段:「註經的時期」。

漢末有「道教」(五斗米道),強調煉丹、不死神仙之術,配合東漢清議的餘風,影響了後來魏晉時期的玄學,如向秀、郭象的注老莊。魏晉復推行三品九等的「九品中正」制,嚴分門第階級出身,加上自東漢佛學東來,引進印度極樂世界、輪迴和地獄等的宗教觀念,漸融入中國的民族思維。這階段正式確立儒釋道三教並立的格局。

及至唐代的韓愈作〈原道〉,以「博愛」釋「仁」,倡言「文起八代」,配合李翱的〈復性書〉[15],排佛重儒尊孔,一度重接「堯、舜、禹、湯、文武、周公、孔子、孟子」一條永恆道統和學統的線。漢人注經,唐人疏注。在唐太宗時,孔穎達撰《五經正義》,集義疏大成,作為明經科定本,經義自此定於一,卻少有發

---

12 《史記》〈秦始皇本紀〉語。
13 《史記》〈項羽本紀〉語。
14 許慎《說文解字》序。
15 〈復性書〉強調〈中庸〉、〈易傳〉,以性、情區分聖人和凡人,開宋儒思辨的先河。

明。

　　至宋明時期援引佛道入儒，重理學，強調主觀發揮經義精神，進入中國學術的第三階段：「義理釋經時期」。

　　宋代理學家輩出，許多格言感動人心。自范仲淹言「先天下之憂而憂」，以天下為己任，奠定讀書人講求的風骨。周敦頤的名句「尋孔顏樂處」、「江風霽月」、「不拔窗前艸」等，開啟了重視人格坦蕩和生機乍現的風氣。他引用道教的「太極圖」來撰寫〈太極圖易說〉，建立儒門的宇宙體系。周氏首標「無極」和主靜思想，更是儒道的混合體。張載的學堂格言，有〈東銘〉：「為天地立心，為生民立命。為往聖繼絕學，為萬世開天平。」，〈西銘〉又直言：「民吾同胞，物吾與也」，俱強調萬物一體的大我精神，上接孟子的「浩然之氣」。二程子中的大程（明道）重本體，〈定性書〉言「道即性也」、小程（伊川）則重工夫。「程門立雪」，成就讀書人教與學的範例。至朱熹始集「道學」的大成，格物窮理，重訓釋，注《大學》、《中庸》、《論語》、《孟子》四書，取代傳統經書的學統地位。同時期的陸九淵則主義理，由破知而強調「心學」，力陳「不識一字一句，亦還我堂堂正正一箇人」，企圖解放漢唐傳統的儒學、經學的約束，影響了後來明代的王陽明。

　　王陽明力主「良知」，直透本心，言「良知只是一個真誠惻怛」，由靜而內觀，晚年濃縮的四句教：「無善無惡心之體，有善有惡意之動。知善知惡是良知，為善去惡是格物」，以心靜為格物之本，成為王學的總綱領。其實，宋明儒引佛入儒，先後提倡的「道學」而「理學」而「心學」，講究所謂「明心見性」、主靜主敬，走的已經是靠近禪宗一路。目前看，勉強可稱純儒的，只有程明道一人而已。

　　王學末流，「野狐禪」，「打秋風」，束書不觀。道學家偏好靜坐，純談心性玄妙，自許清流，但多相互結黨攻擊，如「東林」、「復社」等是。又如何心隱喜好直言「酒色財氣，不礙菩提路」，更將理學的道德底線徹底摧毀。清初顏元曾諷刺彼等「無事袖手談心性，臨危一死報君王」，明朝滅亡，亦歸因於此空談習氣。顧炎武在〈與友人論學書〉一文中，曾批判明代理學家：「舍多學而識，以求一貫之方；置四海之困窮不言，而終日講危、微、精、一之說。」顧炎武在《日知錄》卷七中，更徹底評擊理學的空疏：「昔之清談談老莊，今之清談談孔孟。未得其精，已遺其粗。未究其本，而先辭其末。不習六藝之文，不考百王之典，不綜當代之務；舉夫子論學論政之大端一切不問，而曰『一貫』、曰『無言』，以明心見性之空言，代修己治人之實學。股肱惰而萬事荒，爪牙亡而四國亂」，並將晚明一朝國政的喪亂責任，歸咎於王學。

　　清初順治、康熙屢興文字獄，推行高壓政策治民，並沿襲明朝用八股科舉取士

的愚民策略。中國在當日錯過了自明末借由外國傳教士吸取西方科學的機會，學者復不願過問時政，轉而專注在古文獻考證的工作以避禍。另由於清朝上位者看重（利用）朱熹的理學，讀書人遂因反清而反宋學。清儒強調的樸學，更是王學的反動大本營，由反宋學而回歸到漢學，重新肯定以平實的經學取代玄談空言的理學。學者務實的透過經書文字的訓詁，重新上溯孔門道理[16]。康熙中葉開辦「四庫館」，吸納讀書人的認同，館中的漢學派學風全面的壓倒宋學，「小學」從此而大盛。

清初三大儒：顧炎武、黃梨洲、王夫之，是治學由講授義理過渡至考據的關鍵人物。稍後的閻若璩，重考據，評古文《尚書》之偽，開啟純為學術而學術的傳統。至乾嘉時期更是考據學的頂峰，被譽為有清三百年學術的結晶，小學名家輩出的頂峯，史稱「戴段二王」。乾嘉學派強調「經學即理學」，提出「以經治經」、「以史治經」的比較方法，開啟以科學實證治學的先河。這時期是中國學術的第四階段：「回歸漢學時期」。

戴震撰《孟子字義疏證》、〈原善〉，強調文字詁訓，開始利用《孟子》關鍵字的字形字義分析義理，然而，戴震本身仍具有一定的思想體系。如戴震言：「孟子言養心，莫善於寡欲，明乎欲不可無也，寡之而已」[17]，批評宋明儒的「存天理，去人欲」，並非聖人之教。

及其後的段玉裁畢生研治《說文》，發明古韻十七部；王念孫重訓詁；王引之擅語詞、虛字研究，均強調「小學明而經學通」的文字音韻方面，實質已完全遠離思辨義理之學。

晚清咸豐、道光年間，官僚腐敗，內憂太平天國之亂，外患列國接踵入侵。龔自珍再倡言「公羊學」，重用今文經以治世；北方的顏元，推重實踐的力行哲學；但已遠非清儒乾嘉重小學的主流學問。此外，崔述撰有《考信錄》，開闢疑古之風。

由清末至民國（1911-）初期，外遭受列強持續船堅炮利的侵凌，北有沙俄、南有法國、西有英國、東有日本、美國、德國，國家危難四起；內有軍閥割據，社會動盪，民心思變，復加上西學東來，遂開始一思潮的戰國爭鳴。特別是 1894 年以後東鄰日本的連續侵華，正式掀開中華國族整體存亡的危機。這是一艱苦的中國學術第五階段：「學術救國時期」。

16　當然，樸學發展的極致，又流於治學破碎，重枝葉，不見精神主體之弊。
17　《字義疏證》卷上（十）語。

這時期的讀書和藏書風氣，主要仍集中在浙江江蘇一帶[18]。這階段的主客觀環境讓學術和民族意識密切扣連，讀書人長期苦於形軀的流離飄零，但無礙心靈的熾熱堅定。其中治經學為主的，有承襲乾嘉遺老的「章黃學派」，章太炎、黃侃重古文，強調《毛詩》、《左傳》、《逸禮》，藉訓詁以明經，以古音學和《說文》破文獻，號稱傳承學術的正統；另有主張今文的「康梁」，康有為在 1891 年撰《新學偽經考》、1892 年撰《孔子改制考》，批判古文經典是西漢末的劉歆因迎合王莽篡漢而偽作，《易》、《禮》、《春秋》等今文經又是孔子因為託古改制而創作的。1902 年，康有為發表《大同書》（即 1884 年已開始編著的《人類公理》），大膽提出毀家共產、破國界種界，利用〈公羊傳〉的「據亂」而「升平」而「太平」的三世觀，行革命之實，以改革家自命，學術則借孔聖人言行以託喻個人求變改制的思想。其門生梁啟超講實務變法，推新民，開民智，力行革命，學術則強調歷史的演變。自清乾嘉學人利用小學破經，經學的研究達至極峰。清末至民初學人轉而以破經的方法攻研子書，章太炎、梁啟超屬鼓吹此一風氣之先河；而梁啟超復宏觀的開展新史學，強調由「學術史」研究一路，以古開今。稍後，有講究純學術研究的「羅王之學」興起，羅振玉、王國維重視地下材料，治學務求真求證，發明「二重證據法」，配合河南安陽殷墟的發現，開創「中國考古學」的先河。另外，胡適在北京大學提倡白話文學和引進美國杜威的實驗主義，力圖用科學方法全盤西化，「整理國故，再造文明」；傅斯年在中山大學成立語言歷史所，主導科學的發掘殷墟，重視考古和方言的調查；顧頡剛創立「層累地造成的中國古史」觀，編輯「古史辨」，遙接漢代王充、清代崔述的疑古風潮；郭沫若首創用唯物史觀釋古，檢視古文獻和甲金文中的社會形態；另有熊十力、梁漱溟、牟宗三、唐君毅、徐復觀等開展的「新儒家」一脈，以孔孟和宋明儒學為本，治學求善，企圖重建立心立命的義理之學，屬生命入世的學問；金岳霖、殷海光等重視西方邏輯思維和語言的

---

[18] 學術的發生和地域的水土民情有一定的關連。

以古文字學為例，早期著名的甲骨名家，都分布在蘇浙一帶。如：劉鶚（1857-1909），江蘇鎮江人，孫詒讓（1848-1908），浙江瑞安人，王襄（1876-1965），浙江紹興人，羅振玉（1866-1940），浙江上虞人，王國維（1877-1927），浙江海寧人。以上諸名家籍貫，竟無例外，值得詳究。其後，學人才逐漸遍及沿海和內陸他省。如：郭沫若（1892-1978），四川樂山人，董作賓（1895-1963），河南南陽人，容庚（1894-1983），廣東東莞人，于省吾（1896-1984），遼寧海城人，徐中舒（1898-1991），安徽安慶人，唐蘭（1901-1979），浙江嘉興人，柯昌濟（1902-1990），山東膠縣人，商承祚（1902-1991），廣東番禺人，陳夢家（1911-1966），浙江上虞人，胡厚宣（1911-1995），河北望都人，張政烺（1912-2005），山東榮城人，嚴一萍（1912-1987），嘉興新塍人，饒宗頤（1917-2018），廣東潮州人，金祥恆（1918-1989），浙江海寧人。

訓練；早自 1899 年河南安陽殷墟出土甲骨文，至董作賓、李濟、梁思永等開啟了近代的甲骨學、考古學等顯學。

以上種種，足見這一時代的社會愈動亂，人才愈思奮進，彼此的思路和研究重點不同，但率以文化救國和民族的存亡為念。

當日聚人才的學術重鎮，先後有北京大學國學門、清華大學國學門、中央大學中文系、中山大學中文系、中研院歷史語言所、西南聯合大學、香港新亞書院等等，百花齊放，而其中的「章博、梁變、王精、胡新」，在學術上各領風騷，更屬於近百年難得的文化巨人。特別是具開創風氣的學術成果，不但影響一代人的思潮，更逐漸溶入整個民族的血液，不自覺的成為知識分子甚至普羅大眾日常生活的常識和價值觀。譬如：我們懂得運用歷史的眼光看待問題的流變，應感謝梁啟超；我們能以白話書寫、創作和寫詩，要感謝胡適；我們習慣用比較的方法看問題、用地下材料校定文獻視為理所當然，是王國維的功勞；我們了解追求獨立思考、自由意志的重要，是經過陳寅恪用生命散發的光輝；我們明白殷墟在文化史上的重要意義、地下材料可以斷代分期，是來自董作賓的啟發。沒有他們的畢生奉獻，近百年的人文科學將黯然無光。

然而，1949 年後兩岸分治，政局的混亂，民族再度流亡，「南渡北歸」，讀書人迷罔於抉擇，進入一次「花果飄零」的考驗階段。特別是 1997 年迄今，讀書人心靈倍添迷失，更陷入一個「二度飄零時期」。

這一階段民族之靈氣逐漸消耗散佚殆盡，兩岸學脈崩壞，罕見通人。清末民初不斷困擾讀書人的「傳統」和「現代化」、「中學」和「西學」、「專精」和「通博」、「研究」和「入世」如何相融合的問題，始終沒有合理穩妥的解決。讀書人一心求專，對文史研讀的廣度、深度，都遠比不上前人，又缺乏系統的理解。更嚴重的是，社會形態趨於功利短視，重機械輕心靈，教育淪為冰冷的「匠」的謀生技能訓練。近年中國文化精神在臺灣地區快速萎縮凋謝，經學不振、小學息微，臺灣的中國語文及文學系萎縮為臺文學系，研讀國學的範圍愈縮愈小，美其名創新，反而缺乏完整系統的專業訓練，也失卻了傳統的民族精粹和情懷。在大陸地區，經歷文革時期十餘年盲目的否定、打壓國學之後，注意力在發展經濟，文化一途轉趨平淡，偶權充某些政治點綴的工具，少數甚或淪為媚俗吹捧的俗文化風氣，學問的追求自然並不純粹，此誠不可不察。而港澳地區則早就長期迷失於急功尚利之中；傳統文化的使命、純學術的傳承不再。平實而言，兩岸三地文化研究在好名短視、急出成果的氛圍中，本身也就失卻靜心求真、求善的活水動能。「萬馬齊喑」，今後學界能否重聚民族自信和文化的精靈，再建書院平民講學的樸實，真正開創新的方法，合力重鑄今日的經典，將又是連串嚴肅亟待面對的世代挑戰。

第三章　清代學人簡介

　　文化環環相扣，以古而開今，一脈相承。要了解近代學術，首先需要明白清代學術的演變實況。清人治學，畫分經、史、子、集四部，基本學風是由追尋義理成聖之道過渡至以純考據求真為主的精神。

　　清代重要的學人和著作，粗簡的介紹有：

　　1、顧炎武《日知錄》，2、黃宗羲《明夷待訪錄》、《明儒學案》，3、崔述《考信錄》，4、章學誠《文史通義》，5、戴震《孟子字義疏證》──段玉裁《說文解字注》──王念孫《讀書雜誌》、王引之《經傳釋詞》──俞樾《古書疑義舉例》──章太炎《國故論衡》。

　　以下，借用胡適一段「引論」幫助我們了解清人治學的特色大概，並重點選列若干清代學人治學行文的文字資料，以供後學參考。

一、胡適《戴東原的哲學》（一）引論

　　「中國近世哲學的遺風，起於北宋，盛行於南宋，中興於明朝的中葉，到了清朝，忽然潰歇了。自顧炎武以下，凡是第一流的人才，都趨向做學問的一條路上去了；哲學的門庭大有冷落的景況。接近朱熹一脈的學者，如顧炎武，如閻若璩，卻成了考證學的開山祖師；接近王守仁一脈的，如黃宗羲自命為劉宗周的傳人，如毛奇齡自命為得王學別傳，也都專注在史學與經學上去了。北方特起的顏元、李塨一脈，雖無自成一個系統，其實只是一種強有力的『反玄學』的革命，固然給中國近世思想史開了一條新路，然而宋明理學卻因此更倒霉了。」

　　「漢朝的經學重詁訓，名為近古而實多臆說；唐朝的經學重株守，多注『注』而少注經；宋朝的經學重見解，多新義而往往失經的本義。清朝的經學，有四個特點：（一）歷史的眼光，（二）工具的發明，（三）歸納的研究，（四）證據的注重。因為清朝的經學具有這四種特長，所以他的成績最大而價值最高。第一，歷史的眼光，只是尋源溯流，認清時代的關係。論字必本於《說文》，治經必本於古訓，論音必知古今音的不同。這就是歷史的眼光，懂得經學有時代的關係，然後可以把宋儒的話還給宋儒，把唐儒的話還給唐儒，把漢儒的話還給漢儒。認定治古書

應該根據於最古的詁訓，漢儒『去古未遠』，所以受他們的看重了。第二，清儒治經最能明瞭『工具』的重要。治經的工具就是文字學（包括聲音、形體、訓詁等項）和校勘學。第三，歸納的研究。是清儒治經的根本方法。黃宗羲所說『通諸經以通一經』、『以經解經』（《南雷文定》前集八），都只是把古書互相比較，求出他們相互的關係或共同的意義。顧炎武等人研究古韻，戴震以下的學者研究古義，都是用這種方法。第四，清朝的經學最注重證據。證據是推理立說所根據的東西。顧炎武作《唐韻正》，於『服』字下共舉出一百六十二個證據（卷十四，頁27-33），為了要建立『服，古音逼』的話，肯去搜集一百六十個證據，這種精神，這種方法，是從古以來不曾有過的。從此以後，便是『考證或考據的經學』的時代了。」[1]

二、顧炎武

顧炎武有亡國清流的包袱，他是清初樸學的開山，強調經學，面對朝代的更替興亡，讀書要求「經世致用」，治學講究實證和創新。〈與友人論學書〉一文，倡言「博學於文，行己有恥」，申述「學」需兼「知」和「身教」，前者開創由古音了解經學的重要，後者重燃讀書人的風骨。

顧炎武撰文仍上承宋明儒風氣，多以書信、語錄體傳世，如：

1. 君子之為學，以明道也，以救世也。徒以詩文而已，所謂雕蟲篆刻，亦何益哉？某自五十以後，篤志經史。其於音學，深有所得。今為《五書》，以續三百篇以來久絕之傳。而別著《日知錄》，上篇經術，中篇治道，下篇博聞，共三十餘卷。有王起者，將以見諸行事，以躋斯世於治古之隆，而未敢為今人道也。（〈與人書〉二十五）[2]

2. 《黃氏日鈔》曰：夫子述六經，後來者溺於訓詁，未害也。濂雒言道學，後來者借以談禪，則其害深矣。……五胡亂華本於清談之流禍，人人知之。孰知今日之清談有甚於前代者！昔之清談談老莊，今之清談談孔孟。未得其精而已遺

---

[1] 胡適治學的長處，在消化材料，轉而用自己的話語吞吐出來。這段簡單文字，正將清學的派別和特色，理出一條清晰的脈絡。

[2] 顧炎武言學有大用，「明道」為本，求真求永恆，乃成聖之道；「救世」為用，學以致用。單純的文學，只是小技空言，不足以務實面對生命。顧炎武的名著《音學五書》，正言先掌握古音，利用語言學通讀經史，並首倡「經學即理學」一觀念，讓理學回歸於經學、治世空言落實於文獻。

其粗,未究其本而先辭其末。不習六藝之文,不考百王之典,不綜當代之務,舉夫子論學論政之大端一切不問,而曰「一貫」、曰「無言」。以「明心見性」之空言,代「修己治人」之實學。股肱惰而萬事疏,爪牙亡而四國亂。神州蕩覆,宗廟丘墟。昔王衍妙善玄言,自比子貢。及為石勒所殺,將死,顧而言曰:「嗚呼!吾曹雖不如古人,向若不祖尚浮虛,戮力以匡天下,猶可不至今日。」今之君子得不有愧乎其言?(《日知錄》卷九・夫子之言性與天道)[3]

3. 聖王重特立之人,而遠苟用之士。保邦于未危,必自此始。(《日知錄》卷三・不醉反恥)[4]

4. 聖人之道,未有不始於灑掃應對進退者也,故曰:約之以禮。(《日知錄》卷九・有始有卒者其惟聖人乎)[5]

5. 聖人南面而治天下,必自人道始矣。立權量、考文章、改正朔、易服色、殊徽號、異器械、別衣服,此其所得與民變革者也。其不可得變革者則有矣,親親也、尊尊也、長長也、男女有別,此其不可得與民變革者也。自春秋之並為七國,七國之並為秦,而大變先王之禮。然其所以辨上下、別親疏、決嫌疑、定是非,則固未嘗異乎先王也。故曰:其或繼周者,雖百世可知也。(《日知錄》卷九・子張問十世)[6]

6. 天地有正氣,襍然賦流形。下則為河嶽,上則為日星,可以謂之知生矣。孔子成仁,孟子取義,而今而後,庶幾無愧,可以謂之知死矣。(《日知錄》卷九・季路問事鬼神)

三、黃宗羲

　　清初的黃宗羲畢生以遺民自居,重視革命的思想,其承接陽明學知行合一,強

---

[3] 顧炎武直言明朝理學「浮虛」「清談」之學風,實屬亡天下之大忌。

[4] 顧炎武強調「特立」。「君子慎獨」,治學由「獨學」入門,始知居安思危之道。王國維三個境界說的「獨上高樓,望盡天涯路」,也正是言「立志」之本。

[5] 顧炎武言「聖人之道」,在簡單的由每天務實的生活守則做起,重身體力行、慎獨不虧欠,而不在說理。

[6] 顧炎武言聖人平實,不玄談說理。一般物質制度是相對的,永恆的人倫關係才是不變的。「親親」指的是父義、母慈、兄友、弟恭、子孝五倫之教。「尊尊」是上下有序。「長長」是尊重長輩。「男女」是人各有本分所歸。目的全在「安民」。

　清初以顧炎武為首,糾正前朝讀書人空談誤國之習,力主務實之學,尊重倫理制度,強調讀書人風骨和求證精神。此開一代之學變。

調義理思辨的重要,開創「學術史」的撰述。黃宗羲重要具啟發的文字,如:

1. 盈天地皆心也,變化不測,不能不萬殊。心無本體,工夫所至,即其本體,故窮理者,窮此心之萬殊,非窮萬物之萬殊也。(《明儒學案》黃宗羲序)[7]

2. 大凡學有宗旨,是其人之得力處,亦是學者之入門處。天下之義理無窮,苟非定以一二字,如何約之,使其在我。故講學之無宗旨,即有嘉言,是無頭緒之亂絲也。……學問之道,以各人自用得著者為真。凡倚門傍戶,依樣葫蘆者,非流俗之士,則經生之業也。此編所列,有一偏之見,有相反之論,學者於其不同處,正宜著眼理會,所謂一本而萬殊也。以水濟水,豈是學問!(《明儒學案》‧發凡)

3. 古之人君,量而不欲入者,許由、務光是也;入而又去之者,堯、舜是也;初不欲入而不得去者,禹是也。……後之為人君者不然,我以天下之利盡歸於己,以天下之害盡歸於人。……古者以天下為主,君為客,凡君之所畢世而經營者,為天下也。今也以君為主,天下為客,凡天下之無地而得安寧者,為君也。(《明夷待訪錄》[8]〈原君〉)[9]

4. 臣道如何而後可?曰:緣夫天下之大,非一人之所能治,而分治之以群工。故我之出而仕也,為天下,非為君也;為萬民,非為一姓也。……蓋天下之治亂,不在一姓之興亡,而在萬民之憂樂。是故桀、紂之亡,乃所以為治也;秦政、蒙古之興,乃所以為亂也。……君臣之名,從天下而有之者也。吾無天下之責,則吾在君為路人。出而仕於君也,不以天下為事,則君之僕妾也;以天下為事,則君之師友也。(《明夷待訪錄》〈原臣〉)[10]

四、顏元‧戴震‧章學誠

清儒治學,具備科學求真務實的風氣規模。章太炎曾說:

---

[7] 黃宗羲言萬物皆有心,所謂「月印萬川」而「殊途同歸」。理在心內,非在外求。這和朱熹格外物的手段相異。

[8] ䷗明夷,利艱貞。象曰:明入地中,明夷。內文明而外柔順,以蒙大難,文王以之。利艱貞,晦其明也。內難而能正其志,箕子以之。象曰:明入地中,明夷。君子以蒞眾,用晦而明。(《易‧明夷卦》)

[9] 黃宗羲言君主之「家天下」為一切禍亂之源,此誠為近代開民智,言「民主」之契機。

[10] 黃宗羲倡言「人皆平等」的觀念,強調「天下」不衡等於「國家」。君與臣同為天下百姓,皆有其責。臣是為民而設,應忠於個人的職分,非忠於一人。

「近世經師皆取是為法。審名實，一也；重佐證，二也；戒妄牽，三也；守凡例，四也；斷情感，五也；汰華詞，六也。六者不具，而能成經師者，天下無有。學者往往崇尊其師，而江戴之徒，義有未安，彈射糾發雖師亦無所避。」[11]

北方顏元講求實踐力行的哲學。戴震博通，兼治義理和經學、小學，開創乾嘉正統一脈。章學誠強調先治史學的重要。諸學人能讓人深省的文字，如：

1. 不斷，由於息也；不覺，由於荒也。夫人日有以荒其心，日有以荒其身，日有以荒其耳目口舌，雖得孔子以為師，顏曾與為友，不能強其心而使之斷也。故荒則不覺，不覺則益荒，息則不斷，不斷則益息。（顏元《習齋記錄》卷四）

2. 格物之格，王門訓正，朱門訓至，漢儒訓來，似皆未穩。竊聞未窺聖人之行者宜證聖人之言，未解聖人之言者宜證諸聖人之行。但觀聖人如何用功，便定格物之訓矣。元謂當如史書「手格猛獸」之格，「手格殺之」之格，即孔門六藝之教是也。如欲知禮，恁人懸空思悟，口讀耳聽，不如跪拜起居，周旋進退，捧玉帛，陳邊豆，所謂致知乎禮者，斯確在乎是矣；……推之萬理皆然，似稽文義質聖學為不謬，而漢儒朱陸三家失孔子學宗者從可知矣。（《習齋記錄》卷六）

3. 孔子開章第一句，道盡學宗。思過讀過，總不如學過。一學便住也終殆，不如習過。習二三次終不與我為一，總不如時習，方能有得。習與性成，方是乾乾不息。（《顏習齋先生言行錄》卷下〈學須〉）[12]

4. 治經先考字義，次通文理。志存聞道，必空所依傍。漢儒故訓有師承，亦有時附會；晉人附會鑿空益多；宋人則恃胸臆為斷，故其襲取者多謬，而不謬者在其所棄。我輩讀書，原非與後儒競立說，宜平心體會經文，有一字非其的解，則於所言之意必差，而道從此失。……宋以來，儒者以己之見硬作為古聖賢立言之意，而語言文字實未之知；其於天下之事也，以己所謂理強斷行之，而事情原委隱曲實未能得，是以大道失而行事乖。（《戴東原集》〈與某書〉）

5. 僕自十七歲有志聞道，謂非求之六經、孔孟不得；非從事於字義、制度、名物，無由以通其語言。宋儒譏訓詁文學，輕語言文字，是欲渡江而棄舟楫，欲登高而無階梯也。（《孟子字義疏證》〈與段玉裁論理書〉）[13]

---

[11] 《太炎文錄》初編卷一〈說林〉。

[12] 顏元言「學」非思非讀，乃指身體力行。習慣和本性結合，反映在人身上，才能成就生命的活水。

[13] 戴震治學首重「語言文字」，由語言文字而通字義而通制度名物，始開示通經明道的門徑。

6. 經之至者道也,所以明道者其詞也,所以成詞者字也。由字以通其詞,由詞以通其道,必有漸。求所謂字,考諸篆書,得許氏《說文解字》,三年知其節目,漸睹古聖人制做本始。又疑許氏於故未能盡,從友人假《十三經注疏》讀之,則知一字之義,當貫群經,本六書然後為定。(《戴東原集》卷九〈與是仲明論學書〉)

7. 然尋求而獲,有十分之見,有未至十分之見。所謂十分之見,必徵之古而靡不條貫,合諸道而不留餘議。巨細必究,本末兼察。若夫依於傳聞以擬其是,擇於眾說以裁其優,出於空言以定其論,據於孤證以信其通,雖溯流可以知源,不目睹淵泉所導;循根可以達杪,不手批枝肆所岐,皆未至十分之見也。(《戴震文集》〈與姚孝廉姬傳書〉)

8. 學必求其心得,業必貴於專精,類必要於擴充,道必抵於全量,性情喻於憂喜憤樂,理勢近於窮變通久。(章學誠《章氏遺書》卷二《文史通義》〈博約〉)

9. 古人於學求其是,未嘗求其異於人也。……聖人方且求同於人也,有時而異於眾,聖人之不得已也。天下有公是,成於眾人之不知其然而然也。聖人莫能異也。賢智之士深求其故,而信其然;庸愚未嘗有知,而亦安於然;而負其才者,恥與庸愚同其然也,則故矯其說以謂其然。(《文史通義》〈砭異〉)

10. 君子苟有志於學,則必求當代典章,以切於人倫日用,必求官司掌故,而通於經術精微,則學為實事,而文非空言。……不知當代而言好古,不通掌故而言經術,則鑿悅之文、射覆之學,雖極精能,其無當於實用也,審矣!(《文史通義》〈史釋〉)[14]

五、崔述

崔述治學求博覽求客觀,撰《考信錄》,集清儒疑古風潮之大成。如:

1. 人之言不可信乎?天下之大,吾非能事事而親見也,況千古以上,吾安從而知之?人之言可盡信乎?

2. 凡人多所見則少所誤,少所見則多所誤。唐衛退之餌金石藥而死,故白居易詩云:「退之服硫黃,一病訖不痊」。而宋人雜說遂謂韓退之作「李于墓誌」,戒人服金石藥,而自餌硫黃。無他,彼但知有韓昌黎字退之,而不知唐人之字

---

[14] 章學誠倡言「由今推古」、「由制度看理論」、「由實用看學術」的治學途徑。學術是尋真、客觀、理性的,而並非圖追求華麗外表、虛假或猜謎的。

退之者尚多也！故曰：少所見則多所誤也。

3. 人之情好以己度人，以今度古，以不肖度聖賢。……以己度人，雖耳目之前而必失之；況欲以度古人，更欲以度古之聖賢，豈有當乎！是以唐虞三代之事，見於經者皆醇粹無可議，至於戰國秦漢以後所述，則多雜以權術詐謀之習，與聖人不相類。無他，彼固以當日之風氣度之也。故《考信錄》但取信於經，而不敢以戰國魏晉以來度聖人者，遂據之為實也。[15]

4. 虛言衍說實事。戰國之時，說客辯士尤好借物以喻其意。雖孟子書中亦往往有之。非以為實有此事也。乃漢晉著述者往往誤以為實事而采之入書，學者不復考其所本，遂信以為真有而不悟者多矣。……雖古有是語，亦未必有是事；雖古果有是事，亦未必遂如後人之所云云也。況乎戰國遊說之士，毫無所因，憑心自造者哉！乃世之士但見漢人之書有之，遂信之而不疑，抑亦過矣。

5. 古語失解，後之妄說。戰國秦漢之書，非但託言多也，亦有古有是語，而相沿失其解，遂妄為之說者。古者日官謂之日御，故曰：「天子有日官，諸侯有日御」，羲仲、和仲為帝堯臣，主出納日，以故謂之日御。後世失其說，遂誤以為御車之御，謂羲和為日御車。又有誤以御日為浴日者，故《山海經》云「有女子名羲和，浴日於甘淵」，則其謬益甚矣！

6. 儒者采讖緯語。先儒相傳之說，往往有出於緯書者。蓋漢自成哀以後，讖緯之學方盛，說經之儒多采之以註經。其後相沿，不復考其所本，而但以為先儒之說如是，遂靡然而從之。如龍負河圖、龜具洛書，出於春秋緯。（《考信錄》提要）

六、王念孫

王念孫的《讀書雜志》，為乾嘉考據學的範例，也是有清一代學術業績的頂峰，充分呈現科學求真求證的精神。以下，舉二例以明王念孫用大量材料對比互較破讀文獻的手段：

1. 〈殷本紀〉「炮烙」：「於是紂乃重刑辟，有炮烙之法。段氏若膺曰：炮烙，本作炮格。江鄰幾《雜志》引陳和叔云：漢書作炮格。今案索隱引鄒誕生云：格，一音閣，又云：為銅格，炊炭其下，使罪人步其上。又楊倞注《荀子》〈議兵〉篇音『古賣反』，觀鄒、楊所音，皆是『格』字無疑。鄭康成注《周

---

[15] 《考信錄》掀開疑古之風，但仍以經以聖人為標準而不敢疑。直至民國的疑古學派，始完全打破聖人的樊籠，實事求事，還史實真相。

禮》『牛人』云：『互，若今屠家縣肉格』，意紂所為亦相似。『庋格』、『庋閣』，兩音皆可通。《呂氏春秋》〈過理〉篇云：『肉圃為格』，高氏注：『格以銅為之，布火其上，以人置上，人爛墮火而死。』，〈烈女傳〉所說亦相類，是其為『格』顯然，而不但以燔灼為義。今諸書皆為後人改作『炮烙』。念孫案：段說是也。《韓子》〈喻老〉篇曰：『紂為肉圃，設炮格，登糟邱，臨酒池』，皆相對為文。今改『炮格』為『炮烙』，則文不相對矣。〈難勢〉篇又云：『桀紂為高臺深池，以盡民力；為炮格，以傷民性』，言『設』言『為』，則必有的設所為之物，今改『炮格』為『炮烙』，則不知為何物矣。」（《讀書雜志》〈史記雜志〉六卷）[16]

2. 〈周本紀〉「散鹿臺之財」：「命南宮括散鹿臺之財，發鉅橋之粟，以振貧弱萌隸。」念孫案：「散鹿臺之財」，本作「散鹿臺之錢」。今作「財」者。後人依晚出古文《尚書》改之也。請以十證明之。晚出《尚書》〈武成〉篇「散鹿臺之財」，正義引〈周本紀〉曰：「命南宮括散鹿台之錢」，又曰：「言『鹿臺之財』，則非一物也。」史記作錢，後世遘論以錢為主耳。是《史記》本作「錢」，不作「財」，一也。《群書治要》引《史記》亦作「散鹿臺之錢」，是唐初人所見本，皆作「錢」，二也。〈齊世家〉曰：「散鹿臺之錢，發鉅橋之粟」，三也。〈留侯世家〉曰：「發鉅橋之粟，散鹿臺之錢」，四也。《逸周書》〈克殷〉篇曰：「乃命南宮忽振鹿臺之錢，散巨橋之粟」，〈周本紀〉即本於此，五也。《管子》〈版法解〉篇曰：「決鉅橋之粟，散鹿臺之錢」，六也。《淮南》〈主術〉篇、〈道應〉篇並曰：「發鉅橋之粟，散鹿臺之錢」，七也。〈殷本紀〉曰：「帝紂厚賦稅，以實鹿臺之錢」，是紂作鹿臺，本以聚錢，故〈周本紀〉言「散鹿臺之錢」，八也。《呂氏春秋》〈慎大〉篇曰：「發巨橋之粟，賦鹿臺之錢，以示民無私，出拘救罪，分財棄責以振窮困，是「分財」不專在鹿臺，而「賦錢」則專在鹿臺，故曰：「賦鹿臺之錢」，九也。《說苑》〈指武〉篇曰：「武王上堂見玉，曰：『誰之玉也』，曰：『諸侯之玉也』，即取而歸之於諸侯，天下聞之，曰：『武王廉於財矣。』」入室見女，曰：『誰之女也』，曰：『諸侯之女也』，即取而歸之於諸

---

[16] 王念孫撰文上承顧炎武《日知錄》的形式和精神，充分應用歸納法。上例多元論證，分別是：
1 據版本校勘證。2 據古音、反切的見母發 k 音，證字本為「格」而不為發 l 音的「烙」。3 引古書以明「肉格」的用法。4 據詞位對比：「炮格」、「糟邱」、「酒池」，見複合詞後字均為名詞。5 言「設」、言「為」，下接實物名詞，而不會是動詞。

侯，天下聞之，曰：『武王廉於色矣。』於是發巨橋之粟，散鹿臺之金錢，以與士民。」是「玉」與「女」皆在宮中，而「金錢」則在鹿臺，故曰：「散鹿臺之金錢」，十也。自晚出《尚書》盛行於世，學者「翫其所習，蔽所希聞」，於是見古書中言「散鹿臺之錢」者，輒改「錢」為「財」。其已改者，則有《漢書》〈漢紀〉，其已改而舊迹尚存者，則有〈周本紀〉、《逸周書》、《說苑》，其未改者，則有〈殷本紀〉、〈齊世家〉、〈留侯世家〉，及《管子》、《呂覽》、《淮南》、《新序》。其引《史記》而已改者，則有〈樂記正義〉；其未改者，則有〈武成正義〉、《群書治要》。幸其參差不一，猶可考見古書原文，故具論之。」（《讀書雜志》〈史記雜志〉六卷）[17]

3. 「《說文》之為書，以文字而兼聲音、訓詁也。凡許氏形聲、讀若，皆以古音相準。或為古之正音、或為古之合音。『方以類聚、物以群分』，循而考之，各有條理。不得其遠近分合之故，則或執今音以疑古音，或執古之正音以疑古之合音，而聲音之學晦矣。《說文》之訓，首列製字之本意，而亦不廢假借。凡言『一曰』及所引經，類多有之。蓋以廣異聞，備多識而不限於一隅也。不明乎假借之指，則或據《說文》本字以改書傳假借之字，或據《說文》引經假借之字以改經之本字，而訓詁之學晦矣。吾友段氏若膺於古音之條理，察之精，剖之密，嘗為〈六書音均表〉，立十七部以綜核之。因是為《說文》注形聲、讀若，一以十七部之遠近分合求之，而聲音之道大明。於許氏之說正義、借義，知其典要，觀其會通，而引經與今本異者，不以本字廢借字，不以借字易本字。揆諸經義，例以本書，若合符節，而訓詁之道大明。訓詁、聲音明而小學明，小學明而經學明。蓋千七百年來，無此作矣。若夫辨點畫之正俗，察篆隸之緐省，沾沾自謂得之，而於轉注、假借之通例茫乎未有之聞，是知有文字而不知有聲音、訓詁也。其視若膺之學，深淺相去為何如邪？」（王念孫《說文解字注》序）[18]

附、劉盼遂編《段玉裁先生年譜》于省吾序：

「輓近世考據之學方盛，士子莫不推尊段、王。段氏之醇不逮王氏，然其學博識精，《說文》一書，自段氏為之注，始成為專門之學。後之學者，雖糾其失而

---

[17] 上例連續以十組句例互證一「財」字是「錢」字之誤，論證的方式多元：
1 以古注引書證。2 以較早的古書引書證。3 以《史記》引他篇互證。4 以他書引相同事例證。

[18] 「戴段二王」此一乾嘉學統，逐步清晰確立古音分部，開創「以音破字」的詁訓方式。

補其闕,然其真知灼見,固有終古不可磨滅者在也。王氏父子之考訂群籍,基於校勘文字之異同,而濟之以聲韻假藉之方,故醜物比類,宛轉關通,精義的解,環生迭見,紹千古之絕學,辨群言之淆惑,夐乎莫之尚矣。段氏之序《廣雅疏證》,謂懷祖氏能以古音得經義,稱為天下一人。陳碩甫《師友淵源記》載王氏謂:『段若膺先生歿後,天下遂無讀書之人。』觀二氏之相推服,已目無餘子矣。考據家之有段、王,正如詩家之有李、杜,文家之有韓、柳,皆一世並生,曠世罕倫者也。」[19]

七、王引之

王念孫、引之父子家學傳承,考據上全面注意古書虛字的訓釋,講究實證,開清儒「以經治經」,用六書破實詞,用文法破虛字的研究方法。如:

「語詞之釋,肇於《爾雅》。『粵』、『于』為『曰』,『茲』、『斯』為『此』,『每有』為『雖』,『誰昔』為『昔』:若斯之類,皆約舉一隅,以待三隅之反。蓋古今異語,別國方言,類多『助語』之文。凡其散見於經傳者,皆可比例而知;觸類長之,斯善式古訓者也。自漢以來,說經者宗尚雅訓,凡實義所在,既箸之矣,而語詞之例,則略而不究;或即以實義釋之,遂使其文扞格,而意亦不明。如『由』,用也;『猷』,道也;而又為詞之『於』。若皆以『用』與『道』釋之,則《尚書》之『別求聞由古先哲王』、『大誥猷爾多邦』,皆文義未安矣。『攸』,所也;『迪』,蹈也:而又為詞之『用』。若皆以『所』與『蹈』釋之,則《尚書》之『各迪有功』、『豐水攸同』,《毛傳》之『風雨攸除,鳥鼠攸去』,皆文義不安矣。」(王引之《經傳釋詞》自序)

附、王引之《經傳釋詞》錢熙祚跋:

「高郵王文簡公承其家學,博考群書,辨析經旨,審查句讀、訛字、羨文、脫簡,往往以經證經,渙然冷釋,精確處殆非魏晉以來儒者所及。夫讀書者,必先通其輿語言,然後得其義理。是編舉古人助語之辭,分字標目,歷引九經三傳,以及周、秦、西漢之書,引申觸類,務以推明隱義。……其例類大略有六:

一曰常語:如『與』,及也,『以』,用也之類是也。一曰語助:如《左

---

[19] 王念孫稱贊段玉裁的《說文注》:「千七百年來無此作」,段玉裁則美譽王念孫的《廣雅疏證》誠屬「前無古人,後無來者」,二人均為戴震高徒,彼此相互作序吹捧推服,「目無餘子」,學林傳為美談。

傳》：『其與不然乎？』、《國語》：『何辭之與有？』，『與』字無意義之類是也。一曰嘆詞：如《書》：『已！予惟小子』，『已』，嘆聲之類是也。一曰發聲：如《書》：『於予擊石拊石』，『於』字無意義之類是也。一曰通用：如『粵』之通『越』，『員』之同『云』之類是也。一曰別義：如『與』為『及』，又為『以』、為『為』、為『謂』、為『如』。『以』為『用』、為『由』，又為『謂』、為『與』、為『及』、為『而』之類是也。……

其釋詞之法亦為六：

有舉周文以互證者：如據隱六年《左傳》：『晉、鄭焉依』，〈周語〉作『晉、鄭是依』，證『焉』之猶『是』。有舉兩文以比例者：如據〈趙策〉：『與秦城何如不與』，以證〈齊策〉『救趙孰與勿救』，『孰與』之猶『何如』。有因互文而知其同訓者：如據〈檀弓〉：『古者冠縮縫，今也衡縫』，《孟子》：『無不知愛其親者，無不知敬其兄也』，證『也』之猶『者』。有即別本以見例：如據《莊子》：『莫然有間』，《釋文》本亦作『為間』，證『為』之猶『有』。有因古注以互推者：如據宣六年《公羊傳》何注：『焉者，於也』，證《孟子》『人莫大焉無親戚君臣上下』之『焉』，亦當訓『於』。有采後人所引以相證者：如據《莊子》引《老子》：『故貴以身於天下，則可以託天下，愛以身於天下，則可以寄天下』，證『於』之猶『為』。

凡此旁通曲盡，皆卓有依據，非宋明諸儒師心自用，妄改古書者比也。」

第四章　近代學人簡介

　　近代，指由乾嘉盛世之後的清代末年，過渡至民國國共分裂的一段時期。這階段的重大歷史事件，有：

1894-1895 年　中日甲午戰爭。簽定馬關條約，賠款四萬萬五千萬兩，割讓臺灣、遼東半島。這是自 1840 年鴉片戰爭以後連串洋務運動、自強運動的總挫敗，間接影響日後 1898 年的戊戌變法、1919 年的五四運動和辛亥革命。中國人思考文化變革的開始。
1899 年　河南安陽出土甲骨。
1900 年　八國聯軍攻入北京城。庚子賠款。
1911 年　民國建立。
1914-1919 年　第一次世界大戰，歐陸大蕭條。五四運動。
1928 年　中研院史語所成立，發掘殷墟。中國考古學建立，正式落實「科學整理國故」。
1931 年　「九一八」事變。
1937-1945 年　日本侵華，八年抗戰。
1949 年　國共兩岸開始分治。
1966-1975 年　大陸文化大革命、十年浩劫，臺灣戒嚴和白色恐怖。

　　「漂泊」，無疑是「近代」的代名詞。「漂泊」給中國人帶來無數身心的分離、不穩定和憂慮。以上百年的苦難事例，國家積弱、外國欺凌、軍閥割據、國共內戰，讓民族動盪不安，自信消磨殆盡，中華文化陷入一前所未見的「憂患」困境，知識分子迷失在一「變」的殘局之中。有頑固堅持不變的保皇黨，如羅振玉；有折衷強調小變的君主立憲派，如張之洞、康有為、梁啟超；有激進大變的全盤西化，如胡適、錢玄同；有革命要求奪權的，如孫文、毛澤東。一般知識分子也陷於漫長思考「學術救國」抑「純粹學術」追求的兩難選擇方向。

　　近百年之間，主要學人學脈和開創的重要著作，粗略的有：
　　1、傳承清乾嘉學派的學統，強調傳統經學：章太炎《訄書》、《國故論

衡》、《國學概論》——黃侃。

　　2、主張今文公羊學和改革：康有為《大同書》——梁啟超《中國歷史研究法》、《清代學術概論》、《中國近三百年學術史》，其中的梁啟超開創重「史」的學術觀念。

　　3、首創「二重證據法」的互較求真方法：王國維《觀堂集林》、〈殷周制度論〉、〈紅樓夢評論〉。

　　4、應用語言學研究史料：陳寅恪《隋唐制度論稿》、〈論韓愈〉、〈四聲三問〉、傅斯年。

　　5、全盤西化整理國故：胡適《中國哲學史》（上）、〈說儒〉——錢玄同、傅斯年。

　　6、上承疑古精神的「疑古學派」：顧頡剛《古史辨》。

　　7、提出斷代分期研究方法：董作賓《甲骨文斷代研究例》、《殷曆譜》、陳夢家《殷虛卜辭綜述》。

　　8、建立考古學，強調田野調查，用地層和類型學研究出土文物：李濟《殷墟》、梁思永。

　　9、應用文法和文獻對比分析：楊樹達《積微居甲文說、金文說》。

　　10、利用地下材料和分域觀念驗證上古社會形態：郭沫若《中國古代社會研究》。

　　11、強調史學和民族精神：錢穆《國史大綱》、《雙溪獨語》。

　　12、對比結合中印宗教思想：梁漱溟《東西文化及其哲學》、《印度哲學概論》。

　　13、提出新儒家思想：熊十力《十力語要》——牟宗三《心體與性體》、徐復觀《中國人性論史——先秦篇》、唐君毅《中國哲學原論》。

　　14、強調邏輯思維訓練：金岳霖——殷海光《中國文化展望》。

　　15、重寫學術史：于省吾《詩經新證》、《楚辭新證》。

　　16、在臺重聚中華文化：屈萬里《古籍導讀》、《書傭論學集》。

近代學人繁星點點，光耀絕倫，各領風華。以下，嘗試牽引出一條近代「人文精神」的主線，重點介紹幾位「刻骨而銘心」的文化崑崙的治學風格和傳承特色。他們留給後人的，是文字，是傲骨，也是永恆的文化精神。

近代學人治學的經驗

　　近代學術風潮在傳統與西化兩大陣營歷經長期的論戰，而其中主張西化的學者在面對西方國家的多次戰亂和經濟蕭條，開始對西化的迷思動搖，並質疑西學的價值，有回到傳統中尋覓民族文化出路的活水泉源，如主張徹底西化的嚴復，在辛亥革命後則力主尊孔讀經，章太炎亦經由反孔而轉為尊孔，梁啟超、王國維、陳寅恪、胡適等也都是先一股熱的往西學巡禮，在失望不足之餘，再折衷回歸國學的典型學人例子。此讓後學在回顧此一階段學人治學的經驗的同時，不得不深思今後學術方向的依歸，不能一味的西望趨從。

　　至於以中國文化為特色的學術，在近代學人剔除了聖人崇拜、經典崇拜之後，求真求證和平等的精神無疑成為近代學術的主幹，然而，往後中國文化嶄新的出路又為何？純學術和「人」的扣連密度如何？學術和經世致用以至政治是否當然的切割分開？革新和傳統精神又如何接合？迄今仍是迷罔待解的課題。

　　所謂「金針難度與人」，自佛學的禪機、宋明儒的語錄，開始用濃縮的語言告示後學。有關讀書治學問的「方法」，自清末至民國，學人亦逐漸自覺的願意將個人的經驗啟示後人，以廣開民智。

　　以下，重點的引用章、梁、王、陳、胡等幾位近代學人研治學問的方法，以明其時代學風的大概。

1、章太炎〈治國學的方法〉：

　　「A、辨書籍底真偽。對於古書沒有明白那一部是真，那一部是偽，很容易使我們走入迷路；所以研究國學第一步要辨書籍底真偽。四部底中間，除了集部很少假的；其餘經、史、子三部都包含著很多的偽書，而以子部為尤多。清代姚際恆《古今偽書考》，很指示我們一些途徑。

　　先就經部講：《尚書》現代通行本共有五十八篇，其中只有三十三篇是漢代底『今文』所有，另二十五篇都是晉代梅賾所假造。這假造的《尚書》，宋代朱熹已經懷疑他，但沒曾尋出確證；直到清代，才明白地考出，卻已霧迷了一千多年。……總之，以假為真，我們就要陷入迷途，所以不可不辨別清楚。但反過來看，因為極少部分的假，就懷疑全部分，也是要使我們徬徨無所歸宿的。如康有為以為漢以前的書都是偽的，都被王莽、劉歆改竄過，這話也只有他一個人這樣說。我們如果相信他，便沒有可讀的古書了。

　　B、通小學。韓昌黎說：『凡作文章，宜略識字』；所謂『識字』，就是通小學的意思。《尚書》中〈盤庚〉、〈洛誥〉，在當時不過一種告示，現在我們讀

了，覺得『佶屈聱牙』，這也是因我們沒懂當時底白話，所以如此。《漢書》〈藝文志〉說：『尚書，直言也。』直言，就是白話。古書原都用當時的白話，但我們讀《尚書》覺得格外難懂，這或因〈盤庚〉、〈洛誥〉等都是一方的土語，如殷朝建都在黃河以北，周朝建都在陝西，用的都是河北的土話，所以比較的不能明白。……總之，讀唐以前的書，都非研究些小學，不能完全明白。研究小學有三法：一、通音韻。古人用字，常同音相通；這大概和現代人的寫別字[1]一樣。凡寫別字都是同音的，不過古人寫慣了的別字，現在不叫他寫別字罷了。但古時同音的字，現在多不相同，所以更難明白。我們研究古書，要知道某字即某字之轉訛，先要明白古時代底音韻。[2] 二、明訓詁。[3] 古時訓某字為某義，後人更引申某義轉為他義；可見古義較狹而少，後義較廣而繁。我們如不明白古時底訓詁，誤以後義附會古義，就要弄錯了。三、辨形體。[4] 近體字中相像的，在篆文未必相像。所以我們要明古書某字底本形，以求古書某字底本義。[5]

歷來講形體的書，是《說文》，講訓詁的書，是《爾雅》，講音韻的書，是音韻學[6]。如能把《說文》、《爾雅》、音韻學都有明確的觀念，那麼，研究國學就不至犯那「意誤」、「音誤」、「形誤」等弊病了。宋朱熹一生研究五經四子諸書，連寢食都不離，可是糾纏一世，仍弄不明白，實在他在小學沒有工夫，所以如此。清代毛西河事事和朱子反對，但他也不從小學下手，所以反對的論調，也都錯了。可見通小學對於研究國學是極重要的一件事了。清代小學一門大放異彩，他們所發見的新境域，著實不少！」[7]

---

[1] 即白字、同音字。

[2] 掌握古今音的知識，如由《詩經》押韻系聯歸納的上古音，《廣韻》反映的中古切韻系統，和元明以後的近代音。

[3] 明古今義的不同。

[4] 目前更宜向上延伸，由甲骨金文始，至戰國文字，歸納文字的本形本義和用法，作為對應文獻中的字形。

[5] 用甲骨文證殷商，用金文證兩周，用竹帛文證秦漢。我稱之為「打回原形」。把目前楷書文獻中不可解的文句，逐一還原返回原有時代的字形，從而思考、疏解其上下文的文義。著明的例子，如清同治年間金石學家吳大澂，用金文字形破讀《尚書》〈大誥〉篇中的「寧王遺我大寶龜」一句，印證了「寧」字是「文」字之訛，從而通讀《尚書》中「寧武」、「前寧人」等詞的真相。

[6] 如中古音的《切韻》、《廣韻》。

[7] 章太炎博通古今，傳承清儒學統和治學方法。上文 A 言治國學首要辨「校勘」，要求先將文獻盡可能還原其本來面目，尋覓最早最好的版本。B 言具「客觀的科學方法」，由字而通詞，由詞而通句。用小學破古書。

2、梁啟超〈論中國學術思想變遷之大勢〉[8]：

「學術思想之在一國，猶人之有精神也；而政事、法律、風俗及歷史上種種之現象，則其形質也。故欲覘[9]其國文野強弱之程度如何，必於學術思想焉[10]求之。」

「吾欲畫分我數千年學術思想界為七時代[11]：一胚胎時代，春秋以前是也；二全盛時代，春秋末及戰國是也；三儒學統一時代，兩漢是也；四老學時代，魏、晉是也；五佛學時代，南北朝、唐是也；六儒佛混合時代，宋、元、明是也；七衰落時代，近二百五十年是也；八復興時代，今日是也。其間時代與時代之相嬗，界限常不能分明，非特學術思想有然，則政治史亦莫不然也。一時代中或含有過去時代之餘波，與未來時代之萌蘗，則舉其重者也。」

「本朝[12]學派，以經學考據為中堅，以為欲求經義，必當假途於文字也，於是訓詁一派出。以文字與語言相聯屬也，於是音韻（古音）一派出。又以今所傳本之文字，或未可信據也，於是校勘一派出。以古經與地理多有關係也，於是地理一派出。以古經與天算多有關係也，於是天算一派出。以古代之名物制度與今殊異也，於是名物制度一派出。是為乾嘉時代最盛之支派。言聲音訓詁學，而以漢以後字書為未足也，於是金石一派出。言地理而以域內為有限也，於是西北地理一派出。以今傳之經籍為未完備也，於是輯佚一派出。崇古尊漢之極點，而以東漢之學術，其導源更自西漢也，於是今文經說一派出。是為乾嘉以後續興之學派。」

「若此者是為清代學術之正派。此正派之初祖誰氏乎？曰：閻百詩（若璩）、曰：胡東樵（渭）。閻氏著《古文尚書疏證》，定東晉晚出二十五篇之偽，批郤導窾，霍然以解。胡氏著《禹貢錐指》，謂漢、唐二孔（偽孔安國注及孔穎達疏）、宋蔡氏（蔡沈集傳）於地理多疏舛，乃博引群書，以辨九州山川形勢及古今郡國分合異同。此二書出，乃為經學界開一新紀元。夫二書者，各明一義，至為區區，而經學新紀元之名譽，不得不歸之者，何也？蓋三百年來，學者以晉、唐以後之經說

---

[8] 梁啟超重視史學，開創「新史學」研究。他一生強調學術史的建立和推廣，開民國「學術史」研究的先河。

[9] 覘，窺探。

[10] 焉，之處。

[11] 梁啟超在傳統經史子集之外，開創「學術史」的觀念，並嘗試畫分古今學術的分段類別，在文化史上誠一重大貢獻。

[12] 梁啟超不經意言「本朝」，此可概見若干近代學人對於當日清室的情感和知遇，並不一般，由其行文中流露出一些獨特的價值判斷。這和王國維書信中有稱溥儀為「主人」一詞無異。

為不足倚賴,而必求徵信於西漢,此種觀念,實自彼二書啟之。而其引證之詳博周密,斷案之確實犀利,尤足使讀者舌撟心折,而喚起其尊漢蔑宋之感情。(閻書專據康成以折偽孔,胡書多引鄭注及《說文》以正孔疏蔡傳。清儒之崇拜許、鄭,其感情實自此二書始。)蓋二書直接之發明,雖局於一節,而間接之影響,則遍於全體也。故清學正派之初祖,必推二氏。」[13]

3、梁啟超《清代學術概論》(二):

「『清代思潮』果何物耶?簡單言之,則對於宋明理學之一大反動,而以『復古』為其職志者也。」

「其啟蒙期運動之代表人物,則顧炎武、胡渭、閻若璩也。其時正值晚明王學極盛而敝之後,學者習於『束書不觀,游談無根』,理學家不復能繫社會之信仰,炎武等乃起而矯之,大倡『舍經學,無理學』之說,教學者脫宋明儒羈勒,直接反求之於古經。而若璩辨偽經,喚起『求真』觀念,渭攻『河洛』,掃架空說之根據,於是清儒之規模立焉。」

「其全盛運動之代表人物,則惠棟、戴震、段玉裁、王念孫、王引之也。吾名之曰正統派。試舉啟蒙派與正統派相異之點:一、啟蒙派對於宋學,一部分猛烈攻擊,而仍因襲其一部分,正統派則自固壁壘,將宋學置之不議不論之列。二、啟蒙派抱通經致用之觀念,故喜言成敗得失經世之務,正統派則為考證而考證,為經學而治。……其治學根本方法,在『實事求是』、『無徵不信』,其研究範圍,以經學為中心,而衍及小學、音韻、史學、天算、水地、典章制度、金石、校勘、輯逸等,而引證取材多極於兩漢,故亦有『漢學』之目。當斯時也,學風殆統於一。」

「清儒之有功古學者,更一端焉,則校勘也。……清儒則博徵善本以校之,校勘遂成一專門學。諸所校者,或遵善本、或據他書所徵引,或以本文上下互證。或是正其文字,或釐定其句讀,或疏證其義訓。……所校多屬先秦諸子,因此引起研究諸子學之興味。蓋自考據學興,引據惟古是尚。故王念孫《讀書雜誌》已推勘及於諸子,其後俞樾亦著《諸子平議》,與《群經平議》並列。……後此洪頤煊著《管子義證》、孫詒讓著《墨子閒詁》,則躋諸經而為之注矣。及今學者皆以子與經並重,思想蛻變之樞機,有捩於此而關於彼者,此類是也。」

---

[13] 梁啟超在亂世中強調「新民」,對民族有非凡的貢獻,時代意義重大。他認為國家之強大,不在物質,而是繫於精神文化。「新民」是在改革人的思想,需要先了解前人思想的演變過程。梁啟超是用「以古開今」、「古為今用」的觀念,開啟畫分學術思想的歷史分期和研究學術思想史之先河。

「其蛻分期運動之代表人物，則康有為、梁啟超也。當正統派全盛時，學者以專精為尚。自閻若璩攻偽古文尚書得勝，漸開學者疑經之風，於是劉逢祿大疑春秋左氏傳、魏源大疑詩毛氏傳，若周官則宋以來固多疑之矣。康有為乃綜集諸家說，嚴畫今古文分野，謂凡東漢晚出之古文經傳，皆劉歆所偽造，正統派所最尊崇之許鄭，皆在所排擊。則所謂復古者，由東漢以復於西漢。有為又宗公羊，立『孔子改制』說，謂六經皆孔子所作、堯舜皆孔子依託，而先秦諸子亦罔不『託古改制』，實極大膽之論。對於數千年經籍謀一突飛的大解放，以開自由研究之門。其弟子最著者，陳千秋、梁啟超。啟超與正統派因緣較深，時時不慊於其師之武斷，故末流多有異同。清學之蛻分期，同時即其衰落期也。」[14]

4、胡適《四十自述》第四章：

「我個人受了梁先生（啟超）無窮的恩惠。現在追想起來，有兩點最分明。第一是他的《新民說》[15]，第二是他的《中國學術思想變遷之大勢》。梁先生自號『中國之新民』，又號『新民子』，他的雜誌也叫做《新民叢報》。『新民』的意義是要改造中國的民族，要把這老大的病夫民族改造成一個新鮮活潑的民族。他說：『……苟有新民，何患無新制度，無新政府，無新國家！』他的根本主張是：『今日中國群治之現象，殆無一不當從根柢處摧陷廓清，除舊而布新者也。』《新民說》的最大貢獻在於指出中國民族缺乏西洋民族的許多美德。……他指出我們所最缺乏而最須采補的是公德，是國家思想，是進取冒險，是權利思想，是自由，是自治，是進步，是自尊，是合群，是生利的能力，是毅力，是義務思想，是尚武，是私德，是政治能力。他在這十幾篇文字裡，抱著滿腔的血誠，懷著無限的信心，因他那枝『筆鋒常帶情感』的健筆，指揮那無數的歷史例證，組織成那些能使人鼓舞、使人掉淚、使人感激奮發的文章。……《中國學術思想變遷之大勢》也給我開闢了一個新世界，使我知道《四書》、《五經》之外，中國還有學術思想。梁先生分中國學術思想史為七個時代：一、胚胎時代（春秋以前），二、全盛時代（春秋

---

[14] 梁啟超一生重視先秦和近代學術思想，啟示了「史變」的線的研究方法，其中又以一古一今，一起點、一當下的客觀了解最為重要。《清代學術概論》一小書是拓張〈論中國學術思想變遷之大勢〉一文而來，其後更深化的完成《近三百年學術史》一經典著作。

[15] 梁啟超有無比的「愛國」情操。因「愛國」而欲「救國」，因「救國」而圖「新民」。梁啟超首先提出「人的現代化」，有關國民文化性格的改造，包括：愛國心、獨立性、公共心、自治力、去奴性、民權。梁的通俗文字或學術文章，無不強調入世，開民智，嘗言：「醫今日之中國，必使人人知有權，人人知有自由然後可。」梁啟超推行的「新民體」白話文，對後世中國人文字書寫和心智的開拓，更是重要。

末及戰國），三、儒學統一時代（兩漢），四、老學時代（魏晉），五、佛學時代（南北朝、唐），六、儒佛混合時代（宋元明），七、衰落時代（近二百五十年）。（他在《清代學術概論》裡已不認近二百五十年為衰落時代了）。這是第一次用歷史眼光來整理中國舊學術思想，第一次給我們一個『學術史』的見解。……但我讀了這篇長文，終感覺不少大失望。第一，他論『全盛時代』，卻把『本論』（論諸家學說之根據及其長短得失）全擱下了，只注了一個『闕』字。他後來只補作了〈子墨子學說〉一篇，其餘各家始終沒有補。第二，『佛學時代』一章的本論一節也全沒有做。第三，他把第六個時代（宋元明）整個擱起不提。……我在那失望的時期，自己忽發野心，心想：『我將來若能替梁任公先生補作這幾章闕了的中國學術思想史，豈不是很光榮的事業？』我越想越高興，雖然不敢告訴人，卻真打定主意作這件事了。這一點野心便是後來我做《中國哲學史》的種子。[16]」

5、蔣善國〈我所認識的梁啟超與王國維〉：

「（清華學校國學研究院）以吳雨僧（宓）氏為主任，共設五研究室：第一研究室講師為李濟之（濟）先生[17]，每周只授人文學二小時；第二研究室教授為趙元任先生[18]，授普通語言學；第三研究室教授為陳寅恪先生，授東方語言學；第四研究室教授為王靜安（國維）先生，授古史、《說文》、《尚書》、《儀禮》；第五研究室教授為梁任公先生，授歷史研究法、儒家哲學及中國文化史。」

6、周傳儒〈史學大師梁啟超與王國維〉：

「這兩位大師從文化繼承、學術淵源而言，皆同出於乾嘉之學，讀經書，治小學，曾一度受科舉之毒。然皆不久即毅然改途，另治新學。梁師側重經世致用一面，王師側重訓詁考據一面。梁善綜合，好作系統研究，所有著作多洋洋灑灑，遠矚高瞻，不論總論分論，自成系統，自成一家之言。王師則點點滴滴，好為分析比較，作專篇，不著書，據材料之言，說明一事一物即是，不旁搜遠紹，不求系統，不求完整，不為著作添枝葉。梁師貴通，王師貴專；梁師求淵博，王師求深入。一綜合，一分析；一求系統完整，一求片言定案。鵝湖之會，朱譏陸之博大，陸譏朱之支離。朱熹說：『舊學商量加邃密，新知培養轉深沉』；陸九淵說：『博大功夫

---

[16] 梁啟超一生的學術和新民觀念，深深的影響著胡適，也成為胡適學術成長的依循對象和祈待超越的目標。

[17] 中國第一位考古學博士，獲哈佛大學考古學博士。他是科學發掘殷墟的重要主導人物。

[18] 中國語言學之父，他的英文本《中國文法》成為西方學人了解漢語的重要讀物。

於簡易，支離事業竟浮沉。』王師殆紹繼晦庵方法，梁師殆承襲象山方法。梁師於十六歲露頭角，二十餘歲名滿天下[19]。王於二十二歲至滬謀生，半工半讀，四十餘歲始獲成名，五十歲始馳譽全國。一早達，一晚成。若從社會地位，歷史聲望言，梁似為王之先進，實則梁長於王三、四歲，後於王二年而歿，實同行、同輩、同時代人。」

「五四運動發生於一九一九年，時梁四十七歲，王四十三歲。北京方面湧現整理國故浪潮。……（梁）講整理國故，而不講訓詁、考據、名物。他是一個史學家，特別是學術文化史專家，有巨大的貢獻。一般均認太炎為南方學術界的泰山，任公為北方學術界的北斗。一九二三年，北大成立國學研究所，胡適主其事，聘請王海寧為通訊導師。王曾為之講授最近三十年中國之新學術，又公布研究論文題目，如：《詩經》中聯綿字之研究、古音韻之研究、共和以前年代之研究[20]、魏晉以來度量衡之研究等。前此伏處廣倉明智學院，茲一登龍門，名震京師。甲骨鐘鼎學、流沙墜簡學、元史學、西北地理，皆為近代絕世之學。越二年，清華亦成立研究國學門。胡適推薦王海寧、梁新會為導師，繼又增聘陳寅恪、趙元任、李濟，五星繁奎，盛比鵝湖。新會講儒家哲學、歷史研究法、荀子、王陽明。又為大學部諸生講中國文化史。同時為燕京大學講古書真偽及其年代，實為一生用力最專、治學最勤、寫作最之富時間。」

7、王國維〈最近二三十年中中國新發現之學問〉：

「古來新學問起，大都由於新發現。有孔子壁中書[21]出，而後有漢以來古文家之學；有趙宋古器出，而後有宋以來古器物、古文字之學。惟晉時汲冢竹簡出土後，即繼以永嘉之亂，故其結果不甚著。然同時杜元凱注《左傳》，稍後郭璞注《山海經》，已用其說，而《紀年》所記禹、益、伊尹事，至今成為歷史上之問題。然則中國紙上之學問，賴於地下之學問者，固不自今日始矣。此二三十年發現之材料並學者研究之結果，（一）殷虛甲骨文字，（二）敦煌塞上及西域各地之簡牘，（三）敦煌千佛洞之六朝唐人所書卷軸，（四）內閣大庫之書籍檔案，（五）

---

[19] 1895 年，梁啟超 22 歲，參與公車上書，要求變法立憲，自此康梁齊名當世。

[20] 841BC，周召共和，取代無道的周厲王。從此以後，諸侯權取代了王權，正史上都有明確紀年的記載。

[21] 許慎《說文解字》序：「壁中書者，魯恭王壞孔子宅，而得禮記、尚書、春秋、論語、孝經。」

中國境內之古外族遺文。」[22]

8、郭沫若〈古代研究的自我批判〉：

「卜辭的研究要感謝王國維，是他首先由卜辭中把殷代的先公先王剔發了出來，使《史記・殷本紀》和《帝王世紀》等書所傳的殷代王統得到了物證，並且改正了它們的訛傳。如上甲之次為匚乙、匚丙、匚丁，而非報丁、報乙、報丙，主壬、主癸，本作示壬、示癸，中宗乃祖乙而非大戊，庚丁乃康丁之訛，大丁以文丁為是，均抉發了三千年來所久被埋沒的秘密。我們要說，殷墟的發現是新史學的開端，王國維的業績是新史學的開山，那是絲毫也不算過分的。」[23]

9、周勛初〈新材料的利用和舊學風的揚棄——讀王國維〈殷卜辭中所見先公先王考〉〉：

「清末的學風，作為封建社會中的正宗學問，是傳統的經學。一個知識分子，如果在經學上缺乏知識，也就無法廁身於學者之林。可以說，中國封建社會中綿延幾千年而積累起來的各種學術，到了清代出現了回光反照的現象，經學上的今古文之爭，又出現了新的高潮。其中的今文經學可以康有為為代表，古文經學可以章太炎為代表。今文經學依據《公羊傳》這部經典，強調『張三世』的學說，為變法而鬥爭。他們的目的並不在探討古代社會的真相，因此對新出土的材料並不付予多大注意。章太炎學問博大，但經學上的那套所謂『師說』『家數』等因襲的傳統觀念，對他有嚴重的影響，他已不可能破壞原有的思想體系而去采掇新說。從漢代起，經學就與小學結下了不解之緣。識字然後通經，成了古人的共同見解。今文家閱讀的典籍，由隸書寫成。這種社會上通行的文字，大家把它作為交際工具使用，沒有想到此中還要建立什麼學問，因此他們提出的什麼『馬頭人為長』，『人持十為斗』，『屈中為虫』等說，只是就隸書的形體隨意敷衍。這一學派的後人，也就缺乏研究文字學的傳統。例如與王國維同時的梁啟超，就未見有什麼關於文字學的專門著述。顯然，這一派經學家中不可能由考釋卜辭而建立新史學。古文經學家情況不同，他們所讀的經典大都用戰國時的文字寫成，通經之前，先要掌握文字，因

---

[22] 王國維的學術觸覺敏銳，洞察先機，宣示將形成的甲骨學、簡帛學、敦煌學、明清史研究、西夏文、蒙文、滿文研究，明確點出日後學術的方向。

[23] 當日政壇如日中天、驕傲、開創唯物史觀治古史的郭沫若，無疑對王國維的學問是佩服到五體投地的。後來，郭沫若一再注意伏居南方中山大學的陳寅恪的研究動向，其心態恐也是由佩服而好奇而求超越的「好名」卻不甘心的情懷。

此他們對文字的形、音、義很重視,一些著名的經學家,大都在小學上有深厚的修養。王國維曾作〈兩漢古文學家多小學家說〉一文,闡述此理。而古文經學中的大師許慎作《說文解字》,更對漢字的構造作了系統的歸納與闡釋。因為他研究的對象是秦代通用的篆文和部分戰國時代的古文,還保留著象形文字原來的形體結構的遺迹,這就為後人的研究古文字提供了階梯,可以由此進窺金文、甲骨的奧秘。」

「王國維在十八歲之前,廣泛地讀過經書,也讀過《說文解字》,但對此並無熱情,只是一般性的學習而已。十九歲至三十五歲時,接受了新學,鑽研哲學與文學,與傳統的所謂國學關係疏遠。民國成立後,他於 1912 年隨羅振玉東渡,興趣轉到古史上去,這才認真地鑽研經學和小學。他繼承的是乾嘉學派的傳統,對於許慎、段玉裁等人在小學上的貢獻,極為欽佩。但他不像正宗的古文經學大師章太炎那樣,並不拘守什麼『師法』或『家數』,因為他走的不是這種傳統的路子。」

「由於學派的不同,各人古史的看法也不一樣。章太炎等人還相信古來的三皇五帝之說;康有為倡孔子改制之說,以為堯、舜等人都是孔子改制而假託的聖人,他又提倡新學偽經之說,以為古文經傳出劉歆偽造,這就興起了一股疑古之風。五四運動前夕,胡適自美國回來,在北京大學講授中國哲學,就把古代略去,直接從周宣王時講起,曾經震動一時,好多人認為他有見解。王國維的情況不同,他既不墨守,也不疑古。因為他在當時,甚至還可以說是偏於『保守』的人物。即如〈殷卜辭中所見先公先王考〉一文中提到的古代史中事件,如契父帝嚳,為商人所自出;奚仲作車,相土乘馬,王亥服牛,深信古來傳統之說,沒有表示任何懷疑。從中可以看到,他的研究古史,首先是信其有,然後參照地下發掘材料,進行補充和糾正。他是在相信司馬遷著《史記·殷本紀》確有根據的前提下,然後進行比較的研究。」

10、陳寅恪〈王靜安先生遺書序〉:

「自昔大師巨子,其關繫於民族盛衰學術興廢者,不僅在能承續先哲將墜之業;為其託命之人,而尤在能開拓學術之區宇,補前修之未逮;故其著作可以轉移一時之風氣,而示來者以軌則也。[24]

先生之學術博矣!精矣!幾若無涯岸之可望,轍跡之可尋,然詳繹遺書,其學術內容及治學方法,殆可舉三目以概括之者。

一曰:取地下之實物與紙上之遺文,互相釋證;凡屬於考古學及上古史之作,如:『殷卜辭中所見先公先王考』及『鬼方、昆吾、玁狁考』等是也。

---

[24] 陳寅恪此語稱譽王國維,亦是陳自道之詞。

二曰：取異族之故書與吾國之舊籍，互相補正；凡屬於遼、金、元史事及邊疆地理之作，如：『萌古考』及『元朝秘史之主因亦兒堅考』等是也。

三曰：取外來之觀念與固有之材料，互相參證；凡屬於文藝批評及小說戲曲之作，如：『紅樓夢評論』及『宋元戲曲考』等是也。

此三類之著作，其學術性質，固有異同，所用方法，亦不盡符會[25]；要皆足以轉移一時之風氣，而示來者以軌則，吾國他日文史考據之學，範圍縱廣，途逕縱多，恐亦無以遠出三類之外，此先生之遺書，所以為吾國近代學術界最重要之產物也。

今先生之書，流布於世，世之人大抵能稱道其學，獨於其平生之志事，頗多不能解，因而有是非之論。寅恪以為古今中外志士仁人往往憔悴憂傷，繼之以死，其所傷之事、所死之故，不止局於一時間、一地域而已。蓋別有超越時間地域之理存焉，而此超越時間之地域理性，必非其同時間地域之眾人、一地域所能共喻。然則，先生之志事，多為世人所不解，因而有是非之論者，又何足怪耶？」

11、陳寅恪〈王觀堂先生輓詞〉：

「凡一種文化值衰落之時，為此文化所化之人[26]，必感苦痛，其表現此文化之程量愈宏，則其所受之苦痛亦愈甚，迨既達極深之度，殆非出於自殺無以求一己之心安而義盡也。」

12、陳寅恪〈王靜安先生紀念碑記〉：

「士之讀書治學，蓋將以脫心志於俗諦之桎梏真理，因得以發揚思想，而不自由毋寧死耳！斯古今仁聖所同殉之精義，夫豈庸鄙之敢望？先生以一死見其獨立自由之意志，非所論於一人之恩怨、一姓之興亡。……先生之著述或有時而不章，先

---

[25] 「三目」涵蓋地下與地上材料對、東西方古古文獻對、東西方今古文獻對。主要精神在互較的一個「對」字上。傅斯年曾說：「史學是史料之學」，我們也可以對應的說：「學術研究是對比異同之學」。

[26] 舉凡背負文化使命於一身的人，其一心執著要解決和傳承的，是上下五千年的文化，而不只是一時一地的文化。如民初時，章太炎遭袁世凱軟禁於北京，他在家書中自稱：「吾死以後，中夏文化亦亡矣！」劉大杰在抗日時，撰寫唯物史觀的《中國文學發展史》，曾自誇道：「我死，文學史誰寫？」熊十力在講課時，自豪的指著自己的嘴，說：「談中國文化，在這裡！」又說：「當今之世，講晚周諸子，只有我熊某能講，其餘都是混扯。」這些傲慢得可愛的人物，都是極具自信豪情，對中國文化有熾熱情感，而將一己生命寄身於文化之中的稀有學人。

生之學說或有時而可商,惟此獨立之精神,自由之思想,歷千萬祀與天壤而同久,共三光而永光。」[27]

13、陳寅恪〈七律哀挽〉:

敢[28]將私誼[29]哭斯人,文化神州傷一身[30]。
越甲未應公獨恥(甲子歲馮兵逼宮,柯、羅、王約同死而未果)[31],湘累[32]寧與俗同塵。
吾儕[33]所學關天意,並世相知妬道真[34]。
贏得大清乾淨水,年年嗚咽說靈均。

14、陳寅恪〈陳垣敦煌劫餘錄序〉:

「一時代之學術,必有其新材料與新問題。取用此材料,以研究問題,則為此時代學術之新潮流。治學之士,得預於此潮流者,謂之預流。其未得預者,謂之未入流。此古今學術史之通義,非彼閉門造車之徒,所能同喻者也。」[35]

---

[27] 此碑文內容,無疑是陳寅恪在日後文革時期毫無援助時自我策勵的精神泉源。「獨立之精神,自由之思想」,也成為近代無數學人畢生的座右銘。

[28] 敢,大膽的;又或作反詰問「怎敢」。

[29] 個人情誼。於公,王國維為文化而殉節,是得其所安,不需要哭;於私,是二人相知相惜,無限的不捨,自然要大哭。
王國維、陳寅恪二人骨子裡都是滿清王朝的遺民,對清室言是名符其實的「文化遺老」。陳寅恪的祖父陳寶箴,官拜湖南巡撫,受知於曾國藩,協助光緒變法,後遭慈禧罷官。八國聯軍攻陷北京城前夕,1900.6.26 承密詔令他自盡。陳寅恪的父親陳三立,思想開明,和黃遵憲、梁啟超、嚴復結交,其後退出政壇。1937.7.7 蘆溝橋事變,絕食而死。於此,可概見陳寅恪本人的政治、文化認同的背景。

[30] 指王國維為文化為國家而結束自己的生命。

[31] 言國民革命軍逼宮在前;北伐軍又羞辱在後。

[32] 無罪而死稱累。王國維在書信中直稱清廢帝溥儀為「主人」,此一稱呼可深玩味,足見王國維內心中對清室留存深厚過人的情感。

[33] 王國維博通古今,陳寅恪學貫中西,均稱絕學。

[34] 妬,忌妬,迷失。言當世之人對王國維的自沉評論,不得其真相。

[35] 學人能開創能留名,就在「預流」二字。此非絕頂聰明,復融匯貫通之人不能道。

15、胡適〈沁園春——誓詞〉[36]：

「文章要有神思。到琢句雕詞意已卑。定不師秦七、不師黃九，但求似我，何效人為？語必由衷，言須有物，此意尋常當告誰？從今後，儻傍人門戶，不是男兒。

文章革命何疑！且準備擎旗作健兒。要前空千古，下開百世，收他腐臭，還我神奇。為大中華，造新文學，此業吾曹欲讓誰？詩材料，有簇新世界，供我驅馳。」

16、胡適〈治學的方法與材料〉：

「科學的方法，說來其實很簡單，只不過是『尊重事實』、『尊重證據』。在應用上，科學的方法只不過『大膽的假設，小心的求證』。[37]在歷史上，西洋這三百年的自然科學都是這種方法的成績，中國這三百年的樸學也都是這種方法的結果。……這三百年的成績，有聲韻學、訓詁學、校勘學、考證學、金石學、史學，其中最精的部分都可以稱為『科學的』；其間幾個最有成績的人，如錢大昕、戴震、崔述、王念孫、王引之、嚴可均，都可以稱為科學的學者。……然而，從梅鷟的《古文尚書考異》到顧頡剛《古史辨》，從陳第的《毛詩古音考》到章炳麟《文始》，方法雖是科學的，材料始終是文字的。科學的方法，居然能使故紙堆裡大放光明，然而故紙的材料終究限死了科學的方法。故這三百年的學術，也只不過文字的學術，三百年的光明，也只不過敗紙堆的火燄而已！……不但材料規定了學術的範圍，材料並且可以大大地影響方法的本身。文字的材料是死的，故考證學只能跟著材料走。從文字的校勘以至歷史的考據，都只能尊重證據，卻不能創造證據。……紙上的學問也不是單靠紙上的材料去研究的。單有精密的方法是不夠用的。材料可以限死方法，材料也可以幫助方法。三百年的古韻學，抵不得一個外國

---

[36] 胡適早年留美時所作。

當時中國留學生主要派別有二，一是以胡適為代表，強調中西文化的差異和中國傳統文化的落後，亟需要全面改革。主張輸入西洋學理，再造中華文化；一是以陳寅恪、吳宓、梅光迪為代表，高度肯定中國傳統文化的思想主體，並努力尋覓中西文化的交融契合點。胡適一生的際遇，較接近梁啟超。其從政、改革民族文化和推展白話詩文的熱情，應有受梁啟超的影響。

[37] 胡適的「大膽的假設，小心的求證」十字方法，重在「求證」。方法的細部流程，是：1.歸納少數相關材料，進行初步假設。2.依據假設方向，擴大歸納大量相關材料。3.尋求證據，調整假設方向。4.建立規律。5.經過時日考驗，檢視假設。6.逼近真理。

學者運用活方言的實驗。[38]幾千年的古史傳說禁不起兩三個學者的批評指摘。[39]然而,河南發現了一地的龜甲獸骨,便可以把古代殷商民族的歷史建立在實物的基礎之上。[40]一個瑞典學者安特森(J. G. Anderson)發現了幾處新石器,便可以把中國史前文化拉長幾千年。[41]向來學者所認為的學問,如今都要跳在故紙堆外研究了。」

17、胡適〈介紹我自己的思想〉:

「整理國故的方法總論,有三個要點:第一、用歷史的眼光來擴大研究的範圍。第二、用系統的整理來部勒研究的資料。第三、用比較的研究來幫助材料的整理與解釋。……少年的朋友們,莫把這些小說考證看作我教你們讀小說的文字。這些都只是思想學問的方法的一些例子。在這些文字裏,我要讀者學得一點科學精神,一點科學態度,一點科學方法。科學精神在於尋求事實,尋求真理。科學態度在於撇開成見,擱起感情,只認得事實,只跟著證據走。科學方法只是『大膽的假設,小心的求證』十個字。沒有證據,只可懸而不斷;證據不夠,只可假設,不可武斷;必須等到證實之後,方才奉為定論。……從前禪宗和尚曾說,『菩提達摩東來,只要尋一個不受人惑的人。』我這裏千言萬語,也只是要教人一個不受人惑的方法。被孔丘、朱熹牽著鼻子走,固然不算高明;被馬克思、列寧、斯大林牽著鼻子走,也算不得好漢。我自己決不想牽著誰的鼻子走。我只希望盡我的微薄的能力,教我的少年朋友們學一點防身的本領,努力做一個不受人惑的人。」[42]

18、錢穆《國學概論》〈最近期之學術思想〉:

「今將論最近期之學術思潮,……較而論之,不越兩途:一則汲舊傳之餘波,

---

[38] 瑞典漢學家高本漢,首先運用羅馬併音併出每一個漢字的上古(先秦)、中古(隋唐)、近代(元明)、現代的音讀,並注意到閩、粵的方言調查。
[39] 胡適、錢玄同支持的古史辨學派,以顧頡剛為首,提出「層累地造成的古史」:時代愈晚,敘述歷史愈清楚。
[40] 傅斯年曾預言:「今後的學問,要由一鏟子一鏟子挖出來。」果然。
[41] 安特森透過彩陶文化系聯的觀念,提出中國古代文化是經由中東而甘肅而河南的「文化西來說」。
[42] 胡適的感染力在文字。淺白的行文,細細的、輕輕的帶出系統的道理和不具火氣的純真,兼以情理服人,是胡適的過人處。

一則興未有之新瀾。[43]言其承接舊傳之部，則有諸子之發明，龜甲文之考釋，與古史之懷疑。三者，蓋皆承清儒窮經考古之遺，而稍變其面目者也。清儒雖以治經餘力，旁及諸子，而蓽路藍縷，所得已夥。至於最近學者，轉治西人哲學，反以證說古籍，而子學遂大白。最先為餘杭章炳麟，以佛理及西說闡發諸子，於墨莊荀韓諸家皆有創見。績溪胡適、新會梁啟超，繼之而子學遂風靡一世。」

19、錢穆〈新亞校歌〉[44]：

「山巖巖，海深深，地博厚，天高明。人之尊，心之靈。廣大出胸襟，悠久見生成。　十萬里上下四方，俯仰錦繡。五千載今來古往，一片光明。五萬萬神明子孫，東海西海、南海北海有聖人。　手空空，無一物，路遙遙，無止境。亂離中，流浪裡，餓我體膚勞我精。艱險我奮進，困乏我多情。　千斤擔子兩肩挑，趁青春，結隊向前行。」[45]

20、毛澤東〈沁園春——雪〉1936年2月延安作：

「江山如此多嬌，引無數英雄競折腰。
惜秦皇漢武，略輸文采；唐宗宋祖，稍遜風騷。
一代天驕，成吉思汗，只識彎弓射大雕。
俱往矣，數風流人物，還看今朝。」[46]

---

[43] 錢穆治學重視民族情感，強調史學精神的承古與開新。他治史由諸子入手，改變經學對讀書人的影響，復注意到中西學「會通、參證」的重要。

[44] 錢穆親自撰寫的校歌。新亞的校訓，是「誠明」二字，取自《中庸》。

[45] 新亞精神，是講求人生克難中，生命勇於面對困厄的奮鬥精神。

[46] 毛澤東的草莽霸氣和豪爽的文字情懷，無疑構成近代學術在「政治與學術」之間一重要的思考定點。

第五章　近代學人推介書目

　　近代讀書人喜羅列書單，將讀書的經驗和軌則示人，使後學得知治學管窺和因循。然而，由於時代的差異，思慮和切入重點的不同，各家所搜羅的進階書目互有出入。讀者宜依個人才性和能力，擇取其最大公約，順序精讀之。

1.章太炎〈中學國文書目〉[1]：

「一、經部：尚書[2]、毛詩[3]、周禮[4]、春秋左傳[5]。

二、史部：史記[6]、資治通鑑、續通鑑、明通鑑、清五朝東華錄。

三、子部：老子、莊子、荀子、韓非子、呂氏春秋、中論、申鑒、顏氏家訓、文中子、二程遺書、王文成公全書、顏氏學記。

四、集部：古文辭類纂、續古文辭類纂、古詩源、唐詩別裁。

五、文字訓詁音韻之書：說文句讀、說文解字注、爾雅義疏、廣韻、經傳釋詞。

六、諸子類[7]：世說新語、夢谿筆談、困學紀聞、日知錄、十駕齋養新錄。

七、法律、禮制之書[8]：中華民國憲法、中華民國刑律、儀禮喪服篇、清服制圖。」

2.梁啟超〈治國學的兩條大路〉：

「我以為研究國學有兩條應走的大路：

---

[1] 儒家「大學、中庸、論語、孟子」四書，本屬啟蒙孩童的書，不在此中學生推薦之列。

[2] 上古帝王的誥命，治國的方案，呈現民族精神的源頭。

[3] 上古的民間歌謠，經過聖人的整理刪訂，具微言大義和社會實況。

[4] 上古的職官制度、理想的行政官制，反映古代社會文明。

[5] 古文經，具聖人的微言大義，讀史可知興替。

[6] 第一本通史，深具史學精神。司馬遷撰《史記》的「究天人之際，通古今之變，成一家之言」三句書，成為古往今來讀書人治學追求的目標。

[7] 近人語錄和讀書心得。

[8] 求實用與新民之知。

一、文獻的學問，應該用客觀的科學方法去研究[9]。
二、德行的學問，應該用內省和躬行的方法去研究[10]。」

3. 梁啓超〈最低限度之必讀書目〉：

「今自為擬一真正之最低限度書目如下：

四書、易經、書經、詩經、禮記、左傳。老子、墨子、莊子、荀子、韓非子。戰國策、史記、漢書、後漢書、三國志、資治通鑑（或通鑑記事本末）、宋元明記事本末。楚辭、文選、李太白集、杜工部集、韓昌黎集、柳河東集、白香山集。其他詞曲集，隨所好選讀數種。以上各書，無論學鑛、學工程……皆須一讀。若並此未讀，真不能認為中國學人矣！[11]」

4. 胡適〈中學國故叢書〉目錄：

「詩經、左傳、戰國策、老子、論語、墨子、莊子、孟子、荀子、韓非子、楚辭、史記、淮南子、漢書、論衡、陶潛、杜甫、李白、白居易、韓愈、柳宗元、歐陽修、王安石、朱熹、陸游、楊萬里、辛棄疾、馬致遠、關漢卿、元曲選、明曲選。」[12]

5. 汪辟疆〈中學國學用書序目〉：

「學校教學國文之弊，其最顯著者有二：則用耳不用目，用口不用手是已。……問途國學，先之以讀史，繼之以讀經，終之以學文。史與經，立身之本也，文則餘事耳。義理備在經史，無取別立品目。曷言乎先之以讀史也？蓋史為學術之總匯，亦為治事之楷模，一切學術皆以時代為因緣，而一朝之政治制度，社會情狀，皆足以影響於學術。有成周學在官師之制，而後有晚周諸子之勃興；有秦政焚書坑儒之舉，而後有兩漢今學古學之爭執；它如漢武崇儒，而兩晉、南北朝之道佛蔚然鼎盛；五代棄禮，而兩宋、元、明之理學隱操中權；此其徵驗也。故讀史可以判得失，斷興亡，測未來，究利病。以立治事治人之標準，此又不待煩言也。今既讀史而知歷代之得失矣，當進而求之於經，庶幾循流溯源，可知古先哲王之規畫宏遠，沾溉百代。治經要義，一則可以稽制度，一則可以益身心；前者為考據學，

---

[9] 治學求知，是知識永恆的線。
[10] 為人成聖，是立德永恆的線。
[11] 最後兩句話，真真讓多少當代所謂知識分子、教授、博士感到汗顏。
[12] 胡適的必讀書，明顯已放下「經」的包袱，其中古今正俗的量有一定的對比。

後者為義理學；此其大用也。

（一）基本書。論語、孟子、禮記、荀子、莊子、春秋左氏傳、國語、戰國策、史記、漢書、詩經、楚辭、文選、爾雅、說文解字。上列十五部，為經史基本書，宜取全書細讀細講，如時日有未逮，亦宜就全書擇要授讀；若但取節本，則終身不知此數書有幾卷矣。今略言之：孟、論、禮記、荀子，義理之淵藪也；語、策、左、史、班書，記事之楷模也；詩經、莊子、騷、選，文章之源泉也；爾雅、說文，識字之基礎也。

（二）閱覽書。資治通鑑、通典。

（三）稽考書。群經檢目、十三經索引、說文通檢、紀元通譜、中國大事年表、歷代名人年譜、歷代名人生卒年表、歷代地理沿革表、歷代職官表、中國文學年表、歷代輿地全圖、中國分省新圖、經籍籑詁、辭通、中國人名大辭典、中國古今地名大辭典、書目答問、四庫全書總目提要。

夫治學之法，首貴識途；而識途之力，尤貴探本。得其本者，則足以俯視一切，高據上流；失其本者，則雖目疲墳籍，而奧旨莫窺，群言靡斷，此治學之大患也。」

6.周予同〈國文學習法〉：

「幾部重要的書籍：

甲、關於工具方面的。康熙字典（商務印書局）、經籍籑詁（阮元）、說文解字段氏注（經韻樓原刻本）、辭源（商務印書局）、馬氏文通（馬建忠）、經傳釋詞（王引之）、書目答問（張之洞）、四庫全書總目提要（點石齋石印本）、古今偽書考（姚際恆）。

乙、關於學術思想方面的。胡適文存（胡適）、東西文化及其哲學（梁漱溟）、清代學術概論（梁啟超）、明儒學案（黃宗羲）、增補宋元學案（黃宗羲撰、全祖望修補）、中國哲學史大綱上卷（胡適）、老子、莊子集釋（郭慶藩）、論語（朱熹集註本）、孟子（朱熹集註本）、荀子集註（王先謙）、墨子閒詁（孫詒讓）、韓非子集釋（王先謙）。

丙、關於文藝方面的。水滸傳（亞東圖書館本）、儒林外史（吳敬梓）、紅樓夢（曹霑）、長生殿（洪昇）、桃花扇（孔尚任）、宋元戲曲史（王國維）、宋六十家詞（毛晉）、全唐詩（揚州原刻本）、文選（蕭統編、李善注）、樂府詩集（郭茂倩編）、文心雕龍（劉勰）、楚辭集注（朱熹）、戰國策（高誘注）、春秋左氏傳（杜預注）、詩經（毛鄭傳箋本、朱熹集傳本）。」

7. 王國維《古史新證》〈總論〉：

「吾輩生於今日，幸於紙上之材料外，更得地下之新材料。由此種材料，我輩固得據以補正紙上之材料，亦得證明古書之某部分全為實錄，即百家不雅馴之言，亦不無表示一面之事實。此二重證據法，惟在今日始得為之。」

「所謂紙上之史料，茲從時代先後述之：（一）尚書，（二）詩，（三）易，（四）五帝德及帝繫姓，（五）春秋，（六）左氏傳、國語，（七）世本，（八）竹書紀年，（九）戰國策及周秦諸子，（十）史記。[13]

地下之材料，僅有二種：（一）甲骨文字，（二）金文。此二種材料，可以證明諸書或補足糾正之。」

8. 屈萬里《古籍導讀》：

「初學必讀古籍簡目。

經部：論語、孟子、周易、尚書、詩經、周禮、禮記、春秋左傳、孝經、爾雅、說文解字、經學歷史（皮錫瑞）。

史部：史記、漢書、後漢書、三國志、資治通鑑、續資治通鑑、明史紀事本末、國語、戰國策、宋元學案、明儒學案、考信錄。

子部：荀子、韓非子、墨子、呂氏春秋、老子、列子、莊子。

集部：楚辭、陶淵明集、李太白詩集、杜工部集、韓昌黎集、白氏長慶集、文選、文心雕龍。」[14]

附：朱歧祥最低限度的十種中文人應熟讀書目：

「詩經（國風）、楚辭（九歌、天問、離騷）、論語、老子、莊子（內七篇）、史記（自序、70 列傳）、李商隱詩、李煜詞、人間詞話（王國維）、四十自述（胡適）。」

---

[13] 王國維所引的十種紙上材料，成為後人研治古史，和對應地下文物的基本可靠書籍。

[14] 屈書分上中下三編。上編述古籍概略。中編明版本辨偽。下編分經書解題八種，包括：論語、孟子、周易、尚書、詩經、周禮、禮記、左傳。以上八書，是屈先生認為省無可省必讀之中國書，讀者透過屈書目錄的安排，自能心領神會，得長者的讀書法。

第六章　近代學人的學術生平

　　自晚清張之洞力主「中學為體，西學為用」的變革口號之後，一般知識分子無不以圖強救國為目的。學術界咸認為單純的經學不足以支應西學的挑戰，一致期待要有中西兼備的「典範」出現。理想的人物，像：王國維，王在上海透過學習日文、英文和翻譯，大量吸收西學，撰寫推廣西方教育、心理、美學、哲學等的文章，又開創「二重證據」精研上古史和甲骨文字；陳寅恪，陳遊學哈佛、巴黎、柏林大學等西方名校，學貫中西，精通多國古今語言，既「博」且「精」，被譽為近代最有希望的讀書種子；胡適，胡自美獲哲學博士學位，返北大任教，提倡白話文學，一年即編成《中國古代哲學史》，正恰好滿足這個時代求「新」求「變」的需要，兼具西方哲學觀和求實證的個人看法而「暴得大名」。

　　王國維在《觀堂集林》卷 23〈沈乙庵先生七十壽序〉曾分析清代學術三變：「我朝三百年間，學術三變，國初一變也，乾嘉一變也，道咸以降一變也」，「國初之學大，乾嘉之學精，道咸以降之學新」，「道咸以降之學，乃二派之合而稍偏至者，其開創者仍當於二派中求之焉」。王國維點出學術的重大發展流程，有三：「大、精、新」。而舉凡學術之變之要，亦在於此三者的調和。其中的「新」，開新以求變，具「預流」的時代意義，然而時代的價值一過，「新」的立場即可能轉而為「舊」。因此，「新」可號領一代一時風騷，但並不能確保其學術的永恆不變。「大」，指博大，能厚積根本，然其弊易流於氾濫、粗淺和貪多。「精」，指專精，單點突破，逼近真相，恐才是治學的最核心法門。胡適曾評述治學的目標：「為學要如金字塔，要能廣大要能高」，說的也正是既須淵博為基礎，最終又當以精深為專業。近代學人治學，最初如章太炎、梁啟超、王國維等，都以博通為目標，及至胡適講究學術史、金岳霖重視邏輯學、董作賓畢生治甲骨、徐復觀追求思想脈絡等，盡在專精之業上各領風騷。由此看來，近代治學整體的趨向，是由通人而轉於專才。

　　細思今後治學能成其大者，宜先由博而精，再復精而博以求通。讀書由廣大入手，經聚焦而集中力氣在一專業研究的突破，再累積成果，建構另一專精之業，以作對比觀照之資。恆有餘力或天分，再完成第三專業，三點相連以成一通達之面，方能成就一代文化巨人。王國維的研治經歷，由西學而文學而經史學而小學而考古

而西北地理，正給與後學清晰的精通典範。

　　由清過渡至民國，百年之間傳統經學一再遭稀釋其影響力。學術自乾嘉以降，原以考據校勘小學為治學基礎，歷經由經學而史學而子學而文學，一以貫之，莫不以此為根本。其後梁啟超、胡適等適逢掌握時代的變易，提倡白話，強調諸子學，推倒自漢以迄明清以來對儒門一貫獨尊的立場，復以平等的眼光對待一切思辯學派。一方面是面對西學，嘗試西化革新，一方面企圖在中國學問中尋覓出和西學可相抗衡的因子。因此，自章太炎開始，梁、胡等莫不放下尊經傳統，大膽對文化的根「先秦諸子」重新評價，如：拋開傳統孔聖人的包袱，將老子置於孔子之前，強調荀子在儒家「獨創」的位置。說「老子是革命家」，具時代的反動、政治的反動精神。拓大墨子的學術意義，與孔孟等量齊觀。甚至提出墨辯、名家已有類似西方的幾何、力學、光學、名學等超時代的知識。梁、胡在學術史的開創，將經的位置，轉而為一般史料看待，自有其時代貢獻，但在具體問題討論、真相的尋覓證據充分與否，實有商榷的空間。同時，相對於新民體白話文的推廣和文化的稀釋短視，從此讓「學術」追求的「淵博」轉趨於普羅化、大眾化，甚至粗俗化，並逐漸離開傳統民族的致用精神，改為單純的科學「求真」研究，收窄了傳統「學術」一貫的影響力。放眼今日，所謂「學術」多束諸高閣，甚至進一步失卻了專精之業，只轉化為文學欣賞、文化普及的通俗功能，聊備一格。這結果恐怕是梁、胡當年設想不到，也是當代逐步踏上功利導向的「庸俗文明」底下無奈的歧途發展。

　　檢討中國近百年學術，學人遭逢社會的動盪、政局的更革，被無情的撕裂摧毀，無一倖免，讓中國浪費了無數人才和發展機會。如聰明絕頂的傅斯年，將大好的歲月置放在國家民族、政治批判和算計之中；如顧頡剛，太多太早名利追逐的企圖，讓治學之心不純；如淒然無奈的陳寅恪、陳夢家、梁思成等，在混亂的政局中中止了本該擁有大成的研究。殘酷的社會，漂泊的身心，考驗著這些「一代宗師」在純學術的業績，讓許多聰明學子最終無法在治學上持續作出重大的突破。

　　百年孤寂，堅守實難，細數歷代領風騷、開先河的學界名人，何只以百數。我們的考量標準，涵蓋有聰明、用功、預流、典範、持之以恆、民族文化的氣節等多項。而兼具在質在量在堅持、在霸氣在豪情在創獲，都能領袖群倫的，要數章太炎、梁啟超、王國維、楊樹達、陳寅恪、胡適、郭沫若、顧頡剛、董作賓、錢穆、于省吾、徐復觀、屈萬里、陳夢家等十四位的貢獻，尤為重要，彌足以感動後世有識之士，影響殊深。十四人之中，有一半是在思想史上用力，有超過六人是專注於新出土材料的發明。當中，又以「章博、梁變、王精、胡新」四人，開展近代學風，最為學界肯定，而王國維的既博且精，文字處處珠璣，「鑿破鴻濛」，極具開創潛力；王國維的學人風骨，更是深受後人景仰。

王國維的論學，與同時稍後的陳寅恪最為契合，二人一重視地下材料，一強調東西語言的對比系聯，均有開創之功。二人同時又兼具有：

　　1.落實用科學方法以整理國故。2.對中國傳統文化有莊嚴的敬意和熱愛。3.有創新的天才。4.對個人有悲觀的人生觀而對民族信心則擁有達觀的肯定。5.有經世致用的想法。6.具固執堅持的讀書人風骨。只可惜二人的生命，都沒能有一般世俗所謂完美的結束。時間對於陳寅恪，更是不公平。

　　其他如章太炎廣大而具俠義、梁啟超博通而多變、楊樹達上接乾嘉樸學、胡適讓國學進入民間、董作賓獨守專精之學、陳夢家思敏絕頂、錢穆以溫情治史、徐復觀的豪情霸氣，都堪稱為一代讀書人靈氣之所聚。

　　中國學術，早在周秦時期展開，歷經先秦子學、兩漢經學、魏晉玄學、隋唐佛學、宋明理學、清代樸學等不同階段，進入民國以降的學術活動，則以考古學最為顯學。廣義的考古，涵蓋甲骨學、金文研究、竹帛學、古文字研究等，率以地下出土文物為主，可靠的文獻為輔，具開創、獨立的特色。近代的田野考古，首以科學發掘殷墟開始。所謂「科學整理國故」，所謂「中國考古學的誕生」，亦幸得中研院史語所十五次發掘殷墟的成果，才得以真正落實。近百年學術一再強調研究方法，由文獻的詮釋轉向出土文物的對比，此王國維提出的「二重證據法」始終為各學脈咸相服膺的主因。而地下材料之中，以殷墟甲骨文的時代意義最顯重要。

　　甲骨學是一門「根本」的學問，甲骨文作為最早的字原，足以批判歷代的語言文字。甲骨卜辭作為記錄殷人文化的一手資料，亦足以直接研治三代歷史，評鑑文獻。今日無論經史文學等傳統研究，都已習慣使用對應的考古材料，追求史實的真相，此甲骨金文等古文字之所以於今日研治學術文化有無法取代的地位，也成為近百年人文科學成就的重要指標。如王國維、楊樹達、董作賓、郭沫若、陳夢家、于省吾諸傑出學人，無不用力於研契之「預流」方向，於此可證。

　　以下，按生年的先後，逐一謄錄十四位近代學界拔萃的「學術生平」主線，並嘗試用夾述夾註的方式，隨文酌加評論其研究特色。文中將諸君的名山業績，細細平鋪並列，對比的分析彼此學術定位的優劣處，以供後之好學者前後參照。

一、章太炎學術年表

1868　1 歲，11 月 30 日生於杭州西面的餘杭。名炳麟。後因仰慕顧絳（炎武）之行事，改名絳，號太炎。[1]章太炎是書香世家，曾祖父是海鹽縣學訓導，祖父曾是國子監生，父親名濬，擔任過杭州詁經精舍監院。章家又以醫學傳家。章太炎為家中幼子，生而聰穎。

1873　6 歲，啟蒙讀書識字。是年梁啟超生。

1876　9 歲，外祖父朱左卿來課讀經，注重音讀，授以《春秋》大義，閒時為章太炎講述明清遺事。

1877　10 歲，是年王國維生。

1879　12 歲，外祖談及蔣良騏《東華錄》的曾靜案，章太炎憤異族入主中國，已有「夷夏之辨」的大義想法。

1883　16 歲，患眩暈症和癇疾。當赴縣童子試，因病未往。讀《史記》、《漢書》和《老》《莊》諸子，明訓詁的重要，開始研讀《說文解字》等小學著作。

1884　17 歲，讀四史、《文選》、《說文》。

1885　18 歲，初讀唐《九經義疏》。長兄章籛告以讀經門徑，始治顧炎武《音學五書》、王引之《經義述聞》、郝懿行《爾雅疏證》。自此一心治經，文必法古，讀書益勤。

1887　20 歲，讀明稗史，有排滿的思想。

1888　21 歲，讀經訓，旁及諸子史傳，有「著述之志」[2]。

1890　23 歲，父歿。入讀詁經精舍，從俞樾治小學。並數謁黃以周問學。始讀《通典》。

---

[1]　章太炎的生平整理，主要參考《太炎先生自定年譜》、林尹〈章炳麟之生平及其學術文章〉、張玉法〈章炳麟的學術成就〉、姚奠中編《章太炎學術年譜》、陳平原編《追憶章太炎》。

[2]　語見《太炎先生自定年譜》。

1891　24 歲，有古今文師說的觀念。始撰《膏蘭室札記》四卷[3]，三年而成。

1893　26 歲，章太炎在《詁經精舍課藝》七集中，先後發表有 17 篇解經義的文章，是章太炎最早的著述文字[4]：〈壯于頄解〉、〈祖乙圮于耿解〉、〈無酒酤我解〉、〈春秋祭酺解〉、〈高聲昆解〉、〈弓矢舞解〉、〈比年小聘三年大聘五年一朝解〉、〈躐席解〉、〈梁曰薌萁解〉、〈八十曰耋九十曰耄解〉、〈毋出門解〉、〈昭十年不書冬說〉、〈趙孟為客解〉、〈魯于是如尚羔解〉、〈荊尸解〉、〈虞幕考〉、〈九貉解〉。

1896　29 歲，撰《春秋左傳讀》[5]。《詁經精舍課藝》八集出版，章文入選多達八篇，以考證三禮為多。梁啟超在上海編《時務報》，向章太炎邀稿[6]。11 月，章太炎寄〈論亞洲宜自為唇齒〉一文與《時務報》。12 月，梁啟超特聘章太炎為記者。

1897　30 歲，不滿康、梁倡言孔教，更不滿康以素王、南海聖人自居[7]，3 月，脫離《時務報》，自上海返杭。讀孫詒讓《墨子閒詁》，「新義紛綸，實近世奇作」，乃致書求教於孫。又因友宋恕的推介，得讀佛典《大乘起信論》，常諷誦之，後復觀《涅槃》、《維摩詰》、《華嚴》、《法華》諸經，「漸進玄門」。章太炎創立「興浙會」，是一政治兼學術組織，主張變法圖強，學通古今，經世致用和法後王。7 月，創辦《經世報》，倡言變法，議論時政。8 月，撰稿《實學報》，發表〈儒道〉、〈儒兵〉、〈儒法〉、〈儒墨〉、〈儒俠〉等比較儒學與諸子的文章，反對傳統的獨尊儒術。10 月，主筆《譯書公會報》。

1898　31 歲，年初，應張之洞邀，至湖北籌辦《正學報》，旋因理念不合而離

---

[3]　《札記》卷一著 231 條，卷二著 155 條，卷三著 88 條，全書共 474 條，皆古籍以至西學考釋駁論之作。這種用「札記」撰文的寫作方式，無疑是受了清儒顧炎武《日知錄》、王念孫《讀書雜誌》等的影響。沈延國《札記校點》後記稱譽：「《札記》考證精詳，可與《讀書雜誌》、《諸子平議》、《札迻》相抗衡。」

[4]　這一階段，章太炎承受的全是傳統乾嘉詁訓的訓練。

[5]　是書一以文字音韻入手，分析古詞古字、典章名物，一以闡發微言大義為目的。雜記九百多條，分九卷，主要是駁斥劉逢祿等今文經學家的說法，章太炎此時的治學立場，漸具備古文經學的傾向。

[6]　章太炎在治學初期，和當時名聲已在外的康、梁仍有一友好的關係。是年為康、梁公車上書的第二年，梁啟超在《時務報》任主筆。

[7]　章太炎認為：「康南海《新學偽經考》出，則群經之可讀者鮮矣。」

去。戊戌變法失敗，康、梁流亡。夏秋時，章太炎在上海《昌言報》任主筆，撰〈商鞅〉、〈書漢以來革政之獄〉等政論文章。9月，避地臺灣。

1899　32歲，5月，渡日本，游東西二京，與梁啟超、孫中山晤。7月，返上海。在《清議報》連載〈儒術真論〉。9月，發表〈翼教叢編書後〉，客觀論述康有為經說之非，但反對連帶批判其變法。11月，撰〈今古文辨義〉，辨析廖平經說。12月，輯訂《訄書》[8]，倡革命排滿之論。

1900　33歲，7月，撰〈解辮髮〉[9]。

1901　34歲，赴蘇州東吳大學任教，藉以避亂。撰〈徵信論〉上下，以針砭時人學風。

1902　35歲，1月，東渡日本避禍，讀《楞伽》、《密嚴》佛典。撰〈文學說例〉[10]。6月，譯日人岸本能武太的《社會學》。致梁啟超書，論修《中國通史》事。同年，增刪重訂《訄書》一書[11]。

1903　36歲，章太炎與鄒容、章士釗等在上海鼓吹革命。章太炎撰〈駁康有為論革命書〉，以理論批評保皇黨，自創光復會。5月，章太炎與鄒容在上海租界遭逮羈留，清廷要求引渡。

1904　37歲，4月，章太炎遭判監禁三年[12]，鄒容監禁二年。章太炎獄中讀《因

---

[8]　此屬章太炎平生重要的著作，能反映其治國方案和學術思想。全書共五十篇，包括思想史、政治、經濟、法律、民族、國防、教育、宗教等議題。書以〈尊荀〉始，以〈獨聖〉終。

章太炎推崇孔子、荀子，強調「法後王」，對於傳統言「堯舜禹湯文武周公」的傳統聖人，則多持保留意見。書前目錄之後，記云「辛丑後二百三十八年十二月章炳麟識。」辛丑，指的是南明滅亡時的桂王永曆十五年。章太炎明顯已有反清求變的想法。

[9]　此文散發其決心行「革命」之氣勢。

[10]　文經修改收入《訄書》的修訂本，其中多見章太炎有關語言文字的見解。

[11]　1904年由日本東京翔鸞社鉛印出版。全書增至65篇，重編始自〈原學〉，終以〈解辮髮〉。幾版《訄書》內容和編次的更替增補不同，可見章太炎思想的漸變，值得關注。其中的〈清儒〉（一）（二），此開談清代學術概況之先河，對後來的梁啟超撰寫《近三百年學術史》有導航之功。

[12]　章太炎繫獄期間，大量閱讀佛經，是其思想的蘊釀時期。一方面充實其邏輯體系，一方面改變其人生觀和道德觀。

明入正理論》、《成唯識論》，並企圖以佛理打通東西方哲學。

1905 38 歲，獄中讀《瑜伽師地論》。撰〈章太炎讀佛典雜記〉三則。

1906 39 歲，5 月，期滿出獄。孫中山派人迎至日本，在東京加入同盟會，任《民報》編輯[13]。同年，章太炎的業師俞樾逝世，享年 86 歲。8 月，「國學講習會」成立，章太炎為主講。講習會分預科、本科。預科講文法、歷史，本科講文史學、宋明理學、制度學、內典學。章太炎撰有《論諸子學》講義，議論縱橫，多警世之語[14]。章太炎赴日後，廣泛閱讀希臘及德國哲學著作，又從印度學士習梵文。中西新舊之學，自此相融無間。

1907 40 歲，章太炎撰宣傳革命的文字，如〈討滿洲檄〉及紀念徐錫麟、秋瑾的文章。發表《新方言》11 篇[15]，又撰〈答鐵錚〉一書信，闡述力倡法相宗「依自不依他」的原因。

1908 41 歲，日本應清政府要求，查封《民報》。撰寫佛學文章，有〈大乘佛教緣起說〉、〈辨大乘起信論之真偽〉、〈告四眾佛子書〉等。5 月，有〈與孫仲容書〉，與孫詒讓討論國學。是年，章太炎積極以講學發揚國故，分普通班和精講班，培育出一批國學基礎優異的學生，如黃侃、錢玄同、朱希祖、許壽裳、周樹人、周作人、朱宗萊、任鴻雋、劉文典、沈兼士等，成為日後「章黃學派」的羽翼。

1909 42 歲，發表〈致國粹學報社書〉、〈原經〉、〈原儒〉、〈原名〉等文，並撰《莊子解詁》、《小學答問》。

---

[13] 章太炎《自定年譜》明言個人進學階梯，在日本期間，治學重心回到國學，由佛經而音學而《說文》：

「自三十九歲亡命日本，提獎光復，未嘗廢學。東國佛藏易致，購得讀之，其思益深。始治小學音韻，遍覽清世大師著撰，猶謂未至。久乃專讀大徐原本，日繙數頁，至十餘周。以《說文》正文比較，疑義冰釋。先後成《小學答問》、《新方言》、《文始》三書。又為《國故論衡》、《齊物論釋》。《訄書》亦多所修治矣。」

[14] 章太炎推許法家，有以為「儒家、法家、縱橫家，皆以仕宦榮利為心，惟法家執守稍嚴，臨事有效。」

[15] 章太炎提出《方言》研治六例：

「一曰一字二音，二曰一語二字，三曰就聲為訓，四曰餘音重語，五曰音訓互異，六曰總別不同」。

1910　43 歲，友宋恕逝世。1 月，主辦《教育今語雜誌》創刊。同年，雜誌《學林》創刊，主要是刊登章太炎的文言學術文，如〈信史〉上下、〈封建考〉、〈釋戴〉、〈非黃〉、〈思鄉愿〉等。雜誌只出版了兩冊。章太炎先後撰《文始》九卷[16]、《國故論衡》三卷[17]、《齊物論釋》一卷[18]，此三書確立其在學界的崇高聲望。

---

[16] 章太炎對自己的《文始》諸書，評價甚高，曾謂：
　　「中年以後，著纂漸成，雖兼綜故籍，得諸精思者多。精要之言，不過四十萬字，而皆持之有故，言之成理，不好與儒先立異，亦不欲為苟同。若《齊物論釋》、《文始》諸書，可謂一字千金矣。」
《文始》九卷一書，以聲為部次，主張以聲取形。章太炎稱文字有初文、准初文，聲有陰陽對轉。書末附有「成均圖」，發明對轉又分二部：同居為近轉，同列相比為近旁轉，同列相遠為次旁轉，陰陽相對為正對轉，自旁轉而成對轉為次對轉。
目前看，章太炎所提的「對轉」例使用太寬太鬆，在古音分部的關係言，只能訴諸特例，而不宜廣泛的用在「假借」上。一般學界仍以存而不論面對。

[17] 書全面論說國學，此足見章太炎治學之廣博通人。分上卷小學十一篇，中卷文學七篇，下卷諸子學九篇。
上卷主要有〈小學略說〉一文，為總論，明小學為國故之本。章說承清儒乾嘉業績，「言形體者始《說文》，言故訓者始《爾雅》，言音韻者始《聲類》」。其中，定古聲為二十一紐，定古韻為二十三部，力主先求聲音以通形義。〈理惑論〉一文，質疑近出金文和甲文的可靠性。〈成均圖〉一文，明音之正聲、變聲和通轉之例。發明「對轉」、「旁轉」、「次對轉」、「次旁轉」、「交紐轉」、「隔越轉」等韻部曲達旁通之理。〈古音娘日二紐歸泥說〉一文，明古音聲母娘母、日母和泥母的關係。特別是最後一文，在音韻學界屬已成定論的創見。
中卷文學以〈文學總論〉一文為首，明文學界義。〈原經〉一文，明經不限於儒家，也不限於官書。〈明解故〉一文，通評《四庫全書》整理典籍的缺失。〈辨詩〉一文，敘述詩的源流、體裁和取捨原則。章太炎重古體詩，特別偏好於「悲壯古樸」的風格，這和其人的個性明顯相關。
下卷諸子學以〈原學〉一文為總論。章太炎言學問貴自得，重創新。〈原儒〉一文，分析古代和後代對「儒」的不同理解，「古通為術士，今專為師氏之守」。〈原道〉一文，評先秦諸子名實之分際。〈辨性〉一文，由「萬物皆無自性」，談到「儒者言性有五家」。這部分文章，方法上接清戴震《孟子字義疏證》的路數，對近代學人研究先秦有開山之功，如胡適的〈說儒〉，明顯也是受章太炎的影響。

[18] 章書用《莊子》與佛理互證，以佛教法相宗為主，兼采西方哲學理論證莊學，對研究《莊子》與佛學起一開新的角度。
〈自述學術次第〉中，稱：「既為《齊物論釋》，使莊生五千言，字字可解。於老氏亦能推明。」

又發表〈駁皮錫瑞三書〉，在《國粹學報》連載，對今文經學嚴肅批評。

1911 44 歲，3 月，廣州黃花岡起義失敗。8 月，武昌起義。10 月，章太炎乘船返上海。11 月，孫中山選為中華民國臨時大總統。章太炎返國投身政治活動，並作佛法演說。

1912 45 歲，1 月，章太炎被推為浙江教育會會長。章太炎提出「統一語言」、「以語言代替文字」等主張，影響後來的白話文運動。2 月，章門弟子馬裕藻、錢玄同、朱宗萊、沈兼士、朱希祖、許壽裳等發起「國學會」，以保存國故為宗旨，推章太炎為會長。5 月，章太炎與于右任、王正廷、張謇等發起「通俗教育研究會」。10 月，章太炎與馬良、梁啟超等發起相當學術研究院的「函夏考文苑」[19]，並以黃侃為首選研究員。

1913 46 歲，以袁世凱為首的北洋軍閥專橫，章太炎遭袁軟禁北京，只能從事講學著書。當時，袁準備稱帝，扶植孔教會。章太炎講學撰文斥駁孔教，對當時在北大預科生的顧頡剛、傅斯年有極大影響。同年，教育部召開「讀音統一會」，會中章門弟子胡以魯、周樹人、朱希祖、許壽裳等，聯合提議用章太炎所定注音符號，加以增減，成為日後沿用的國語注音。撰《自述學術次第》[20]。

1914 47 歲，章太炎仍長期處於囚禁中。其時，康有為和梁啟超因政治和學術觀點不同，關係趨於冷淡。3 月，《章太炎文鈔》五卷出版。5 月，章太炎絕食抗爭。6 月，袁始許章太炎出住錢糧胡同，並允許友人、門人探訪論學。章太炎修改增刪《訄書》，更名《檢論》[21]。

1915 48 歲，7 月，出版《章氏叢書》。章恐學派中斷，為吳承仕口說佛學、諸

---

[19] 章太炎後因遭監禁，此聚人才的計劃惜未能成功。落實此想法的，功勞要推給後來蔡元培成立的「中央研究院」和傅斯年創辦的「歷史語言研究所」。

[20] 章書中簡述自己的治學經歷，分十個層面：
「一、佛學、《莊子》、宋明理學、西方哲學等哲學範疇。二、古文經學。三、《易經》。四、小學。五、文學。六、政治學。七、法律學。八、對清初學人的研究。九、清代學術的缺憾。十、治學態度。」
民初章太炎、梁啟超、王國維一階段學人，仍承接清學底子，以宏通的方式治學，至胡適、顧頡剛輩，明顯已力有所不逮，而逐漸退守在專精一途發展。此可見一時代學風的轉移，迅速如此。

[21] 這是章太炎畢生最具代表性的學術著作，自 1902 年重訂，1914 年章又一再修訂，明顯呈現其思想隨著時代、政局的改變，有由早期的革命，漸趨於晚期的復古。

子學、小學等，吳筆錄為《菿漢微言》一書[22]。

1916　49 歲，袁世凱稱帝失敗，病死，章太炎始獲自由，返上海。

1917　50 歲，章太炎在上海發起「亞洲古學會」。

1920　53 歲，患黃疸病。在四川出版《太炎教育談》二卷。

1921　54 歲，在四川出版《太炎學說》二卷。

1922　55 歲，4 月，應江蘇省教育會之邀，在上海講授國學，共十講[23]。5 月，撰〈論散氏盤書與寅邨〉一文，論對彝器古文的看法，認為可作小學參考，自宋以來釋文多臆度無顯證，不宜盡信[24]。6 月，撰〈致柳翼謀書〉，對康有為和胡適的諸子觀點提出批評，並申明個人思想的變遷。出版《章太炎尺牘》。10 月，撰〈時學箴言〉，論治諸子學的難易得失和行徑。又撰〈世界佛教居士林會演說辭〉一文，發表於《申報》，論修四諦「苦集滅道」的重要。

1923　56 歲，9 月，《華國月刊》在上海創刊，「志在甄明學術」，章太炎撰〈發刊辭〉，對文化傳統的漸趨淪喪崩壞，深感憂慮。又撰《新出三體石經考》[25]。同年，有〈與章行嚴論墨學書〉二通，用比較的方法研究墨學，並批駁胡適的論點。

1924　57 歲，章太炎於《華國月刊》發表〈史考〉八篇，討論明末清初歷史個案。又發表〈與吳承仕論滿洲舊事書〉八通。撰《清建國別記》，利用新獲內閣舊案麻袋中所存明官牘文書，考訂愛新覺羅譜系。又撰醫學《猝病新論》五卷。成

---

[22] 此可想見章太炎對學問傳承的用心。
書中以佛學、先秦諸子、宋明人理學、清代儒學相融互較，混然交錯，自成體系。在談玄理中，亦多見其諷時論人之語。

[23] 講稿後經曹聚仁整理出版《國學概論》，另張冥飛整理名為《章太炎先生國學講演集》出版。其中談「治國學之法」，有五：
（甲）辨書籍真偽，（乙）通小學，（丙）明地理，（丁）知古今人情之變遷，（戊）辨文學應用。
談「國學之派別」，有三：
（甲）經學之派別，（乙）哲學之派別，（丙）文學之派別。

[24] 這時候的章太炎，對於出土古文字的全盤否定態度，似已鬆動。言金文可供「小學參考」的輔助作用，但對於甲骨文仍抱持一懷疑闕如的冷處理。

[25] 1920 年後三體石經在洛陽出土，章太炎自李根源、于右任處得拓片，並進行考證，認為石經古文可信可貴，有糾正今文之弊的價值。

〈救學弊論〉長文，對當時國學研究的弊端、青年治學風氣、大中學校教學方法等問題提出看法。又發表〈中學國文書目〉。同年，出版《章氏叢書》。

1925 58 歲，春，孫中山病逝北京。清華國學研究院開辦。章太炎潛心著述，撰〈致知格物正義〉、〈康成子雍為宋明心學導師說〉、〈書秦蕙田五禮通告後〉、〈書段若膺明世家非禮論後〉、〈讀論語小記〉、〈疏證古文八事〉、〈與檢齋論喪服書〉、〈銅器鐵器變遷考〉、〈夏布說〉、〈與歐陽竟無書〉、〈與太虛上人書〉。

1926 59 歲，春，與太虛法師、丁福保、熊希齡組「佛化教育會」。6 月，任上海法政大學校長。8 月，應五省聯軍總司令孫傳芳、江蘇省長陳陶遺之聘在南京任「修訂禮制會」會長。撰〈釋秦量〉。

1927 60 歲，1 月，章太炎為連璜《臺灣通史》作序。3 月，康有為逝世青島。6 月 2 日，王國維投湖自盡。11 月，有〈與吳承仕書〉，論及宋明理學和佛學融通相資的問題。同年，蔡元培出任中央研究院長，吳承仕任北師大國文系主任，黃侃赴東北大學任教。

1928 61 歲，撰〈論少陰病〉、〈傷寒論輯義按序〉、《自定年譜》[26]。同年，黃侃轉中央大學任教。

1929 62 歲，1 月，有〈答吳檢齋書〉，論治三禮名物。同月，梁啟超在北京逝世，胡適在上海任中國公學校長。4 月，為學生馬宗霍《音學通論》撰題解，論述音韻源流。6 月，章太炎在上海任中國醫學院院長。11 月，出版《春秋左氏疑義答問》三卷。

1930 63 歲，有〈答黃季剛書〉文，論《春秋左氏疑義答問》一書。

1931 64 歲，2 月，作〈與黃侃論大衍之數書〉。4 月，作〈與黃侃論韻書〉、〈與黃侃論故殺字書〉、〈與黃侃論理學書〉、〈與黃侃論詩韻古文書〉、〈與孫思昉論果報書〉。9 月，為孫至誠著《老子政治思想概論》作序，以老子如大醫治世為喻，見章太炎對國事的擔憂。11 月，有〈與吳承仕書〉，介紹章太炎將出版的《漢儒識古文考》大意，並論治《三禮》名物之途徑。同年，撰〈周易易解提辭〉、〈論古韻四事〉。

---

[26] 書由清同治七年 1 歲起，寫至民國十一年 55 歲止。

1932 65 歲，3 月，在北師大研究院講〈清代學術之系統〉，在燕京大學講〈論今日切要之學〉。4 月，在北大國文研究所講〈廣論語駢枝〉。5 月，在青島大學講〈「行己有恥，博學於文」意〉，提倡砥礪名節，振起學生的愛國心。

1933 66 歲，1 月，蘇州成立「國學會」，章太炎草會刊宣言。3 月，在無錫國學專修學校講〈國學之統宗〉[27]，在無錫師範學校講〈歷史之重要〉[28]、〈春秋三傳之起源及其得失〉。4 月，在蘇州十全街曲石精廬講〈自述治學之功夫及志向〉[29]。10 月，又在蘇州講〈辛亥革命〉、〈儒家之利病〉、〈適宜於今日之理學〉、

---

[27] 章太炎一生是學問家，更像是一個傳道者，有開民智之功。他申論坐言起行之實踐學問：

「今欲改良社會，不宜單講理學，坐而言，要在起而能行。周孔之道，不外修己治人，其要歸於六經。六經散漫，必以約持之道，為之統系。」

「余以為今日而講國學，《孝經》、《大學》、《儒行》、《喪服》，實萬流之匯鋒也。」

[28] 章太炎強調研讀經、史的重要和批評當日為學之失，復暗中點出胡適和疑古學派淪為「魔道」：「國學不尚空言，要在坐而言者，起而可行。《孝經》以培養天性，《大學》以綜括學術，《儒行》以鼓勵志行，《喪服》以輔成禮教。其經文不過萬字，易讀易記，經術之歸宿，不外乎是矣。經術乃是為人的基本，若論運用之法，歷史更為重要。」

「夫人不讀經書，則不知自處之道，不讀史書，則無以愛其國家。」

「昔人讀史注意一代之興亡，今日情勢有異，目光亦須變換，當注意全國之興亡，此讀史之要義也。」

「今日有為學之弊，不可盲從者二端，不可不論。夫講西洋科學，尚有一定之規範，決不能故為荒繆之說，其足以亂中國者，乃在講哲學講史學，而恣為新奇之議論。」

「余以為欲導中國入於正軌，要自今日講平易之道始。」

「又今之講史學者，喜考古史，有二十四史而不看，專在細致之處吹毛求疵，此大不可也。」

「夫講學而入於魔道，不如不講。昔之講陰陽五行，今乃有空談之哲學、疑古之史學，皆魔道也。必須掃除此種魔道，而後可與言學。」

[29] 章太炎為眾弟子講解個人治學經歷，有諸祖耿的記錄。這篇講稿是了解章太炎晚年思想的重要文獻：

「余常謂學問之道，當以愚自處，不可自以為智。偶有所得，似為智矣，猶須自視若愚。」

「大抵治學之士，當如童蒙。務於所習，熟讀背誦，愚三次，智三次，學乃有

〈中國人種之起源〉、〈喪服概論〉、〈儒行大意〉、〈述今古文之源流及其異同〉、〈講學大旨與孝經要義〉。同年，撰〈古文六例〉、〈孫仲容先生年譜序〉、〈墨子大取釋義序〉、〈與馬宗霍論近人偽造碑版書〉、〈與吳承仕論形聲條例書〉。

1934 67 歲，撰〈疑年拾遺〉、〈與鄧之誠論史書〉、〈與邵瑞彭論太誓書〉、〈與黃永鎮書論古韻源流〉、〈與歐陽竟無論禪宗傳授書〉、〈與馬宗霍論文體書〉、〈清故龍安府學教授廖君墓志銘〉等。並在「國學會」講授〈論無韻之文〉、〈九流之比較〉、〈明清之際略論〉、〈十六國略論〉、〈三國略論〉、〈周易概說〉、〈漢學之利弊〉、〈中國歷代興亡之關係〉。

1935 68 歲，8 月，《制言》半月刊出版，章太炎任主編。9 月，章太炎在「章氏星期講演會」正式開講，先後講演〈說文解字序〉、〈白話文與文言文關係〉、〈論讀經有利而無弊〉、〈讀經史實錄不應無故懷疑〉、〈論經史儒之分合〉、〈略論讀史之法〉、〈文學略說〉。在「暑期講習會」講演〈孝經講義〉、〈呂氏春秋行覽與孝經之關係〉。10 月，黃侃逝世[30]，卒年五十。同年，章太炎撰〈漢學論〉上下、〈黃晦聞墓志銘〉、〈王伯申新定助詞辨〉、〈駁金氏之五官考〉[31]、〈孟子大事考〉、〈答歐陽竟無書〉、〈實用文字學序〉。

1936 69 歲，2 月，授〈尚書講義〉。5 月，授〈說文部首講義〉。6 月 4 日，撰〈答蔣介石書〉，勸讓共產黨共同抗日。6 月 14 日，章太炎因鼻咽癌逝世於蘇州，葬於杭州西湖畔西屏山麓。10 月，章太炎早期弟子魯迅逝世。

　　　成。」
　此真是治學的金玉良言，好學深思者得之。
[30] 黃兼通小學、經學、文學，是章太炎最重要的門人，人稱三百年來古韻學之殿軍，撰有《說文略說》、《音略》、《爾雅略說》、《文心雕龍札記》等 19 種著作。
　學術界「章、黃」自是同一學統，但由於章太炎在政界的介入深厚，因此，在兩岸分治後的敏感時期，章太炎在學界和教育界的聲望和影響力，有時反不如短命早死而一生醉心學術的黃侃大。
[31] 章太炎與金祖同討論甲骨文的釋文不能用，認為：
　　「鐘鼎可信為古器者，什有六七，其釋文則未有可信者。甲骨之為物，真偽尚不可知，其釋文則更無論也。」

章太炎是由清過渡至民國的關鍵靈魂人物。他是清代學術的殿軍，也是民國學術的始創者。

　　章太炎豪氣干雲，具俠義霸氣，語言有感染魅力。他治學強調立志，撰文以入世致用為主線，以經史為基礎，兼治儒醫。他是清末民初傳統學術的集大成和總結者，研究領域既廣而深，無論是經學、小學、子學、佛學、史學、文學、醫學，都有其獨特的看法和總結的文章。他也是中國近代第一位全面研究學術的通儒，特別是打破歷代以儒家獨尊的心態，強調法家、墨家的成就和影響，對「學術史」研究更有開山之功。

　　章太炎擅於創辦各類學會和刊物，推廣其個人學說立場和政見。他一生心力消耗在密集的講演無數，藉此得以凝聚群眾的民族文化氣息，在動盪危難的國族存亡之際，特顯其貢獻。這也感染了同時期的如梁啟超，和稍後的胡適等，都積極運用他們國故領袖的崇高位子，透過不斷的演說，提升民智和凝聚中華民族的民心，喚起愛國的意識。

　　近代的章太炎和康有為，一倡古文，一主今文，屬一時瑜亮，恍如漢代今古文經之爭的重現。二人一在革命，一在保皇，立場壁壘分明，成為近代學術政治兩棲的兩大主流之開創者。只是康有為與其首要學生梁啟超的學政立論漸趨不合，追隨者亦缺乏政教重要的人物，加之以康《大同書》「無邦無帝」的驚世駭俗思想，讓康的學問難以為繼。相對的，由於政治上革命的成功，章門又始終以章太炎為號召核心，人才輩出，服務於各大重要學術教育單位，「章黃學派」很快凝聚為一學術共生團體，號稱研究方法上接傳統乾嘉諸老，另和近代科學求證的精神又巧妙的接上了線，章黃的影響自然超越康梁，成為民國初年的學術主流。可惜在大陸文革期間，章太炎的研究因「尊孔」而被歪曲或禁制，但十年浩劫之後，章學在大陸以北京師範大學、南京大學的文學院為大本營，在臺灣則以國立師範大學國文系為核心，持續的開枝散葉。章黃的名聲，也隨著其眾多門生、徒子徒孫的標榜稱道而屹立至今。

　　章太炎治學風格，嚴守清儒乾嘉學派戴段二王以迄俞樾等「通小學而通經」的路數，復由樸學擴而文學而史學而玄學，旁及西學、印度佛學和醫學，以通儒自居。

　　章太炎平生重視的著作，有自32歲一再修訂的《訄書》，和在43歲同年併發的《文始》、《國故論衡》、《齊物論釋》三書。其中《訄書》會通學政，明致用之途。《文始》籀繹初文，比合音義，明文字的孳乳。《國故論衡》宏覽國學，明小學、文學、子學研治之方。《齊物論釋》貫通佛莊，以老莊入世印證西學。章太炎學究天人，確有開宗立派的霸氣。此四書脈絡清晰，視野開拓，足以總結其研治

國學的方法和成果，復能帶出新的思路。特別是強調致用，提出儒學重孔荀法後王、荀韓為用、國故重實踐力行、經史對應研讀的重要、援佛釋老莊、以莊證孔、統一語言文字等許多開創觀念，對後學影響尤甚。

然而，章太炎行文講究用詞深澀存古之美，形成「文筆古奧，索解為難」的障礙，稍影響其學理的閱讀和推廣。

觀察章太炎一生奔走政治和學術活動之間，堅持不懈，心力亦為二者所拉扯，學術成果在中年之後多只以書札、序文以至演講稿作重點的呈現，許多學理也只能算是粗具規模，點到為止，故於政、學二途都無法全力彰顯其突破的體系，實是遺憾。

至於章太炎因堅守其個人的獨特學術體系成果，未能充分應用新出的甲骨金文等地下考古文物來驗證文獻和文化，偶爾成為後人詬病質疑的地方。

二、梁啟超學術年表

1872　1 歲，2 月，生於廣東新會縣[1]。

1876　4 歲，始從祖父維清及母讀四子書詩經，夜寢時，祖父多「與言古豪傑哲人嘉言懿行」和「亡宋亡明國難之事」[2]，這影響梁啟超一生憂國憂時之民族氣節。

1877　5 歲，王國維生。

1878　6 歲，從父寶瑛讀，「受中國略史、五經卒業」。

1881　9 歲，能為文千言。

1882　10 歲，能吟詩，有神童之名。

1883　11 歲，讀張之洞《書目答問》，始知有學問之事。

1884　12 歲，祖父日課以《史記》、《綱鑑易知錄》，讀《漢書》、《古文辭類纂》。

1885　13 歲，始知有戴段二王訓詁之學，「大好之」。

1887　15 歲，肄業於阮元在嘉慶年間所創之學海堂。識陳千秋。

1889　17 歲，光緒大婚，行恩科，梁啟超應鄉試，中第八名舉人。

1890　18 歲，春，赴京會試，不取。在上海購《瀛寰志略》，始知有五大洲各國。8 月，退出學海堂，隨陳千秋從南海康有為[3]學。康課以今文經學為主，授以陸王心學，並述史學西學之梗概，縱論天下古今大事。

---

[1] 梁啟超的生平，參考梁啟超著〈三十自述〉、《清代學術概論》、《歐遊心影錄》，丁文江編《梁任公先生年譜長編初稿》。

[2] 參見梁啟超著〈三十自述〉。

[3] 康有為（1858-1927），廣東南海人，從今文經學家朱次琦學。他以《春秋公羊傳》為思想指導，揉雜了佛學禪宗、陸王心學、基督教義、西方一些自然科學和社會政治經濟學說，提出變法維新的改革理論。

1891　19 歲，在廣州助康有為設萬木草堂，繼續從學。草堂中，常課《公羊傳》、《春秋繁露》，和古今學術源流、歷史政治沿革得失、佛學，康並自製一套尊孔禮儀樂曲，供學生習禮。梁啟超喜治周秦諸子及佛典，日課點讀《資治通鑑》、《宋元學案》、《朱子語類》、《文獻通考》、二十四史等[4]。康有為撰《新學偽經考》、《孔子改制考》，梁啟超助纂校。10 月，結婚李氏。

1894　22 歲，中日甲午戰爭爆發。始注意西學譯書。

1895　23 歲，協助康有為發起公車上書，要求變法。7 月，助康有為創辦強學會，旋三月即被禁。

1896　24 歲，7 月，任新開報館《時務報》主筆，力圖廢科舉、評時政。著《變法通議》、《西學書目表》。湖廣總督張之洞屢邀入幕，固辭不就。

1897　25 歲，陳三立向其父湘撫陳寶箴力薦，聘梁啟超任湖南時務學堂主講，梁啟超就之[5]。

1898　26 歲，助康有為開保國會。清廷決心變法，梁啟超上書請廢八股，請設編譯學堂，改《時務報》為官報。戊戌政變，新政失敗，梁啟超逃亡日本，康有為逃香港。10 月，梁啟超在橫濱設《清議報》，積極宣揚西學、主張改良主義、評擊朝廷。

1899　27 歲，作〈自由書〉，始號飲冰室。

1901　29 歲，撰〈李鴻章傳〉、〈康南海傳〉、〈中國史敘論〉[6]。

1902　30 歲，撰《論中國學術思想變遷之大勢》[7]、《飲冰室詩話》、〈新史

---

[4]　梁啟超在〈三十自述〉中，自謂「一生學問之得力皆在此年」。學術界習以「康、梁」並稱，平實而言，二人的治學重點方向和政治取向均多有不同。

[5]　此開啟梁啟超和陳家的交誼，也成為日後梁啟超力薦沒有任何學位的陳寅恪進入清華國學研究院原因之一。

[6]　梁啟超在早年撰〈中國史敘論〉和〈新史學〉兩篇重要文字，建立他在近代史學理論研究的開山地位。他把達爾文的「進化論」引進歷史研究領域，認為歷史應該是研究人類社會發展的規律和歷史事件的因果聯繫。

[7]　書中首先提出「中華民族」一詞。此小書展示了梁啟超在早年用「史」、「變」的角度研究先秦思想的高度熱誠和重視，書中蘊含許多精闢開創的意見。其中的〈近世之學術〉一部分，約佔全書三分之一，成為日後 1920 年出版的《清代學術概論》和 1923 年

學〉。在日出版《新民叢報》、《新小說》等雜誌，作新民說。梁啟超日倡革命排滿共和，求思想獨立自由，與康有為「孔教」「保皇」的思想分道。

1907 35歲，梁啟超觀念趨保守，主張立憲。

1911 40歲，中華民國成立。梁啟超與袁世凱合作，組進步黨，並出任熊司齡內閣的司法總長。

1915 43歲，袁世凱稱帝，梁啟超與蔡松坡等密議討袁。

1917 45歲，梁啟超任段祺瑞內閣的財政總長。11月，離開政壇，自此埋首著述，專心於學術活動[8]，要在「思想」上救國。

1918 46歲，3月，始著《中國通史》先秦之部。11月，歐戰結束。12月，從上海登日本郵船橫濱丸號赴歐考察戰地[9]。

1919 47歲，2月抵巴黎，留居三月，仍努力治學讀書[10]。4月，巴黎和會山東問題交涉失敗，青島由德國轉交日本接收，梁啟超在巴黎勸代表拒簽字抵制，因而掀起國內北京學生發動學潮之「五四運動」。6月，抵倫敦。10月，遊德國。

1920 48歲，1月，自歐洲返國，接辦中國公學。3月，撰《歐游心影錄》，記一年遊覽所感，注意戰後精神物質的變化和隱患，不贊成馬克思主義，和主張「東方的人生哲學」[11]。發起國民制憲運動，約束軍閥橫行[12]。10月，完成《清代學術

的《中國近三百年學術史》的底稿。
要了解梁啟超在學術史的書寫特色、比重的輕減和轉變，宜將此三本著作對應來看。

[8] 梁啟超和其稍後的胡適都是學界中罕見的問政、講演天才，語言極具感情，對群眾感染力極深。梁啟超的入世，相對的亦影響其學術研究的專注深度。梁啟超的學術業績，主要在他生命的最後十年。梁啟超在《歐遊心影錄》中稱，梁啟超和改良派同人張東蓀、黃溯初等「談了一個通宵，著實將從前迷夢的政治活動懺悔一番。相約以後決然捨棄，要從思想界盡些微力。」

[9] 梁啟超在船上五十天，看完了兩大箱近百本的日文書，包括戰後建設、文學、哲學、經濟、政治、社會、生物等書籍。

[10] 梁啟超在法國主要功課，一曰見人，二曰聽講，三曰游覽各所，四曰習英文。其中相關聽講的講義，有：一戰時各國財政及金融，二西戰場戰史，三法國政黨現狀，四近世文學潮流。此可見其興趣之廣博。

[11] 梁啟超目睹歐戰之後各國衰敗，生計和財政破產，「科學萬能」之夢境幻滅，遂提出「新文明再造」的「大無畏」精神。書的〈下篇〉以「中國人之自覺」為題，訴說今後

概論》[13]。

1921　49 歲，講學南開大學。寫〈老子哲學〉、講稿《中國文化史》[14]，並擬在南開開設講座[15]。11 月，出版《墨子學案》，有覆胡適論《墨經》的文章。

1922　50 歲，1 月，出版《中國歷史研究法》[16]。是年不斷忙於巡迴講演。3 月，在清華學校講學，講題是「中國韻文裡的表現的情感」[17]。在北京大學的哲學社講

中國人需自勵自強，並對世界文明和人類幸福挑負責任。
[12] 梁啟超雖退出政界，但對政治不滿，對民眾關心，相關政治活動始終未能忘情而一直忙碌下去。
[13] 此是梁啟超一生大文章之一。
　　梁啟超宏觀的用「史」的縱、橫區隔，開創的把清以至民初近代學人的研究特色，作簡明重點的描述。
　　梁啟超治學重點和當日較年輕的胡適多相互啟發激蕩和影響。梁啟超在完成《清代學術概論》後，10 月 18 日曾致函胡適：「公前責以宜為今文學運動之記述，歸即屬稿，通論清代學術。……超對於白話詩問題，稍有意見，項正作一文，二、三日內完成，亦欲與公上下其議論。對於公之哲學史綱，欲批評者甚多，稍間當鼓勇致公一長函，但恐又似此文下筆不能自休耳。」，引文參見丁文江《梁任公先生年譜長編初稿》。
　　由此可見，梁啟超的《清代學術概論》，是因胡的鼓勵而完成，而胡的《中國哲學史綱》，最早又是因欲補梁文之不足而出。二人在學術史研究確屬一時瑜亮，彼此之間的文字，亦頗多有競爭和意氣之爭。
[14] 梁啟超在南開大學以「中國文化史」為題講演，後梁啟超著《中國歷史研究法》，即其部分講稿。《中國文化史》一書惜終未完成。
[15] 同年，梁漱溟著《東西文化及其哲學》一書。
[16] 梁啟超開創「中國史學史」一門學科，企圖建立中國的史學理論與方法，自此成為專門的研究。
　　書中第四章〈說史料〉，將選取史料的途徑，分為兩種，此足見梁啟超史識視野之廣闊周延：
　　（一）在文字記錄以外者：
　　　　（甲）現存之實蹟及口碑，（乙）實蹟之部分的存留者，（丙）已湮之史蹟其全部意外發現者，（丁）原物之保存或再現者。
　　（二）文字記錄的史料：
　　　　（甲）舊史，（乙）關係史蹟之文件，（丙）史料以外之群籍，（丁）類書及古逸書輯本，（戊）古逸書及古文件之再現，（己）金石及其他鏤文，（庚）外國人著述。
[17] 梁實秋曾記錄當時梁啟超的生動演講，梁啟超的學人魅力和率真、自信、熱誠的個性，如在眼前：

評「評胡適之中國哲學史大綱」[18]。4月，在北京美術學校講演「美術與科學」、

「時在民國十一年春，地點是清華學校高等科樓上一間大教室。主席是我班上的一位同學。一連講了三、四次，每次聽者踴躍，座無虛席。聽講的人大半是想一瞻丰采，可是聽他講得痛快淋漓，無不為之動容。我當時所得的印象是：中等身材，微露禿頂，風神瀟散，聲如洪鐘。一口的廣東官話，鏗鏘有致。他的講演是有底稿的，用毛筆寫在宣紙稿紙上，整整齊齊一大疊，後來發表在飲冰室文集。不過他講時不大看底稿，有時略翻一下，更時常順口添加資料。他長篇大段的憑記憶引誦詩詞，有時候記不起來，楞在臺上良久良久，然後用手指敲頭三兩擊，猛然記起，便笑容可掬的朗誦下去。講起『桃花扇』，誦到『高皇帝，在九天，也不管他孝子賢孫，變成了飄蓬斷梗。……』竟涔涔淚下，聽者悄然危坐，那景況感人極了。他講得認真吃力，渴了便喝一口開水，掏出大塊毛巾揩臉上的汗，不時的呼喚他坐在前排的兒子：『思成，黑板擦擦！』梁思成便跳上臺去把黑板擦乾淨。每次鐘響，他講不完總要拖幾分鐘，然後他於掌聲雷動中大搖大擺的徐步出教室。聽眾守在座位上，沒有一個人敢先離席。」文見梁實秋《雅舍小品》。

[18] 梁文是了解胡適《中國哲學史大綱》一書相關問題的重要書評，也影響後人對胡書的看法，值得對照原書思考，其中大多是理性品評，但也免不了同行相輕的譏諷語言，此見二人在學界的瑜亮情結。梁啟超是胡的前輩先行，成名早，無論在學界抑民間的影響大，但胡在當日已儼然是新一代學人領袖，漸足以挑戰梁啟超的學術泰斗地位。其後一在清華，一主北大，更是各領風騷。此文無疑是兩代學人站在學術史同一議題的公開正面交鋒，意義非凡。

文中先在撰寫方法、立場態度上「總批評」胡的不足：

「胡先生觀察中國古代哲學，全從『知識論』方面下手」，「我對於本書這方面，認為是空前創作」。「我所要商量的，是論中國古代哲學，是否應以此為唯一之觀察點」。「胡先生是最尊『實驗主義』的人」，「但因此總不免懷著一點成見，像是戴一種著色眼鏡似的，所以強古人以就我的毛病，有時免不掉」。「本書極力提倡『物觀的史學』，可惜仍不能盡脫卻主觀的臭味」。

接著直接的談書的缺點：

1.「把思想的來源抹殺得太過了」。

梁啟超批評胡所倡的「諸子不出王官」之論，認為「古代學問，為一世襲知識階級所專有，是歷史上當然的事實」，「可惜我們讀了胡先生的原著，不免覺得老子、孔子是『以天上掉下來』了。胡先生的哲學勃興原因，就只為當時長期戰爭，人民痛苦。這種論斷法，可謂很淺薄而且無稽」。又說：「胡先生的偏處，在疑古太過」，「凡是他所懷疑的是都不徵引」，「所以不惟排斥《左傳》、《周禮》，連《尚書》也一字不提」，「簡直是把祖宗遺產蕩去一大半，我以為總不是學者應采的態度」。

2.「寫時代的背景太不對了」。

「胡先生對於春秋以前的書，只相信一部《詩經》，他自己找一個枯窘題套上自己，

所以不能不拿《詩經》的資料作唯一的時代背景。殊不知《詩經》的時代，在孔子、老子前二三百年，豈不是拿明末清初的社會來做現在的背景嗎？何況講古代哲學，自當以戰國為中心，戰國學術最盛時，上距孔子又二百多年了。胡先生拿〈采薇〉、〈大東〉、〈伐檀〉、〈碩鼠〉諸詩，指為憂時的孔墨、厭世的莊周、縱欲的楊朱、憤世的許行……思想淵源所從出，簡直像是說辛幼安的〈摸魚兒〉、姜白石的〈暗香〉、〈疏影〉和胡適之的哲學史大綱有甚麼聯絡關係，豈不可笑？」。

3. 「這部書應否從老子起，還是問題」。

「我很疑心《老子》這部書的著作年代，是在戰國之末」，梁啟超的疑點：a. 「我們考老子履歷，除了《史記·老莊申韓列傳》外，是沒有一篇比他再可靠的了。但那篇傳實迷離惝恍，一個人的傳有三個人的化身，第一個是孔子問禮於老聃，第二個是老萊子，第三個是太史儋」，「老子這個人，簡直成了神話化了」。「老子之子名宗，宗為魏將」，「魏列為諸國，在孔子卒後六十七年。老子既是孔子先輩，他的世兄還捱得到做魏將，已是奇事」。b. 「孔子樂道人之善」，「孔子既有恁麼一位心悅誠服的老夫子，何故別的書裡頭沒有稱道一句？再者，墨子、孟子都是極好批評人的人，他們又都不是固陋，諒來不至於連那著『五千言』的『博大真人』都不知道，何故始終不提一字？」。c. 「就令承認有老聃這個人，孔子曾向他問禮。那麼，《禮記·曾子問篇》記他五段的談話，比較的可信」，「卻是據那談話看來，老聃是一位拘謹守禮的人，和五千言的精神恰恰相反」。d. 「《史記》這一大堆的神話」，「可以說什有八九是從《莊子》中〈天道〉、〈天運〉、〈外物〉三篇湊雜而成」，「《莊子》寓言十九，本就不能拿作歷史談看待」。e. 「從思想系統上論，老子的話，太自由了，太激烈了」，「這一類的話，不大像春秋時人說的」，「我們在《左傳》、《論語》、《墨子》等書裡頭，為甚麼找不出一點痕迹呢？」。f. 「從文字語氣上論，《老子》書中用『侯王』、『王侯』、『王公』、『萬乘之君』等字樣凡五處，用『取天下』字樣者凡三處，這種成語，像不是春秋時人所有。還有用『仁義』對舉的好幾處，這兩個字連用，是孟子的專賣品，從前像是沒有的。還有『大兵之後，必有凶年』這類的話，像是經過馬陵、長平等戰役的人才有這種感覺」。「還有『偏將軍居左，上將軍居右』這種官名，都是戰國的」。

4. 「這部書講墨子荀子最好，講孔子莊子最不好」。

「凡關於知識論方面，到處發見石破天驚的偉論，凡關於宇宙觀人生觀方面，什有九很淺薄或謬誤」。「胡先生這部書」，「他講孔子也是拿知識論做立腳點，殊不知知識論在孔子哲學上，只占得第二位、第三位，他的根本精神，絕非憑空可以發見得出來」，「《論語》頭一個字，說的是『學』。到底是學個甚麼？怎麼個學法？胡先生說「孔子的『學』，只是讀書，只是文字上傳受來的學問。」我讀了這段話，對於胡先生的武斷，真不能不吃一大驚。」，「而立、不惑、知天命、耳順、不踰矩，種種境界，豈是專靠讀書所能得的？孔子的『學』，自然是學個怎樣的『能盡其性』，怎樣的『能至於命』。拿現在的話說，就是學個怎樣的才能看出自己的真生命，怎樣的

在詩學研究會講「情聖杜甫」。5 月，在北京法政專門學校講「先秦政治思想」。6 月，在心理學會講「從心理學上解釋『五蘊皆空』義」。7 月，在濟南中華教育改進社講「教育與政治」。8 月，在上海中華職業學校講「敬業與樂業」。同月，在南京科學社生物研究所講「生物學在學術界之位置」，又在南通科學社講「科學精神與東西文化」。9 月，出版在清華的講稿《孔子學案》。10 月，在天津青年會講「市民的群眾運動之意義及價值」，下旬赴南京東南大學講學，並日聽歐陽竟無講佛學唯識，「方知有真佛學」[19]。著《大乘起信論考證》，再版《中國歷史研究法》。11 月，患心臟病。在東南大學文哲學會講「屈原研究」，同月，又在南京女子師範學校講「人權與女權」，又在東南大學史地學會講「歷史統計學」。12 月，在南京學界公開講演「護國之役回顧談」，又在蘇州學生聯合會講「為學與做人」，復在南京金陵大學講「什麼是文化」和「研究文化史的幾個重要問題」。[20] 同年冬，依據在東南大學及法政專門學校等開授的「中國政治思想史」講稿，完成《先秦政治思想史》[21]。

　　才能和宇宙融合為一」。「胡先生講的莊子，我也不甚佩服」。「說莊子發明生物進化論，確是一種妙解，但我以為無論這話對不對，總不是莊子精神所在」。「胡先生拿唯物觀的眼光看莊子，只怕全不是那回事了」。

5. 「胡先生講名學的，差不多占了一半，我曾和朋友說，若改稱《中國名學史》，倒更名副其實」。

　　「胡先生不認名家為一學派，說是各家有各家的名學，真是絕大的眼光」。「書中講的名學，無處不好，若要我講我微微不滿的地方，第一、說孔子的《春秋》以正名為唯一作用，像是把《春秋》看窄了些。第二、把《墨經》從墨子手上剝奪了，全部送給惠施、公孫龍，我有點替墨子抱不平。第三、未免把公孫龍抬得太高了」。

6. 「篇末說古代哲學中絕之原因，該有點商量」。

　　「依我說，有兩個更大的原因，第一、凡當民族混化社會劇變時代，思想界當然像萬流競湧，怒湍奔馳，到這種局勢完全經過了，社會狀況由川湍變成大湖泊，當然是水波不興，一拭如鏡。戰國和秦漢的嬗變，正是如此。第二、中國人本是大平原民族，因他的環境和遺傳，久已養成一種愛中庸厭極端的性質，春秋戰國間因社會劇變，發生特種刺激，才演出這個例外。」

以上的意見，無疑成為學界了解梁啟超的先秦思想史觀，和日後各種正反面討論胡書學術價值定位的立論基礎。

[19] 梁啟超在 11 月 8 日致蹇季常書中語。
[20] 這種百科全書式的博通講演，在當世以至日後恐怕亦只一人而已。
[21] 這是梁啟超研究先秦思想史的代表作。
　　此書撰寫的目的，是擬以古為今用，「藥現代時蔽」，強調鼓吹儒家「禮治」、「均

1923 51 歲，1 月，徐志摩與夫人張幼儀離異，梁啟超致書規勸[22]。發起籌辦文化學院，未成。2 月，著《陶淵明年譜》。4 月，赴北京翠微山養病，擬輯《清儒學案》。應清華周刊之邀，撰〈國學入門書目及其讀法〉[23]。5 月，兒思成、思永在北京車禍，入醫院留診。[24]時因張君勱和丁文江玄學和科學意見之爭，梁啟超先後撰寫〈關於玄學科學之戰時國際公法〉和〈人生觀與科學〉二文，加以調停。7 月，在南開大學講學，撰《國學講義讀書法》。10 月，發起戴東原生日二百年紀念會[25]。11 月，在北京中國大學講〈中國人格教育之兩大出發點——性善論性惡論〉。同月，撰〈顏李學派與現代教育思潮〉。

1924 52 歲，1 月，著〈戴東原傳及其哲學〉。4 月，整理出版在清華的講稿《中國近三百年學術史》[26]，先完成〈清代學者整理舊學之總成績〉一篇。9 月，

安」，用以調和「物質生活和精神生活」、「個性與社會性」，為今日的社會和人民補偏救蔽。

梁啟超對一生著述，最看重的，似是《清代學術概論》、《中國歷史研究法》、《先秦政治思想史》三種。

[22] 梁啟超信中由傳統的「惻隱」說起，對徐再三忠告：「人類恃有同情心，以自貴於萬物，義不容以他人之苦痛，易自己之快樂。」

[23] 胡適在同一時候，亦為該刊撰〈一個最低限度的國學書目〉一文。這些書單，宜並排對比來看，抽取都公認重要的基本書，作為後學自學的入門。

[24] 梁啟超致思成書，囑在醫院重溫國學書籍，此誠見梁啟超的純真、愛子之切，亦顯露其人訓讀國學的方法順序：

「吾欲汝以在院兩月中取論語、孟子溫習闇誦，務能略舉其辭，尤於其中有益修身之文句，細加玩味，次則將左傳、戰國策全部瀏覽一遍，可益神智，且助文采也。

更有餘日，讀荀子則益善。荀子頗有訓詁難通者，宜讀王先謙《荀子集解》。」

[25] 梁啟超稱戴東原是「科學界的先驅者」、「哲學界的革命建設家」。過了三年，在 1927 年，同時的胡適，又隨著出版了《戴東原的哲學》一書。

[26] 本書是《清代學術概論》由「論」而「史」拓大而成。梁啟超全面的評價有清一代的各學派代表人物，並總結學者在經學、小學、音韻、校注古籍、辨偽、輯佚、史學、方志、地理、傳記、譜牒、曆算，及其他科學、樂曲方面的成績。書中先以「學術變遷」與「政治影響」破題，再逐子題分類述評，充分呈現梁啟超「處處有看法」、「實事求是」的博通而客觀的慧眼才華。

此書開風氣之先，出版之後，研究「近三百年」頓成為近人總結清代的一斷代習用語。如 1932 年蔣維喬的《中國近三百年哲學史》、1937 年錢穆的《中國近三百年學術史》是。「近三百年」，指的是 17、18、19 三個世紀，也是由明末而清而民初的一段時期。稱「近三百年」而不直呼「清朝」，這是近代讀書人內心「去清承漢」的一個思慮

李夫人病逝。

1925 53 歲，3 月，孫中山在北京逝世。梁啟超倡設清華大學國學研究院，並就聘為導師，9 月遷入清華校園。北師大、北大、東南大學先後擬聘為校長，均予推辭。11 月，出版《要籍解題及其讀法》[27]。重編《飲冰室文集》。是年，梁漱溟輯印其父梁濟遺著[28]，並致贈一部給梁啟超，其中的一卷「伏卵錄」，敘述其父數十年傾慕梁啟超，惜五謁而未得見一事。梁啟超得悉後懊悔自責，復梁漱溟書，自承無狀，信末言：「啟超沒齒不敢忘先生之教，日求以先生之精神，拯天下溺，斯即所以報先生也。」此誠見梁啟超坦蕩、率直從善的人格胸懷。

1926 54 歲，2 月，入德國醫院留醫。3 月，改入北京協和醫院治療尿血，誤判腫瘤而切除右腎。5 月，著《中國歷史研究法補編》[29]。10 月，為徐志摩與陸小曼結婚證婚。11 月，美國耶魯大學授與博士學位。12 月，協助在美國哈佛大學研究院習考古學與人類學的次子思永返國，在清華國學研究院擔任助教，並參加李濟在山西夏縣西陰村採集之史前遺物的考古整理[30]。

1927 55 歲，3 月，計劃撰寫《中國通史》，同月，康有為病逝青島，年七十。5 月下旬，北伐軍至河南，北京形勢告急，梁啟超擬離清華返津避變。5 月 31 日，梁寓接恐嚇信，內夾有子彈。6 月 2 日，王國維投頤和園昆明湖自盡，年五十一[31]。6

投射。應用「學術」一詞的涵意，比純思辯的「思想」、「哲學」處理的問題要廣要雜。

[27] 學界譽為近代最好的古籍評論總結，是一部尚好的「古籍概論」導讀入門。

[28] 梁濟於 1918 年投身北京積水潭，自殺殉清。

[29] 這是梁門人周傳儒、姚名達二人先後聽講的筆記，經梁啟超校閱的定本。

書後姚跋：「憶民國十四年九月二十三日，名達初受業於先生，問先生近日患學問慾太多，而欲集中精力於一點，此一點為何？先生曰『史也，史也！』」此可見梁啟超畢生對「史」之重視，嚴格而言，他正是以「史學」研究留名的。

《中國歷史研究法》和《中國歷史研究法補編》二書，開創了近代系統的史學理論。梁啟超企圖尋求人類歷史活動的因果規律，並評論其演化功過，是梁啟超史學理論的代表作。

[30] 梁啟超愛其子女，又竭力為二子學識成長、事業前程的安排，誠為學人的典範。

[31] 梁啟超輓王靜安聯：

「其學以通類知方為宗，不僅奇字譯鞮，創通龜契；一死明行己有恥之義，莫將凡情恩怨，猜疑鵷雛。」

月 15 日，梁啟超致女兒令嫻書，告以王國維自殺噩耗，自己大受刺激[32]。7 月，編纂《中國圖書大辭典》。12 月，為子思成與林徽音在北京行訂婚禮。著《中國文化史》、《儒家哲學》、《書法指導》、《古書真偽及其年代》。出版最新的《飲冰室文集》合集，共 80 卷。

1928　56 歲，1 月，再入協和醫院診治。3 月，子思成和林徽音在加拿大結婚。6 月，辭清華研究院職，居津寓所。9 月，病中作〈辛稼軒年譜〉，為其絕筆。

1929　57 歲，1 月 19 日，在協和醫院逝世，和李夫人合葬香山臥佛寺旁。

　　梁啟超 6 歲讀史，8 歲為文，16、17 歲即名滿天下，一生事業精采熱鬧非凡，不但由於他個人的聰慧絕倫、努力過人，也因為他擅於掌握一時代的政經文化命脈和機會。他有極旺盛的體力和文字企圖，一生寫作不斷，著述超過一千萬字，單就《飲冰室合集》40 冊，就超過 920 萬字。

　　梁啟超的治學回顧，可粗分為三個階段：

1. 1890-1894 年是國學培訓期。從康有為治今文經，讀經以《公羊傳》為主，讀史以《史記》、《漢書》為重。博覽群書，並大量抄寫筆記[33]。
2. 1894-1919 年是熱衷政治，愛國救亡時期。梁啟超在 1896-1897 年，於《時務報》、《湘報》等發表文章，發揚康有為的公羊「三世說」，鼓吹變法維新，介紹西學。1898 年，逃亡日本。1899-1904 年，組黨從政，開民智，提倡新文體，在《清議報》、《新民叢報》等撰寫多達一百多篇文章和評論專著。此時梁啟超放下公羊、孔孟等傳統講題，宣揚西方的盧梭、孟德斯鳩等民權自由觀念。1904-1911 年，評擊革命，主張立憲，這階段遊走於政治與

---

[32] 梁啟超在信中稱：

「靜安先生自殺的動機，如他遺囑上所說：『五十之年，只欠一死，遭此世變，義無再辱。』他平日對於時局的悲觀本極深刻，最近的刺激，則由兩湖學者葉德輝、王葆心之被槍斃，葉平日為人，本不自愛，（學問卻甚好）也還可說，是有自取之道，王葆心是七十歲的老先生，在鄉裡德望甚重，只因通信有『此間是地獄』一語，被暴徒拽出，極端箠辱，卒致之死地。靜公深痛之，故效屈子沉淵，一瞑不復視。此公治學方法，極新極密，今年僅五十一歲，若再延壽十年，為中國學界發明，當不可限量。今竟為惡社會所殺，海內外識與不識，莫不痛悼，研究院學生皆痛哭失聲，我之受刺激更不待言了。」

[33] 「抄寫筆記」的習慣，是老輩學人共同的讀書方法。筆記抄在紙上，筆記記在心頭。

學術之間。

3. 1920-1927 年潛心學術時期。梁啟超一生學術文章和講稿的精華全在此一階段。自撰寫《清代學術概論》始，梁啟超展示極旺盛的意志，迅速的完成傳世的《中國歷史研究法》、《先秦政治思想史》、《中國近三百年學術史》、《中國歷史研究法補編》、《中國文化史》、《古書真偽及其年代》等重要著作。老天給了他晚年珍貴的七年留名時間。

梁啟超天性純真儒雅，絕頂聰明，學識淵博，遍及古今中外，又精力過人，具風骨，對國族貫徹熾熱善良之心，誠為百年間不世出之「一代儒宗」。可惜他心性興趣太廣、也太跳躍，從政、組黨、講演、國事、人事、家事一生不斷，盛年間過於通博和入世，在在影響其純學問的專注追求。梁啟超倡「新民」，開展國族民智，「筆鋒常帶感情」，在亂世之中凝聚民氣和國族力量以禦外，促成白話文的普及，在近代文化史甚至是國史上，都是居功至偉的。因此，他在普羅社會名聲之大，遠勝於他在學術專業的影響。

梁啟超一生筆耕不斷，著作等身。博通處，足與章太炎匹敵，對史學掌握的深度，尤有過之。他治學強調濟世致用，提倡用「史」的變的縱線看問題，有開創「學術史」、「政治史」、「思想史」、「文化史」等研究面向之宏願，特別是對先秦和近代學術史，多有獨特的看法和推廣的意義，惜未能在「點」上做出太多、太深刻的專精貢獻。

梁啟超在《清代學術概論》第 25、26 節曾客觀的自我批評：「啟超之在思想界，其破壞力確不小，而建設則未有聞，晚清思想界之粗率淺薄，啟超與有罪焉」，實為中肯客觀的話語。遺恨的是，這帶起的「粗率淺薄」之風，迷漫著日後的學界，為毒迄今不息，恐更是他始料所不及的。他又曾題詩給女兒令嫻，謂：「吾學病愛博，是用淺且蕪，尤病在無恆，有獲旋失諸。百凡可效我，此二無我如」，亦可謂有自知之明。

三、王國維學術年表

1877（清光緒三年）　1 歲，生於浙江海寧[1]。初名國楨，後改名國維，字靜安，號禮堂。晚年居永觀堂，更號觀堂、永觀。

1880　4 歲，母凌氏病故[2]。

1883　7 歲，始就私塾。家有藏書五六篋，除《十三經注疏》為兒時不喜外[3]，多時加泛覽，奠定其舊學基礎。對於《四書》、《五經》、《文選》等詩文，都能隨口背誦。

1891　15 歲，父王乃譽令抄文學書，並親自教導王國維題詩作對[4]，講解篆刻。

1892　16 歲，考中秀才，府試未取。同年「購前四史於杭州，是平生讀書之始」，對歷史存有高度興趣[5]。王國維兼治駢散文，與褚嘉猷、葉宜春、陳守謙合稱海寧四才子，而以王國維為第一。

1894　18 歲，中日甲午戰爭爆發。應鄉試不中。王國維好談時務，始知新學，有「游學」之念。

---

[1]　王國維的生平，主要參考王國維撰《觀堂集林》、《海寧王靜安先生遺書》（臺灣商務印書館）、羅繼祖編《王國維之死》、蕭艾的《王國維評傳》、陳平原編《追憶王國維》、吳澤編《王國維全集——書信》、王東明的《王國維家事》、陳鴻祥的《王國維傳》、袁英光的《王國維評傳》等。

　　海寧，位於錢塘江北岸，是觀潮勝地。錢塘潮，亦是影響王國維成長的重要人文景觀，如王國維的〈蝶戀花〉詞：「潮落潮生，幾換人間世」，〈虞美人〉詞：「人間孤憤最難平，消得幾回潮落又潮生」，都借潮水來比喻人生的無常和無奈。王國維自幼「體素羸弱，性復憂鬱」（〈三十自序〉），門前終日奔騰成災的潮水，更深化他的悲觀個性。

[2]　幼年喪母，成年後復喪妻失子，與摯友不和，加之以政局動亂，倍添其憂鬱悲涼的情懷。

[3]　一代國學大師，在童年卻不喜經書，實是諷刺。王國維明顯沒有明清以來讀書人的「經學即理學」和「成聖」的包袱。

[4]　作對，是舊派讀書人訓練童生啟蒙的方法。陳寅恪亦曾力主以此檢定大學生入學的標準。

[5]　王國維是以讀史入手治國學。

1896　20 歲，羅振玉在上海組農學會，設農報館，聘譯人翻譯歐、美、日本農書雜誌。王國維經常閱讀梁啟超執筆的《時務報》[6]。

1897　21 歲，赴杭州鄉試，又不中，決心放棄科舉仕途。

1898　22 歲，1 月，赴上海，在《時務報》館任書記，月薪僅六元。3 月，羅振玉以私資設立東文學社，聘日本文學士藤田丰八為教授，培育翻譯人才。王國維請於《時務報》館主汪康年，允他每日以午後三個小時往學。羅偶於同舍生扇頭讀王國維的〈咏史〉七言一首，末句「千秋壯觀君知否，黑海西頭望大秦」，大異之，「知為偉器」。12 月，《時務報》被封，羅聘王國維任東文學社庶務，並列為「貧苦生」，免其學雜費，使得隨班聽課，習外語，並發薪每月三十元。

1899　23 歲，王國維從田岡佐代學英文，「見田岡君文集中，有引汗德、叔本華之哲學者，心甚喜之」，乃決專心學習英文，並引發攻治哲學的興趣，嘗試解決「人生問題」。是年，曾手抄嚴復譯的《天演論》，揣摩譯書的方式，並開始翻譯德國海爾模鏨爾茲著，英人額金孫英譯的《勢力不滅論》，引進「物質不滅」、「能量守衡」等科學啟蒙觀念[7]。他在此書翻譯中，接觸了引錄德國詩人奇台（今通譯歌德）的《浮士德》中的詩歌。

　　同年，甲骨出土於河南安陽小屯的殷墟。

1900　24 歲，7 月，八國聯軍攻陷北京。羅振玉請翻譯農報。

1901　25 歲，夏，羅振玉在上海創辦《教育世界》雜誌，請任主編[8]。

1902　26 歲，張之洞派羅振玉赴日考察學校，購譯教科書。2 月，羅振玉資助王國維赴日留學，入讀東京物理學校，留 4、5 月因腳氣病歸國。後因羅振玉任南洋公學東文學堂監督，王國維出任執事，並助羅編譯《農學報》和《教育世界》，先後翻譯了《教育學教科書》、《哲學概論》、《心理學》、《倫理學》、《哲學小辭典》等書。

1903　27 歲，羅振玉薦至南通通州師範學校任教，授課之餘，反覆誦讀叔本華哲

---

[6]　王國維年青時受梁啟超革新、求變的影響。

[7]　王國維學日文一年，英文不及一年，即能從事翻譯工作。他透過翻譯之便，有機會吸取大量西方哲學、科學、文學的知識，奠定他對西方文化的了解。

[8]　由是年至 1910 年，王國維大量翻譯日本、西方教育理論。王國維撰述的教育文章，亦自此年始。

學，又以叔本華為中介了解康德，並兼治詩詞。撰〈汗德像贊〉。9 月，羅振玉助劉鶚校編《鐵雲藏龜》六冊，是甲骨文著錄之始，王國維得睹甲文當在此時始。

1904　28 歲，7 月，撰〈叔本華之哲學與教育學說〉、〈紅樓夢評論〉[9]，刊於《教育雜誌》，後者是第一篇文學批評著作，也是中國近代「紅學」研究引用西方理論的第一部系統之作。11 月，撰〈叔本華與尼采〉。12 月，羅振玉聘至蘇州江蘇學堂，主講心理學、倫理學、社會學課程。是年，開始填詞。

1905　29 歲，7 月，撰〈周秦諸子之名學〉。9 月，出版《靜安文集》。11 月，編輯《靜安詩稿》。

1906　30 歲，2 月，在《教育世界》雜誌發表〈奏定經學科大學文學科大學章程書後〉。4 月，集近三年所填詞，成《人間詞甲稿》[10]。

1907　31 歲，4 月，任學部圖書館編輯。9 月，撰〈三十自述〉[11]，歷述由治哲學而轉治文學，且在填詞和研究戲曲成功的經過。11 月，匯集本年所填詞為《人間詞乙稿》，自認為「自南宋以後，除一二人外，尚未有能及余者，則平日之所自信也」。

1908　32 歲，7 月，輯《唐五代二十家詞輯》20 卷。8 月，撰《詞錄》。9 月，撰《曲錄》[12]。10 月，撰《人間詞話》[13]，分三期 64 則刊於《國粹學報》。

---

[9] 王國維引用叔本華、尼采等學理探討《紅樓夢》中的人性分析，是近代中國第一篇應用西方文學理論評論古典文學的文章，開創近代研究紅學的先河。

[10] 王國維填詞擅長小令，以悲涼帶出哲理的深情獨步，用字意境清逸脫俗，冠絕當代。如「試上高峯窺皓月，偶開天眼覷紅塵。可憐身是眼中人。」〈浣溪沙〉、「乾坤大。霜林獨坐，紅葉紛紛墜。」〈點絳唇〉、「人間事事不堪憑，但除卻、無憑兩字。」〈鵲橋仙〉等等名句，表達出古往今來可憐人共同的悲苦無奈，憫人哲思，意在言外，感慨遂深。詳參朱歧祥《王國維學術研究》第六章〈悲情與哲思——王國維《人間詞》選評〉，文史哲出版社，1995 年。

[11] 此時的王國維，在哲學文學之間搖擺，治學仍未有定向。
〈自述〉言：「余之性質，欲為哲學家，則感情苦多，而知力苦寡；欲為詩人，則又苦感情寡而理性多。詩歌乎？哲學乎？他日以何者終吾身，所不敢知。」

[12] 王國維先整理《曲錄》、元劇版本，而後出《宋元戲曲史》；先整理羅振玉的甲骨資料，協助羅從事甲骨考釋，而後出〈殷卜辭中所見先公先王考〉；先編寫《宋代金文著錄表》、《國朝金文著錄表》等金文資料，而後出〈生霸死霸考〉、〈釋史〉等論文。此率可見王國維治學方法之途徑。

1909 33 歲，3 月，撰〈戲曲考源〉。12 月，成〈宋大曲考〉、〈曲調源流考〉。譯倫敦《地理協會雜誌》斯坦因游歷中亞細亞至敦煌搜書的演講詞。

1910 34 歲，12 月，撰〈清真先生遺事〉一卷。

1911 35 歲，2 月，為羅振玉創辦的《國學叢刊》撰發刊詞，強調「學無新舊也、無中西也、無有用無用也」。撰〈隋唐兵符圖錄附說〉[14]。10 月，武昌新軍起義。11 月，隨羅振玉舉家避居日本京都，僑居長達五年[15]。自此，整理羅振玉的大雲書庫藏書，開始潛心探究三代之學，其中先溫經學，再治古文字[16]，由宋人清人對金文的看法，以迄直接研治甲骨文等「地下之學問」，從此棄文學而轉治經史考據之學[17]。

---

[13] 中國近代利用西方文學批評，評論詞學以至古典文學的第一部專著。這是近代「文學革命」的產品，也是遠自《文心雕龍》、《詩品》以來又一重要的文論著作。王國維在卷首，直言「詞以境界為最上」所開創的「境界說」，成為學界評詞以至成學的準則。他說：「古今成大事業、大學問者，必經過三種之境界，『昨夜西風凋碧樹。獨上高樓，望盡天涯路。』，此第一境也。『衣帶漸寬終不悔，為伊消得人憔悴。』，此第二境界也。『眾裡尋他千百度，驀然迴首，那人卻在燈火闌珊處。』，此第三境也。此等語皆非大詞人不能道。」，這三個境界分別順次言志、言執著、言客觀，其實就是一個境界，可以「一滾交功」的相接看待。他又認為境界「有有我之境，有無我之境。」「有我之境，以我觀物，故物皆著我之色彩。無我之境，以物觀物，故不知何者為我，何者為物。」這些語言都充滿文學的深度和人性的智慧，足供後人品味再三。

[14] 見《國學叢刊》第 3 冊。後重訂為〈隋虎符跋〉、〈偽周二虎符跋〉。

[15] 王國維有子女七人，一家的生活開銷主要依靠羅振玉的支應。這段時期是羅、王最親密的一段日子，也是王國維堅定心志，轉而從事古史的研究。羅振玉贈王國維以戴震、程瑤田、錢大昕、汪中、段玉裁和王念孫、王引之等著作，示之以清乾嘉樸學治學途徑的精萃，重在「分類」研究。

羅振玉在《集蓼編》記載王國維治學受其啟蒙指引：

「本朝經史考證之學，冠於列代。大抵國初以來，多治全經，博大而經密略遜，乾嘉以來，多分類考究，故較密於前人。予在海東，與忠愨論今日修學，宜用分類法。故忠愨撰〈釋幣〉、〈胡服考〉、〈簡牘檢署考〉，皆用此法。」

[16] 王國維的治學過程，給予後人無比珍貴的修習參考經驗。

[17] 是年，乃王國維治古器物學之始。

羅振玉在為作王國維傳時，說：「予乃勸公專研國學而先於小學訓詁植其基。公聞而瞿然自慰以前所學未醇，取行篋《靜安文集》百餘冊，悉摧燒之。」羅振玉稱焚書之說，不見得是可靠，但王國維的興趣自此趨異，應是事實。

1912　36 歲，春，撰〈簡牘檢署考〉[18]，考證中國書冊制度。5 月，撰〈頤和園詞〉[19]。7 月，研究《元刊雜劇三十種》版本問題。

1913　37 歲，重新「溫經」，將《三禮注疏》圈點一過，並作疏記。又將段玉裁注《說文解字》圈讀了一遍。2 月，窮三月之力完成《宋元戲曲考》[20]。4 月，撰〈尼雅城北古城所出晉簡跋〉、〈明堂寢廟通考〉[21]。7 月，撰〈唐寫本《春秋後語》背記跋〉。10 月，助羅振玉編《齊魯封泥集成》[22]。秋，整治西北邊陲發現的漢晉簡牘，又撰專研秦漢地理的〈秦漢郡考〉、〈秦陽陵虎符跋〉。

1914　38 歲，2 月，撰〈羅布淖爾東北古城所出晉簡跋〉，與羅振玉合編《流沙墜簡》[23]。4 月，撰〈尼雅城北古城所出晉簡跋〉。6 月，撰《宋代金文著錄表》[24]。7 月，撰〈潘祖蔭《攀古樓彝器款識》跋〉。9 月，撰《國朝金文著錄表》。

1915　39 歲，1 月，為羅振玉校寫《殷虛書契考釋》，並撰序。3 月，撰〈洛誥解〉、〈鬼方昆夷玁狁考〉。前者用甲骨文印證文獻之說，後者結合古文字考訂古史，利用先秦兩漢文獻和孟鼎、梁伯戈、毛公鼎等，印證匈奴族祖是商代的鬼方。5 月，撰〈三代地理小記〉。8 月，撰〈古胡服考〉，訂正《流沙墜簡考釋》[25]。10 月，撰〈古禮器略說〉、〈元刊雜劇三十種序錄〉，訂正〈屯戍叢殘考釋〉。

---

[18] 王國維始注意西北簡牘的出土。文數易其稿，至 10 月始寫定。

[19] 王國維是作以詩記史，述清室末年之衰頹，歎國政之敗亡。詩句中如「別有重臣升御榻，紫樞元老開黃閣」、「那知此日新朝主，便是當時顧命臣」、「寡婦孤兒要易欺，謳歌獄訟終何是」等，更諷歎清室所托非人，袁世凱等權臣易主倒戈。王國維的政治立場，亦盡在不言。

[20] 書在出版時改名《宋元戲曲史》。

[21] 王文中融匯歸納吳彝禺、攸從鼎、伊敦、克鐘、頌鼎、師寰盤等金文內容，論斷古代的建築制度。

[22] 王國維結合《漢書》〈百官公卿表〉、《後漢書》〈百官志〉，研治封泥上的官名，讓出土材料有效的呈現社會歷史的價值。

[23] 王國維在書中撰的前後序，經對比敦煌以北的長城，首先正確的點出「玉門關」的地理位置，並謂此與《漢志》相合而否定《史記·大宛傳》的記錄。

[24] 王國維擅長在開展研究之前做周延的準備工作，先對研究材料作全量的排比調查，建構資料庫，並吸取前人的長處和最完備的研究成果。如他在研治金文前，先完成《宋代金文著錄表》及《國朝金文著錄表》是，讓他對於宋代《考古圖》、《博古圖》等著錄，清代的程瑤田、吳大澂、孫詒讓、羅振玉、沈曾植等金石學家的研究都有很深的認識。

[25] 王國維撰的《流沙墜簡》序和後序，被譽為研究古代西北邊疆地理的大文章。

1916　40 歲，1 月，撰〈生霸死霸考〉[26]。2 月初，自日本京都返上海，旋應英籍猶太人哈同聘為上海倉聖明智大學《學術叢編》編輯主任，將學術設定為經學、小學、史學三門。撰《史籀篇疏證》[27]。3 月，撰〈殷禮小記〉、〈流沙墜簡考釋補正〉。4 月，撰〈釋史〉。5 月，撰〈毛公鼎考釋〉[28]、校《水經注》。7 月，撰〈石鼓文考〉。9 月，撰〈魏石經考〉、〈漢魏博士考〉，後者是考察古代學制的第一篇大文章。11 月，撰〈漢代古文考〉。12 月，撰〈爾雅草木蟲魚鳥獸釋例〉。

1917　41 歲，2 月，撰〈太史公年譜〉、〈殷卜辭中所見先公先王考〉[29]。3 月，校《竹書記年》。4 月，撰〈殷卜辭中所見先公先王續考〉。6 月，撰《今本竹書紀年疏證》，並整治哈同藏甲，編定《戩壽堂所藏殷虛文字》，又詳作考釋。8

---

[26] 一般研究金文，只在乎於一字一詞的考訂，傑出的進而證經說史。而王國維更能站在比較的角度，綜合的互參不同銅器之間的差異，通釋古今名物制度的流變。此王國維所以開風氣之先者。

本文是一篇利用地下出土金文，研究上古天文的創舉文章。王國維搜集三代彝銘的具干支日名者，再歸納其中與有帶月相、月分的關係，以推定其時代，明定「四分月」的現象，開展出研治上古曆法的先河。

[27] 王國維是年始關注秦漢文字。書前一篇〈史籀篇敘錄〉，已明確點出「史篇之文字，秦之文字，即周秦間西土之文字也」，「孔子壁中書者，周秦間東土之文字也。」

[28] 〈考釋序〉扼要寫出王國維治學的流程，成為後學可按圖自學的南針：
「苟考之史事與制度文物，以知其時代之情狀；本之《詩》《書》，以求其文字義例；考之古音，以通其義之假借；參之彝器，以驗其文字之變化。由此而之彼，即甲以推乙，則於字之不可釋，義之不可通者，必間有獲焉。然後闕其不可知者，以俟後之君子，則庶乎其近之矣。」

以上簡單文字，對於有心人而言，俱無比開示價值，真是字字千金。

[29] 王國維是年密集的書寫甲骨文字。

兩篇〈殷先公先王考〉，根據的地下資料不過是《鐵雲藏龜》和《殷虛書契》前後編二種，王國維靈敏的推定了晚商世系 13 個先王人名和順序，特別是對於殷先公「王亥」名論證之精辟、提出「帝嚳」其人的可能和開展綴合甲骨的先河，廣為後人稱道。文章通讀了《楚辭》〈天問篇〉的「該秉季德，厥父是臧」和「恆秉季德」一段古今學人無法解釋的文意，並證明了《史記》〈殷本紀〉世系的基本可靠，絕大部分是實錄，復依經綴合卜辭中先公名稱的「報甲、報乙、報丙、報丁」，糾正了司馬遷當日抄錄殷王世系順序時的錯誤，實是字字珠璣。文章落實了「二重證據法」的研究方法，廣為後人遵從，也自此奠定了王國維在「甲骨四堂」的學術霸壇地位。

月,撰〈唐韻別考〉、〈韻學餘說〉。9月,撰〈殷周制度論〉[30],文章被譽為近世經史研究第一篇大文字。又撰〈兩周金石文韻讀〉。10月,撰〈克鐘克鼎跋〉。11月,撰〈三十二部諧聲表跋〉、〈商三句兵跋〉。

1918 42歲,兼任上海倉聖明智大學教授。7月,撰〈雪堂校刊群書敍錄序〉。

1919 43歲,2月,撰〈齊侯壺跋〉。3月,撰〈沈乙庵先生七十壽序〉,分析清代三百年學術變遷[31]。9月,撰〈西胡考〉、〈西胡續考〉。譯伯希和〈近日東方古言語學及史學上之發明與其結論〉演講詞。

1920 44歲,撰〈周玉刀跋〉、〈釋觶〉、〈與友人論石鼓書〉。

1921 45歲,春撰〈與友人論詩書中成語書〉。5月,編《觀堂集林》20卷[32]。6

---

[30] 王國維利用甲金文和經傳對比,證明殷的祀典和周相異,而嫡庶之別和宗法尊王,率起於周。王文總結言朝代的更易,不在表象,而重在文化精神:

「夏殷間政治與文物之變革,不似殷周間之劇烈。殷周間之大變革,自其表言之,不過一姓一家之興亡,與都邑之移轉,自其裡言之,則舊制度廢而新制度興,舊文化廢而新文化興。」

王文詳細分析殷周的變動,「以古喻今」,由理而言情,似乎更在於批評當日由清而民國文化更替的混亂現象。

[31] 此文能了解王國維對清末學術動態的看法,對近人的學術史研究有先導的功能。

[32] 王國維的學術文章,多散見於《雪堂叢刊》、《廣倉學窘》等叢書。

1921年,王國維時45歲,他親自增刪,編定成此書。這是他的學術定稿,涵蓋研治的卜辭、釋字、文字源流、音韻、禮制、經學、邊疆外族、考古、板本考證、上古制度、流沙墜簡、漢魏石經、遼金元史地、韻書分部、印璽封泥、虎符、歷代尺量等不同廣度的文章。

書中每篇的文字不多,引文不繁,但多持有獨特、開創的見地。其中,卷一「藝林」的〈生霸死霸考〉、〈高宗肜日說〉,卷二的〈與友人論詩書中成語書〉,卷三的〈明堂廟寢通考〉、〈說斝〉等青銅器形制考,卷四的〈漢魏博士考〉,卷五的〈史籀篇疏證序〉,卷六的〈釋史〉、〈釋由〉等考字文章、〈毛公鼎考釋序〉、〈桐鄉徐氏印譜序〉,卷七的〈戰國時秦用籀文六國用古文說〉、〈西漢古文學家多小學家說〉,卷八的〈五聲說〉,卷九「史林」的〈殷卜辭中所見先公先王考〉、〈續考〉,卷十的〈殷周制度論〉,卷十一的〈太史公行年考〉,卷十二的〈說自契至於成湯八遷〉、〈聚珍本戴校水經注跋〉,卷十三的〈鬼方昆夷玁狁考〉,卷十四的〈韃靼考〉,卷十五的〈萌古考〉,卷十六的〈元朝秘史之主因亦兒堅考〉、〈長春真人西遊記校注序〉,卷十七的〈流沙墜簡序〉、〈後序〉,卷十八的〈商三句兵跋〉等青銅器跋文,卷二十的

月，撰〈段懋堂手迹跋〉。

1922 46 歲，任北京大學研究所國學門通訊導師。2 月，輯《唐寫本切韻殘卷三種》。3 月，撰〈兩浙古刊本考〉。以戴東原本校蔣氏密韻樓本《水經注》[33]。

1923 47 歲，1 月，撰〈魏正始石經殘石考〉[34]。2 月，撰〈弜父丁角跋〉、〈刺鼎跋〉、〈父乙卣跋〉。4 月，受命任遜帝溥儀「南書房行走」，賞五品銜，又「著在紫禁城騎馬」[35]，王國維赴京就職。7 月，撰商承祚《殷虛文字類編》序。8 月，撰〈梁伯戈跋〉、〈齊國差罍跋〉。9 月，重訂〈秦公敦跋〉。11 月，受溥儀命清理景陽宮藏書。

1924 48 歲，2 月，王國維結合伯希和手錄巴黎韋莊〈秦婦吟〉和日人狩野直喜抄自倫敦博物館的殘本，對校成足本[36]。3 月，撰〈明鈔本《水經注》跋〉、〈戴校《水經注》跋〉。冬，撰〈高宗肜日說〉、〈釋天〉、〈周莽京考〉、〈邾公鐘跋〉、〈水經注釋跋〉、〈遹敦跋〉。11 月，馮玉祥「逼宮」，命溥儀遷出紫禁城，廢帝號。

1925 49 歲，1 月，撰〈魏石經續考〉。2 月，王國維就清華國學研究院之聘為導師（教授），月薪四百元，其後的梁啟超、陳寅恪、趙元任、李濟先後到院任教。4 月，開始研究西北地理及元代歷史。8 月，撰〈姬鼎跋〉、〈杞伯鼎跋〉、〈史頌敦跋〉、〈臘侯戈跋〉。9 月，清華國學研究院開學，公布各教授開課課程和指導研究範圍。王國維任經、史、小學導師，開授課題有：《古史新證》，每周 1 小時；《尚書》，每周 2 小時；《說文》，每周 1 小時。指導研究範圍，有：《尚書》本經之比較研究（含句法、成語、助詞）、詩中狀詞研究（含單字、聯綿字）、古禮器之研究、《說文》部首之研究、卜辭及金文中地名或制度之研究、諸史中外國傳之研究、元史中蒙古色目之劃一研究、慧琳一切經主義之反切與切韻反

〈魏石經考〉，卷二十二的〈胡服考〉等等文章，更是橫空而出，極具開創、影響深遠的經典之作。

[33] 是年為王國維校訂《水經》之始。
[34] 是年王國維始注意石經文字。
[35] 王國維政治保守，學術同道如羅振玉、沈曾植、柯劭忞等都屬清朝遺老。他對清帝知遇之恩，自生一特殊的情感。遺書所謂「義無再辱」的「辱」，與清室的蒙塵或確有一定的關係。
[36] 是年王國維始注意敦煌殘卷。

切之比較研究。是月，王國維講授《古史新證》[37]。撰《經學概論講義》。10月，加授《尚書》課程。撰〈韃靼年表〉、〈韃靼考〉、〈《元朝秘史》地名索引〉。11月，跋〈蒙韃備錄〉和蒙文〈元朝秘史〉[38]。12月，撰〈遼金時蒙古考〉。

1926 50歲，2月，撰〈黑韃事略跋〉。4月，撰〈元聖武親征錄校注〉。5月，撰《西遊記校注》[39]。7月，在燕京華文學校演講〈中國歷代之尺度〉[40]。8月，刊《元史料校注四種》。9月，研究院新學年，王國維每周講課，有：《儀禮》2小時、《說文》1小時。王國維指導研究範圍，有：經學（含《書》、《禮》、《詩》）、小學（含訓詁、古文字學、古音韻學）、上古史、金石學、中國文學。11月，撰〈蒙古札記〉。

1927 51歲，1月，撰〈南宋人所傳蒙古史料考〉。2月，撰〈元朝秘史之主因亦兒堅考〉。3月，撰〈金長城考〉、跋校《水經注箋》。5月，撰〈萌古考〉。6

---

[37] 1926年發表於《國學月報》。王國維在講義中，首次點出「二重證據法」的治學方法，謂：「今日得地下之新材料，以補正紙上之材料」，以「證明古書之某部分全為實錄，即百家不雅馴之言，亦不無表示一面之事實」。

所謂「紙上之材料」，包括《尚書》、《詩》、《易》、《五帝德》及《帝繫姓》、《春秋》、《左氏傳》和《國語》、《世本》、《竹書紀年》、《戰國策》及周秦諸子、《史記》。

所謂「地下之材料」，指甲骨文字和金文。

王國維首先提出以地下出土的甲金文印證、攻治可靠的古文獻資料，從而導出真正的信史。這方法無疑比清儒的「以經治經」、「以經治史」的研治角度，更廣更真，遂成為日後學人研治經史文學共同採取的典範。

講義中的第二章，在殷先公先王之前，首先點出「禹」其人。文中引春秋金文內容，印證《詩》、《書》中言「禹」為上古帝王的可靠。這無疑是王國維針對當日胡適、錢玄同和顧頡剛等疑古風氣的婉轉回應。對應羅振玉在1923年替王國維《觀堂集林》寫序，明王國維治學行文時，率直的附記：

「蓋君之學，實由文字聲韻以考古代之制度文物，並其立制之所以然。其術皆由博以反約，由疑而得信，務在不悖不惑，當於理而止。其於古人之學說，亦然。君嘗謂今之學者，於古人之制度文物學說無不疑，獨不肯自疑其立說之根據。」

此可見王國維之謙厚個性，面對文獻，都是經存疑思辨，得其理而始信，但對於標奇立異的新說，卻並不熱衷於論列是非。

[38] 是年王國維始集中研究蒙古史。

[39] 後改題為〈長春真人西游記校注〉二卷。

[40] 王國維用16種唐宋明古尺的實物、拓本、摹本，證明歷代尺度增長的狀況和原由。

月 1 日,參加研究院師生惜別會,午後訪陳寅恪[41]。6 月 2 日,上午 9 時許,離清華園,至頤和園排雲殿魚藻軒石舫前,約 11 時,自沉於昆明湖。其內衣袋有給三子貞明的遺書一紙:

> 「五十之年,只欠一死,經此世變,義無再辱。我死後,當草草棺斂,即行藁葬於清華園塋地。汝等不能南歸,亦可暫於城內居住。汝兄亦不必奔喪,因道路不通,渠又不曾出門故也。書籍可托陳(寅恪)、吳(宓)二先生處理。家人自有人料理,必不至不能南歸。我雖無財產分文遺汝等,然苟謹慎勤儉,亦必不至餓死也。五月初二日,父字。」

8 月 14 日,安葬於清華園北西柳村墓地。

1929 年 6 月,清華大學立《王國維先生紀念碑》,碑文由陳寅恪親自撰寫,馬衡篆額,梁思成設計。碑文中贊言的「獨立之精神,自由之思想」,誠為王國維一生名山的定論。

陳寅恪的〈王靜安先生遺書序〉,是最了解王國維學術的一段文字。陳序點出王國維的治學方法有三,涵蓋周延,充分的成為後學的指引:

> 「自昔大師巨子,其關繫於民族盛衰學術興廢者,不僅在能承續先哲將墜之業,為其託命之人,而尤在能開拓其學術之區宇,補前修所未逮,故其著作可以轉移一時之風氣,而示來者以軌則也。先生之學博矣!精矣!幾若無涯岸之可望,轍跡之可尋,然詳繹遺書,其學術內容及治學方法,殆可舉三目以概括之者。
> 一曰:取地下之實物與紙上之遺文,互相釋證。凡屬於考古學及上古史之作,如〈殷卜辭中所見先公先王考〉、〈鬼方昆吾玁狁考〉等是也。
> 二曰:取異族之故事與吾國之舊籍互相補正。凡屬於遼金元史事及邊疆地理之作,如〈萌古考〉及〈元朝秘史之主因亦兒堅考〉等是也。
> 三曰:取外來之觀念與固有之材料互相參證。凡屬於文藝批評及小說戲曲之作,如〈紅樓夢評論〉及〈宋元戲曲考〉等是也。
> 此三類之著作,其學術性質,固有異同,所用方法,亦不盡符會。要皆足以轉移一時之風氣,而示來者以軌則。吾國他日文史考據之學,範圍縱廣,途

---

[41] 在這生離死別的一刻,王國維親訪陳寓,又臨終托書,此足見二人交誼絕非一般。

徑縱多，恐亦無以遠出三類之外，此先生之遺書，所以為吾國近代學術界最重要之產物也。」

王國維學術多元，尤重在「開創」。他屬於由博而專而博的路數，和近人強調專精的治學風氣不同。無論是在教育、美學、詩學、戲劇研究、經學、史學、禮學、文字音韻學、卜辭、金石、《說文》、考古學、蒙古史、邊疆外族地理等不同文化專業，王國維都能獨具慧眼，以小見大，特別是能在亟短的時間中佔有廣泛的材料，擅長系統「分類」、「對比」，並取得最深最廣的創獲業績，無疑是百年學人的典範，也是後學學習的理想對象。如：

1. 新方法的開創。
    發明二重證據法、美學的「境界說」、「游戲說」、「古雅說」。
2. 新學問的建立。例：
    a. 甲骨學與古史制度的研究。撰有經典的〈殷卜辭中所見先公先王考〉、〈殷周制度論〉。
    b. 簡牘學研究。開展西北史地研究、蒙古史研究。著有《流沙墜簡》。
    c. 宋元戲曲研究。著有《宋元戲曲史》。
    d. 文學批評研究。著有《人間詞話》。
    e. 紅學研究。著有〈紅樓夢評論〉等。
3. 新材料的輸入。例：
    a. 西方哲學的介紹。撰寫康德、叔本華、尼采的哲學理論。
    b. 西方教育的介紹。在《教育雜誌》發表的文字、〈奏定經學科大學文學科大學章程書後〉。
4. 新作品的創作。
    撰有《人間詞》和無數具開創意見的文字。

以上著作，處處靈光乍現，都是獨具「看人所不能看」的開山作品，值得後學深思。

王國維一生抒發的文字，多由深情起而說理終，且皆有獨步的過人看法，教人心醉。他以 1898 年 22 歲入《時務報》工作，受知於羅振玉為一時間分界，是年之前當為其「學術孕育期」，這階段在家承父的訓導，治舉子之業，奠定良好的古文獻、駢散文的基礎，特別是對史書的熱愛。

1898 至 1903 年，是「吸取新知期」，王國維透過閱讀和翻譯日、英、德文書刊，大量接觸西學，與叔本華、尼采的觀念契合。是時，王國維關心政治，看重教育改革，而興趣則在於哲學研究。1903 年撰〈論教育之宗旨〉，是近代學人中最

早提出「美育」的觀念，提倡教育以德、智、體、美並重。這時期王國維大量翻譯西方的教育和哲學新知，具引往西學以開民智的推介之功。

1904 至 1910 年，是「文學創作和評論期」，連續完成《人間詞》104 首、〈紅樓夢評論〉、《人間詞話》和《宋元戲曲史》。這時期王國維引入西方文學理論，開創中國文學批評，於填詞自負於北宋諸家之間，於詞評獨創自然和境界之說。並開創通俗的曲學研究。

1911 至 1927 年，是「古器物、古文字、古史地理研究時期」，是王國維學術業績最成熟、豐碩的階段。自 1911 年隨羅振玉東渡始，至 1921 年自訂經典的《觀堂集林》，是王國維學術「盡棄前學」，興趣由西學轉返中學、由文學回歸經史地理之學。這 10 年間是王國維學術開創最精華的階段。其後由 1925 年受聘於清華的兩年半，研究重點則集中在蒙古史和西北地理研究。

王國維一生的學術動態，深受羅振玉的幫助，史稱「羅王之學」。他區區「五十之年」，治學又可以與羅振玉之相知的 1911 年東渡日本為畫分，其前期屬求學、教學、治文哲之學，其後期追隨羅振玉轉攻治古器物、古史考據校讎之學。1923 年被薦為溥儀之師。1925 年任清華國學研究院導師。1927 年自沉於頤和園昆明湖，留下「五十之年，只欠一死。經此世變，義無再辱」的一紙遺書。老天給與王國維多達十五年留名的機會。王國維在清華國學門任教，亦不過短短兩年半，但已成為日後清華學人只能繼承而不可逾越的精神指標。

王國維有優良的國學基礎，又能嗅到西學的先機，復能把握地下出土的因緣，遂結集三方學問於一身，締造不世出之奇才。他治學單純，專注篤實，往往能迅即站在學科「預流」之定點高度所在，兼具「天才」橫溢的想像能力和豐富過人的情感。他能在極短的時間靈敏的融匯、系聯材料，提出新穎的看法。他尊重天才，擅思辨，具深情，有文化使命。王國維的文章勇於在傳承中求開創，厚積薄發，先由版本、一手材料的博通而精研入手，再由系統歸納而推論綜合成文。行文復精簡有力，率由小而論大、由破字詞而論文化，新意疊出，為近代學術立下永垂的典範。

四、楊樹達學術年表

1885 1 歲，湖南省長沙市人。6 月 1 日生。父孝秩，喜讀《史記》、《資治通鑑》、唐宋八家古文，以塾師為業。楊樹達字遇夫，兄弟姐妹共 6 人，自幼隨祖父宗瑩公識字，「喜讀書」[1]

1890 6 歲，改隨父受讀，學習《史通》、《資治通鑑》、《爾雅》、《廣雅》、《漢書》等書。

1891 7 歲，有志於訓詁之學，曾想「取凡義訓相同之字聚集為一編」。

1895 11 歲，讀《春秋左氏傳》，「先君恆以《左傳》事實命題」。

1896 12 歲，中日甲午戰後，世人講究實學風氣日盛，楊樹達習諸經、古文外，兼習數學。

1897 13 歲，10 月，湖南巡撫義寧陳寶箴與黃遵憲、譚嗣同等創辦時務學堂，梁啟超為中文總教習，以《孟子》和《公羊春秋》為教本。楊樹達考取第一班入學，閱卷人是陳寅恪父親陳三立。

1898 14 歲，8 月，朝廷廢新政，時務學堂被迫解散。

1900 16 歲，秋，入求實書院肄業，楊樹達除習經史外，仍習算學、英文。此時開始有寫讀書日記和采輯前人學說的習慣。

1902 18 歲，治《周易》，仿阮元《詩書古訓》體例，輯成《周易古義》。

1905 21 歲，湖南巡撫端方擬派學生赴日本留學，楊樹達隨兄應試並錄取。5 月，娶吳惺源三女為妻。6 月，赴上海登日輪至日本。

1906 22 歲，寓日本東京，入讀弘文學院，「日治歐洲語言及諸雜學」。

1907 23 歲，10 月，自柯昌濟借閱王國維《靜安文集》，佩服王的教育識見。

---

[1] 本文引書和述楊樹達的行事，主要參考楊樹達《積微翁回憶錄》、王玉堂〈楊樹達先生事略〉、湖南師範大學編《楊樹達誕辰百周年紀念集》。楊樹達有逐日記事之癖好，近代學人書寫自傳，以《回憶錄》此書最為詳實。

1908　24 歲，4 月，入讀東京第一高等學校預科。

1909　25 歲，8 月，被分派至京都第三高等學校。

1911　27 歲，8 月，武昌革命，成立民國。楊樹達因缺乏官費，由日本返國。抵長沙，任湖南新政府教育司圖書科科長。

1912　28 歲，4 月，改任湖南圖書編譯局編譯事。冬，任湖南高等師範學校教務長，並任長沙楚怡工業學校英文教員。

1913　29 歲，9 月，任湖南第四師範學校國文法教員，始治國文法。

1915　31 歲，任省立第一師範學校國文教員。

1916　32 歲，2 月，任省立第一女子師範國文教員，據傳毛澤東曾旁聽其課。

1918　34 歲，3 月，輯《老子古義》。試作〈論衡校注〉、〈韓詩外傳疏證〉。始治《鹽鐵論》。

1919　35 歲，5 月，五四運動。秋，撰《馬氏文通刊誤》[2]、《中國語法綱要》。是年，楊樹達認識毛澤東。

1920　36 歲，楊樹達赴北京，任職教育部國語統一籌備會，並於北京師範學校、北京法政專門學校任教，先後開設國文法、文字學、修辭學、《史記》、《漢書》、《淮南子》等課程。10 月，撰〈論文字之省略〉。婦吳氏病逝長沙。

1921　37 歲，2 月，經錢玄同推介任北京高等師範學校國文法教員。撰《高等國文法》[3]。3 月，撰〈古書疑義舉例續補〉。5 月，娶同縣張氏為繼室。9 月，輯錄《說苑、新序疏證》。

1922　38 歲，4 月，始撰《詞詮》。8 月，撰〈名詞代名詞之詞性〉。9 月，寫〈與錢玄同、胡適論《詩經》于以書〉，提出《詩經》介詞「于」在疑問詞「焉」、「何」、「胡」諸詞之前的文法通則。

---

[2]　時人推稱此書和《詞詮》、《高等國文法》為楊樹達的「文法三書」。自清乾嘉二王重漢語中的虛字研究，馬建忠的《馬氏文通》，始將漢語文法納入西歐語法的框架中論述，一直至楊樹達的著作，才算真正建構合於漢語規律的文法學。

[3]　劉復曾推崇楊樹達，謂「近來研究中國文法者，當以楊為第一。」此書日本東京文理科大學亦用為教本。

1923 39 歲，4 月，寫《鹽鐵論校注》。8 月，訪老師梁啟超。

1924 40 歲，1 月，撰〈讀劉叔雅淮南鴻烈集解〉。3 月，范靜生任師範大學校長，聘楊樹達代理國文系主任。6 月，撰〈漢代老學者考〉。10 月，取《荀子‧大略》「積微者箸」一句，定書齋名為「積微居」。

1925 41 歲，1 月，溥儀出清宮，馮玉祥軍主事，聯絡學人清點宮中文物，楊樹達參與其事，得睹秘藏古書善本，眼界日開。3 月，出版《漢書補注補正》六卷。5 月，讀孫詒讓《古籀拾遺》，開始接觸金文。6 月，自刻出版《古書疑義舉例續補》二卷[4]。10 月，撰《釋名新略例》。

1926 42 歲，6 月，得梁啟超推介，轉聘於清華大學。9 月，任中文系教授。11 月，訪王國維。12 月，撰〈孟子學說多本子思考〉、〈晚周諸子中所見之宋人〉。清華研究生戴家祥來談學。

1927 43 歲，1 月，與黃侃書論學。與章行嚴書談《論衡》誤文。2 月，清華研究生王力來談學。5 月，王國維自投於頤和園昆明湖。11 月，撰《漢書釋例》。

1928 44 歲，1 月，填寫黃侃〈二十八部聲類表〉，治音韻之學。3 月，與陳寅恪談學。4 月，訪柯劭忞談學。撰〈詩上入執公功說〉。7 月，與陳垣談學。10 月，《詞詮》[5]正式出版。12 月，出版《古書之句讀》一卷。同年，出版《中國語

---

[4] 楊樹達以書貽章太炎，章覆書譽楊樹達：

「用心亦審。所論《管子》『唯毋』字義，謂為下句省文，足規高郵之過。」

楊樹達又寄書贈于省吾，于來書云：

「精湛透闢，俞書所不逮。」，又稱：「尊著通俗謹嚴，勝於俞書。」

[5] 楊樹達精通文史古籍，又曾潛心於西方文法，擅用西文詞性分析研治古文法。是書先明詞類，次明義訓，是繼清儒王引之《經傳釋詞》後，對虛字研究的另一巨著。

書前〈序例〉明其治學的經驗，重於虛實交替，以文法和文字訓詁相結合攻錯，此足供後學開示。楊樹達說：

「凡讀書者有二事焉，一曰明訓詁，二曰通文法。訓詁治其實，文法求其虛。清儒善說經者，首推高郵王氏。其所著書，如《廣雅疏證》，徵實之事也；《經傳釋詞》，搞虛之事也。其《讀書雜志》、《經義述聞》則交會虛實而成者也。嗚乎！虛實交會，此王氏之所以卓絕一時，而獨開二百年來治學之風氣者也。訓詁之學，自《爾雅》、《說文》以下，更清儒之疏通證明，美矣！備矣！蔑以加矣！文法之學，篳路藍縷於劉淇，王氏繼之，大備於丹徒馬氏。余生顓魯，少讀王氏書而好之。弱冠游倭，喜治歐西文字；於其文法頗究心焉。歸國後，乃得讀馬氏書，未能

法綱要》。

1929　45歲，1月，梁啟超病逝。7月，余嘉錫來訪。後與余聯訪董作賓，參觀中央研究院所獲安陽甲骨。

1930　46歲，1月，撰〈國文中之倒裝賓語〉。出版《周易古義》七卷。2月，撰〈讀漢書儒林傳〉。12月，始校註《顏氏家訓》。

1931　47歲，5月，撰〈駁胡適之吾我篇〉。6月，撰〈漢俗考〉。9月，撰〈漢西鄉侯兄張君殘碑跋〉、〈魏曹真殘碑跋〉。11月，撰〈漢相府小史夏堪碑跋〉、〈端方陶齋藏磚記跋〉。12月，撰〈漢朝侯小子碑跋〉。出版《馬氏文通刊誤》、《積微居文錄》三卷。

1932　48歲，1月，馬衡來談學。2月，撰〈漢賈武仲夫人馬姜墓門石記跋〉、〈漢書札記〉。3月，撰〈談制篇〉、〈莊子意怠鶢鵅一鳥說〉。4月，撰〈漢書所據史料考〉[6]。6月，與林義光通信論學。寫〈長沙方言續考〉。9月，評章太炎《文始》以柯為戈字孳乳一說。又評黃侃古無上聲說之非。

1933　49歲，1月，撰〈中國修辭學序〉。4月，撰〈釋慈篇〉、〈詩音有上聲說〉。出版《中國修辭學》[7]。10月，撰〈之部古韻證〉。11月，出版《漢代婚喪禮俗考》。撰〈釋始篇〉。12月，撰〈孟子臺無餽解〉、〈爾雅大瑟謂之灑說〉。

盡慊。既頗刊其讀，復為《文法》（《高等國文法》）一書以正之。顧文法自有界域，不能盡暢其意，因倣《經傳釋詞》之體，輯為是書。上采劉、王下及孫經世、馬建忠、童斐之書。學者取是及鄙所為《文法》參互治之，於文法之事，庶過半矣。」

楊樹達服膺二王，除擅用古文法和訓詁交替治學，訓詁理論又能掌握聲中求義的關係，復統合西方語法，再拓張研究材料至甲金文，其成果無疑已超越二王之學。

[6] 楊樹達精熟《漢書》，班書重要篇章多能成誦，講解精到。黃侃稱譽楊樹達治《漢書》有功：

「北京治國學諸君，自吳檢齋、錢玄同外，余（季豫）、楊二君皆不愧為教授。其他則不敢知也。遇夫於《漢書》有發疑正讀之功，文章不及葵園，而學問過之。《漢書補註》若成於遇夫之手，必當突過葵園也。」

陳寅恪亦曾語於楊樹達：「湖南前輩多業《漢書》，而君所得獨多過於諸前輩矣。」

[7] 1954年增訂再版，改名為《漢文文言修辭學》。

1934 50 歲，1 月，撰〈形聲字聲中有義略證〉。2 月，撰〈釋贈篇〉、〈釋旅篇〉。3 月，撰〈釋嫁篇〉。出版《古書句讀釋例》。4 月，出版《論語古義》二十卷。5 月，與陳寅恪談學。陳大讚錢穆《諸子繫年》精湛。6 月，清華學生董同龢來談學。撰〈爾雅鸉天龠釋名〉、〈釋放篇〉、〈釋晚篇〉。7 月，撰〈釋經篇〉、〈釋旂篇〉、〈釋暍篇〉、〈釋漙篇〉、〈釋晉篇〉。讀朱芳圃《甲骨學文字編》，始治甲骨文。8 月，撰〈釋謹篇〉、〈臣牽解〉。和王力論學。9 月，編清華文字學講義。10 月，撰〈釋神祇篇〉、〈釋禱篇〉、〈釋祀篇〉、〈釋旁篇〉。11 月，撰〈說云篇〉、〈說繪篇〉、〈詩匪風發兮匪車偈兮解〉。12 月，撰〈釋官篇〉、〈說馬篇〉、〈說少篇〉、〈釋餕篇〉。同年，出版《古聲韻討論集》。

1935 51 歲，3 月，撰〈獸字段註駁〉、〈說嬪〉。4 月，撰〈說丨篇〉、〈莊子謝施說〉、〈釋聽篇〉、〈釋國篇〉。柯昌泗來談學。5 月，撰〈釋死篇〉、〈釋觀篇〉、〈讀容庚君古石刻零拾〉。6 月，撰〈釋獄篇〉、〈釋販篇〉。7 月，撰〈字義同緣於語源同例證〉。9 月，撰〈釋詩篇〉、〈釋義篇〉、〈說測〉、〈爾雅窕閒說〉。10 月，撰〈說髮篇〉、〈釋齂篇〉、〈說嶓篇〉、〈說骸骬篇〉、〈說比篇〉、〈古音哈德二部與痕部對轉疏證〉、〈聲訓舉例〉、〈說瞎篇〉、〈長沙方言續考〉。同月，黃侃病逝。

1936 52 歲，3 月，撰〈釋力劦〉。4 月，撰〈釋雌雄篇〉、〈釋屬篇〉、〈讀周禮司刑註引尚書大傳書後〉。5 月，集近年文字為《積微居小學金石論叢》一書。撰〈詩于以采蘩解〉、〈讀春秋名字解詁書後〉、〈書微子「草竊姦宄」及多方「叨懫」二解〉。6 月，撰〈釋賢篇〉、〈讀經方法〉、〈書盤庚罔知天之斷命解〉、〈左傳戴氏考〉。始寫《漢書窺管》一書。7 月，撰〈釋謹篇〉。8 月，撰〈釋吏篇〉、〈釋偽篇〉。9 月，撰〈王氏讀墨子雜誌書後〉。10 月，撰〈釋牅篇〉、〈釋曾篇〉、〈釋介篇〉、〈釋說篇〉、〈釋言語論議篇〉、〈釋舫篇〉。11 月，撰〈釋斷篇〉、〈釋疫篇〉、〈司徒司馬司空釋名〉。12 月，撰〈鄒衍九州考〉。

1937 53 歲，1 月，撰〈釋己篇〉、〈釋甲篇〉、〈釋晶篇〉、〈釋七篇〉。2 月，撰〈偏旁多初文考〉、〈淮南子證聞〉。3 月，訪余季豫、沈兼士。撰〈釋呬篇〉、〈釋桎杻桍篇〉。4 月，撰〈釋謂篇〉、〈釋叕篇〉、〈釋用篇〉、〈釋凵篇〉。5 月，撰〈釋胒尻篇〉、〈釋姊篇〉、〈釋瞖篇〉。寧鄉魯實先來書。6 月，撰〈釋許篇〉。7 月，蘆溝橋事變。楊樹達因父病返鄉而留在長沙，改任湖南

大學教授。同年秋,隨校西遷。11 月,撰〈釋圖篇〉、〈說耿介篇〉。同年,出版《積微居小學金石論叢》五卷。

1938　54 歲,3 月,撰〈釋黽篇〉。6 月,撰〈詩謂山蓋卑解〉。12 月,撰〈釋卩篇〉、〈釋裕篇〉、〈釋伯篇〉、〈釋開闢閉篇〉。

1939　55 歲,1 月,撰〈釋早篇〉、〈釋吳篇〉、〈釋久篇〉。3 月,撰〈釋膊篇〉、〈釋紳篇〉、〈釋步篇〉、〈釋希篇〉、〈釋甚篇〉、〈釋曬篇〉、〈釋邵篇〉、〈釋說卦〉、〈說駿〉、〈釋麗篇〉、〈釋識篇〉、〈釋黽篇〉。4 月,撰〈說驃篇〉、〈釋甬篇〉、〈釋坻篇〉、〈釋榪撕篇〉、〈釋嗌篇〉、〈釋弦篇〉、〈釋夙篇〉、〈釋腒篇〉。5 月撰《釋名拾遺》。同月,錢玄同逝世北平。撰〈釋次篇〉、〈釋極篇〉、〈釋奭稷篇〉。6 月,撰〈說胡篇〉、〈說證篇〉。7 月,撰〈莊子拾遺〉、〈溫故知新說〉[8]。10 月,撰〈易牙非齊人考〉。12 月,撰〈釋又左篇〉。

1940　56 歲,1 月,撰〈春秋大義述自序〉[9]。2 月,撰〈造字時有通假證〉。4 月,撰〈春秋再書狄人說〉、〈春秋宋世子痤有罪辨〉、〈公羊傳諾已解〉。8 月,閱孫海波《甲骨文編》,再治甲文。與在香港的陳寅恪通信,陳譽之「當今文字訓詁之學第一人」。又撰〈釋徹篇〉、〈魯實先史記會說考證駁議序〉、〈釋革篇〉、〈釋刑篇〉、〈釋扃篇〉。9 月,撰〈釋茻篇〉、〈釋丞篇〉、〈釋工篇〉、〈釋正篇〉、〈釋僉篇〉、〈釋臧篇〉、〈釋口篇〉、〈釋弗篇〉、〈釋滴篇〉、〈釋啓篇〉、〈釋鷊篇〉、〈釋異篇〉。11 月,魯實先來書,執弟子之禮。撰〈春秋大義述凡例〉。

1941　57 歲,1 月,撰〈釋曹篇〉、〈釋乎篇〉、〈令鼎跋〉[10]、〈縣改簋

---

[8]　楊樹達對於治學、教學重開悟。文中謂:
　　「凡人之天稟之美,有二事焉。一曰強識,二曰通悟。學者能兼之,上也,如不得兼也,則寧取通悟而捨強識。……記問之學,多識之事也,溫故而知新,通悟之事也。一日不足為人師,一日可以為師,此先哲重悟解輕記誦之明證也。徵之人事,有過目成誦,一字不遺,而不能作一尋常之簡札者矣。與其如此也,固不如記誦不豐而屬文條理明達者也。」
　　文中復語諷黃侃「溫故不能知新」,胡適「不溫故而求知新」。
[9]　「春秋大義」,原為楊樹達在抗日時開設的一門課,借此鼓舞學生的愛國、攘夷思想。楊樹達每教一課,都自編講義,講述自己的研究心得。
[10]　楊樹達自 1940 年底,專治金文。他用跋語方式論說金文,以此篇始。

跋〉、〈彔伯簋跋〉、〈讀甲骨文編記〉。2 月，撰〈頌鼎跋〉、〈白晨鼎跋〉、〈呂鼎跋〉、〈春秋「公及莒人盟於包來」解〉。閱王國維〈殷卜辭中所見先公先王考〉一文，贊歎謂：「讀書之密如此，可謂入化境矣。」又撰〈釋壹篇〉、〈釋之篇〉。3 月，撰〈京師解〉、〈釋鏑篇〉、〈釋多方〉。《積微翁回憶錄》記：「讀王靜安〈顧命禮徵〉，精湛絕倫，清代諸師所未有也。」5 月，《回憶錄》又記：「閱《觀堂集林》。勝義紛披，令人驚倒。前此曾讀之，不及今日感覺之深也。靜安長處在於於平板無味事實羅列之中得其條理，故說來躁釋矜平，毫不着力。前儒高郵王氏有此氣象，他人無有也。」[11]撰〈秦漢坐次考〉、〈釋物篇〉、〈讀書文侯之命〉、〈讀書堯典〉、〈釋元篇〉。6 月，撰〈釋蝀篇〉、〈釋眷篇〉、〈釋虹篇〉。7 月，撰〈釋謙篇〉、〈論小學流別〉。8 月，撰〈文字引申義述〉、〈釋烖篇〉、〈釋士篇〉、〈詩君子有酒旨且有解〉。9 月，撰〈釋姑篇〉。11 月，任教於清華。撰〈釋疋篇〉、〈釋誣篇〉、〈釋纔篇〉、〈說憒篇〉。12 月，撰〈訓詁學小史〉、〈文法學小史〉。

1942 58 歲，2 月，撰〈釋跟篇〉、〈爾雅臣舍人考〉、〈記俗語二事〉。3 月，撰〈淮南子證聞自序〉、〈小學金石論叢簡端記〉、〈爾雅舒訓緒考〉、〈春秋大義述附註〉、〈公羊傳君不使乎大夫解〉、〈讀春秋傳〉。4 月，撰〈釋蓄篇〉。5 月，撰〈釋獸篇〉。8 月，撰〈釋反篇〉、〈釋養篇〉、〈跋矢令彝〉、〈跋戀父簋〉、〈跋格伯簋〉、〈跋融攸从鼎〉、〈跋毛公鼎〉、〈跋矢人盤〉。9 月，撰〈跋兮甲盤〉、〈跋邾公華鐘〉、〈跋王孫遺緒鐘〉、〈跋工師缶〉、〈跋秦公簋〉、〈跋叔夷鐘〉、〈跋洹子孟姜壺〉、〈跋苗唇簋〉、〈再跋毛公鼎〉、〈詩克咸厥功解〉、〈肇為語首詞證〉。10 月，撰〈詩衰職有缺解〉、〈跋盉爵〉、〈跋不其簋〉、〈再跋叔夷鐘〉、〈跋全盂鼎〉、〈跋師艅鼎〉、〈跋伯克尊〉。11 月，撰〈跋豆閉簋〉、〈跋師虎簋〉、〈跋公貿鼎〉、〈跋父癸彝〉、〈跋史頌簋〉。12 月，函請陳寅恪為《小學金石論叢續稿》撰序，陳覆

楊樹達自 1941 年至 1943 年，不到三年的時間，考釋青銅器多達 81 件，共撰文 107 篇。他在〈積微居小學金石論叢自序〉歸納其釋銅器器之法，基本是上承乾嘉二王，旁參自王國維的思路：

「每釋一器，首求字形之無悟，終期文義之大安，初因字以求義，繼復因義而定字。義有不合，則活用其字形，借助於文法，乞靈於聲韻，以假讀通之。」

這些語言，對於初學入門了解途徑，特別有幫助。

[11] 以楊樹達之傲才，蔑視當代，但仍對王國維欽佩如此，足見王國維之治學無匹，近代實一人而已。

信譽之云：「論今日學術，公信為赤縣神州文字、音韻、訓詁學第一人也。」又撰〈釋弔篇〉、〈釋干篇〉、〈跋娘彝〉、〈釋召篇〉、〈再跋洹子孟姜壺〉、〈跋郱大宰簠〉。

1943 59 歲，1 月，撰〈跋留君簠〉、〈跋曾侯簠〉、〈跋齊大宰歸父盤〉、〈跋干氏叔子盤〉、〈跋晉公尊〉。2 月，開始寫《論語疏證》，4 月初稿撰畢。5 月，撰〈詩天作篇解〉。6 月，撰〈跋敔簋〉、〈跋樊卣〉、〈跋畢狄鐘〉、〈跋善夫克鼎〉、〈跋臣鄉鼎〉、〈跋小子簋〉、〈跋賢簋〉、〈跋陝角〉。7 月，撰〈跋易鼎〉、〈跋師望鼎〉、〈跋襃鼎〉、〈跋遂啟諆鼎〉、〈跋魯內小臣鼎〉、〈跋王乍簋〉、〈跋魯伯愈父簠〉、〈跋奭尊〉、〈跋甫人匜〉、〈跋陳侯因次簋〉、〈跋師釐簋〉、〈跋揚簋〉、〈跋仲駒父簋〉、〈跋宰甫簋〉、〈跋盂卣〉、〈跋耳尊〉、〈跋父癸尊〉、〈跋索諆角〉。閱錢穆的《近三百年學術史》，贊為「佳書」。8 月，撰《文字學講義》。

1944 60 歲，1 月，撰〈文字形義學序例〉。讀王國維〈爾雅艸木蟲魚釋例〉[12]。3 月，撰〈六十自述〉。4 月，撰〈釋徵篇〉。5 月，撰〈文字學敘例〉。11 月，撰〈釋辱篇〉、〈釋凡篇〉、〈釋亙篇〉。始寫〈甲骨蠡測〉。12 月，撰〈釋和篇〉。

1945 61 歲，1 月，曾星笠病逝。3 月，撰〈甲骨文四方神名與風名〉、〈讀胡厚宣殷人疾病考書後〉、〈釋味篇〉、〈釋离篇〉、〈說羔篇〉、〈釋哉篇〉、〈釋塵粉牂犯驍篇〉、〈甲文中之先置賓辭〉。4 月，撰〈犬方考〉、〈釋䰙篇〉、〈釋敗篇〉、〈釋徵篇〉、〈釋舞篇〉、〈釋䤿篇〉。5 月，撰〈多介父考〉、〈殷先公稱王說〉、〈舌河說〉、〈新宗考〉。6 月，撰〈說升篇〉、〈釋貴篇〉、〈殷封建考〉。7 月，撰〈釋稟篇〉、〈又宗西宗考〉、〈釋星篇〉、〈說山篇〉、〈冬蜀考〉、〈御史考〉、〈說易篇〉、〈釋于篇〉、〈釋即篇〉、〈釋洗篇〉、〈釋淇篇〉、〈再說方〉、〈釋攸篇〉、〈釋曰篇〉、〈釋汲篇〉。8 月，撰〈說萑篇〉、〈釋咳篇〉。9 月，撰〈凡方考〉、〈說湯盤〉。10 月，隨湖南大學遷回長沙。撰〈釋過篇〉、〈說高篇〉、〈說止篇〉。11 月，撰〈跋澂秋館吉金圖〉。12 月，始釋《書契前編》。

1946 62 歲，2 月，《書契前編》釋畢，始釋《書契後編》。撰〈釋追逐篇〉、〈釋興篇〉、〈釋臥篇〉、〈釋走篇〉、〈說萑篇〉。3 月，《書契後編》釋畢，

---

[12] 楊樹達盛贊此文「左右逢源，千百黃侃不能到也。」

始釋《書契續編》。撰〈殷人尚白說〉、〈釋兄篇〉、〈釋豖篇〉、〈釋冂甲冂乙冂丙冂丁篇〉、〈方族考〉、〈釋弜篇〉、〈說歷登篇〉、〈形事意三書初字考〉。4月，《書契續編》釋畢。赴民國大學講演。撰〈讀方言書後〉、〈跋彔伯簋〉。5月〈跋叔家父簠〉、〈跋楚公鐘〉、〈跋鄭井叔鐘〉、〈跋齊鞄萅鎛〉。6月，撰〈跋中幾簋〉、〈跋效卣〉、〈跋番生簋〉、〈跋虢叔鐘〉、〈跋鄭子石鼎〉、〈跋井侯彝〉、〈跋叔𠦪父簋〉、〈跋公貿鼎〉、〈跋保侃母壺〉、〈跋旅虎簋〉、〈跋筍白大父盨〉、〈跋滕侯戟〉、〈跋弄盤〉。7月，撰〈跋叔具鼎〉、〈跋走馬爵〉、〈跋亞弜鼎〉、〈跋小臣系卣〉、〈叔叚父簋〉、〈跋寧簋〉、〈跋甚諆臧鼎〉、〈跋白寰卣〉、〈跋彥鼎〉、〈跋王中皇父盉〉、〈跋史信彝〉、〈跋師害簋〉、〈跋叔多父簋〉。8月，撰〈跋曾子仲宣鼎〉。9月，撰〈跋小子某鼎〉、〈跋虢仲盨〉、〈跋慶叔匜〉、〈跋郭白簋〉、〈跋刀玸銘〉、〈再跋叔家父簋〉。10月，撰〈再跋豆閉簋〉、〈跋曾子簠〉、〈跋頌鼎〉、〈跋小臣逨簋〉、〈跋敔簋〉、〈再跋井侯彝〉、〈跋毛班簋〉、〈三跋毛公鼎〉、〈三跋叔夷鐘〉、〈跋獻彝〉。11月，撰〈二跋叔夷鐘〉、〈二跋曾侯簠〉、〈說瞿篇〉、〈說文讀若探源〉。12月，撰〈詩對揚王休解〉。

1947 63歲，2月，王力來書。撰〈跋農卣〉、〈跋兔簋〉。3月，撰〈跋記月中鎣〉、〈跋𢆶鼎〉、〈跋殘盂鼎〉、〈跋麥尊〉、〈跋元年師兌簋〉。4月，撰〈跋叔競卣〉、〈再跋師望鼎〉、〈再跋師虎簋〉、〈跋師遽彝〉、〈孔子之精神〉、〈跋宗周鐘〉、〈跋諫簋〉、〈再跋虢仲盨〉、〈三跋善夫克鼎〉。5月，撰〈跋函皇父簋〉、〈跋者減鐘〉、〈跋姑鵬句鑃〉、〈跋徐王鼎〉、〈跋叔夜鼎〉、〈跋楚王畲忏鼎〉、〈跋虢季子白盤〉、〈跋鄔子妝簠〉、〈跋鄭句父鼎〉。6月，臺灣師範學院邀往任教，辭不就。撰〈跋曾子簠〉、〈跋邾公牼鐘〉、〈聲訓學〉、〈釋似篇〉。9月，撰〈釋稻篇〉、〈文字孳乳之途徑〉。10月，魯實先著《殷曆譜糾譎》，來函求序[13]。12月，撰〈詩東方之日履我即兮履我發兮解〉、〈說文讀若字考提要〉、〈釋名疏證提要〉。

1948 64歲，1月，撰〈說文籀文考證〉。2月，撰〈郭慶藩說文經字正誼提要〉、〈六書古微提要〉。3月，撰〈釋衢篇〉、〈釋燉篇〉、〈書朕聖讒說殄行

---

[13] 楊樹達在《回憶錄》記此事：
「余以不明曆學辭。實先云：任余意言之可也。余不得已，為書若干言，不作左右袒。以余本不解此事，而董、魯二君皆有功力，余與兩君皆有交誼故也。」
此事也隱見楊在此階段於人情圓滑持平的個性，處事不會「明白的」得罪他人。

解〉、〈詩不我能慉解〉、〈詩舒天紹兮解〉、〈跋虘卣〉、〈再跋虢季子曰盤〉、〈四跋毛公鼎〉、〈釋旂篇〉、〈跋右戲中父鬲〉、〈左傳巫尪解〉、〈跋我作父己方鼎〉、〈跋師寰簋〉。中央研究院評議會選為院士。4月，撰〈釋䰠篇〉、〈跋饕殄蟬紋俎〉、〈跋麥盉〉、〈跋巤季鼎〉。5月，撰〈跋弓韋祖己爵〉、〈跋鄲季子鼎〉、〈跋姜林母簋〉、〈跋請兒觶〉、〈跋某伯邦父壺〉、〈跋左師壺〉、〈跋鼇司徒幽卣〉、〈續考古圖跋〉、〈跋白旅魚父簠〉、〈跋陳侯因鎣〉。6月，撰〈跋鱻羌鐘〉。7月，撰〈跋大豐簋〉、〈跋應公鼎〉、〈跋淮伯鼎〉。8月，撰〈跋刺鼎〉、〈跋作冊大鼎〉、〈跋尹光鼎〉。9月，臺灣大學邀往任教，辭不就。楊樹達赴中央研究院出席二十周年紀念會及院士會議，抵南京雞鳴寺，晤傅孟真、勞貞一、董同龢。10月，始晤胡厚宣。閱《古史辨》[14]。陳寅恪為其《論語疏證》序。撰〈跋吳姬匜〉、〈跋小子相卣〉、〈跋齊侯簋〉、〈跋叔買簋〉、〈跋爻父己爵〉、〈跋隹叔匜〉、〈跋縈白簋〉、〈跋父丁卣〉、〈跋季受尊〉。11月，赴粵，至中山大學短期講學。撰〈跋贏德鼎〉、〈跋邵肇鐘〉、〈釋施篇〉、〈跋畢鼎〉、〈跋齊侯盤〉、〈再跋師虎簋〉，改舊稿〈釋刑篇〉。12月，撰〈跋子每刃鼎〉、〈跋匽侯旨鼎〉、〈跋次卣〉、〈跋項爕盨〉、〈跋子未父乙盉〉、〈跋子孫祖丁觚〉、〈跋孫爵〉、〈書見士於周解〉、〈左傳姜公氏君之妣也解〉、〈跋詛楚文〉、〈跋子魃斝〉、〈跋王子嬰次盧〉。

1949 65歲，1月，撰〈方濬益綴遺齋彝器款識考釋提要〉、〈錢坫十六長樂堂款識考提要〉、〈三跋全盂鼎〉、〈釋服篇〉、〈釋同篇〉、〈劉心源奇觚室吉金文述提要〉、〈吳榮光筠清館金文提要〉。同月，蔣介石下野。陳寅恪轉到嶺南大學任教，已失明，楊樹達往訪。2月，撰〈跋邑爵〉、〈吳大澂愙齋集古錄提要〉、〈羅振玉夢郼草堂吉金圖提要〉、〈容庚寶蘊樓彝器圖釋提要〉、〈跋庚壺〉。3月，撰〈彝銘中之古人小序〉、〈跋臣辰盉〉。4月，訪商錫永。晤錢穆。5月，撰〈詩造舟為梁解〉。6月，撰〈跋中虘父盤〉、〈跋師旅鼎〉。7月，撰〈再跋姑鵬句鑃〉。鄒曼支來書，邀往臺灣任教，不就[15]。8月，撰〈跋王婦匜〉、〈跋吳後大師戈〉、〈跋睘卣〉。依古韻部錄彝器通假字。9月，10日凌晨得「霜葉從教耐晚林」一詩句，將書室改名「耐林厂」。中共人民政府協商會在北京召開，《民主報》要求為文紀念，楊樹達撰〈實事求是〉一文，盛贊中共治軍行政之功。又撰〈跋其公壺〉、〈跋郝友父鬲〉。人民政府接管湖南大學。撰〈古

---

[14] 楊樹達評顧：「顧頡剛文字頗有快意處，其他則不盡稱。」

[15] 這是楊樹達第三次明確拒絕臺灣教育當局的邀請。楊樹達勤寫《回憶錄》，其中似亦兼具和大陸政權交心的功能。

爵名無定稱說〉、〈跋子尊〉、〈跋令簋〉。10 月，中華人民共和國成立。11 月，撰〈彝銘通用字敘說〉、〈彝銘中之本字敘說〉、〈釋各篇〉、〈釋馨篇〉。12 月，閱唐蘭《中國文字學》[16]。撰〈再跋尹光鼎〉、〈跋楚王領鐘〉、〈跋陳昉簋〉、〈四跋毛公鼎〉、〈五跋叔夷鐘〉。

1950 66 歲，1 月，撰〈字義同源於構造同續證〉、〈再跋晉公彝〉。2 月，整理《積微居金文說》。撰〈再跋弭仲簋〉、〈跋遲父鐘〉。3 月，治甲骨卜辭。撰〈釋芳篇〉、〈商年說〉、〈甲介說〉。3 月，閱董作賓《殷曆譜》，「服其組織嚴密」。又閱董作賓〈論甲文稱謂〉，贊其「透闢之至」。始撰《卜辭探義》。寫〈釋更篇〉、〈釋載篇〉、〈甲文中之帝嚳與契〉、〈釋多介父〉、〈釋彝篇〉、〈釋黿篇〉。5 月，撰〈釋勝宗篇〉、〈釋盧方〉、〈釋征篇〉、〈釋伇篇〉、〈釋茲氣雨〉、〈釋多臣〉、〈釋汙〉、〈釋先酒〉。6 月，教師節楊樹達發文〈同學們對於我之啟發〉，力贊生不必不如師之例。撰〈釋又正〉、〈釋皿鳳〉、〈釋甲文兄字〉、〈釋弋虤〉、〈釋帝甲〉、〈釋四嵒〉、〈竹書紀年所見殷先王名疏證〉、〈文字初義屬後起字考〉。7 月，撰〈跋晉大元磚〉、〈釋相〉。8 月，撰〈釋析、兵、新、折、斧、旂〉、〈尚書札記〉、〈書典祀無豐於昵解〉。9 月，撰〈跋全盂鼎〉、〈跋伯或簋〉。始寫《積微翁回憶錄》[17]。10 月，中國科學院聘為語言文字組學部委員。30 日夜中悟〈秦公簋〉的「竈囿四方」即《詩商頌玄鳥》之「肇域彼四海」。11 月，中蘇友好協會索稿，撰〈我與阿理克君之文字因緣〉。又《人民湖大》的編輯要求，撰〈倒行逆施的美國〉。撰〈跋趙孟疥壺〉。12 月，陳寅恪寄《元白詩箋證》一書至[18]。

1951 67 歲，1 月，撰〈跋散氏盤〉。2 月，補撰〈彝銘通用字敘說識字與通讀〉一節、〈跋靜簋〉、〈跋史喜鼎〉、〈跋大夫始鼎〉、〈跋夌鼎〉、〈跋應公鼎〉。3 月，撰〈三跋不其簋〉、〈金文與周代社會〉、〈再跋旨鼎〉、〈馭八卣跋補記〉、〈跋卤父己卣〉、〈跋御正良爵〉、〈跋冈父辛觶〉、〈跋夸爵〉、〈跋公子壺〉、〈再跋孟卣〉。4 月，撰〈跋保侃母壺蓋〉、〈再跋番生簋〉、

---

[16] 楊樹達譏剌唐書：「去義專說形，是為髑髏作傳記也」。

[17] 《回憶錄》中對某些人的評比，在當日所書的是否實錄，或為後來補記，恐宜分別觀之。

[18] 楊樹達在《回憶錄》記：「連日閱之，既博且精，詩家箋注從來未有也。」
楊樹達打從心裡佩服的，當世唯王國維、陳寅恪二人而已。陳寅恪逢此亂世，仍持續其箋註工作，真可謂「不識時務」之極矣。

〈三跋矢令彝〉。5月，閱容庚寄來唐蘭《古文字學導論》一書[19]。撰〈離騷傳與離騷賦〉。6月，撰〈婚媾歸三字解〉、〈釋觀篇〉、〈釋糕篇〉、〈釋母狄篇〉、〈釋肜日篇〉，寫〈積微居甲文說53篇目錄〉。7月，始寫《卜辭瑣記》。撰〈釋犕篇〉、〈釋乍邑令龜篇〉、〈積微居甲文說自序〉。8月，撰〈釋「其取羔雨」〉。陳夢家寄來《甲骨斷代學》[20]。9月，訂補《文字形義學講義》。撰〈甲骨文中採礦的記載〉。10月，撰〈三跋虢季子白盤〉、改〈洹子孟姜壺跋〉。11月，撰〈跋叔向父簋〉、改〈叔䚄父跋〉、改〈跋兔簋〉、改〈新識字之來由〉。12月，撰〈跋子雨己鼎〉、〈跋取他人鼎〉、〈跋邾旅士鐘〉、〈跋史獸鼎〉、〈跋吳買鼎〉、〈跋陳公子甗〉、〈跋淮伯鼎〉、〈跋善鼎〉、〈跋己侯貉子簋〉。

1952　68歲，1月，撰〈跋庚嬴卣〉、〈跋欽罍〉、〈跋曾姬無卹壺〉、〈跋父舟尊〉、〈跋魯司徒伯吳簋〉、〈跋伯多父簋〉、〈跋保子達簋〉、〈跋趞尊〉、〈跋記月中鐳〉、〈跋靜簋〉、〈跋楚王酓章鐘〉。2月，撰〈釋梓篇〉、〈釋癭篇〉、〈跋師袁簋〉、〈初義不屬初形、屬後起字考〉、〈跋取盧子商盤〉、〈跋陳逆簋〉、〈跋呂行壺〉、〈再跋𪔂鼎〉。3月，撰〈跋徐尹鉦〉、〈再跋競卣〉、〈跋同簋〉、〈釋掘礦〉、〈釋大篇〉、〈書酒誥乃允惟王正事之臣解〉。4月，撰〈跋陳猷釜〉、〈再跋子禾子釜〉、〈釋乙篇〉、〈釋律篇〉、〈再釋介〉。5月，《回憶錄》記：「編輯局來書言：《積微居金文說》序文經研究後，陳寅恪序立場觀點有問題，于思泊序無刊登之必要，自序可保留。」[21]又撰〈跋黿君編鐘〉、〈跋查白鼎〉、〈跋都公平侯鼎〉、〈跋子父乙彝〉、〈跋旁子父乙鼎〉、〈跋女射鼎〉。6月，撰〈跋箕子父乙簋〉、〈跋戈厚簋〉、〈跋白家父簋〉、〈跋叔皮父簋〉、〈論語久要不忘平生之言解〉。7月，撰〈文字中的加旁

---

[19] 楊樹達評唐書：「不解指事之義，硬說無此書。分六書為象形、象意、象聲。於象意不能下一簡明之定義，鹵莽可笑！」
此見楊樹達友容庚而疏於唐蘭。

[20] 楊樹達對此論文只簡單的評定說：「頗有新意」。
楊樹達顯然並未真正了解陳夢家提出的貞人組類斷代，對補正董作賓甲骨斷代分期的重要劃時代意義。楊樹達自學甲骨，研究稍晚，如楊樹達撰《積微居甲文說》，書分卷上〈說字〉、卷下〈考史〉。前者分「識字」、「說義」、「通讀」、「說形」四類，後者分「人名」、「國名」、「水名」、「祭祀」、「雜考」五類。全書並未涉及斷代分期或組類的問題。因此，可見楊樹達的研治甲文，恐仍只停留在說字釋詞考史的階段。

[21] 當日學術的不「自由」，於此亦可概見一二。

字〉、〈主名與官名的會意字〉。9 月,撰〈釋从犬篇〉、〈釋投舟篇〉、〈釋肜龠篇〉。12 月,撰〈四跋虢季子曰盤〉、〈食貨志窺管〉、〈郊祀志窺管〉、〈天文志窺管〉、〈五行志窺管〉、〈跋沐司土簋〉。同年,出版《積微居金文說》282 篇。

1953　69 歲,湖南大學取消文、法學院,楊樹達轉任湖南師範學院教授,並任湖南文史館館長。1 月,撰〈李廣傳窺管〉、〈陳遵傳窺管〉、〈跋陳侯因戈〉、〈跋史懋壺〉、〈跋興父辛爵〉、〈跋盠爵〉、〈跋盠鼎〉、〈跋舟亥父丁卣〉、〈跋子木王父癸爵〉、〈跋孫刀丁且己簋〉。3 月,撰〈跋白火父壺〉、〈再跋父癸彝〉、〈跋分府量器〉、〈跋漢南郡太守銅虎符〉、〈再跋毛伯班簋〉。4 月,改〈甲文釋登篇〉、改〈甲文釋羔篇〉、改〈甲文釋犧篇〉、〈甲文釋徂篇〉、〈釋旨方〉、〈再說沃甲爽匕庚之見祀〉。5 月,撰〈殷先公王與其妣日名不同說〉、〈臨袁侯虎符跋〉。6 月,撰〈漢樊利家買地券跋〉。12 月,校補《小學論叢》。出版《淮南子證聞》、《積微居小學述林》七卷 207 篇。

1954　70 歲,1 月,撰《漢書窺管》補五條、〈再跋大豐簋〉、〈跋室叔簋〉、〈弭中簠三跋〉、〈庚嬴卣再跋〉、〈跋散季簋〉、〈跋六年琱生簋〉、〈周代姬姓封國考〉。2 月,撰〈邾友父鬲再跋〉、〈彔伯簋三跋〉、〈京姜鬲跋〉、〈黃尊跋〉、〈國書鼎跋〉。6 月,撰〈甲文開礦文字後記〉。7 月,撰〈我所認識之孔子〉、〈孔子文字社會個人說〉。同年,出版《積微居甲文說》、《耐林廎甲文說》。

1955　71 歲,3 月,撰〈彝銘叢話二則〉、〈長田盉跋〉。6 月,撰〈說文口語疏證〉。9 月,赴北京訪郭沫若、丁聲樹、陸志韋、陳夢家、陳公柔、呂叔湘。10 月,校《管子集校箋記》。12 月,撰《呂氏春秋札記》。

1956　72 歲,2 月,箋《鹽鐵論》。2 月 14 日,楊樹達因高血壓和消化道出血病逝,葬於長沙岳麓山。

　　楊樹達生逢亂世,早有雄心自信,人脈廣結,他在學術討論每多直言,不假詞色,而生活卻以圓融通達面對。國共易位,他多番上書攀附毛澤東,備受禮遇,並積極參與著作推薦獎勵,多有功名之念。楊樹達一生撰文不斷,堅守初衷,終究能潛逃於政治紛擾之外,勉強做一個純粹的學人,平順終老,實亦屬天之幸。

　　近代論一生治學之執著和堅持,撰文之勤敏,楊樹達實為學人之冠。他的治學

途徑，早期先就文法入手，擅由合理的斷讀句讀、釋義以訓字考字，博通古今語法以治經史。自 1930 年起研究《說文解字》，但由 1933 年撰〈釋慈篇〉一文開始，一直至 1955 年逝世，楊樹達改攻治地下材料。地下材料則由金文而甲骨文，其中又以金石的研究成果最感驕傲。楊樹達復兼通音韻[22]，「平生私淑高郵王氏」，小學訓詁的功力，有過於乾嘉諸大儒之譽。

楊樹達撰文重心，主要涵蓋有：一、漢語語法和修辭。如 1921 年的《高等國文法》、1922 年的《詞詮》。二、甲金文字。如 1951 年的《積微居甲文說》、1952 年的《積微居金文說》。三、訓詁學。如 1955 年的《管子集校箋記》。四、古籍輯校疏證。如 1948 年的《論語疏證》、1954 年的《漢書窺管》。其中，又以文法治地下材料，最為學林稱道。

楊樹達在寄《積微居小學述林》一書稿於中國科學院審查時，嘗自稱道其治學方法，已具備科學的精神：

「一、余嘗習外國文字，於歐洲語源之學有所吸取。二、前人只證明許訓，如段、桂是，余則批判接受。三、前人只在文字與本身著力，如王、朱是，余則取古書傳注、現代語言及其他一切作材料。四、古韻部分大明，甲、金文大出，盡量擷取利用。五、繼承《倉頡篇》、《說文》形義密合的精神，緊握不放。」

楊樹達的治學，素以「勤敏不斷」勝，逐日「積微」而纍厚，進而「厚積薄發」，大量密集而有系統的撰文，終能突破前修，其中時有個人的獨特看法，實不愧其「積微居」之稱號。他治古文獻時，先針對個別詞句進行釋字釋讀校核的工作。攻治甲骨金文時，也做大量跋記、提要文章，以求通盤了解，最後才撰寫理論的文字。這和清儒二王、段玉裁以至王國維等治學路數相同。

可惜的是，楊樹達的學術成果中，仍缺乏重大開創性的理論。他功在古籍和甲金文語句的訓詁通讀，上承傳統乾嘉的二王，但亦因承二王而為二王所拘限於一字一句的解讀之中，他考釋甲金文字文章的量眾多，對分析字用有貢獻，但對於關鍵字形而具重大突破的意見卻不算多，在甲骨文的研究「預流」如斷代分期等學理的討論亦乏建樹。他的學術影響，似乎未及於王國維、陳寅恪諸君在治學方法、學術體系和縱線成果上的深遠。

---

[22] 楊樹達有〈之部古韻證〉一名文，透過經傳異文，稽諸《說文》，以今證古，明「之部」五十餘文正讀。

五、陳寅恪學術年表

1890（光緒十六年）　1 歲，生於湖南長沙[1]。祖父陳寶箴[2]，父陳三立[3]，母俞氏。陳寅恪生於庚寅年，祖母取名曰寅恪。

1898　9 歲，妻唐篔生[4]。8 月，戊戌政變，康有為逃香港，梁啟超逃日本，祖父寶箴被罷免湖南巡撫職。

1900　11 歲，6 月，祖父逝世[5]。7 月，八國聯軍入北京，慈禧攜光緒帝出奔西安。

1901　12 歲，父定居金陵，家中自辦學堂，藏書豐富。陳寅恪終日埋首於古籍和佛書，奠定良好的國學基礎。

1902　13 歲，隨兄衡恪赴日留學。

---

[1] 陳寅恪的生平著述，參考蔣天樞撰《陳寅恪先生編年事輯》、何廣棪編的〈陳寅恪先生著述目錄編年〉、蔣天樞編的《陳寅恪先生論文集》、陸鍵東撰的《陳寅恪的最後貳拾年》、吳學昭編著的《吳宓年譜》。

[2] 陳寶箴，湖南巡撫，在湘省除弊興利，受知於曾國藩，引為上賓，曾譽之為「海內奇士」，贈聯有「半杯旨酒待君溫」之句。先後任職湖北按察使、湖南巡撫。後助光緒變法，主持新政，並舉薦維新的譚嗣同、梁啟超、黃遵憲等。1898 年 9 月「百日維新」失敗，譚嗣同等戊戌六君子被殺，陳寶箴以「濫保匪人」罪名被慈禧罷官。八國聯軍攻陷北京前夕，在 1900.6.26 遭密詔賜死。

[3] 陳三立，號散原，陳寶箴長子，任吏部主事。清末「四公子」之一，思想開明，與黃遵憲、梁啟超、嚴復交往，裏助其父推行湘省維新運動。戊戌政變後遭吏部除名，「永不敘用」，自此退出政壇，其後復因 1937 年 7.7 蘆溝橋事變絕食而死。有《散原精舍文集》17 卷行世，詩歌開創同光體詩派。

梁啟超和陳家兩代有深厚的過命交誼，後來梁在清華國學研究所開辦時，力薦沒有任何學位的陳寅恪，於情方面，自然是有迹可尋的。

[4] 唐篔，廣西人，和陳寅恪都是原屬客家人氏。她的祖父是臺灣巡撫唐景崧。1894 年，中日甲午戰敗後，割讓臺灣。在臺義士公推唐出任「民主國大總統」自立，但終因日軍攻臺，被逼返回內陸，也因而斷送仕途。

[5] 陳寅恪年僅十歲，目睹一代世家的消逝衰敗，內心早就種下蔑視政治、同情光緒、不與時俗苟合和家國興亡的悲涼個性。這和王國維的「悲觀」性情和背景自有契合可相憐處。

1904　15 歲，夏，返南京。冬，考取官費，再赴日本，在東京巢鴨弘文學院攻讀高中。

1905　16 歲，因肺氣病返江寧休養[6]。

1907　18 歲，春，插班上海復旦公學（高中）。

1909　20 歲，復旦公學畢業。獲親友支助，赴德考入柏林大學，學習語言文學。

1911　22 歲，春，遊挪威，轉學瑞士，入蘇黎世大學，修讀語言文學。

1912　23 歲，返國，在上海自修。

1913　24 歲，春，考入法國巴黎高等政治學校社會經濟部。

1914　25 歲，冬，返國，在南京自修。補江西省留學官費。患神經衰弱、失眠等病症。

1918　29 歲，11 月，赴美。

1919　30 歲，年初考入哈佛大學，隨梵學家蘭曼 Lamman（1850-1941）習梵文、巴利文、希臘文。結識吳宓[7]。

1921　32 歲，9 月，離美重返德國，入柏林大學研究院[8]，攻讀梵文、東方古文字

---

[6]　一說是腳氣病。其時適逢日俄戰爭，日本佔領旅順、大連。

[7]　吳宓自編年譜：「1919 年 1 月底，陳寅恪君來到美國。由俞大維君介見，以後宓恆往訪。寅恪不但學問淵博，且深悉中西政治、社會之內幕，述說至為詳切。」

[8]　毛子水〈記陳寅恪先生〉：「我於民國十二年二月到德國柏林。那年的夏天，傅孟真先生告訴我，在柏林有兩位中國留學生，是我國最有希望的讀書種子，一是陳寅恪，一是俞大維。」

俞大維的〈懷念陳寅恪先生〉，是一篇最能了解陳治學經過的文章：

「在這段時間內，他除研究一般歐洲文字以外，關於國學方面，他常說：『讀書須先識字』，他幼年對於《說文》與高郵王氏父子訓詁之學，曾用過一番苦工。他研究的重點是歷史，目的是在歷史中求歷史的教訓。他常說：『在史中求史識』。我們這一代人不過能背誦四書、《詩經》、《左傳》等書，寅恪先生則不然，他對十三經不但大部分能背誦，而且對每字必求正解。因此，《皇清經解》及《續皇清經解》成了他經常看讀的書。對於史他無書不讀，他特別注意各史中的志書。他也重視三通。三通的序文他都能背誦。其他雜史，他看得很多。寅恪先生不喜歡玄學，

學[9]。

1924 33 歲，秋，梁啟超往訪陳父南京。

1923 34 歲，夏，母逝世。8 月，長兄師曾逝世。國內動蕩，江西省教育廳官費停寄，陳寅恪生活艱苦，每天只吃少量最便宜的麵包，仍堅持學習。在德修〈與妹書〉一封，點出一生治學方向。[10]

在子書方面除有關典章制度者外，他很少提及。但他很喜歡《莊子》的文章，也很重視《荀子》。凡集部之書，包含典章制度者，他都特別注意。對文，最推崇歐陽文忠公、韓文公、王荊公、歸震川諸大家。詩，佩服陶杜。他特別喜好平民化的詩，故最推崇白香山。關於詞，除宋人詞外，清代詞人中，他常提到龔自珍、朱祖謀及王國維三先生。」

「講寅恪先生國學以外的學問，寅恪先生在美國哈佛大學學習梵文和巴利文二年，在德國柏林大學學習梵利文近五年。回國後，在北平他又與鋼和泰繼續研究梵文四五年。前後共十餘年，故他的梵文和巴利文都特精。但他的興趣，是研究佛教對我國一般社會和思想的影響。寅恪先生又常說，他研究中西一般的關係，尤其於文化的交流、佛學的傳播及中亞史地，他深受西洋學者的影響。然他究因國學基礎深厚，國史精熟，又知擇善而從，故其見解，每為國內外學人所推重。其他邊疆及西域文字，寅恪先生在中國學人中是首屈一指的。除梵文外，他曾學過蒙文、藏文、滿文、波斯文及土耳其文。文字是研究史學的工具。以《元史》為例，《元史》倉促修成，為後來學者所詬病。我國學者開始研治西北及中亞文字，期可閱讀蒙古史的直接資料，然終因種種原因，未能寫出一部新的蒙古史。代表此時期者，即為陳寅恪先生。有關的文字，他都懂，工具完備，可惜他生於『齊州之亂何時歇，吾儕今日皆苟活』的時候，他既無安定的生活，又無足夠的時間，未能完成他的心願，留給我們一部他的新蒙古史。他平生的志願，是寫成一部『中國通史』及『中國歷史的教訓』，如上所說，在史中求史識。」

[9] 陳寅恪在中山大學歷史系經清理的遺物，發現留德時期的 64 本筆記，可見其學習古今中外語言的廣博。其中包括：
藏文 13 本，蒙文 6 本，突厥、回鶻文 14 本，吐火羅文 1 本，西夏文 2 本，滿文 1 本，朝鮮文 1 本（語法分析表），佉盧文 2 本，梵文、巴利文 10 本，摩尼教經文 1 本，俄文、伊朗文 1 本，印地文 2 本，希伯來文 1 本（德文註解），東土耳其文 1 本，中亞新疆經文 2 本（東方摩揭陀語），法華經、天台梵本各 1 本，金瓶梅語法摘要 1 本，〈佛所行贊〉1 本、算學 1 本。

[10] 書見《學衡》第廿期。陳寅恪在信中自述今後的研究方向：「我今學藏文甚有興趣，因藏文與中文系同一系文字，和梵文之與希臘、拉丁、英、俄、德、法之同屬一系。以此之故，音韻訓詁上大有發明。……如以西洋語言科學之法，為中藏文比較之學，則成效

1925　36 歲，春，北京清華學校創辦國學研究院，原留美預備部停招。陳寅恪返國，經梁啟超力薦，受聘為清華國學研究院導師[11]。9 月，研究院開學。陳寅恪每周講授「西人之東方學之目錄學」、「佛經翻譯文學」，並開設五種專題，作為指導的範圍：1 年曆學。2 古代碑志與外族之比較研究。3 摩尼教經典與回紇文譯文研究。4 佛教經典各種文字譯本之比較研究：梵文、巴利文、藏文、回紇文及中亞細亞文諸文字譯文與中文（漢文）譯本比較研究。5 蒙古、滿洲之書籍及碑志與歷史有關係者之研究。[12]

1926　35 歲，春，梁啟超患便血病入院。9 月，楊樹達來清華大學中文系任教。

1927　38 歲，5 月初 3 日，王國維自沉頤和園排雲殿前的昆明湖[13]。陳寅恪撰一七律挽[14]，繼又作〈王觀堂先生輓詞〉[15]。陳寅恪在清華歷史、中文系先後講授

　　當較乾嘉諸老更上一層。……我所注意有二：一歷史……，一佛教。」
　　陳妹對於他的學問和興趣，恐怕是了解不多，但由陳寅恪對親人高昂的高談闊論，見其性情之率真和對學問的投入忘我。

[11] 陳寅恪一生飄泊無定所，自幼隨家人輾轉於武漢、長沙、南昌，後隨兄赴日，又轉讀德、瑞、法、美諸國，至 35 歲在清華園始渡過難得安穩的 11 年。他受聘後，因父病又請假一年，至 1926 年始就職。陳寅恪至清華任教，生活才趨安定，學問開始產出，又能和故舊梁啟超、同道王國維相處論學。這幾年，應是他一生最快樂的少數時段。

[12] 陳寅恪開授的專業課程和研究範圍，無疑超越一般傳統乾嘉以來的知識和研究方向，開啟一新的天地，也足見他長期累積深厚的文史語言學識，始能厚積薄發如此。當日的王國維開創「二重證據法」，而陳寅恪也重視實證和創新。
　　趙元任在〈憶寅恪〉文中稱：「寅恪總說你不把基本的材料弄清楚了，就急著要微言大義，所得的結論還是不可靠的。」
　　羅香林在紀念陳寅恪時，稱：「陳師說，做論文要有新的資料或新的見解，如果資料和見解都沒有什麼可取，則做論文也沒什麼益處。」
　　在這同一學期，王國維開講的是「古史新證」、「尚書」、「儀禮」、「說文」。梁啟超病休。趙元任講「語言學」、「蘇州方言調查」。李濟講「人類學」、「考古學」。

[13] 王國維和陳寅恪在清華過從頗密，有「遺老」、「遺少」之稱。
　　王國維在他的遺書中，交代：
　　　「五十之年，只欠一死，經此世變，義無再辱。我死後，當草草棺斂，即行藁葬於清華園塋地。汝等不能南歸，亦可暫於城內居住。汝兄亦不必奔喪，因道路不通，渠又不曾出門故也。書籍可托陳（寅恪）、吳（宓）二先生處理。」
　　書籍，對於學人自有比生命更重的價值。此足見王、陳二人交誼之深切。

[14] 陳寅恪的七律，深情而傲然，特別稱王國維之死，是為文化之情、為個人忠於清室的政

「唐代西北史料」、「魏晉南北隋唐史」、「高僧傳研究」、「佛經翻譯文學」、「文學專家研究」、「蒙古源流研究」。9月,撰〈大乘稻芉經隨聽疏跋〉、〈有相夫人生天因緣曲跋〉。11月,撰〈童受「喻鬘論」梵文殘本跋〉[16]。

1928　39歲,春,應北平大學聘,兼任「佛經翻譯文學」課,與北大中文系教授俞平伯交好。秋,改授「蒙古源流研究」。7月17日,娶唐篔為妻[17]。冬,梁啟超因誤診病逝。陳寅恪撰〈懺悔滅罪金光明經冥報傳跋〉、〈須達起精舍因緣曲跋〉。

1929　40歲,清華國學研究院停辦。陳寅恪兼史語所研究員兼第一組(歷史)主任。陳寅恪撰「王觀堂先生紀念碑銘」[18],強調「獨立精神」、「自由思想」在治

治選擇,可謂知人:
>「敢將私誼哭斯人,文化神州傷一身。越甲未應公獨恥,湘累寧與俗同塵。吾儕所學關天意,並世相知妬道真。贏得大清乾淨水,年年嗚咽說靈均。」

這些真切深情的語言,恐怕也是陳自道之詞吧。

[15] 陳寅恪在輓詞的序文中,直言王是因文化的崩壞而自殺的:
>「凡一種文化值衰落之時,為此文化所化之人,必感苦痛,其表現此文化之程量愈宏,則其所受之苦痛亦愈甚。」

>「蓋今日之赤縣神州,值數千年未有之巨劫奇變,劫盡變窮,則此文化精神所凝聚之人,安得不與之共命而同盡?」

陳寅恪在同情相知的王國維時,又何嘗不自許是「人和文化」合體的化身?他日後在文革被無情的否定批判時,他內心所堅定的,恐怕也只是這一點「人和文化」共命而同盡的執著。

[16] 陳寅恪於是年始,發表梵文佛經相關的學術文章。這也是陳寅恪一生能靜心撰文的少數珍貴時間。

[17] 唐是陳寅恪身心的支柱,有幸「相知相守」一輩子,更是陳寅恪晚年心靈尚能堅持屹立且得以留存其文字的大功臣。陳詩難解費思量,唯獨和夫人唱和的詩作,卻出奇的顯淺,用字順手拈來,都是深情。參考朱歧祥《亦古亦今之學》第十三章〈談陳寅恪的詩〉。萬卷樓圖書公司。2017年12月。

[18] 陳寅恪的紀念碑記,是了解王國維思想的重要文字。陳說:
>「士之讀書治學,蓋將以脫心知於俗諦之桎梏真理,因得以發揚思想,而不自由毋寧死耳!斯古今仁聖所同殉之精義,夫豈庸鄙之敢望?先生以一死,見其獨立自由之意志,非所論於一人之恩怨、一姓之興亡。」

而其中的「獨立自由之意志」,無疑是陳寅恪本人奉守一生、堅持追求的自道之詞。陳寅恪在日後〈對科學院的答復〉一札,也並沒有絲毫改變其個人原則。所謂讀書人真正堅守的「風骨」,「雖千萬人吾往已」,於此可見。

學和發揚真理的重要。8 月，發表〈元代漢人譯名考〉。又撰〈敦煌本十誦比丘尼波羅提木義跋〉。

1930 41 歲，夏，每周和鋼和泰討論梵文。撰〈大乘義章書後〉、〈陳垣《敦煌劫餘錄》序〉[19]、〈敦煌本維摩詰經文殊師利問疾品演義跋〉、〈靈州寧夏榆林三城譯名考〉、〈吐蕃彝泰贊普名號年代考〉、〈三國志曹沖華佗傳與印度故事〉、〈西遊記玄奘弟子故事之演變〉[20]、〈敦煌本唐梵翻對字般若波羅蜜多心經跋〉。

1931 42 歲，陳寅恪批註唐史和唐代詩文，用力特勤。在中文系授「佛經文學」、「世說新語研究」、「唐詩校釋」。在史學系開「魏晉南北朝專題研究」、「隋唐五代史專題研究」。撰〈蒙古源流作者世系考〉、〈李唐氏族之推測〉。

1932 43 歲，撰〈馮友蘭中國哲學史下冊審查報告〉，在報告〈下篇〉自言平生治學重點：「寅恪平生為不古不今之學」，「思想囿於咸豐同治之世，議論近乎曾湘鄉張南皮之間」。又稱：「其真能於思想上自成系統，有所創獲者，必須一方面吸收輸入外來之學說，一方面不忘本來民族之地位。」[21]陳寅恪在授課時，復進一步評論近代學人研治文化之失，和「獨立精神、自由思想、批評態度」的重要[22]。同年，日人在長春成立滿洲國。又撰〈禪宗六祖傳法偈之分析〉、〈西夏文佛母大孔雀明王經考釋序〉、〈斯坦因所獲西夏文大般若經殘卷跋〉、〈與劉叔雅教授論國文試題書〉。

1933 44 歲，撰〈支愍度學說考〉、〈讀連昌宮詞質疑〉、〈天師道與濱海地域

---

[19] 陳寅恪序文中，利用佛教的語言，首先指出學術高下有「預流」和「未入流」的差別。
[20] 是文首開後人研究《西遊記》人物來源的先河。
[21] 這篇報告的文字，是後人開啟陳寅恪思想核心的重要鑰匙。
[22] 陳寅恪說：

「以往研究文化史有二失：舊派失之滯。舊派所作中國文化史，不過抄書而已。其缺點是只有死材料，而沒有解釋，讀後不能使人了解人民精神生活與社會制度之關係。新派失之誣。新派是留學生，所謂以『科學方法整理國故』者，新派有解釋，看上去很有條理，然甚危險。他們以國外的社會科學理論解釋中國的材料。此種理論，不過是假設的理論。而其所以成立的原因，是由研究西洋歷史、政治、社會的材料，歸納而得的結論。結論如果正確，對我們的材料，也有實用之處，不過也有時不適用，因為中國的材料有時在其範圍之外。」

「本課的學習方法，就是要看原書，要從原書中具體史實，經過認真細緻實事求是地研究，得出自己的結論。一定要養成獨立精神、自由思想、批評態度。」

之關係〉。

1934 45歲，春，撰〈四聲三問〉[23]。6月，撰〈王靜安先生遺書序〉。

1935 46歲，陳寅恪展開對中譯佛經和佛教史的研究。撰〈李太白氏族之疑問〉、〈元白詩中俸料錢問題〉、〈三論李唐氏族問題〉、〈武曌與佛教〉、〈論韓愈與唐代小說〉。

1936 47歲，陳寅恪批注校讀《舊唐書》、《新唐書》。撰〈桃花源記旁證〉、〈東晉南北朝之吳語〉、〈讀秦婦吟〉、〈李唐武周先世事蹟雜考〉。

1937 48歲，7月7日，蘆溝橋事變。8月，父三立絕食而死。陳寅恪赴國難，逃離北平，輾轉遷移至長沙、昆明、桂林、成都等地。撰〈逍遙遊向郭義及支遁義探原〉、〈敦煌石室寫經題記彙編序〉、〈狐臭與胡臭〉、〈庾信哀江南賦與杜甫詠懷古蹟詩〉。

1938 49歲，撰〈順宗實錄與續玄怪錄〉、〈讀洛陽伽藍記書後〉。

1939 50歲，9月，第二次世界大戰爆發，香港至歐洲輪船停航，全家留滯香港。稍後陳寅恪獨自返回國內，在昆明西南聯大開授「兩晉南北朝史」。校讀《新唐書》。冬，撰《隋唐制度淵源略論稿》[24]。患眼疾，右眼視網膜剝離。又撰〈讀哀江南賦〉、〈敦煌本心王頭陀經及法句經跋尾〉。

1940 51歲，春，講授「隋唐史研究」、「白居易研究」。秋，由昆明飛香港，等待赴英。滯港二年，客座香港大學中文系。

1941 52歲，在香港大學講演「武則天與佛教」。撰《唐代政治史略稿》[25]。12月，太平洋事變，日本迅即佔領香港。校讀《新唐書》第二遍。撰〈讀東城老父傳〉、〈讀鶯鶯傳〉、〈魏書司馬叡傳江東民族條釋證及推論〉。

1942 53歲，困居香港，4月，校讀《新唐書》第三遍。英牛津大學聘為正教授。5月，經廣州返桂林，任教廣西大學。撰〈楊樹達積微居小學金石論叢續稿序〉。

---

[23] 陳文倡言中土的四聲之說，其中的平上去三聲是源自佛經轉讀印度古代的聲明論。
[24] 1940年4月完稿。此書是研治中古時期隋唐淵源流變開山的專著。
[25] 書後印行時改名《唐代政治史述論稿》，是陳寅恪多年研究中古史的一總結。

1943 54 歲，8 月，離桂林，沿途全家患病。撰〈陶淵明之思想與清談之關係〉。12 月，赴重慶，身體稍康復，歲末抵成都，任教於燕京大學。陳寅恪僅左眼能目視備課。

1944 55 歲，目疾惡化，生活益困。撰〈以杜詩證唐史所謂雜種胡之義〉、〈梁譯大乘起信論偽智愷序中之真史料〉、〈長恨歌箋證〉、〈元微之悼亡詩箋證稿〉、〈白樂天之先祖及後嗣〉、〈白樂天之思想行為與佛道之關係〉、〈論元白詩之分類〉、〈白樂天與劉夢得之詩〉、〈白香山琵琶行箋證〉、〈元微之古體樂府箋證〉[26]。

1945 56 歲，4 月，撰〈讀吳其昌撰梁啟超傳書後〉。8 月，中日八年抗戰勝利。陳寅恪雙目視網膜剝離，致失明。9 月，輾轉由印度赴倫敦，治療無效。

1946 57 歲，春，乘船歸國。接受清華聘。

1947 58 歲，在清華。天冷，患心臟病。由汪籛、王永興、陳慶華三人任助教協助教學，一寫黑板，二代為查書。三助教分別由清華、北大、中研院史語所支付薪酬。陳寅恪以「時事日非，眼又不見」，稱其研究室為「不見為淨之室」。陳寅恪在歷史系開授「隋唐史」、在中文系開授「元白詩證史」[27]。

1948 59 歲，仍在清華講學著述。撰〈徐高阮重刊洛陽伽藍記序〉、〈楊樹達論語疏證序〉、〈從史實論切韻〉。冬，學校北邊炮火。12 月 15 日，隨胡適「搶運學人」計劃接飛南京[28]，但當日陳寅恪並沒有隨員轉飛臺灣，在南京住了一晚，而選擇自行乘船經上海抵廣州。

1949 60 歲，國民政府退守臺灣[29]。1 月，任嶺南大學歷史系教授[30]，講授「兩晉

---

[26] 文窮而後工，陳寅恪此時生活愈惡劣，文章的產出卻愈精愈多。元白詩諸文，後收入《元白詩箋證稿》之中。

[27] 有關陳寅恪晚歲 20 年的生平資料，多參考自陸鍵東的《陳寅恪的最後貳拾年》一書。該書細心搜羅廣東省檔案館、廣東省統戰部、中山大學人事部檔案館藏相關陳氏的一手資料，對了解陳寅恪的晚年際遇和心態有重要的幫助。

[28] 傅斯年來電聯繫行程，次晨即往南苑機場，隨胡適等飛南京。

[29] 陳寅恪在雙目失明後，對學術的雄心壯志自然是一無情的打擊，而 49 年後的政治社會大變局，更讓陳對於純歷史的探溯研究趣味，逐漸消磨，筆下更多的是投映個人命運身世的「傷心史」。

[30] 傅斯年多次來電催赴臺灣，不往。

南北朝史」、「唐史專題研究」。暑假,早年在清華曾隨陳寅恪修習的燕京大學中文系學生程曦至嶺大,擔任陳寅恪的助手。10 月 1 日,中華人民共和國成立。12 月,陳寅恪夫婦和摯友冼玉清結伴遊漱珠崗純陽觀。撰〈崔浩與寇謙之〉。

1950 61 歲,夏,唐篔攜女赴香港,只留下陳寅恪一人在大陸。唐篔後為嶺南大學校長陳序經「勸返」廣州。8 月,廣東成立「中國史學會廣州分會」,由中共中南軍政委員、廣東省委杜國庠主持,陳寅恪首次在中共學術機構擔任委員。杜國庠登門拜訪陳寅恪,定下友誼[31]。12 月,嶺南大學中國文化研究室出版陳寅恪著《元白詩箋證稿》[32]。書後再經助教黃萱協助修改。撰〈魏志司馬芝傳跋〉、〈秦婦吟校箋舊稿補正〉。

1951 62 歲,春,撰〈論唐高祖稱臣於突厥事〉。10 月,程曦不願協助陳寅恪工作,不辭而別赴香港大學任教。唐篔臨時挑負陳寅恪的抄寫課綱工作。又撰〈論唐末隋初所謂山東豪傑〉、〈論韓愈〉。

1952 63 歲,中央推行「知識分子思想改造運動」。陳寅恪轉為中山大學歷史系教授,當時歷史系主任是陳寅恪在清華國學研究院任教時的學生劉節。9 月,院系調整,嶺南大學取消,入併中山大學。11 月,黃萱擔任陳寅恪兼任助理。撰〈記唐代之李武韋楊婚姻集團〉、〈述東晉王導之功業〉。

1953 64 歲,夏,陳寅恪生病,借圖書館一批彈詞小說排遣,其間有清乾隆時錢塘才女陳端生撰寫的《再生緣》一書。9 月,學生蔣天樞往訪。陳寅恪開始考據陳端生的身世,撰《論再生緣》,借古論今,以「知人論事」寄託個人「家國興亡哀痛之感」,至 11 月,堅持自印這部《論再生緣》長文,有「聊作無益之事,以遣有涯之生云爾」之歎[33]。11 月中旬,學生汪籛奉中央命令,持中國科學院院長郭沫若函,南下邀約陳寅恪北返,任中國科學院歷史所二所(中古史研究所)所長。陳

---

[31] 楊樹達在 1951 年 10 月 7 日的日記,記載:
「杜國庠在中山大學演講,贊美陳寅恪、容庚。官吏尊重學人,固大佳事,然以容配陳,有辱寅恪矣。」

[32] 從 1949 年一直至 1952 年,陳寅恪始有怡適的心靈,勤於著述,在《嶺南學報》先後發表了〈白樂天之思想行為與佛道之關係〉、〈論元白詩之分類〉、〈元白體詩〉、〈白樂天與劉夢得之詩〉、〈秦婦吟詩箋舊稿補正〉、〈論唐祖稱臣於突厥事〉、〈以杜詩證是史所謂雜種胡之義〉等論文多達 13 篇。其中〈秦婦吟詩箋舊稿補正〉一文,是據王國維校訂法、日敦煌殘本的足本資料作的補正。

[33] 1956 年 9 月,書的油印本被章士釗帶至香港,1959 年再排印正式出版於海外。

寅恪當時的回應,故意提出擔任所長的兩個條件:「一、允許研究所不宗奉馬列主義,並不學習政治;二、請毛公或劉公給一允許證明書,以作擋箭牌。」[34]陳寅恪

---

[34] 陳寅恪口述〈對科學院的答復〉一文,由汪籛記錄:

「我的思想,我的主張完全見於我所寫的王國維紀念碑中。王國維死後,學生劉節等請我撰文紀念。當時正值國民黨統一時,立碑時間有年月可查。在當時清華校長是羅家倫,是二陳(CC)派去的,眾所周知。我當時是清華研究院導師,認為王國維是近世學術界最主要的人物,故撰文來昭示天下後世研究學問的人。特別是研究史學的人。我認為研究學術,最主要的是要具有自由的意志和獨立精神。所以我說『士之讀書治學,蓋將以脫心志於俗諦之桎梏』。『俗諦』在當時即指三民主義而言。必需脫掉『俗諦之桎梏』,真理才能發揮,受『俗諦之桎梏』,沒有自由思想,沒有獨立精神,即不能發揚真理,即不能研究學術。學說有無錯誤,這是可以商量的,我對於王國維即是如此。王國維的學說中,也有錯的,如關於蒙古史上的一些問題,我認為可以商量。我的學說也有錯誤,也可以商量,個人之間的爭吵,不必芥蒂。我、你都應該如此。我寫王國維詩,中間罵了梁任公,給梁任公看,梁任公只笑了笑,不以為芥蒂。我對胡適也罵過。但對於獨立之精神,自由思想,我認為是最重要的,所以我說『唯此獨立之精神,自由之思想,歷千萬祀與天壤而日久,共三光而永光』。我認為王國維之死,不關與羅振玉之恩怨,不關滿清之滅亡,其一死乃以見其獨立自由之意志。獨立精神和自由意志是必須爭的,且須以生死力爭。正如詞文所示『思想而不自由,毋寧死耳。斯古今仁賢所同殉之精義,其豈庸鄙之敢望』。一切都是小事,惟此是大事。碑文中所持之宗旨,至今並未改易。

我決不反對現在政權,在宣統三年時就在瑞士讀過資本論原文。但我認為不能先存馬列主義的見解,再研究學術。我要請的人,要帶的徒弟都要有自由思想、獨立精神。不是這樣,即不是我的學生。你以前的看法是否和我相同我不知道,但現在不同了,你已不是我的學生了,所有周一良也好,王永興也好,從我之說即是我的學生,否則即不是。將來我要帶徒弟也是如此。

因此,我提出一條:『允許中古史研究所不宗奉馬列主義,並不學習政治』。其意就在不要有桎梏,不要先有馬列主義的見解,再研究學術,也不要學政治。不止我一人要如此,我要全部的人都如此。我從來不談政治,與政治決無連涉,和任何政黨沒有關係。怎樣調查也只是這樣。

因此我又提出第二條:『請毛公或劉公給一允許證明書,以作擋箭牌。』其意是毛公是政治上的最高當局,劉少奇是黨的最高負責人。我認為最高當局也應和我有同樣的看法,應從我說。否則,就談不到學術研究。

至於實際情形,則一動不如一靜,我提出的條件,科學院接受也好,不接受也好。兩難。我在廣州很安靜,做我的研究工作,無此兩難。去北京則有此兩難。動也有困難。我自己身體不好,患高血壓,太太又病,心臟擴大,昨天還吐血。

借此婉轉拒絕北返之約,並薦陳垣代任[35]。同年撰〈論唐代之蕃將與府兵〉、〈書杜少陵哀王孫詩後〉、〈書世說新語文學類鍾會撰四本論始畢條後〉。

1954　65 歲,中央批判俞平伯紅學思想和胡適派資產階級唯心體系。1 月,周恩來總理要求科學院「厚待」陳寅恪,同月 16 日,郭沫若再函邀請陳寅恪北歸,仍為陳寅恪所拒絕。其後改由陳垣出任中古史所所長。2 月,油印《論再生緣》。春,陳寅恪開始撰寫 80 餘萬字巨著《錢柳因緣詩釋證稿》(後改名為《柳如是別傳》),欲借錢謙益、柳如是二人生不逢時之困厄因緣,表彰民族該堅守的「獨立之精神,自由之思想」[36]。

1956　67 歲,春,國務院陳毅副總理到中山大學登門訪陳寅恪。陳寅恪答應擔任第二屆全國政協委員,但沒有赴會。陳寅恪被評為一級教授,受薪 381 元。3 月始,陳寅恪在《中山大學學報》先後發表〈述東晉王導之功業〉、〈書世說新語文學類鍾會撰四本論始畢條後〉、〈論李棲筠自趙徙衛事〉、〈論唐代之番將與府兵〉、〈書魏書蕭衍傳後〉五篇論文。這學年,陳寅恪在家續開授「元白詩證史」一選修課。8 月,摯友章士釗南下來訪。

1957　68 歲,6 月,中央開始「反右」的政治運動,中山大學鼓勵學生「大鳴大

　　你要把我的意見不多也不少地帶到科學院。碑文你帶去給郭沫若看。郭沫若在日本曾看到我的王國維詩。碑是否還在,我不知道。如果做得不好,可以打掉,請郭沫若做,也許更好。郭沫若是甲骨文專家,是『四堂』之一,也許更懂得王國維的學說。那麼我就做韓愈,郭沫若就做段文昌,如果有人再做詩,他就做李商隱也很好。我的碑文已流傳出去,不會湮沒。」

　此文珍貴,是了解陳寅恪內心的一手材料。此足見陳寅恪對於當下盛行的馬列、唯物等「新學」觀念的厭惡和無奈。文轉引自陸鍵東《陳寅恪的最後貳拾年》。

[35] 汪籛此行無功而返,私心內疚不已,後來於 1959 平反右傾運動中亦遭受批判,及 1966 年 6 月文化大革命剛爆發時自殺身亡。

[36] 1957 年,陳寅恪仍傾力箋釋「錢柳因緣」,在他給友人劉欽恕的書信中,道出幾許心事:

　　「弟近來仍從事著述,然已捐棄故技,用新方法、新材料,為一游戲試驗。固不同於乾嘉考據之舊規,亦更非太史公、冲虛真人之新說。所苦者衰疾日增,或作或輟,不知能否成篇,奉教於君子耳。」

　陳寅恪晚年力撰此書,是用「新方法」、「新材料」的「游戲試驗」,以古而諷今。此語是陳寅恪自道心事,值得後人注意。其中的「太史公、冲虛真人」一語,大膽的明諷「馬列」。陳寅恪讀書人的劣根性,在不自覺中又一次流露無遺。

放」，陳寅恪在政治排隊中被劃為危險邊緣的「中右」。11 月，「全民性」整改（整頓與改造）運動。12 月，不到十天在中山大學貼出的大字報多至一萬多張，所有學人必須在大字報中交待自己的「活思想」，更要批判他人的「資產階級思想」。「大鳴大放」中，學生對老師提出無數尖銳的批評。

1958 69 歲，3 月，中央宣傳部副部長陳伯達應郭沫若之邀，在國務院科學規劃委員會作了〈厚今薄古，邊幹邊學〉的報告，傳達了中央的最新動向。4 月，中山大學歷史系劉節、梁方仲、岑仲勉三教授名登上學校「大字報專欄」。同月 28 日，近代史權威范文瀾在《人民日報》發表〈歷史研究必須厚今薄古〉的長文。6 月，北京大學歷史系署名「三年級二班研究小組」在《歷史研究》第 12 期發表〈關於隋唐研究中的一個理論問題〉，正式站在「厚今薄古」的角度批判陳寅恪，《人民日報》又刊出郭沫若一篇〈關於厚今薄古問題〉的長信[37]。同月，陳寅恪在大字報被正式點名批判，出現了「粉碎資產階級偽科學」、「一個僵屍身上穿上華麗的衣服，結果仍不改變其為死人一樣」、「花崗岩腦袋」、「誤人子弟」等刻薄羞辱語句。7 月，中山學校當局要求歷史系「批陳」要慎重，歷史系成立研究陳寅恪史學思想與方法的小組，尋找鬥爭陳寅恪的方法。當時歷史系的主任是楊榮國，副主任是金應熙。7 月 9 日，歷史系教授劉節[38]被暗示，只要他批判陳寅恪，他本人將在批鬥運動中過關。作為陳寅恪早年清華的學生劉節和梁方仲[39]公開為陳寅恪

---

[37] 「厚今薄古」這一口號，對知識分子構成猛烈的衝擊。郭沫若在他的通信中，點名批評陳寅恪，寫著：

「資產階級的史學家只偏重史料，我們對這樣的人，不求全責備，只要他有一技之長，我們可以采用他的長處，但不希望他自滿，更不能把他作為不可企及的高峰。在事實上我們需要超過他。就如我們今天在鋼鐵生產等方面十五年內要超過英國一樣，在史學研究方面，我們在不太長的時間內，就在資料占有上也要超過陳寅恪。這話我就當對陳寅恪的面也可以說。『當仁不讓於師』。陳寅恪辦得到的，我們掌握了馬列主義的人為什麼還辦不到？我不相信。一切權威，我們都必須努力超過他！」

此文遂無情的掀起全國大範圍批判陳寅恪的思想。

[38] 劉節，浙江永嘉人，生於 1901 年。1926 年清華學校國學研究院第二屆學生，1956 年被評為二級教授。劉在一批判會上辯駁：

「批判（陳寅恪）有如大興文字獄。清朝乾嘉時代的學者不敢講現代，只搞考據，因為當時大興文字獄，講現代者要砍頭。」

[39] 梁方仲，生於 1908 年。1930 年畢業於清華大學經濟系，1933 年研究生院畢業，1949 年初出任嶺南大學經濟系主任。

鳴冤，堅持「陳寅恪不能批判」。7月下旬，陳寅恪上書中山大學校長，要求：一、堅決不再開課，二、馬上辦理退休手續，搬出學校。10月，廣東學刊的《理論與實踐》登出金應熙的〈批判陳寅恪先生的唯心主義和形而上學的史學方法〉一長文，金文引用陳寅恪的一些身世背景、私誼對話，公開批判其老師陳寅恪[40]，是陳寅恪晚年受到學生最大的一次傷害[41]。12月，《理論與實踐》又刊登了以「中山歷史系三年級同學」為名撰寫的〈「教授中的教授」種種〉一文，恣意惡毒的攻擊陳寅恪，如：「把陳寅恪先生裝扮成為不問政治的頭面人物，然後好向那些易受迷惑的青年學生販賣『為學術而學術』的狗皮膏藥」、「通過這次對陳寅恪先生的批判，又一次粉碎了那些資產階級學者利用吹捧『權威』企圖把政治與學術分割開來的鬼把戲」等。

1959 70歲，廣東出現大糧荒。面對中山大學勸陳寅恪重新開課帶研究生，陳寅恪氣語的說：「只要毛主席和周總理保證不再批判，我才開課」。3月，中央宣傳部副部長周揚由北京南下探訪陳寅恪，事後向廣東文化界興奮的說：「無論什麼時候，我們都要向老教授學」、「廣東不是有個陳寅恪，他肚子裡就是一部歷史書，我們就要把這一歷史書學過來。他也是讀了一輩子書，才有這樣一部活歷史的」。同月，新谷鶯等六位廣州京劇團藝員來訪。6月，陳寅恪上書學校，謂面對多番運動批判，「義不能辱」，「我被此輩捉弄，走或死皆不甘心。」8月，廣西桂劇藝術團在廣州公演《桃花扇》劇，陳寅恪進城看戲。

1960 71歲，12月，郭沫若校訂《再生緣》，因陳寅恪的關係開始研究此書。

1961 72歲，3月，郭沫若由京赴粵，登門拜訪陳寅恪，留下「王水庚金龍虎鬥，郭聲陳聲馬牛風」一副對子。5月，郭沫若撰〈《再生緣》前十七卷和它的作者陳端生〉，客觀的肯定陳寅恪研究此書的開創貢獻。8月，吳宓自重慶經武漢至廣州，在颱風暴雨中專程探訪陳寅恪，長談數日，賦詩酬答而歸[42]。

---

[40] 金應熙，生於1919年，是陳寅恪在1940年應香港大學中文學院許地山之邀，在港大任教時的學生。1960年金應熙主持中山大學歷史系。

[41] 此後陳寅恪拉下心防，個性趨於孤僻沉默，再不輕易信任任何外人。

[42] 透過吳宓1961.8.31等的日記，得悉「寅恪兄之思想及主張，毫未改變，即仍遵守昔年『中學為體，西學為用』之說（中國文化本位論）。在我輩個人如寅恪者，決不從時俗為轉移。」並了解陳寅恪研究「錢柳姻緣」的意圖，是知人論世，寄託其內心自傷的世界，「終始不離其民族氣節之立場。蓋藉此以察出當時政治（夷夏）、道德（氣節）之真實情況，蓋有深素存焉，絕非清閒、風流之行事。」

1962　73 歲，中山大學為陳寅恪填寫了一張「高等學校中有真才實學的年老體弱不能擔負教學工作的老師登記表」，上報教育部。1 月，中山大學校刊報導「陳寅恪教授將繼續完成《錢柳姻緣詩釋證》最後一章，預計上半年全書完稿，將近六十萬字。」2 月 14 日，中國科學院副院長竺可楨探望陳寅恪，陳寅恪為兩年前托中華書局出版著述，請竺代查詢出版的確切時間，26 日，陶鑄陪同毛澤東的秘書胡喬木訪陳寅恪，陳寅恪再次詢問著作經審查送檢，遲遲不能出版的理由。胡喬木回答陳寅恪「出版有日」。4 月，毛澤東身邊的另一紅人康生過訪，但陳寅恪以臥病休息的理由拒見。其後康生宣示陳寅恪的《論再生緣》有「征東」的背景，會影響國家和朝鮮的關係，其中的幾首舊體詩詞又有反對共產黨、反對社會主義的表現，因而禁止出版。6 月，陳寅恪右腿股骨跌斷，躺病床至次年 1 月始出院，抬返家中。中山大學陶鑄暫為陳寅恪配備三名護士輪班照顧，一直維持到「文革」爆發時為止。

1963　74 歲，《錢柳姻緣詩釋證》[43]初稿完成。陳寅恪擬計劃整理《大唐西域記》一書。7 月，中山大學黨委副書記馬肖雲向廣東省委陶鑄反映「群情」，認為對陳寅恪的照顧太過分。

1964　75 歲，3 月，北京大學歷史系向達南下訪陳寅恪請教校刊《大唐西域記》和梵文的一些問題，陳寅恪表達想和向共同研究唐玄奘赴印度取經的歷史。4 月，唐篔代陳寅恪為黃萱寫鑑定書，贊許黃萱能「十二年間，勤力無間」，幫助陳寅恪念讀書和尋找材料。5 月，陳寅恪在清華的弟子蔣天樞南下來探視，陳寅恪將晚年編定的著作交托蔣天樞整理出版，並撰〈贈蔣秉南序〉[44]一文。12 月，陳寅恪為《論再生緣・校補記》作序[45]。

---

[43] 後易名《柳如是別傳》。

[44] 陳文中「自道」作為學人的品格精神，真是字字血淚，讓千古有心人為之一哭：
　　「默念平生固未嘗侮食自矜，曲學阿世，似可告慰友朋」，「歐陽永叔少學韓昌黎之文，晚撰五代史記，作義兒馮道諸傳，貶斥勢利，尊崇氣節，遂一匡五代之澆漓，返之淳正。故天水一朝之文化，竟為我民族遺留之瑰寶。孰謂空文於治道學術無裨益耶？」

[45] 陳寅恪於序文最後說：「所南心史，固非吳井之藏。孫盛陽秋，同是遼東之本。點佛弟之額粉，久已先乾。裹王娘之腳條，長則更臭。知我罪我，請俟來世。」一段文字，更是文中托史，典中藏寓，情理交融，從此成為後人猜測陳寅恪晚年內心深處的又一費解疑團。

1965 76 歲，開始撰寫年譜式的《寒柳堂記夢》一稿。10 月，中山大學摯友冼玉清去世，享年 70 歲。

1966 77 歲，全國無產階級文化大革命全面發動，前後長達十年。5 月，北京大學校園貼出第一張大字報。6 月，「文化大革命」開始。7 月，中山大學校內各式大字報開始攻擊、羞辱「資產階級反動學術權威」陳寅恪。如「黃萱與陳寅恪同穿一條褲子」、「陳寅恪有意污辱護士」、「這瞎老頭什麼也不用幹，住最好的，吃最好的，拿最好的工資，還不是勞動人民養著他」、「陳寅恪非外國藥不吃」等革命群眾的憤怒控訴語言。9 月，中山大學撤走陳寅恪的護士。「破四舊」抄家運動同時延及南方，陳寅恪多次遭抄家和不斷要求書面交待，女兒也被迫貼大字報，和陳寅恪「要堅決劃清界線」。陳寅恪的心臟病開始惡化。11 月，中山大學展開對俞平伯的《紅樓夢研究》和胡適進行批判，中文歷史兩系教授全部出席，唯獨缺陳寅恪。系為陳寅恪保留的椅子，背面貼上「反動學術權威陳寅恪」。

1967 78 歲，1 月，陳寅恪遭抄家不絕，家人挨打，室內凡輕便有價的物品，如電唱機、唱片等，均被強行拿走，陳寅恪的抄稿亦因此四散湮沒。

1969 80 歲，進入文革第四個年頭。3 月，中山大學一份〈堅決落實毛主席對知識分子再教育和給出路的政策〉報告書稱：「像陳寅恪，一貫利用學術，堅持反動立場，惡毒地向黨向社會主義進攻的應劃為反動學術權威，要把他們批得比狗屎還要臭。以後，給予一定的生活費，養起來作反面教員。」革命群眾用暴力要求陳寅恪「口頭交代」。4 月，唐篔代寫「我的思想和體會」，又被迫作口頭交代，陳寅恪最後「不發一語，只是眼角不斷流淚」。10 月 7 日，陳寅恪因心力交瘁和大腸麻痺而溘然辭世[46]，中國傳統文化精靈中，從此失去一個絕世的讀書種子。45 天後的 11 月 21 日，唐篔在細心安排後事之後，亦因心臟病、腦出血去世，享年 71 歲。

1971 9 月，同樣在文革被定位為「反動學術權威」、「現行反革命分子」，而在 1969 年一次批鬥中左腿慘遭「扭折」的吳宓，仍牽念著摯友，大膽去信中山大學校方探詢陳寅恪夫婦的「生死情況」。

1980 6 月，由蔣天樞整理，上海古籍出版社出版《陳寅恪文集》。

---

[46] 據傳言陳寅恪是被紅衛兵用高音喇叭吊在床前活活折磨嚇死的。

陳寅恪聰明絕世，記憶過人，精通十數種古今中外的語言，一生堅守的是傳統文化。他以中古史學為志，專研魏晉隋唐歷史和佛學，擅長跨領域時空對比治學[47]。他在中年之前，長期累積深厚的學問，掌握十數種古今語言，一直到清華大學安定的十年，橫空而出，才成就其「不古不今」之學。他對於中古歷史、蒙藏歷史語言、佛經義理和中國小說關係、敦煌學和變文等，都有開創的意見。

陳寅恪的古詩文底子深厚脫俗，有家學淵源。近代學人論填詞，自以王國維的《人間詞》冠絕當世。然論寫詩，陳寅恪的律詩溫潤清雅，意在言外，特別是「以詩證史」，堪稱獨步學林，足以垂名後世。王詞擅寫「悲」，由個人的「悲」放大為全人類的「悲」情，最終以「哲理」收，此其高妙處。陳詩則強調一「哀」感，「四海無人對夕陽」，由個人親身體驗的家族衰亡之哀痛，擴大為國家殘破，社會的無情變易，以至歷史文化古往今來共同的興亡無奈，最具特色。數以千年歷史文化和人性背負的萬斤重擔，俱壓於一身，此王、陳二人遙相投契之所在。

誦讀陳寅恪的一生活動，就已是一部蒼涼的中國近代史。陳寅恪長期飄蕩，幼年輾轉於武漢、長沙、南昌，12 歲東渡日本，其後十數年遊走於美德法瑞諸國，及至中壯年階段，36 歲始進入清華園，生活才算稍趨安定，可仍是惜墨如金，嚴肅的文字只在 1939 年完成《隋唐制度淵源略論稿》，1941 年完成《唐代政治史略稿》二稿，也只說得上是勉強將中古史的研究心得草草有一概括交代。47 歲後，再歷經抗日遷移、政治社會動蕩和家國飄零的歲月，才又逼出了 1950 年的《元白詩箋證稿》。這些留名的著作都僅是陳寅恪有待修訂的論文初稿，只開風氣，見其天縱英才和靈氣，但可惜未能透澈的更上層樓，挖深成為完整的一代「典範」之作。天不假年，在亂世中盲目斷腿，身心受困的他，「縱有名山藏史稿」，可憐在學術上已無緣取得靜心沉澱吞吐的豐收歲月。1953 年自印的《論再生緣》、1954 年的《錢柳因緣詩釋證稿》，只能是無奈的「藏諸名山，傳諸其人」的隱諱批判之作。陳寅恪已完全放下其擅長的中古史學和中亞歷史語言的專業，無奈而又不甘的另出蹊徑，卻因環境的不許，率皆點到為止。他畢生博通厚積中外的知識、「不古不今」的絕學，再無傳人，這實是近代學術中無比遺憾的悲歌。

---

[47] 如陳寅恪〈五胡問題及其他〉一文，解釋「五胡」的「胡」字：「胡，本匈奴（Huna）專名，去『Na』著『Hu』，故音譯曰胡，後始以之通稱外族。」陳寅恪〈清談與清談誤國〉一文，解釋「竹林七賢」：「所謂『竹林』，蓋取義於內典之 Vlenuvena，非真地有此竹林，而七賢遊談其下也。」

六、胡適學術年表

1891　1歲，安徽績谿人。1890年（清光緒十七年）12月17日生於上海大東門外[1]。族名嗣穈。父胡傳[2]，母馮順弟[3]。出世兩個月，父被奏調臺灣任職。

1893　3歲，胡適從上海抵臺灣，先往臺南，後移居臺東。

1894　4歲，中日甲午戰爭。1月，被送返故鄉徽州。7月，父卒於廈門[4]。

1896　6歲，在家塾讀書[5]。

---

[1]　胡適的生平，主要參考胡適的《四十自述》、《胡適文存》、《胡適講演集》，唐德剛編《胡適口述自傳》、《胡適雜憶》，胡頌平編《胡適之先生晚年談話錄》，朱文華著《胡適評傳》。

[2]　胡傳，字鐵花，出身於小茶商家庭，曾苦學考取秀才，後改走幕僚之途，曾在東三省和廣東任職，熟識邊疆地理。張之洞保舉為上海總巡。胡傳上任不到一年，調任臺灣主管鹽政。1894年7月病故廈門，時胡適僅3歲8個月，母亦僅23歲。但據石原皋《閑話胡適》記載：「鐵花公是為了抗日而戰死沙場。子紹之扶柩送上莊，因凶死不能入祠堂，不能上族譜，所以隱藏此事。及文革抄家挖墳，開棺找不著頭顱骨，其死謎才大白。」此聊備一說。

[3]　馮順弟是胡傳的填房，結婚時17歲，比胡傳少30多歲。

[4]　胡傳臨死前寫下遺囑，說「穈兒天資頗聰明，應該令他讀書。」

[5]　胡適少年接受了9年舊式教育。胡適在《四十自述》中說到胡母對自己一生的重要，留下一段感人的文字：

「我在母親的教訓之下住了九年，受了她的極大極深的影響。我十四歲（其實只有十二歲零兩三個月）就離開她了。在這廣漠的人海裡獨自混了二十多年，沒有一個人管束過我。如果我學得一絲一毫好脾氣，如果我學得了一點點待人接物的和氣，如果我能寬恕人，體諒人——我都得感謝我的慈母。」

胡母承胡父的遺願，特看重兒子的教育，繳付學費總多出別人數倍，特別要求老師教授胡適每一字的用義。胡適每天學習12小時以上，加上天資聰穎，少年奠定了良好的國學基礎。鄉人見其斯文，誇他「像個先生樣子」，胡適亦以「先生」之名自許。胡適進學堂前，已認得近一千字。9年間讀書的內容和順序：胡傳自編的韻文〈學為人詩〉、〈原學〉，和《律詩上鈔》、《孝經》、朱熹的《小學》、《論語》、《孟子》、《大學》、《中庸》、《詩經》、《書經》、《易經》、《禮記》。其中〈學為人詩〉的「為人之道，在率其性」、「以學為人」、「以期作聖」、「凡為人子，以孝為職。善體親心，能竭其力。守身為大，辱親是戒」；最後的「為人之道，非有他求，窮理致

1901 11 歲，接受無神論的觀念[6]。

1904 14 歲，1 月，和江冬秀訂婚。2 月，到上海入梅溪學堂，開始閱讀梁啟超的文章，接受維新思潮和民主觀念。

1905 15 歲，春，改進澄衷學堂，學科除國英數外，還增加了物理化學博物圖畫等科，時胡對算學最感趣味。胡適大量閱讀維新的書刊，如《新民叢報》，並抄寫鄒容的《革命軍》，又在課堂讀到嚴復翻譯的《天演論》、《群己權界論》。其中的「優勝劣敗，適者生存」觀念，對胡適大受刺激。同時，又閱讀梁啟超〈中國學術變遷之大勢〉一文，認同進化論觀點書寫的中國思想文化，並心想「我將來若能為梁任公先生補做這幾章闕了的中國學術思想史，豈不是很光榮的事業？」[7]

1906 16 歲，夏，考取中國公學[8]。9 月，用白話文寫了第一篇文章〈地理學〉。

1908 18 歲，7 月，加入競業學會，主編《競業旬報》[9]。9 月，學校發生學潮，董事會解散中國公學，學生在上海市改辦中國新公學，胡適由學生復兼任英文教員，每天兩班 6 小時教授英文。同年，美國宣布退還部分「庚款」。

1910 20 歲，7 月，向好友程樂亭借二百銀元赴北京[10]，考取留美官費生[11]。8 月

　　知，返躬踐實，罷勉于學，守道勿失」幾句詩句，成為胡適一生的座右銘。
　　胡適 9 歲開始閱讀《三國演義》、《水滸傳》、《紅樓夢》、《儒林外史》、《聊齋》等卅多部小說，形成他濃厚的文學興趣，也培養了他對白話的感情和書寫能力。其後又點讀《資治通鑑》，其中的「形既朽滅，神亦飄散」諸句，影響了胡適的無神論宗教觀。

[6] 參見胡適的《四十自述》。

[7] 引自胡適的《四十自述》。

[8] 中國公學是抗議日本頒布「取締清國留學生規則」憤而回國的留日學生成立的。學校管理仿自西方民主議會制，由學生組評議部、執行部管理校務，這讓胡適對民主政治制度發生濃厚興趣和認同。

[9] 胡適前後共編了 15 期，提供他一年多訓練白話文和發表思想的機會。這時期，胡適又起了做詩的興趣，開始閱讀吳汝綸的古詩歌選。

[10] 當時的一塊銀元可以購買一百市斤大米。

[11] 是年是宣統二年，是考選留美賠款官費生的第二年。胡適考試，第一場考古文，國文命題「不以規矩不能成方圓說」，得滿分 100 分、英文得 60 分，獲第十名。第二場複試，共考三天，第一天考平面幾何、希臘史、羅馬史、德語。第二天考物理、植物學、動物學、生理學、化學、三角。第三天考立體幾何、英國史、世界地理、拉丁文。結果胡適以每門平均 55.2 分成績，被錄取為 70 名中的第 55 名。

16 日，從上海坐船到美國。9 月，入讀康奈爾大學農學院[12]。

1911　21 歲，作〈詩三百篇言字解〉[13]。同年辛亥革命成功。

1912　22 歲，9 月，轉入文學院，修習哲學、政治、經濟、文學等課程。同年，中華民國在南京建立，孫中山任臨時大總統，蔡元培任教育總長，並設立北京大學，嚴復任校長。

1914　24 歲，1 月，胡適已思考經國治學的「方法」的問題[14]。5 月，獲「卜郎吟徵文」獎金。6 月 17 日，大學畢業，獲學士學位[15]。7 月，在日記寫「標點符號釋例」。

1915　25 歲，1 月，和韋蓮司女士交往，「縱談極歡」[16]。8 月，作〈如何使吾國文言易於教授〉一文，已直言「漢文乃是半死亡文字」，「活文者，日用語言之文字」。9 月，進哥倫比亞大學哲學系，成為實驗主義哲學家杜威的研究生，推崇科學的懷疑精神和求實精神[17]。行前作〈送梅覲莊往哈佛大學詩〉，提出「詩國革

---

[12] 胡適入學不久，被推為該校留美中國學生會中文書記和世界學生會會長，自此，胡適對政治參與的興趣日增。

[13] 此為胡適平生第一篇學術文章，也是胡適用新方法治理古書的開始。文中評論《爾雅》：「言，我也」的不確。胡適主以經解經，用歸納法研究《詩經》中所有「言」字的用法，實為連詞，與「而」相同。撰文方法和清乾嘉二王相約。胡適自認為此文體現了治學的懷疑精神。

[14] 青年的胡適，在是年《留學日記》1 月 25 日，雄心高瞻的寫下：

「今日吾國之需要，不在新奇之學說，高深之哲理，而在所以求學論事觀物經國之術。以吾所見言之，有三術焉，皆起死之神丹也：一曰歸納的理論。二曰歷史的眼光。三曰進化的觀念。」

以上胡適所言的「三術」，其中的「歸納」能夠建立在眾異中求同的系統，「歷史眼光」可以擴大研究的範圍，由點而推線與面，「進化觀」是透過時空的對比互較，了解定點的價值和意義。

[15] 胡適年底作 25 歲生日詞，詞見《嘗試集》。其中的「種種從前，都成今我，莫更思量更莫哀。從今後，要怎麼收穫，先那麼栽。」等名句，見胡適懷疑精神和自負的氣概。

[16] 參《胡適日記》1915 年 1 月 23 日。胡適在同一天日記中描述狂狷不羈的韋蓮司：「余所見女子多矣，其真具思想、識力、魄力、熱誠於一身者，惟一人耳。」胡、韋這段異國情緣，可惜終究因種族的歧視而「不成眷屬，而一往情深」作終。韋蓮司終身不嫁，一生保存了胡適自 1914 至 1945 年寫給她的 96 封信件。

[17] 胡適說：「實驗主義教訓我們，一切學理都只是一種假設，必須要證實了，然後可算是

命」的問題。12月,作〈生日詞〉[18]。

1916 26歲,2月,與陳獨秀、朱經農、梅光迪、任鴻雋、楊杏佛等討論「文學革命」問題。當日真正支持胡適創作白話詩的主張,並也撰寫白話詩以呼應的,只有陳衡哲一人[19]。4月,作〈沁園春・誓詞〉[20]。6月,撰〈爾汝篇〉。8月,和朱經農通信,提出新文學的「八不主義」[21]。9月,撰〈吾我篇〉[22]。同月,又作〈文

真理。我的白話詩的實地試驗,不過是我的實驗主義的一種應用。」
「實驗主義」,也成為胡適日後哲學和文學革命的基礎。

[18] 詞見胡適的《嘗試集》:
「棄我去者二十五年,不會回來。看江明雪霽,吾當壽我,且須高詠,不用銜杯。種種從前,都成今我,莫更思量更莫哀。從今後,要怎麼收穫,先那麼栽。」
「前宵一夢奇哉!似天上諸仙采藥回。有丹能卻老,鞭能縮地,芝能點石,觸處金堆。我笑諸仙,諸仙笑我。敬謝諸仙我不才。葫蘆裡,也有些微物,試與君猜。」
詞以文白夾雜成,敘事白描,論意境自然比不上同時期國學底子深厚的梁啟超、王國維、陳寅恪等,然用字淺白流暢,自有小聰明,企圖用西學來救治中國,亦見胡的自負氣慨。

[19] 胡適謂陳衡哲是他的「平生知己」。自1916年10月起,不到半年,胡適和陳衡哲通信,單寄出就多達「四十餘件」。陳衡哲攻讀歐洲史,英文名叫莎斐。胡適後來給自己早夭的愛女取洋名為素斐,這明顯的和這段特殊又不為外人道的知遇情懷有關係。

[20] 胡適〈沁園春・誓詞〉:
「文章要有神鬼。到琢句雕詞意已卑。定不師秦七、不師黃九,但求似我,何效人為。詩必由衷,言須有物,此意尋常當告誰。從今後,儻傍人門戶,不是男兒。」
「文學革命何疑!且準備擎旗作健兒。要前空千古,下開百世,收他腐臭,還我神奇。為大中華,造新文學,此業吾曹欲讓誰,詩材料,有簇新世界,供我驅馳。」
此詞足見青年胡適對文體「開創」的傲骨豪情。

[21] 胡適說:「新文學之要點,約有八事:(一)不用典,(二)不用陳套語,(三)不講對仗,(四)不避俗字俗語,(五)須講求文法,——以上為形式的方面。(六)不作無病的呻吟,(七)不摹倣古人,(八)須言之有物,——以上為精神(內容)的方面。」
後來胡適用這些想法完成〈文學改良芻議〉一文,成為中國新文化運動的開山。

[22] 胡適認為《馬氏文通》把「爾」、「汝」及「吾」、「我」混在一起研究,是忽略了時代變遷對語言和文法的影響。
胡適利用實驗主義的「科學實驗室的態度」和「歷史的態度」的觀念,認為在孔子寫作《論語》的時代,「爾」「汝」和「吾」「我」雖然分別是第二、第一人稱,但實際使用的意義有差別。「汝」大都是人稱代詞「你」,而「爾」則是所有格「你的」之意;「吾」為人稱代詞主格「我」,而「我」則是受事格「我的」之意。

學改良芻議〉、〈嘗試篇〉。

1917　27 歲，1 月，〈文學改良芻議〉在北大《新青年》發表，引起國內新文學界注意[23]。4 月，作〈諸子不出王官論〉[24]。往訪陳衡哲。5 月，通過哲學博士學位考試，題目是「中國古代哲學方法之進化史」，其後出版時改名《先秦名學史》，乃第一部中國邏輯史的斷代專書[25]。6 月，返國。8 月，應蔡元培、陳獨秀之邀，任北京大學教授。11 月，提出教授會管理制[26]。12 月，返鄉續絃與江冬秀結婚。

1918　28 歲，3 月，選為北大英文部教授會主任。講演「論短篇小說」。4 月，發表〈建設的文學革命論〉[27]，提出「國語的文學，文學的國語」口號。11 月，胡母病逝。

1919　29 歲，2 月，由上海商務印書館出版《中國哲學史大綱》（卷上）[28]。4

---

[23] 1917-1925 是五四新文化運動階段。胡適豪情的「想在思想文藝上替中國政治建築一個革新的基礎」（〈我的歧路〉），舉凡新文化運動中提出的不同領域問題，如孔教、文學改革、國語統一、女子解放、禮教、婚姻、戲劇改良、教育改革等，胡適都積極參與論戰，但不免流於淺薄不深入的毛病。

[24] 此文見胡適對學術史的濃厚興趣和大膽意見。

[25] 博論約九萬字。學位考試的結果，是「大修通過」。當時杜威取笑胡適：「他的關心於國際政局的問題乃過於別的事情！」胡適一直拖至 1927 年才有空「大修」論文，正式取得學位。參唐德剛《胡適口述自傳》。

[26] 胡適的自由民主觀念，應是受到早年中國新公學的自治精神、旅美參與學生會和對西方政事觀察的影響。

[27] 胡適說：「我們所提倡的文學革命，只是要替中國創造一種國語的文學。」「國語沒有文學，便沒有生命，便沒有價值，便不能成立，便不能發達。」
此文見胡適提倡白話的雄心壯志。

[28] 《中國哲學史大綱》（卷上），在臺灣重印改名為《中國古代哲學史》，是胡適依據其博士論文拓張的講義，也是他在學術生涯中最具代表性的成名著作。
全書特色主要在知識論，集中在先秦諸子之間對「名」的討論。他是有系統的研究中國哲學史方法的第一人。
胡適書前自記：
「我這本書的特別立場，是要抓住每一位哲人或每一個學派的『名學方法』（邏輯方法，即是知識思考的方法），認為這是哲學史的中心問題。」又開創的說：「古代本沒什麼『名家』，無論那一家的哲學，都有一種為學的方法。這種方法，便是一家的名學（邏輯）。所以老子要無名，孔子要正名，墨子說『言有三表』，揚子說『實無名，名無實』，公孫龍有名實篇，荀子有正名篇，莊子有齊物篇，尹文子

月，作〈實驗主義〉一文，介紹杜威的實驗主義思想方法[29]。4 月底，赴上海迎杜威來華講學。5 月，北平爆發了「五四運動」，加速了全國白話文的推行。8 月，撰〈清代學者的治學方法〉前六章[30]。11 月，代理北大教務長。同年，北大學生創

有刑名之論：這都是名家的『名學』。因為眾家都有『名學』，所以沒有什麼名家。不過，墨家的後進如公孫龍之流，在這一方面研究的比別家稍為高深一些罷了。」

胡適以淺易的白話為工具，將治學的方法傳達出來，書的出版在當時十分轟動，讓胡適迅速成為學界的名人。

蔡元培序稱譽此書的特長：「該書具有證明的方法、扼要的手段、平等的眼光和系統的研究。」

胡適在後來〈整理國故與打鬼〉一文，自豪的說此書是「開山」之作：

「我自信，中國治哲學史，我是開山的人，這一件事要算是中國一件大事。這一部書的功用，能使中國哲學史變色。以後，無論國內外研究這一門學問的人，都躲不了這一部書的影響。凡不能用這種方法和態度的，我可以斷言，休想站得住。」

胡適《哲學史》只出了上卷，書由周宣王時的詩篇談起戰國時代思潮，自老子、孔子、墨子、楊朱、莊子，一直寫到荀子、秦始皇焚書坑儒止，就沒有下文。主因是胡適的個性，興趣廣泛，轉移太快，專注用力不夠，對馬上面對的龐雜佛學課題更是研究不深。他稍後寫了〈禪學古史考〉、〈普提達摩考〉、〈神會和尚考〉等準備文章，但只是些考據的工作，仍未觸及思辨層次。況且，當日的歐陽竟無講學東南，湯用彤在北大開課，都是極精通佛理的。即使是章太炎、梁啟超、梁漱溟諸人，對佛學都有深蘄的研究。加之以同屬哥倫比亞大學學成返國的馮友蘭，在宋明理學又有突出的意見。業已成名的胡適如無獨步看法，自然是不願輕易落筆的。

[29] 胡適用淺易的文字，介紹杜威的「實驗方法」：

「杜威論思想，分作五步說：（一）疑難的境地；（二）指定疑難之點究竟在什麼地方；（三）假定種種解決疑難的地方；（四）把每種假定所涵的結果，一一想出來，看那一個假定能夠解決這個困難；（五）證實這種解決使人信用，或證明這種解決的謬誤，使人不信用。」

此文在當日自有開民智之功。

[30] 胡適學術研究，一貫的重點就在「方法」。他研究「學術史」，談的是「方法」。他寫清代學者，主要的也是在「方法」。

胡文中強調清儒治學具科學精神的重要特質，他說：

「中國舊有的學術，只有清代的『樸學』確有『科學』的精神。『樸學』一個名詞，包括甚廣，大要可分為四部分：(1)文字學。(2)訓詁學。(3)校勘學。(4)考訂學。」

他又把樸學和他個人的治學口號相互扣連起來：

辦《新潮》雜誌。

1920 30 歲，3 月，《嘗試集》出版[31]。4 月，在國語講習所談「國語文學史」。7 月，撰〈水滸傳考證〉[32]，開始實踐「整理國故」[33]。11 月，和顧頡剛討論古史

　　「清代學者的治學方法，總括起來只有兩點：(1)大膽的假設，(2)小心的求證。假設不大膽，不能有新發明。證據不充足，不能使人信仰。」又說：「『但宜推求，勿為株守』，這八個字是清學的真精神。」

　　胡文又提到，清人的治學，消極方面是力戒隨意改動古書、用今音讀古韻文、增字解經、望文生義等，積極方面是講實證、用假設歸納句例、用演繹建立通則、掌握可靠有根據的材料等，的確都和今日的科學論述相接近。

[31] 這是中國現代文學史的第一本詩集。

[32] 將小說作為嚴肅的學術研究，並引入大學殿堂，胡適應該是先導者。而將文學和學術淺易化、普羅化，始作俑者，也是胡適。其功過如何，值得後人品味。

[33] 胡適在 1919.12《新青年》7 卷 1 號〈論新思潮的意義〉一文中，首先提出「整理國故」的口號，認為五四的新思潮對於舊有的學術思想，有三種態度：

　　「反對盲從，反對調和，主張整理國故」。所謂整理，「就是從亂七八糟裡面尋出一條脈絡來；從無頭無腦裡面尋出一個前因後果來；從胡說謬解裡面尋出一個真意義來；從武斷迷信裡面尋出一個真價值來」。總之，整理國故「是用科學的方法來做整理的工作」。

胡適在 1922.8.26 的日記中說：

　　「我們的使命是打倒一切成見，為中國學術謀解放。」

可見胡適的「整理國故」，有積極的再造文明的新意義。胡適在 1923.1 北大《國學季刊》創刊號〈國學季刊發刊宣言〉一文，具體提出研究國故學的三條正面意見：「一、用歷史的眼光方法擴大國學研究的範圍。二、用系統的整理部勒國學研究的資料。三、用比較的研究幫助國學材料的整理與解釋。」

胡適落實「整理國故」的業績，明白的大致有三：

一、上古史的討論。

　　1919 年底，胡適和朱執信通信討論「井田制」，認為「井田之說首見於孟子，不過語焉不詳。到了《韓詩外傳》，再到《漢書·食貨志》，再到《公羊解詁》，才被講得越來越詳細、具體，所以『井田』的問題只是故事傳說而已。」（《建設》2 卷 1.2、5 號）1921.1，胡適又和顧頡剛通信，自道其古史的看法：「現在先把古史縮短二、三千年，從〈詩三百篇〉做起。將來等到金石學、考古學發達，上了科學軌道以後，然後用地底下掘出的史料，慢慢地拉長東周以前的古史。至於東周以下的史料，亦須嚴密評判。寧疑古而失之，不可信古而失之。」（〈自述古史觀書〉）。胡適這些看法，無疑支持了顧頡剛「層累地造成的古史」一說法，並堅強的提供疑古學風的破和立的具體理論和方法。

辨偽的問題,引導顧在「古史辨」學說的研究。同年,完成《國語文法概論》[34]。

1921 31 歲,3 月,草〈紅樓夢考證〉初稿,11 月完成,創立「新紅學」[35]。6 月,〈水滸傳後考〉脫稿,11 月,完成〈清代學者的治學方法〉,正式提出「大

二、小說學術化的研究。

胡適自 1920 年考證《水滸傳》始,接著針對《紅樓夢》、《西遊記》、《三國演義》、《官場現形記》、《兒女英雄傳》、《鏡花緣》等 10 部白話章回小說作考證,1942 年合成《中國章回小說考證》一書。胡適嚴謹的考訂小說的作者生平、成書經過和版本、作品的思想和藝術水平,將通俗的小說提升為史料研究的對象。從此,小說才成為大學殿堂研讀的材料。

三、思想史的研究。

胡適自《中國哲學史大綱》(上)出版後,相繼發表〈章實齋年譜〉、〈戴東原的哲學〉、〈科學的古史家崔述〉等,以及晚年密集研究〈壇經考〉、神會和尚等,為中國思想史研究的反迷信、反傳統的材料整理和具科學驗證的方法立下典範。

[34] 在《胡適之先生晚年談話錄》1960.3.21 胡適說:「所謂文法,是後人從活人的語言之中分析出來的東西。我是從《馬氏文通》讀通文法的。」

《國語文法概論》書中的第三編,全談「文法的研究方法」,可見胡適對於「方法論」的重視。胡適說:

「方法不精密,決不能有成效。」

「一種科學的精神,全在他的方法。方法是活的、是普遍的。我們學一種科學,若單學得一些書本裡的知識,不能拿到怎樣求得這些知識的方法,是沒有用的,是死的。若懂得方法,就把這些書本裡的知識都忘記了,也還不要緊。」「研究文法的方法,依我看來,有三種必不可少的方法:(一)歸納的研究法,(二)比較的研究法,(三)歷史的研究法。這三種之中歸納法是根本法,其餘兩種是輔助歸納法。」

以上「歸納」、「比較」、「歷史」三種方法,成為胡適治學撰文的基本法門。

胡適的「歸納」法,是歸納和演繹的輪次互用的。透過同類例的歸納,提出假設的通則,再用新例不斷核對和這假設通則是否相符。如果沒有例外,這一通則就可成為一定理。如有例外,則需研究這例外是否有其他解釋的原由,如果沒有充分理由來解釋,這通則便不足以成立,需放下另尋新的假設。「比較」法,是經互校古今、中外相類的歸納材料,尋覓其異同,從而對比出一異同通則。「歷史」法,是用歷史個案來核對歸納的方法。先要注意相關個案的發生時代,再尋找每一時代的普遍通則,和每一時代間通則的差異性,並作一合理的解釋。

[35] 前人對於《紅樓夢》的看法:有認為是為清世祖與董鄂妃而作,有認為是清康熙朝的政治小說,有以為是納蘭成德的故事,而胡適則提出是曹雪芹撰寫個人家庭歷史小說的「假設」。

膽的假設，小心的求證」[36]。同月，《胡適文存》第一集出版。

1922 32 歲，2 月，《章習齋年譜》出版。3 月，〈五十年來中國之文學〉一文脫稿[37]。10 月，《先秦名學史》（英文本）出版。同年，當選為北大教務長兼英文系主任。

1923 33 歲，胡適向北大請假一年，至杭州煙霞洞養病[38]。3 月，作〈一個最低限度的國學書目〉、〈讀梁漱溟先生的東西文化及其哲學〉。5 月，參與「科學與人生觀」的論戰。

---

[36] 胡適此一名言，其中的「假設」和「求證」，是科學的概念，而「大膽」和「小心」，則是語言的修飾。其核心思想，是：「提出假設，並具體證實」，這是科學發現的重要途徑。而它的前題，是胡適所說的「尊重事實，尊重證據」（〈實驗主義〉）。相對於胡適在〈我的歧路〉中說的「細心搜索事實，大膽提出假設，再細心求實證」，因此，「大膽假設，小心求證」八字，強調的是「實證」，消極的作用，是限制憑空的妄想冥想、憑空臆測，積極的作用，是建立客觀的科學推理方法。八字可以細部理解其程序為：「首先占有最大量的相關材料，從材料的研究中形成初步看法，透過不同的個案實例先歸納一可能而不見得成熟的假設通則，為了證實這個假設通則，又細心將此初步的通則透過演繹理解放在其他相關的不同實例中，再經測試檢查，而都能逐一證實無訛的，便可暫定為發現的定理。」

這八字訣提供一易明易懂的科學思辨方法。

當然，這八個字作為一簡單口號，容易朗朗上口，家傳戶曉，作為濟亂世、開民智的非常手段，實有其妙用，對當日社會的改革和民族向心有重大的幫忙。這是胡適聰明的地方，也促進了他在群眾中的文化領袖名聲。而有學理上，卻難免有粗疏之嫌，只用「大膽」二字來提假設問題，並不具體，易被誤會為隨心所欲。假設的形成，應具備至少兩個以上的階段，即初步的假定和有一定證明而待不斷修改的假定，但由這八字之中是無從掌控理解的。

[37] 魯迅極推崇此文。

[38] 後來胡適寫了一首新詩〈多謝〉給他三嫂的妹妹曹誠英，寫詩的背景和這段時間有關：

「多謝你能來，慰我山中寂寞。伴我看山看月，過神仙生活。」

「匆匆離別便經年，夢裡總相憶。人道應該忘了，我如何忘得。」

胡適一生為曹誠英寫了很多隱藏情感的詩。曹誠英晚年獨自生活，一說是上峨嵋山遁入空門，在 1973 年死於家鄉安徽績溪。相關隱藏情感的詩作，參考朱歧祥《亦古亦今之學》第十一章〈談胡適為曹珮聲寫的一些白話詩〉。萬卷樓圖書公司出版。2017 年 12 月。

1924 34 歲，2 月，撰〈古史討論讀後感〉[39]。7 月，完成《中國禪學史》。10 月，推薦王國維任清華學校研究院院長。同月，《胡適文存》第二集出版。

1925 35 歲，3 月，應聘為「中英庚款顧問委員會」中國會員。11 月，〈老殘游記序〉完成。12 月，作〈兒女英雄傳序〉。

1926 36 歲，7 月，經俄、德、法，赴倫敦，參加「中英庚款顧問委員會會議」。同時，胡適選註的《詞選》出版[40]。8 月，赴巴黎，查閱敦煌禪宗資料。11 月，返英，在各大學作學術演講。12 月，至美國，正式取得博士學位。

1927 37 歲，4 月，自美返國，在輪船上節譯高本漢的〈左傳真偽考〉。5 月，

---

[39] 胡適是近代「疑古學派」背後的藏鏡者。他支助並鼓勵學生顧頡剛大膽的走上疑古之路，並在學理上作出聲援和指導，讓當日學術界掀起一股「先破而後立」的學風。
他在這文章中，談及尋覓「假設」的「證據」之態度，是以「真實」、「充分」為大前提。唯有充分的證據，接著推理流程的成功，才能找出真相：
「他們的方法，也只有一條路：就是尋求證據。只有證據的充分與不充分，是他們論戰勝敗的標準，也是我們信仰與懷疑的標準。」
「我們對於『證據』的態度，是一切史料都是證據。但史家要問：(1)這種證據是什麼地方尋出的？(2)什麼時候尋出來的？(3)什麼人尋出的？(4)依地方和時候上看起來，這個人有做證人的資格嗎？(5)這個人雖有證人資格，而他說這句話時有作偽（無心的，或有意的）的可能嗎？」
胡適認為在檢定假設的過程，需要時時擁有「懷疑的精神」。一切假設，在檢定以前均不應以真理、信條來看待，都只是待驗證的、一視同仁的見解。他在〈介紹我自己的思想〉文中說出很中肯的話語，也對當日流行的某些「主義」和「學理」提出根本的批評：
「一切主義，一切學理，都認研究。但只可認作一些假設的〔待證的〕見解，不可認作天經地義的信條。只可認作參考印證的材料，不可奉為金科玉律的宗教。只可用作啟發心思的工具，切不可用作蒙蔽聰明、停止思想的絕對真理。如此，方才可以漸漸養成人類的創造的思想力，方才可以漸漸使人類有解決具體問題的能力，方才可以漸漸解放人類對於抽象名詞的迷信。」
胡適進一步以為，在證據不充分時，應有「展緩判斷」的保留態度。這和清儒主張「缺疑」的精神是一致的。他在〈評論近人考據老子年代的方法〉文中，說：
「懷疑的態度，是值得提倡的。但在證據不充分時，肯展緩判斷的氣度，是更值得提倡的。」

[40] 胡適強調以「平民文學」的標準，作為選本的依據，此以與前人重文人學士的作品相區隔，並以為他提倡白話文學的輔證。

在上海與徐志摩等創立新月書店。購得《乾隆甲戌脂齋重評石頭記》。7 月，開始撰寫《白話文學史》。8 月，作〈菩提達摩考〉。10 月，作〈左傳真偽考的提要與批評〉。11 月，作〈官場現形記序〉、〈重印乾隆壬子本紅樓夢序〉。同年，出版《戴東原的哲學》。

1928　38 歲，4 月，經蔡元培、王雲五的推薦，受聘為上海中國公學校長。7 月，完成〈禪學古史考〉。9 月，作〈治學的方法與材料〉[41]。10 月，作〈入聲考〉。12 月，《白話文學史》（上卷）出版[42]。

1929　39 歲，5 月，作〈知難行亦不易〉。6 月，撰〈百二十回本忠義水滸傳序〉。12 月，作〈荷澤大師神會傳〉。

1930　40 歲，4 月，寫〈我們先那條路？〉。5 月，辭中國公校校長職。9 月，《胡適文存》第三集出版。11 月，作〈介紹我自己的思想〉[43]。12 月，《胡適文

---

[41] 文中強調「科學」，傳播「科學」，用以整理國故：

「科學的方法，說來其實很簡單，只不過『尊重事實，尊重證據』，在應用上，科學的方法只不過『大膽的假設，小心的求證』。」

他認為治學重「方法」，但更應考慮「材料」。他已明白到「實物的材料」比「紙上的材料」更能呈現真實。這無疑見胡適已信服早在 1925 年王國維於清華授課提出的「二重證據」觀念的重要。胡文又說，文字的材料是死的，不能創造證據，相對的，自然科學的實物材料（如地下出土文物）卻可以產生實驗方法，創造新的證據：

「紙上的學問，也不是單靠紙上的材料去研究的。單有精密的方法，是不夠用的。材料可以限死方法，材料也可以幫助方法。三百年的古韻學，抵不得一個外國學者運用活方言的實驗。幾千年的古史傳說，禁不起三兩個學者的批評指摘。然而，河南發現了一地的龜甲獸骨，便可以把古代殷商民族的歷史建立在實物的基礎之上。」

「單學得一個方法是不夠的，最要緊的關頭，是你用什麼材料。」

[42] 胡適此階段開始研究白話文學史和禪宗。

胡適研究「白話文學史」，明顯是他推行白話文運動的手段，書中直接由漢高祖的歌賦說起，漢以前的詩經、楚辭、左傳、諸子等，都切除不論，但在自序又說：「白話文學史，實則就是中國文學史」，二者明顯相互矛盾。

[43] 〈介紹我自己的思想〉一文，強調思想需「懷疑」和「假設」：

「我的思想受兩個人的影響最大：一個是赫胥黎，一個是杜威先生。赫胥黎教我怎樣懷疑，教我不信任一切沒有充分證據的東西。杜威先生教我怎樣思想，教我處處顧到當前的問題，教我把一切學說理想都看作待證的假設，教我處處顧到思想的結果。」

胡適力言治學重在求真平等，不該迷信任何古今中外的權威：

選》出版。同年,寫《中國中古思想史長編》(七章)。

1931　41 歲,4 月,作〈與錢穆論周官書〉。7 月,作〈崔述的年譜後記〉。

1932　42 歲,2 月,任北大文學院長兼中文系主任。5 月,《中國中古思想小史》出版。同月,和傅斯年、丁文江等創辦《獨立評論》。

1933　43 歲,1 月,作〈評論近人考據老子年代的方法〉[44]。同年,作〈四十二章經考〉。

1934　44 歲,5 月,作〈說儒〉[45]。同年,作〈壇經考之二〉、〈校勘學方法論〉。

「被孔丘、朱熹牽著鼻子走,固然不算高明;被馬克思、列寧、斯大林牽著鼻子走,也算不得好漢。」

[44] 胡適在此階段開始再次研究儒道思想。

胡適在 1919.2 的《中國哲學史大綱》第三篇〈老子略傳〉中,引用《史記》〈孔子世家〉和〈老子列傳〉,已提出老子與孔子同時,而大於孔子的說法。但梁啟超在 1922.3 的〈評胡適之中國哲學史大綱〉第五節〈論老子書作於戰國之末〉一文,即提出異議,認為老子當在孔子之後。

1927.11 張壽林在《晨報副刊》74 期刊出〈老子道德經出於儒後考〉一文,提出由虛字「于」、「於」的出現比率看,相對於《尚書》「于」字 377 見,「於」字 9 見、《春秋》「于」字 395 見,「於」字 4 見、《論語》「于」字 6 見,「於」字 161 見、《莊子》「于」字 1 見,「於」字 849 見,而《老子》一書中凡「於」字 51 見,而無一「于」字,可證其成書時代在戰國之世無疑,書的出現當在孔子之後可知。至於老子其人的先後,學界迄今仍有不同的意見。

胡適在 1930.3〈致馮友蘭〉一文中,仍將老子人、書和老學混言,堅持老子在前的說法。而在馮友蘭《中國哲學史》第八章〈老子及道家中之老學〉和 1934.11 馮友蘭〈讀評論近人考據老子年代的方法答胡適之先生〉一書中,都已贊同《老子》是戰國時的作品。

近代出土的湖北荊門郭店老子楚簡三種,時限被定為戰國中期的抄本,這又再一次掀起老子其人屬春秋時期的討論。

[45] 此為胡適一生少見的大力氣文章。文見《胡適文存》第四集。

胡適認為「儒」的名稱,是源自古代儒者一種文弱的外表。「儒」字,《說文》「柔也」,字從需聲,而「需」字古與「耎」相通。《廣雅》:「耎,弱也。」胡適用字形義的理解,推論儒是殷的遺民,十分有創見。

我在《甲骨文研究》中,曾發表〈釋儒〉一文,文中利用金文一從雨從大字形,認為是「需」字初文,字由「濡」的潤澤意,引申為「儒」的精神教化功能。思考的出發點和胡適並不相同。

1935　45 歲，1 月，在香港接受香港大學法學名譽博士學位。10 月，《胡適論學近著》出版。同年，作〈楞伽宗考〉。

1936　46 歲，西安事變。

1937　47 歲，7 月，作〈顏習齋哲學及其與程朱陸王之異同〉。7 月 7 日，蘆溝橋事變，抗日戰爭開始。9 月，赴美，進行國民外交。

1938　48 歲，7 月，赴英從事國民外交。9 月，國民政府任命為駐美大使[46]。

1940　50 歲，12 月 17 日，安徽績溪上莊村人為慶祝胡適 50 歲生日，將上莊村改名為適之村。歐美先後二十幾個大學授予名譽博士學位。

1942　52 歲，9 月 8 日，解除駐美大使職務，移居紐約。同月，發表英文的〈中國思想史綱要〉。

1943　53 歲，應聘為美國國會圖書館東方部名譽顧問。同年，開始考證《水經注》，考察戴震竊取趙一清的《水經》研究實屬清白一案[47]。

1944　54 歲，9 月，在哈佛大學講「中國思想史」。

1945　55 歲，抗戰勝利。9 月，委任為國立北京大學校長。

1946　56 歲，6 月，返國。8 月，發表〈戴震自定水經注的後記〉。9 月，就任北大校長。10 月，作〈考據學的責任與方法〉。

1947　57 歲，1 月，撰〈論楊守敬判斷水經注案的謬妄〉。4 月，任第一屆國民大會代表，並推為主席。

1948　58 歲，3 月，出席中央研究院評議會被評為人文組院士。12 月，作〈四百年來水經注研究的小史〉。同月，共軍圍北平，胡適乘政府專機飛南京。

---

[46] 10 月，胡適自題照詩：
　　「偶有幾莖白髮，心情微近中年。做了過河卒子，只能拼命向前。」
　　胡適決心共赴國難，落實書生論政報國的行動。自此旅行萬六千里，演講百餘次，極力宣傳抗日的必要和正義。胡適亦因為勞累，他的心臟病首次發作。

[47] 早在 1922 年，王國維已開始注意《水經注》的版本問題。胡適對《水經注》的研究，似乎是受王國維文章的啟發。胡適用反證的方法，找出趙一清本中的若干好的研究成果，而不見於戴本的，從而推論不存在「戴襲趙書」的問題。

1949　59歲，2月，作〈戴震的官本水經注最早引起的猜疑〉。3月，飛臺灣，在臺北中山堂演講「中國文化的自由傳統」。4月，應蔣介石要求赴美游說。7月，續寫〈記全祖望的五校本水經注〉、〈趙一清與全祖望辨別經注的通則〉。10月1日，中華人民共和國建立[48]。

1950　60歲，1月，作〈朱子語類的歷史〉。7月，作〈神會和尚語錄〉[49]。同年，受聘美國普林斯頓大學葛思德東方圖書館館長。

1951　61歲，作〈趙一清的《東潛詩稿》摘錄〉。

1952　62歲，11月，返臺灣，在臺灣大學講〈治學的方法〉、〈水經注考〉。同月，在三軍球場演講〈國際形勢與中國前途〉。

1953　63歲，1月，在蔡元培先生84歲生日紀念會講〈禪宗史的一個新看法〉。

1954　64歲，5月，作〈跋清代學人書札詩箋十二冊〉。

1955　65歲，2月，在畢次堡大學講〈對近代西洋文化的東方看法〉。9月，作〈所謂「全氏雙韭山房三世校本」水經注〉。

1956　66歲，3月，作〈丁文江的傳記〉。9月，至加州大學講中國文化問題。12月，國防部總政部斥胡適的「毒素思想」，稱他為「思想的敵人」[50]，並將國民

---

[48] 大陸自1949年開始，傾全國之力用文字批判胡適此一毒草。參考吳銳編的《古史考》第一至四卷批胡適甲、乙、丙、丁四編，就已匯集上百篇幾十萬字1949年至1980年大陸批判胡適運動的史料。特別是在1951年至1952年知識分子改造運動，1954年批判胡適運動，1955年反革命集團運動，1957年反右派運動，批判胡適一人的文章由各階層各專業鋪天蓋地的進行，可真說是前無古人，此舉應讓胡適內心驕傲不已。標題如〈顛倒黑白的無恥奴才美帝走狗胡適〉、〈美帝走狗胡適吹牛乞求美國主子救命〉、〈清除胡適的反動哲學遺毒〉、〈胡適的實用主義思想方法批判〉、〈批判胡適的考證方法〉、〈清除胡適販運的教育學說〉、〈堅決肅清胡適派的反動思想在古典文學研究的毒素〉、〈胡適在思想上和政治上的反動本質〉、〈批判胡適對我國古典小說戲曲的歪曲〉、〈清除胡適反動理論在戲劇界的影響〉、〈警告胡適等逆叛國活動〉等等，都極盡羞辱漫罵之能事。

[49] 胡適持續整理禪宗語錄，一方面是滿足個人的考據癖，一方面是為了完成他的中古思想史的準備。

[50] 胡適在10月《自由中國》15卷9期發表〈述艾森豪總統的兩個故事給蔣總統作壽〉一文，略諷語蔣介石缺乏落實「民主政治」的誠意，遂引起執政當局的不滿。獨立自由的

黨在大陸的失敗歸諸胡適所倡的新文化運動。

1957　67 歲，共產黨派人對在美的胡適說：「我們尊重胡先生的人格，我們所反對的，不過是胡適的思想。」胡適回答：「沒有胡適的思想，就沒有胡適。」11月，中研院院長朱家驊病辭，薦胡適繼任。

1958　68 歲，4 月，回臺北定居。5 月，任中央研究院院長[51]，作〈歷史科學的方法〉。胡適向政府建議成立國家長期發展科學委員會。

1959　69 歲，6 月，作〈記郭象的自然主義〉。7 月，接受夏威夷大學人文博士學位[52]。

1960　70 歲，1 月，作〈〈王國維《水經注箋》踐〉後記〉。2 月，作〈《全唐文》裡的禪宗假史料〉。7 月，作〈中國的傳統與將來〉。赴美西雅圖華盛頓大學演講「中國的傳統和將來」。8 月，臺灣政府拘捕雷震，查封胡適籌辦的《自由中國》雜誌。11 月，作〈所謂曹雪芹小像的謎〉。

1961　71 歲，2 月，作〈影印《乾隆甲戌脂硯齋重評石頭記》的緣起〉、〈影印《乾隆壬子年木活字本百廿回紅樓夢》序〉。

1962　72 歲，2 月 24 日，在臺北主持中研院第五次院士會議，會後的酒會中，因心臟病猝發逝世。10 月 15 日，安葬南港墓園[53]。

　　意志，在海峽兩岸都慘遭視為異類。這種政局壓力，無疑也考驗著讀書人堅守的風骨原則。胡適在 1962 年病逝前，曾說：「我挨了四十年的罵，從來不生氣，並且歡迎之至，因為這是代表了自由中國的言論自由和思想自由。」

[51] 胡適任中研院院長，豪語的宣示三個願望：
一、近日臺灣、將來大陸，應成為漢學中心。二、經由一種制度，俾學術機構及研究工作能經歷久遠。三、完成個人多年計劃之著作。

[52] 胡適接受名譽學位，先後多達 35 個。

[53] 蔣介石輓胡適：
　　「新文化中舊道德的楷模，舊倫理中新思想的師表」。
中研院同人的祭文：
　　「你不斷的用世界的水準衡量我們民族的內心和物理的生活。」
　　「我們懂得你的用心：你是要國人踐孔子『知恥近乎勇』的格言，你是和手創民國的孫中山先生一樣，要喚起這個知識、道德都睡了覺的民族。我們懂得你的刺耳警心的言論，不是對國家尊嚴的傷害，而是一個再造文明、復興民族的關鍵。」

胡適自幼聰慧,有靈氣,個性謙和,愛國心濃烈,復具領導長材,思辨早熟,實屬不可多得的人才。因緣適逢社會、民族、文壇、學風的動盪,他勇於開創和參與,提倡白話文,而在俗世和學界中暴得大名。他處處果斷的流露其創新意見,強調「方法」,寫了許多治學方法、思維方法的文章,特別是對於普羅百姓推廣淺白易懂的科學方法。此在開啟民智,凝聚亂世民心,居功至偉。

　　可惜的是,胡適因長年羈旅於政教人事,急求問達事功,過於入世致用,個人學問也只能流於「淺顯」[54]而世俗化,小學下的工夫也不夠深,對於學術思考欠缺深層持久的專注。因此,胡適的研究,無論是思想史、文學史,多只做了一半就中止,此和早他半輩的梁啟超的治學弱點可謂前後相約。大才之人似乎都不甘心固守於專精的寂寞。

　　胡適對於文史的閱讀和鑽研廣度,在同輩中並不算突出,但思路靈活,處處具企圖心。他在實詞中並沒有太多獨特的看法,卻能在虛字中見異同。他的學術路數,方法可以說能上接乾嘉,和清儒精神接近,重在實證。只是因為早年勇於全盤「西化」的大方向,重視西方的方法論,鼓吹疑古和白話,所以才漸行漸遠。但值得注意的是,其自豪一生的貢獻,卻均屬傳統的古代經典、文學、思想、考據方面,如關於「老子時代的考證」、「禪宗神會和尚的作偽」、「對儒是殷商遺民的看法」、「由漢至唐雙線文學的觀念」,都確有開山之功,而並非在於新文學方面留下典範的作品。到了晚年,由於社會政治的持續動盪,西方國家制度的崩亂,更讓他思考重新回到「保守」的老路,企圖在中國文化本身中尋找出路,「再造文明」,但似乎已經力不從心。

　　胡適成名早,一生守護著讀書人的門面風範,重視精神和方法。在學術議題方面,早在 1911 年（21 歲）赴美留學時,胡適研究古書中的虛字,即已開展其學術業績的企圖。及至返國任職北大（27 歲）,在 1917-1924 年之間的七年光景,改為聚焦在先秦思想和制度的考據上。這一階段胡適的學術成就,應該是他一生中攀登的頂峰。當日的他和梁啟超,率先開創了思想史的學術方向。1921 年（31 歲）,胡適的興趣漸轉至近代小說的考證和辨偽之上。1933 年（43 歲）,撰寫《老子》年代考據,以至 1943 年（53 歲）,考證戴東原《水經注》公案和晚年談

---

[54] 胡適《留學日記》1915.5.28 自言:
　　「吾生平大過,在於求博而不務精。」「我的長處,是明白清楚,短處是淺顯。」
　在《胡適之先生晚年談話錄》1960.1.27 又坦白的說:
　　「我在家鄉時,《十三經》還沒有讀完,《周禮》也未讀,就到上海去了,所以對於小學的工夫不深。」

佛學禪宗的論證，基本上都屬於「學術史」中「方法」議題的延伸，可視為點的研究突破，但可惜並沒有嚴謹系統的扣連成面成線，都只算是「開風氣之先」，有看法而未及深入解決問題。

晚年 60 歲後在美當「寓公」，以至抵臺共赴國難的胡適，基本上在學術議題上已經算止步不前，沒有發表太多特別開創的文字了。

七、郭沫若學術年表

1892（光緒八年）　1 歲，11 月 16 日，生於四川樂山縣。乳名文豹，學名開貞，號尚武[1]。

1897　6 歲，春，入家塾讀書，習《詩經》、《唐詩三百首》。唐詩中喜歡王維、孟浩然、李白、柳宗元[2]。

1905　14 歲，春，長兄郭開文赴日留學。

1906　15 歲，春，入樂山縣高等小學，第一學期成績名列第一。

1907　16 歲，春，因反對教師專制，被學校開除，復經斡旋返校。夏，升樂山縣嘉定府中學堂，受章太炎的《國粹學報》和梁超啟的《清議報》影響，並大量閱讀林琴南的翻譯小說，啟蒙其日後創作文學的傾向。

1908　17 歲，秋，患傷害併發中耳炎，聽力受損，病中讀先秦諸子等古籍，尤喜《莊子》。

1909　18 歲，秋，參加罷課，被學校開除。

1910　19 歲，春，插班入四川官立高等分設中學堂。

1911　20 歲，冬，清帝退位。返鄉組民團嚮應辛亥革命。

1912　21 歲，2 月，受父母命與張瓊華結婚。5 月，即離家返成都。冬，考入成都高等學校理科。

1913　22 歲，年底，得長兄資助，決定赴日本留學。

1914　23 歲，1 月，抵東京。7 月，考入東京第一高等學校預科。與郁達夫同學。可惜因一場傷寒重疾，造成兩耳重聽，日後無法成為醫生。

---

[1] 郭沫若的生平，參考郭沫若的《郭沫若全集》，科學出版社、蔡震《郭沫若畫傳》、何崝〈郭沫若先生小傳〉、卜慶華《郭沫若研究札記》。

[2] 郭沫若年少時閱讀《爾雅》、《說文》、《群經音韻》等，在「小學」方面已有一好的基礎。

1915　24 歲，秋，入岡山第六高等學校。與成仿吾同學。讀泰戈爾、屠格涅夫、歌德等作品。購《王文成公全集》，注意「靜坐」功夫，並引導至老莊、孔子和印度哲學的世界，亦追求歐洲的唯心主義哲學。中西文化會通的課題已在其思考之中[3]。

1916　25 歲，12 月，與護士佐藤富子（安娜）在岡山同居。同年，開始新詩的寫作。

1917　26 歲，試譯泰戈爾詩集。

1918　27 歲，夏，往福岡，考入九州帝國大學醫學部。

1919　28 歲，始名沫若[4]。夏，與日本同學響應「五四」運動，組織抵日愛國社團「夏社」。作小說〈牧羊哀話〉。新詩在上海《時事新報》發表。

1920　29 歲，譯歌德《浮士德》第一部。與田漢、宗白華的通信輯為《三葉集》出版。

1921　30 歲，休學半年。往返上海，籌備出版文學刊物。5 月，撰〈《西廂記》藝術上的批判與其作者的性格〉。6 月，「創造社」在東京成立。出版第一部詩集《女神》。撰〈偉大的精神生活者王陽明〉。

1922　31 歲，譯歌德《少年維特之煩惱》。

1923　32 歲，3 月，九州帝國大學醫學部畢業。4 月，回國編輯創造社刊物。6 月，撰〈讀梁任公〈墨子新社會之組織法〉〉。12 月，撰〈惠施的性格與思想〉。

1924　33 歲，1 月，撰〈整理國故的評價〉、〈古書今譯的問題〉。春，赴日本，在福岡譯河上肇《社會組織與社會革命》、屠格涅夫長篇小說《新時代》。

1925　34 歲，始號鼎堂。作二幕劇《聶嫈》。聘為大夏大學講師。

1926　35 歲，3 月，與郁達夫赴廣州，應聘為廣東大學文學院院長。5 月，發表

---

[3]　郭沫若很早就重視國學。他曾說：

「吾國舊書，不可不多讀也。一國文學，為一國之精神。物質文明，固不可缺少，而自國精神，終不可使失墜也。」

[4]　郭沫若以故鄉的沫水和若水為名。

〈周秦以前古代思想之蠡測〉。7月，參加北伐，任國民革命軍總政治部副主任。

1927 36歲，8月，經周恩來、李一氓介紹，與賀龍等加入共產黨。

1928 37歲，2月，躲避國民政府緝捕，離滬旅日，定居於千葉縣。同年，通覽東京東漢文庫先秦史籍。7月，作〈周易的時代背景與精神生產〉。8月，撰〈詩書時代的社會變革與其思想上的反映〉。8月27日，致函容庚，直言「欲探討中國之古代社會，近亦頗用心於甲骨文字及古金文字之學」，並希望得到幫助。月底，至東京上野圖書館查閱羅振玉著的《殷虛書契前編》，也讀遍王國維的相關文章。郭沫若開始研究甲骨文[5]。

1929 38歲，撰自傳《我的幼年》。譯辛克萊小說《屠場》、德國米海里斯《美術考古發現史》。8月，寫成《甲骨文字研究》初稿[6]。9月，撰〈卜辭中的古代社會〉。11月，撰〈周金文中的社會史觀〉。

1930 39歲，3月，由上海聯合書店出版《中國古代社會研究》[7]。7月，撰

---

[5] 1899年甲骨文的出土，為近代學術開闢一全新視角和活水泉源。郭沫若很早就明白甲骨文作為「中國文化淵源」的重要性，他花了兩個月的時間，讀完了東洋文庫中所藏的「一切甲骨文字和金文的著作，也讀完了王國維的《觀堂集林》、有關中國境內的考古發掘報告」。

郭沫若嘗試利用羅王的業績和甲骨文的系統解讀作為跳板，讓唯物史觀和科學觀點熔冶於中國古代文化之中，自成一新的體系。

[6] 郭沫若在書的序文言：

「余之研究卜辭，志在探討中國社會之起源，本非拘拘於文字史地之學。」

「這些考釋，在寫作當時，是想通過一些已識未識的甲骨文字的闡述，來了解殷代的生產方式、生產關係和意識形態。」

[7] 這是郭沫若密集研究中國古代文明的首部經典著作，開創的應用「唯物史觀」剖析中國古史和神話傳說，印證奴隸社會在古代史中的存在。

全書另出蹊徑，分別選取《周易》、《詩經》、殷卜辭、周金文等有關社會制度、生活資料進行分析，從而歸納上古的社會形態是奴隸制推移至封建制的階段。書中歸納中國社會的歷史發展階段：西周以前是原始共產制（氏族社會）、西周是奴隸制、春秋以後是封建制、最近百年是資本制。

郭沫若在《海濤集》〈跨著東海〉一文，曾說到此書的撰寫經過：「我主要是運用辯證唯物論，來研究中國思想的發展，自然也就是中國歷史的發展。」

郭沫若並在書中批判胡適等人「整理國故」的疏失，認為「國故」研究不應只局限在文獻的記錄，更應掌握地下出土的實物：

〈《殷周青銅器銘文研究》序〉。11月，撰〈毛公鼎之年代〉。

1931 40 歲，5 月，上海大東書局出版《甲骨文字研究》[8]。6月，出版《殷周青銅器銘文研究》[9]。9 月，出版《兩周金文辭大系》[10]，撰〈周代彞銘進化觀〉。譯馬克思《政治經濟學批判》、托爾斯泰小說《戰爭與和平》、威爾士《生命之科學》。

「胡適在《中國哲學史大綱》中對於中國古代的實際情形，幾曾摸著了一些兒邊際」。

他在第三篇〈卜辭中的古代社會〉，極力推崇羅振玉和王國維「為二大宗師」，二人的甲骨考釋，是「中國之舊學另闢一新紀元」，又稱「言『整理國故』，言『批判國故』而不知甲骨文字之學者，盲人摸象者之流亞而已。」

郭沫若又在自序中說：「談『國故』的夫子們喲！你們除飽讀戴東原、王念孫、章學誠之外，也應該知道還有馬克思、恩格斯的著作，沒有辯證唯物論的觀念，連『國故』都不好讓你們輕談。」

《中國古代社會研究》和《甲骨文字研究》二書，一體一用，是郭沫若一開始即奠定其在古文字以至古史學術權威的重要指標。

[8] 此時的郭沫若企圖在學術上力求精進，以羅王為出發點，更欲突破羅王之學。此書是要證明殷代的生產方式、生產關係和意識形態。在此書中的〈釋五十〉一文，糾正羅振玉的訛誤。在〈釋祖妣〉一文，比王國維由釋字更深化的討論宗教起源、婚姻家族的進化和生殖神崇拜的問題。

此書原稿本在 1930 年經由容庚推薦給傅斯年，在《歷史語言研究所集刊》分期發表，最後由中研院出版單行本。但傅要求郭沫若用化名出版，郭沫若並不願意而擱置。

[9] 郭沫若研究古文字，是為了要了解古代社會形態。書的第一篇〈殷彞中圖形文字之一解〉，首先提出「圖騰之孑遺或轉變」的觀念，從民族學的角度破譯殷商金文中的圖形文字。此文亦開展了殷商圖騰族徽的研究。

[10] 《兩周金文辭大系》是第一本以「標準器」為基石，以「斷代」為精神的研究兩周青銅銘文的科學體系著作，開後來金文斷代研究的先河，對學界影響深遠。

書中選取古今中外 35 種著錄，選取金文辭 251 器，分作上下篇，上篇為西周自武王至幽王金文 137 器，「仿《尚書》體例，以列王為次」，釐清歷史的系統。下篇為春秋列國金文 114 器，「仿《國風》體例，以國別為次」，明文化的範圍。

此書改變了過去「以器為類」的著錄習慣和單編考釋文字的作法，以年代為序，理出周金文「分時分域研究」的先河。

1935 年 4 月完成《兩周金文辭大系考釋》，收錄器銘西周 250 器，東周 261 器，共增至 511 器。

1932　41 歲，5 月，撰《金文叢考》[11]、《創造十年》。秋，著《石鼓文研究》[12]。10 月，撰《金文餘釋之餘》。

1933　42 歲，1 月，撰《卜辭通纂》[13]。12 月，撰《殷契餘論》、《古代銘刻匯考》四種。

1934　43 歲，5 月，撰《古代銘刻匯考續編》。11 月，撰《兩周金文辭大系考釋圖錄》。12 月，撰〈老聃、關尹、環淵〉。同年又發表〈屈原研究〉。輯譯《日本短篇小說集》。

1935　44 歲，1 月，撰〈《離騷》今言譯〉。3 月，撰〈周易的構成時代〉。年底撰〈先秦天道觀之演進〉。

1936　45 歲，2 月，撰〈屈原時代〉。8 月，撰〈明錫山安氏十鼓齋「先鋒本」石鼓文書後〉。同年，撰歷史小品《豕碲》。譯日本林謙三〈隋唐燕樂調研究〉、德席勒《華倫斯大》。

1937　46 歲，3 月，撰〈讀〈實庵字說〉〉。4 月，出版《殷契粹編》[14]、《創造十年續編》。5 月，撰〈責問胡適──由當前的文化動態說到儒家〉（後改題為〈駁〈說儒〉〉）。7 月 25 日，以抗日戰爭爆發，為妻與四兒一女寫下一函，隻身歸國參戰。

---

[11]　《金文叢考》、《金文餘釋之餘》，被譽為《兩周金文辭大系》的姊妹篇。
　　《金文叢考》，利用金文研究周代的思想文化、文字考釋韻讀、銘文斷代。特別是〈金文所無考〉一文，提出判別典籍真偽及時代先後的標準參考，最有貢獻。如文獻記載的「四時」、「朔晦」、「九州」、「畿服」、「五等爵」、「三皇五帝」、「八卦」、「五行」等，在金文中仍未發現。

[12]　石鼓文，是唐代出土於陝西鳳翔的十塊碣石上的詩，記述東周時期秦國貴族狩獵之事。郭沫若利用最早的宋拓本「先鋒本」，對比其他不同的拓本，整理出 501 字，並將石鼓文的研究，納入古典文學領域中。

[13]　郭沫若徵集日本公私所藏甲骨 800 片，按干支、數字、世系、天象、食貨、征伐、畋游、雜纂八類編排，「系統排比」殷代的社會經濟、政治、思想文化，「發其辭例」，了解甲骨文的語法、斷代、綴合等規律，提供入門路徑。
　　書的撰寫期間，又曾去函國內董作賓借閱新出而未公開的《殷虛文字》甲、乙編的拓片，並隨即收錄於此書之中。此事極不為傅斯年和董作賓的諒解。

[14]　郭沫若整理劉體智「一家藏品」，編排分類大抵和《卜辭通纂》相同。二書是早期最理想的甲骨讀本，對後學和甲骨推廣影響深遠。

1938　47歲，1月，與于立群結婚。4月，任國民黨軍委會政治部第三廳廳長。

1940　49歲，4月，撰〈關於發現漢墓的經過〉。5月，撰〈關於屈原〉。

1941　50歲，編《五十簡譜》。11月，周恩來、于右任、馮玉祥等發起紀念郭沫若創作生活25周年及50壽辰。同年，撰〈屈原考〉。

1942　51歲，5月，撰〈陝西新出土器銘考釋〉。10月，撰〈關於古代社會研究答客難〉。同年，撰歷史劇《屈原》、《虎符》、《高漸離》、《孔雀膽》。翻譯歌德《赫曼與竇綠苔》。主編學術刊物《中原》。

1943　52歲，撰歷史劇《南冠草》。7月，撰〈論曹植〉。8月，撰〈墨子的思想〉、〈述吳起〉、〈秦楚之際的儒者〉[15]。9月，撰〈公孫尼子與其音樂理論〉、〈呂不韋與秦王政的批判〉。12月，撰〈〈韓非子·初見秦篇〉發微〉。

1944　53歲，1月，撰〈韓非子的批判〉。2月，撰〈由周代農事詩論到周代社會〉。7月，撰《古代研究的自我批判》，始作〈孔墨的批判〉。8月，撰〈宋銒尹文遺書考〉。9月，撰〈稷下黃老學派的批判〉、〈儒家八派的批判〉、〈莊子的批判〉。10月，撰〈荀子的批判〉。11月，撰〈名辯思潮的批判〉。

1945　54歲，1月，撰〈前期法家的批判〉。2月，撰《青銅時代》。4月，撰《先秦學說述林》。9月，出版《十批判書》[16]。

1946　55歲，撰《歷史人物》。夏，赴南京參加國共和談。12月，撰〈序《美術考古一世紀》〉、〈王安石的〈明妃曲〉〉。

1947　56歲，4月，撰〈《中國古代社會研究》後記〉。5月，撰〈「格物」解〉。6月，撰〈《考工記》的年代與國別〉。7月，撰〈〈詛楚文〉考釋〉、〈〈行氣銘〉釋文〉。8月，出版《歷史人物》。譯歌德《浮士德》第二部。

1948　57歲，6月，撰〈關於青銅時代和黃帝造指南針〉。同年，撰《抗戰回憶錄》（後改名《洪波曲》）。

1949　58歲，3月，率中國代表團出席世界擁護和平大會布拉格會議。10月，中華人民共和國成立，任政務院副總理、文化教育委員會主任、中國科學院院長。

---

[15]　此年始，郭沫若密集的研究先秦諸子。

[16]　郭沫若批判子部諸家學說淵源的代表作。

1950　59 歲，2 月，撰〈蜥蜴的殘夢——〈十批判書〉改版書後〉。3 月，撰〈讀了〈記殷周殉人之史實〉〉。同月，當選中國民間文藝研究會理事長。4 月，在北京大學演講，講題是「中國奴隸社會」。6 月，撰〈吳王壽夢之戈〉、〈人民詩人屈原〉、〈申述一下關於殷代殉人的問題〉。

1951　60 歲，1 月，撰〈簡單地談談《詩經》〉。5 月，撰〈評《離騷》底作者〉、〈評《離騷》以外的屈賦〉。6 月，撰〈關於周代社會的商討〉。7 月，撰〈關於奴隸與奴隸的糾葛〉。8 月，撰〈墨家節葬不非殉〉、〈發掘中所見的周代殉葬情形〉。同年，出版《海濤集》。

1952　61 歲，2 月，出版《奴隸制時代》，確定奴隸社會下限在春秋、戰國之交，即公元前 475 年[17]。8 月，撰〈〈釋五十〉補遺〉、〈〈釋干支〉追記〉。9 月，撰〈〈晉邦奠韻讀〉後記〉。10 月，撰〈新鄭古器中「蓮鶴方壺」的平反〉。

1953　62 歲，2 月，撰〈屈原簡述〉。6 月，撰《屈原賦今譯》。9 月，撰〈關於晚周帛畫的考察〉。是年，陳寅恪開始接觸清女子陳瑞生撰寫的《再生緣》一書。

---

[17] 本為單篇論文，主要集中討論殷周秦漢的社會形態，特別是殷周殉葬、奴隸、農奴等問題。郭沫若有關奴隸社會的下限，曾有多次的改變。最初認為兩周是奴隸制，春秋以後是封建制。後來又把陳涉、吳廣的起義作為分水嶺，把秦代也劃入奴隸社會。至成此書，才將奴隸社會和封建社會的交替，定在春秋與戰國之間。

書中以「殉人」為一討論聚焦，如〈讀了《記殷周殉人之史實》〉、〈申論一下關於殷代殉人的問題〉、〈關於周代社會的商討〉、〈墨家節葬不非殉〉、〈發掘中所見周代殉葬情形〉一連串文字，都在在證明書序中所謂「中國社會的發展，曾經經歷了原始公社、奴隸制和封建制，和馬克思主義所劃分的社會發展階段完全符合。」的古史分期。書中〈蜥蜴的殘夢〉一文，諷刺隨國民政府赴臺灣的董作賓和新儒家的「落伍」想法：

「以前搞田野考古的人大抵缺乏社會發展史的知識，有的人根本不相信社會發展史的階段劃分，故他們對於這些史料不加重視，或則兢兢於古器物尺度輕重的校量，或則根據後來的曆法推譜所謂『殷曆』，真可以說是捧著金飯碗討飯了。」

「董作賓僅僅抓到一兩字，根據自己的敵愾來隨便邏輯一下，便想把臣民是奴隸的本質否定了。把殷代是奴隸社會的說法否定了。這根本不是學者的態度。就是這種非學者的態度，逼得他在今天跑到臺灣去準備殉葬，這一層我倒是能夠充分理解的。」

「在今天依然有人在懷抱著甚麼『新儒家』的迷執，那可以說是恐龍的裔孫——蜥蜴之倫的殘夢。」

1954　63 歲，5 月，撰〈〈侈靡篇〉的研究〉。9 月，撰《管子集校》[18]。12 月，撰〈關於宋玉〉。

1955　64 歲，2 月，撰〈長由盉銘釋文〉。10 月，撰〈由壽縣蔡器論到蔡墓的年代〉。

1956　65 歲，1 月，撰〈〈矢彝〉銘考釋〉。3 月，撰〈〈鹽鐵論〉讀本序〉。4 月，撰〈關於司馬遷之死〉。5 月，撰〈〈關於大順軍領袖李自成被害地點的考證〉附言〉。8 月，撰〈關於〈周頌·噫嘻篇〉的解釋〉。12 月，撰〈漢代政權嚴重打擊奴隸主——古代史分期爭論中的又一關鍵性問題〉。

1957　66 歲，2 月，撰〈略論漢代政權的本質〉。3 月，撰〈盠器銘考釋〉。同月，17 卷本《沫若文集》開始出版。10 月，撰〈信陵墓的年代與國別〉。

1958　67 歲，2 月，撰〈〈保卣〉銘釋文〉、〈〈者汈鐘〉銘考釋〉。3 月，撰〈關於〈鄂君啟節〉的研究〉。4 月，撰〈〈輔師嫠簋〉考釋〉。6 月，撰〈由周初四德器的考釋談到殷代已在進行文字簡化〉。10 月，出版《離騷今釋》。12 月，撰〈三門峽出土銅器二三事〉。同年，籌建中國科學技術大學，任首任校長。

1959　68 歲，1 月，撰〈談蔡文姬的〈胡笳十八拍〉〉。2 月，撰歷史劇《蔡文姬》。12 月，撰〈弭叔簋及訇簋考釋〉。同年，任《甲骨文合集》編輯委員會主任委員兼主編。

1960　69 歲，1 月，撰歷史劇《武則天》。同月，撰〈釋應監甗〉、〈安陽圓坑墓中鼎銘考釋〉。

1961　70 歲，1 月，出版《文史論集》。5 月，校訂彈詞《再生緣》前 17 卷本。6 月，撰〈再談《再生緣》的作者陳瑞生〉、〈陳玉貞〈寄外書〉之謎〉。7 月，作〈陳端生年譜〉[19]。9 月，撰〈有關陳端生的討論二三事〉。10 月，撰〈有關陳玉貞〈寄外書〉的一項新資料〉。12 月，撰〈讀《隨園詩話》札記〉。

---

[18]　郭沫若在許維遹、聞一多所作《管子校釋》的遺稿基礎上進行整理。

[19]　郭沫若對於陳瑞生《再生緣》連串的興趣，應是源自中國共產黨一直關注的陳寅恪起。
　　郭沫若在校訂本序言：「生在封建社會的鐵桶山河裡的一位女詩人，卻敢於寫作為上層人士所鄙視的民間文學——彈詞，這本身就帶有了強烈的叛逆性。」
　　郭沫若在學術上好強鬥勝，虛名誤人。他多次的挑戰陳寅恪的高峯，但無形中對陳寅恪的研究只能亦步亦趨，始終在「開創」上落於下乘。

1962　71 歲，2 月，撰〈長安縣張家坡銅器群銘文匯釋〉。3 月，撰〈《中國史稿》前言〉、〈師克盨銘考釋〉。8 月，撰劇本《鄭成功》。

1963　72 歲，4 月，撰〈跋江陵與壽縣出土銅器群〉。10 月，撰〈洛陽漢墓壁畫試探〉。同年，撰詩集《東風集》、《蜀道奇》。

1964　73 歲，6 月，撰〈對臨夏遺迹合葬墓的一點說明〉。8 月，撰〈曾子斿鼎、无者俞鉦及其他〉。同年，撰〈日本的漢字改革和文字機械化〉。

1965　74 歲，3 月，撰〈「鳥還哺母」石刻的補充考釋〉、〈〈蘭亭序〉真偽之研究〉。8 月，撰〈〈蘭亭序〉與老莊思想〉。12 月，撰〈武威「王杖十簡」商兌〉。

1966　75 歲，2 月，撰〈侯馬盟書試探〉。夏，「文化大革命」開始，郭沫若遭控「反毛澤東」，限期「交待罪行」。

1967　76 歲，七子民英因「文革」的衝擊病逝，年僅 23 歲。

1968　77 歲，六子世英被迫害，拷打致死，年僅 26 歲[20]。

1969　78 歲，撰《李白與杜甫》。譯英美抒情短詩 50 首。

1971　80 歲，夏，主持撰寫《故宮簡介》。提議恢復因「文革」而停刊的學術刊物《考古學報》、《文物》、《考古》，經周恩來批准實行。

1972　81 歲，1 月，撰〈安陽新出土的牛胛骨及其刻辭〉。2 月，撰〈新出土侯馬盟書釋文〉。5 月，撰〈古代文字之辯證的發展〉。7 月，撰〈中國古代史的分期問題〉、〈關於眉縣大鼎銘辭考釋〉。8 月，撰〈新疆新出土的晉人寫本《三國志》殘卷〉。9 月，撰〈〈班簋〉的再發現〉。12 月，撰〈𠭯敖簋銘考釋〉。同年，《甲骨文合集》恢復編輯工作，任主編[21]。

1973　82 歲，撰《出土文物二三事》。

---

[20] 這時的郭沫若，對於奉獻一生的政治理想，未悉有否一絲的後悔和苦澀。

[21] 郭沫若在亂世之中，以其特殊的政治背景，為甲骨文研究迎來了一套極難得的資料總集。這工作選取四萬多片珍貴的甲骨，匯為一編十四巨冊，對於甲骨資料的系統使用和研究引發極大貢獻，也間接幫助中科院歷史所培訓出一批甲骨研究人才。這工作實質的執行人是胡厚宣。

1974　83 歲，肺炎，住院搶救。

1977　86 歲，出版《沫若詩詞選》。

1978　87 歲，出版《沫若劇作選》。6 月 12 日，病逝於北京。

郭沫若一生遊走於政治與學術之間，相互灌注，用學術印證政治理論，用政治輔助學術發展，在兩方面都取得極輝煌的成果。他書寫的文字，多具有濃厚的政治企圖和導向。

郭沫若的治學是先由新詩、散文、劇本的創作和翻譯開始，其間受梁啟超文章的啟發，才進入先秦學術的探討。早期他嘗試挑戰梁啟超、胡適等的主流學術地位，後來又曾挑戰王國維、董作賓、陳寅恪等的專業知識，足見其雄心壯志，可惜政治的選擇相對的影響和壓縮他在學術圈中的發展。早自政治流亡日本的階段，開始注意到甲骨金文，配合個人價值觀的取向，讓他走上以「唯物史觀」開創上古文化研究的一條新路。

郭沫若聰明絕頂，能在極短時間中全面佔有材料，又懂得以密集的方式產出研究成果，對學界影響甚大。自 1928 年（37 歲）至 1945 年（54 歲）之間，是郭沫若從事學術研究的頂峰。老天慷慨的給他 15 年留名的時間。

郭沫若在日本居留長達十年，首先開展了古代社會形態源頭研究，他以唯物理論為思想核心的主導，透過甲骨、金文、先秦文獻交錯的撰述，取得開創的學術地位。其中的《中國古代社會研究》，是利用唯物史觀研治中國古代社會形態的開創；《殷周青銅器銘文研究》，提出金文中「圖形文字」即上古圖騰族徽[22]的開創；《卜辭通纂》、《殷契粹編》，是兩本早期最有系統通讀甲骨文的讀本；《兩周金文辭大系》，是參考董作賓《甲骨文斷代研究例》的斷代形式，首開用金文斷代研究兩周歷史之先河。其後返國發表的《石鼓文研究》，是首部全面研究石鼓文、大篆的著作；《十批判書》，是近代針對先秦思想密集批評的重要著作。

郭沫若始終佩服並模仿王國維作為研究殷史開山的治學方法[23]，對於地下材料

---

[22]　我稱之為「家族記號」。

[23]　郭沫若早在 39 歲撰寫《中國古代社會研究》的自序中，已一再的稱許王國維。郭沫若說：
　　　「王國維研究學問的方法，是近代式的，思想感情是封建式的。」
　　　「他遺留給我們的是他知識的產品，那好像是一座崔巍的樓閣，在幾千年來的舊學

的興趣,特別濃烈。一直至晚年,他憑著個人意志,研究興趣依舊不減,思辯活水不斷。這點果毅堅持的動能,在近代學人中是十分罕見的。可惜,高昂頻繁復忙碌的政治活動[24]、興趣的多元[25],加上好強鬥勝之心[26],也大大沖淡了郭沫若在純學術地位的評價。

　　　　的城壘上,燦然放出了一段異樣的光輝。」
　　　　「在目前欲論中國的古學,欲清算中國的古代社會,我們是不能不以羅、王二家之業績為其出發點了。」
[24] 政治帶給郭沫若研究的方便,政治亦一直妨礙著他的研究。特別是在文革時期,郭沫若承受著異於常人的壓力和付出代價。
[25] 郭沫若消耗大量時間在新詩、小說、劇本等新文藝的創作、文學、翻譯、書法,並講演不斷。
[26] 郭沫若面對胡適、董作賓、陳寅恪等的學術議題時,多展示出個人情緒的語言。

八、顧頡剛學術年表

1893（清光緒十九年）　1歲，5月8日生於江蘇蘇州[1]。祖父算命缺土缺金，起名為誦坤。稍長，父又以相反的古義，取號頡剛。

1894　2歲，祖父教識字。祖父母管教嚴厲。

1895　3歲，母教讀《三字經》、《千字文》等啟蒙書。

1896　4歲，祖父教對對子，略知平仄。

1897　5歲，叔父教讀《讀史論略》、《地球韻言》。

1898　6歲，戊戌政變失敗。父親購光緒帝和康梁六君子圖照，這是顧頡剛接受時代思潮之始。祖父母和家中老僕講說民間傳說故事，引起他的樂趣。

1899　7歲，入私塾，讀《中庸》、《論語》。

1900　8歲，讀完《四書》，顧頡剛性桀驁，喜在書上批抹，養成日後眉批評點的習慣。顧頡剛根據《四書》中的歷史，結合祖父所講的神話，曾撰一〈古史〉。冬，始讀《左傳》。

1901　9歲，1月，母病逝。塾中改從祖父友張子翀讀《詩經》。顧頡剛因恐懼受戒尺處罰，被逼成日後的口吃。

1902　10歲，改從陸慧剛讀《左傳》。

1903　11歲，父令讀《古文翼》，並訓作史論文章。

1904　12歲，讀《綱鑑易知錄》、《新民叢報》，情感上和愛國心受梁啟超影響，有保皇的念頭。

1905　13歲，讀《禮記》。

1906　14歲，入長元吳公高等小學校，受新式教育。讀《漢魏叢書》、《二十二

---

[1] 顧頡剛的生平，主要參考聯經出版事業公司的《顧頡剛日記》、顧潮編的《顧頡剛年譜》、鄭良樹編《顧頡剛學術年譜簡編》、劉起釪《顧頡剛先生學述》、劉俐娜《顧頡剛思想評傳》。

1907　15 歲，常讀《國粹學報》，受章太炎、劉師培「整理國教」的思想吸引。

1908　16 歲，愛收購文史舊書，讀書博而不精。同年，始注意目錄學。

1909　17 歲，向祖父習《尚書》、《周易》、《禮記》。讀姚際恆《古今偽書考》，驚覺《漢魏叢書》所收的書，十之七八被打到偽書堆去。擬作〈讀孝經日鈔〉，覓其偽證。並立「課餘隨鈔」簿，摘錄泛覽之異說，始從事筆記工作。8 月，祖父逝世。

1910　18 歲，入公立中學三年級。與同學葉聖陶、王伯祥等成立「放社」詩社。讀《浮生六記》，極愛其「寫情真切」。12 月，與吳徵蘭結婚。

1911　19 歲，入公立中學四年級。8 月，武昌起義，各省獨立。9 月，剪去辮子。

1912　20 歲，入公立中學五年級。1 月，與葉聖陶、王伯祥往蘇州加入中國社會黨。2 月撰〈社會主義與國家觀念〉一文。7 月，中學畢業。8 月，與葉創辦《放社叢刊》。12 月，赴北京參加黨支部工作。

1913　21 歲，1 月，因父勸脫黨，並令考北京大學。3 月，去上海報考北大預科。4 月，北大以第 9 名錄取。每天下午養成看戲興趣。與同學毛子水交，一改過去翻書習慣，圈點《莊子》。12 月，每晚與毛子水往化石橋國學會聽章太炎講文科的小學、文學，及史科、玄科[2]。

1914　22 歲，每天省吃聽戲，擬作《戲通》，又完成〈論劇記〉三冊。春，鈔《古今偽書考》一過，並作跋。按日依序圈讀《史記》、《文心雕龍》、《史通》、《文史通義》、夏曾佑的《中國歷史教科書》、章太炎的《國故論衡》和《大乘起信論》、《新舊約聖經》[3]。他亟想治學問超過章太炎，故自署名「上炎」。

1915　23 歲，3 月，始讀康有為《新學偽經考》、《孔子改制考》，他也欽佩康

---

[2]　顧頡剛在《古史辨》（一）言：「我從蒙學到大學，一向是把教師瞧不上眼的。到這時聽了太炎先生的演講，覺得他的話既是淵博，又有系統，又有宗旨和批評，我從來沒有碰見過這樣的教師，我佩服極了。」

[3]　顧頡剛說：「有生以來正式用功的第一年」。但由於過度用功，「常常弄到上午二時就寢，以至不易入眠，豫伏了後來失眠症的根基。」

有為的銳敏觀察力，認為今文學家也有其立足點。同年，立下著書的計畫[4]。6月至8月患傷寒，南歸，休學一年。撰《乙舍讀書記》、《乙舍讀書續記》。

1916 24歲，1月，撰《清代著述考》，始注意清儒治學方法的精密，並立志以「科學」治學。又擬編《國學志》。7月，赴上海應北大新生考試，以第五名錄取。秋，入北京大學文科哲學門。

1917 25歲，1月，蔡元培任北京大學校長。暑期，患失眠症。10月，胡適講授「中國哲學」，一開始「丟開唐、虞、夏、商，徑從周宣王時的《詩經》講起」，顧頡剛邀傅斯年（中國文學系生）去旁聽，對胡適信服極了[5]。

1918 26歲，5月，劉復在《北京大學日刊》發表歌謠選，引起顧頡剛的興趣。8月，吳徵蘭逝世[6]。11月，傅斯年、羅家倫成立新潮社，出版《新潮》雜誌，倡白話文創作。

1919 27歲，自訂擇偶準則[7]。1月，與殷履安定親。讀《詩經》，體認漢代經師的附會。撰〈中國近來學術思想的變遷觀〉[8]。5月，「五四」運動爆發。與殷履安結婚。

1920 28歲，1月，傅斯年和俞平伯赴英流學。6月，留北大任助教，為校圖書館編目。9月，撰〈重編中文書目的辦法〉。10月，撰〈圖書編目意見書〉。整理所集吳歌，在《晨報》發表吳歌歌謠。11月，胡適囑標點《古今偽書考》。12月，北大成立歌謠研究會。擬將《諸子辨》、《四部正訛》、《古今偽書考》合編

---

[4] 1915年5月〈與葉聖陶信〉，述欲先著目錄平議的文章：
  「計三十歲可卒業者，一為《周秦篇籍考》、一為《清代著述考》、一為《書目答問解題》，都八十卷。」

[5] 顧頡剛在《古史辨》第一冊，記述胡適講「哲學史」：
  「他不管以前的課業，重編講義，劈頭一章是『中國哲學結胎的時代』，用《詩經》作時代的說明，丟開唐、虞、夏、商，逕從周宣王以後講起。這一改，把我們一般人充滿著三皇五帝的腦筋驟然作一個重大的打擊，駭得一堂中舌撟而不能下。許多同學都不以為然，只因班中沒有激烈分子，還沒有鬧風潮。」

[6] 同年10月，在《新潮》撰〈自你歿後〉的悼亡妻詩二首。

[7] 顧頡剛自喪妻後，曾在《新潮》撰文批評中國舊家庭之毒害，並提出擇偶的標準：
  「第一，須有學術上之興味，第二，須淡泊寧靜，不好浮華。」

[8] 本文分析「由清代樸學發展到科學，由章學誠的史學發展到國故，由清代今文學發展到建立孔教」，從而談到政治風俗變遷時，道德敗壞的原因。

為《辨偽三種》，並要作《偽書考》跋文[9]。

1921 29 歲，1 月，點讀辨偽書籍，計畫編輯《辨偽叢刊》。從錢玄同由辨「偽書」拓大為「偽事」，更進而要「考書裏的文法」。4 月，因胡適撰〈紅樓夢考證〉，和胡適、俞平伯書信討論《紅樓夢》校讀。7 月，任商務印書館中學教科書編輯。10 月，兼任北大預科國文講師，後因改作文頭昏而辭去。11 月，北大研究所國學門開辦，沈兼士為主任，聘為助教，兼北大圖書館事。顧頡剛始讀甲骨文字和羅振玉、王國維著作。[10]顧頡剛和錢玄同討論「經」之辨偽，拓而至「子」之辨偽。

1922 30 歲，1 月，撰〈〈詩辨妄〉序〉、〈鄭樵著述考〉[11]、〈鄭樵傳〉、〈〈詩辨妄〉跋〉。因作文失眠症又發作，返蘇休養。2 月，為北大國學門設置考古室，並籌組歌謠研究室。3 月，作〈中學校本國史教科書編纂法的商榷〉。4 月，受胡適的影響[12]，撰〈最早的上古史的傳說〉，提出有名的「古史是層累地造

---

[9] 顧頡剛在 1920 年 12 月 24 日〈與履安信〉稱，要做一「根據偽書而造成的歷史事實表」，並謂：「這一篇如能做得好，便是在中國史上起一個大革命——拿五千年的史，跌到二千年的史，自周以前，都拿他的根據揭破了，都不是信史。」

[10] 顧頡剛自此畢生推崇王國維的學問，成為他治學的標竿。

《古史辨》（一）謂：

「我的眼界從此又得一廣，更明白自己知識的淺陋。我知道要建設真實的古史，只有從實物上著手的一條路是大路。我的現在的研究，僅僅在破壞偽古史的系統上面致力罷了。」

他在《日記》中，記錄多次在夢中和王國維交好。如 1923 年 3 月 6 日記：「夢王靜安先生，與我相好甚，攜手而行。」1924 年 3 月 31 日記：「予近年之夢，以祖母死及與靜安先生遊為最多。靜安先生為我學問上最佩服之人。今夜又夢與他同座吃飯，因識於此。」

[11] 顧頡剛深受鄭樵「科學精神」的觸動，啟發了「懷疑」，此後他敢以歌謠的材料說《詩》。他盛贊鄭樵：

「他要做《詩傳》時，先做《系聲樂府》來整理聲歌，做《本草成書》、《本草外類》、《詩名物志》來整理名物，等兩方面都貫通了，然後再做《詩傳》。他的心思裏，只有通盤籌算的學問，只有歸納事實而成的學問，但沒有『天經地義』、『專己守殘』的經書和注疏。他看古人與今人，只是先後的分別，絕沒有古書神聖不可侵犯的觀念。」

[12] 《古史辨》（一）自序，顧頡剛說胡適給他研究歷史的方法，「不但要去辨偽，要去研究辨偽的背景，而且要去尋出它的漸漸演變的線索，就從演變的線索上去研究。」

成的」[13]說法。在上海訪王國維。5月,因搜集教科書材料,語譯《尚書》,去信王國維討論〈顧命〉。10月,點校《崔東壁遺書》[14]。11月,撰〈我們對於國故應取的態度〉。

1923 31歲,1月,任職商務印書館,與王伯祥合編《現代初中教科書本國史》上、中、下三冊。成立樸社,顧頡剛任會計。毛子水赴德留學。為《小說月報》撰〈詩經的厄運與幸運〉。2月,與錢玄同信論古史提到「禹」字大約是爬蟲的想法[15]。3月,為俞平伯《紅樓夢辨》作序。點校《詩經通論》畢,並由〈鄭風‧有女

---

[13] 《古史辨》(一)開創的指出此一史學新理論:

「上古史方面三皇五帝的系統,當然是推翻的了。考古學上的中國上古史,現在剛纔動頭,遠不能得到一個簡單的結論。思索了好久,以為只有把《詩》、《書》和《論語》中的上古史傳說整理出來,草成一篇〈最早的上古史的傳說〉為宜。我便把這三部書中的古史觀念比較看著,忽然發現了一個大疑竇——堯舜禹的地位的問題!〈堯典〉和〈皋陶謨〉我是向來不信的,但我總以為是春秋時的東西,那知和《論語》中的古史觀念一比較之下,竟覺得還在《論語》之後。《詩經》和《尚書》中全沒有說到堯舜,似乎不曾知道有他們似的,《論語》中有他們了,但還沒有清楚的事實,到了『堯典』中,他們的德行政事纔燦然大備。因為得到了這一個指示,所以在我的意想中覺得禹是西周時就有的,堯舜是到春秋末年纔起來的。越是起得後,越是排在前面。等到有了伏羲神農之後,堯舜又成了晚輩,更不必說禹了。我就建立了一個假設:『古史是層累地造成的』,發生的次序和排列的系統恰是一個反背。」

胡適在〈古史討論的讀後〉一文稱贊顧頡剛的理論為「剝皮主義」:

「顧先生自己說『層累地造成的古史』有三個意思:(1)可以說明時代愈後,傳說的古史期愈長。(2)可以說明時代愈後,傳說中的中心人物愈放愈大。(3)我們在這上,即不能知道某一件事的真確的狀況,也可以知道某一件事在傳說中的最早狀況。這三層意思,都是治古史的重要工具。顧先生的這個見解,我想叫他做『剝皮主義』。這個見解起於崔述。」

「顧先生的方法,可以總括下列的方式:(1)把每一件史事的種種傳說,依先後出現的次序,排列起來。(2)研究這件史事在每一個時代有什麼樣子的傳說。(3)研究這件史事的漸漸演進。由簡單變為複雜,由陋野變為雅馴,由地方的(局部的)變為全國的,由神變為人,由神話變為史事,由寓言變為事實。(4)遇可能時,解釋每一次演變和原因。他舉的例是『禹的演進史』。我在幾年前,也曾用這個方法來研究一個歷史問題——井田制度。」

[14] 崔書中大量懷疑古籍的內容,更加肯定了顧頡剛在疑古的工作。

[15] 顧頡剛在信中說:「商族認禹為下凡的天神,周族認禹為最古的人王,可見他們對於禹

同車〉姚注，開始引起顧頡剛對杞梁之妻和孟姜女故事流傳的注意。5 月，乞假在蘇州養病[16]。6 月，致胡適信，討論《今文尚書》著作時代[17]。8 月，到北京地質調查所參觀古代石器、玉器和青銅。10 月，編輯吳歌。12 月，抵京，復北大研究所職。撰〈從《詩經》中整理出歌謠的意見〉。年底，至開封看河南新鄭縣出土文物。

1924 32 歲，2 月，與丁文江通信討論〈禹貢〉及大禹事蹟。為商務印書館選輯《崔述》。3 月，撰〈我的研究古史的計劃〉，強調民俗學對古史的重要。4 月，與王國維信欲拜師受學。6 月，為北大譚惕吾等女生演講國學[18]。與董作賓交流孟姜女唱本故事。8 月，接夫人及二女至京。10 月，為孔德學校撰《國史講話》。11 月，撰〈古史雜論〉、〈孟姜女故事的轉變〉[19]。沈兼士邀加入清宮善後委員會。

的觀念，正與現在人對於盤古的觀念一樣。『禹』和『夏』並沒有發生了什麼關係。至於『禹』從何來？禹與桀何以發生關係？我以為都是從九鼎上來的。禹，《說文》云：『蟲也。從内象形。』内，《說文》云：『獸足蹂地也』。以蟲而有足蹂地，大約是蜥蜴之類。」

[16] 顧頡剛與譚慕愚（惕吾）女士同遊杭州秘魔崖，從此譚女士成為顧頡剛在《日記》中「志一生之痛」的思念對象。「五十年來千斛淚，可憐隔巷即天涯」，顧頡剛堅守的深情，自有感人處。詳參朱歧祥《亦古亦今之學》第十二章〈以詩證史──談顧頡剛與譚慕愚詩〉。萬卷樓圖書公司出版。2017 年 12 月。

[17] 顧頡剛言「想研究古文法」入手，檢視古書的真偽。顧頡剛一生「想」的太多，「計畫」太密，但許多總無法或缺乏恆心落實完成。

[18] 顧頡剛平生的第一次演講。顧頡剛對譚留下深刻的印象，對譚的依戀也影響了他的一生。

演講中顧頡剛靈敏的談到當代學術的流派，宜以地下考古為顯學：

「現今國學的趨勢分為五派。一是考古學。用古代的實物和文字來解釋古史。羅振玉、王國維是代表。二是東方古言語學及史學。研究亞洲漢族以外的各民族的文化。他們在甘肅、新疆、中亞細亞等處發掘，有巨大的發見。法人伯希和、英人斯坦因、中國羅福成、張政烺、陳寅恪、陳垣等是代表。三是地質學。因發掘地層而得有銅器時代以前之古物，可助古史學之研究，因到各處實地調查而對歷史地理學發生新解釋。丁文江、翁文灝、章鴻釗等是代表。四是學術史。要求把文化的進程做一個系統的排列。胡適、章炳麟、梁啟超是代表。五是民俗學。北大國學門中的風俗調查會和歌謠研究會，都是向這方面進行的。周作人、常惠是代表。這五派學問都是二十年來的新進展，舊式學者夢想不到的。」

[19] 顧頡剛在《歌謠》發的專號。顧頡剛以《左傳》、《檀弓》、《孟子》、《列女傳》等史籍串連，指出：「杞梁之妻的故事的中心，在戰國以前是不受郊弔，在西漢以前是悲

12月，校訂胡適《詞選》，並代加註釋。與胡適信，力薦王國維入清華研究院。

1925 33歲，仍任北大研究所國學門助教。1月，作〈盤庚中篇的今譯〉、〈論古史研究答李玄伯先生〉[20]。2月，撰〈大誥〉試譯、《吳歌甲集附錄一》。3月，孫中山逝世。4月，撰〈盤庚上篇今譯〉。6月選為樸社總幹事。8月，撰〈金縢篇今譯〉。11月，撰〈論《詩經》所錄全為樂歌〉、〈答柳翼謀先生〉[21]。

1926 34歲，1月，撰《古史辨》第一冊自序[22]。2月，撰〈瞎子斷匾的一例——靜女〉。5月，撰〈十三經注疏說明書及整理計劃〉、〈秦漢統一的由來和戰國人對於世界的想像〉、〈擬編輯《尚書》《左傳》讀本計劃書〉。與趙萬里往訪王國維。6月，至華語學校講演。《古史辨》第一冊出版[23]。7月，出版《吳歌甲

歌哀哭，在西漢後期又從悲歌而變為崩城。」

劉復稱譽這文章為「用第一等史學家的眼光與手段來研究這故事。是二千五百年來一篇有價值的文章。」

[20] 文中說明個人古史的工作：

「1、用故事的眼光解釋古史的構成原因。2、把古今的神話與傳說為系統的敘述。」

[21] 顧頡剛在文中謂，已經錢玄同指點，知《說文》對「禹」之釋不足以表古義，遂放棄此一假設。

然而，平心而言，就字而論字，顧頡剛以「禹」字的字源理解為爬蟲，擴而借為上古的圖騰族徽，並沒有不對。顧頡剛在當日嚴厲的保守氛圍中，羽翼未豐，只能無奈的做出退讓，以之視同「假設」之詞。

[22] 顧頡剛這篇103頁的大序，足足寫了兩個月，總結其二年的古史研究工作和今後方向。主要宗旨是「依據了各時代的時勢來解釋各時代的傳說中的古史」。文中又將「孟姜女故事」分時分地作了一總帳，為研究古史方法舉一旁證的例子。

《古史辨》的問世，掀起了疑古風潮，形成了日後的古史辨學派，也奠定了顧頡剛在學術研究的地位。「疑古」、「辨偽」風氣在學術界的壯大，成為胡適等當日主張「全盤西化」的重要援手。

[23] 此書出版後銷路極好，據胡厚宣記載，至1937年共印了19版。

胡適盛贊此書的出版：

「這是中國史學界的一部革命的書，又是一部討論史學方法的書。此書可以解放人的思想，可以指示做學問的途徑，可以提倡那『深澈猛烈的真實』的精神。」

「在中國古史學上，崔述是第一次革命，顧頡剛是第二次革命。」

傅斯年給顧頡剛的來信，推許顧頡剛稱王於史界，說：「史學的中央題目，就是你的『層累地造成的中國古史』，你這一個題目，乃是一切經傳子家的總鎖鑰，一部中國古代方術思想史的真線索，一個周漢思想的攝鏡，一個古史學的新大成。你在這個學問中

集》。北京欠薪愈劇，廈門大學文科學長林語堂來邀辦國學研究院。8 月，赴任廈門大學史學研究教授。9 月，廈大國文系主任沈兼士邀任「經學專書研究」一課，授《尚書》，自編《尚書講義》。10 月，撰〈春秋時的孔子和漢代的孔子〉。11 月，發起風俗調查會。12 月，抄《易》經文，擬作〈周易中的古史〉。

1927 35 歲，1 月，魯迅與顧頡剛不和，應廣州中山大學聘而辭廈大。2 月，廈大校長林文慶停辦國學院，顧頡剛辭文科教授職。編輯《古史辨》第二冊。3 月，傅斯年來信，邀赴廣州中山大學任教。康有為逝世。4 月，魯迅因顧頡剛來中大任職而辭中大。6 月，王國維投湖卒[24]。8 月，傅斯年任中大語言歷史學研究所籌備主任。10 月，顧頡剛任中大史學系教授兼主任，授「中國上古史」、「書經研究」、「書目指南」課，並編《中國上古史》、《尚書學》講義。開始標點《史記》。11 月，成立民俗學會。中央研究院籌備會成立。

1928 36 歲，1 月，作《吳歌丙集》。2 月，編輯《古史辨》第三冊。3 月，到嶺南大學演講〈聖賢文化與民眾文化〉。4 月，開民俗學傳習班。應中研院院長蔡元培之邀，任該院歷史語言所常務籌備員。燕京大學來聘，因傅斯年的反對而推辭。9 月，傅斯年就中央研究院歷史語言所所長。作〈古代地理研究課旨趣書〉。10 月，撰〈春秋研究課旨趣書〉、〈孔子研究課旨趣書〉、〈上古史研究課旨趣書〉。11 月，傅斯年辭中大語言歷史學研究所主任職，由顧頡剛代理。12 月，中大語史所成立考古學會。

1929 37 歲，1 月，任中大語言歷史學研究所主任。顧頡剛為商務印書館編的《現代初中本國史教科書》因不承認三皇五帝是史實，被國民政府禁止發行。3 月，校勘《崔東壁遺書》。4 月，至蘇州振華女校國學研究會講「古史辨的主旨」。5 月，應燕京大學聘，任歷史系教授。6 月，至師範大學史學會演講。7 月，讀錢穆《先秦諸子繫年》稿，推薦錢至中山大學任教。12 月，與容庚合擬

的地位，便恰如牛頓之在力學，達爾文之在生物學。」

這些讚美之詞，顧頡剛無疑是欣然的全面領受了。

[24] 顧頡剛在《文學周報》作〈悼王靜安先生〉一文，對王推崇不已：

「我對於他雖少往來，但是戀慕之情，十年來如一日」，「他用的方法，便是西洋人研究史學的方法。他對於學術界最大的功績，便是經書不當作經書看，而當作史料看，聖賢不當作聖賢看，而當作凡人看。他把龜甲文、鐘鼎文、經籍、實物作打通的研究，說明古代的史跡。他已經把古代的神秘拆穿了許多。他是新創的中國古史學，他是建設真的古史。」

〈古迹古物調查計劃書〉。

1930　38 歲，1 月，撰《中國上古史研究講義》。2 月，撰〈五德終始說下的政治和歷史〉[25]。4 月，撰〈泰皇、泰帝、泰一考〉、〈論《易繫辭傳》中觀象製器的故事〉。6 月，薦錢穆至燕大任講師[26]。9 月，出版《古史辨》第二冊。10 月，與學生徐文珊合作注釋《史記》。12 月，至清華大學歷史學會講〈中國史學界之將來〉。

1931　39 歲，2 月，校《左氏春秋考證》。8 月，撰〈〈堯典〉著作時代考〉。9 月，始兼北京大學史學系講師。11 月，撰〈《古史辨》（第三冊）自序〉、〈《管子集注》序〉。與裴文中、傅斯年等游周口店「北京人」遺址。薦錢穆至北大任教。

1932　40 歲，4 月，撰〈從《呂氏春秋》推測《老子》之成書年代〉[27]。5 月，輯「太一」資料。5 月，撰〈周漢風俗和傳說瑣拾──讀《呂氏春秋》及《淮南子》筆記〉。7 月，撰〈《古史辨》（第四冊）序〉。9 月，新學年在燕大、北大改授「中國古代地理沿革史」課，又在北大開「中國通史」。

1933　41 歲，3 月，撰〈五德終始說殘存材料表〉。9 月，在燕大、北大授「春秋戰國史」課。與洪業、容庚等成立「燕大引得校印所」，任董事。

1934　42 歲，1 月，改作〈兩漢州制史〉。2 月，與學生譚其驤合編《禹貢》半月刊[28]。3 月，撰〈古史中地域的擴張〉、〈說丘〉。行政院聘為故宮博物院理事。10 月，譚惕吾到杭考察浙經濟行政，顧頡剛助譚惕吾搜集蒙古史地材料，互相唱酬。編校《古史辨》（第五冊）。12 月，撰〈《史》《漢》〈儒林傳〉及

---

[25]　文分 24 章，多達 11 萬字。這是近代研究「五行學說」的一大文章。文中顧頡剛的觀念和今文學家相類，認為劉歆、王莽有作偽之迹。

[26]　顧頡剛對沒有學歷的錢穆一再舉薦，學界傳為美談。當日錢撰《劉向歆父子年譜》，剷除了劉歆作偽書之嫌，觀念和顧頡剛全然不同。此亦足見顧頡剛容人用人之胸懷。

[27]　傳統言老子是孔子以前的人，胡適《中國哲學史大綱》亦如是說。至梁啟超始提出《老子》必是戰國時書。顧頡剛贊同梁說，撰此文取《呂氏春秋》多用《老子》語詞證，復以《荀子》、《淮南子》互證，認為：

「老子生於戰國中葉，《老子》之書出於戰國後期，其發展則在西漢初期。」

[28]　顧老板開啟了近代「歷史地理」的研究。他在〈發刊詞〉談到：「民族與地理是不可分割」，研究地理沿革是民族史的根據，也是「民族復興的工作」。

〈釋文序錄〉傳經系統異同表〉。

1935 43 歲，1 月，任通俗讀物編刊社主任。3 月，北平研究院史學研究會聘為主任。5 月，校《尚書通檢》。7 月，撰〈戰國秦漢間人的造偽與辨偽〉[29]。加入考古學社。

1936 44 歲，1 月，撰〈禹貢學會研究邊疆計劃書〉、〈〈三皇考〉自序〉。3 月，改作〈禪讓說出於墨家考〉、與學生童書業合撰〈漢代以前中國人的世界觀念與域外交通的故事〉。4 月，為禹貢學會向中英庚款會請款。5 月，與胡適、錢玄同等在北京組「風謠學會」。「禹貢學會」在燕大成立。6 月，與童書業合撰〈夏史三論〉、〈墨子姓氏辨〉。章太炎逝世。7 月，燕大聘為歷史學系主任。9 月，童書業助編《春秋史講義》。10 月，主編《大眾知識》半月刊。11 月，至西安與徐炳昶等訪張學良。12 月，西安事變。編輯〈大公報·史地周刊〉。

1937 45 歲，1 月，被中央黨部疑為左傾，在「通俗讀物社」工作經費遭停發。4 月，改作〈潛夫論中的五德系統〉、〈讀《周官職方》〉。5 月，撰〈九州之戎與戎禹〉。6 月，與童書業合撰〈鯀禹的傳說〉。7 月，七七事變。被日人列欲捕名單第二名。到燕大結束事務。8 月，任補助西北教育設計委員。11 月，創辦《老百姓》旬刊之通俗抗戰宣傳。任甘肅學院特約講座。12 月，雲南大學來聘。

1938 46 歲，9 月，日軍入京。羅根澤編《古史辨》（第六冊）轉由上海開明書店出版。12 月，北平研究院在昆明重組史學研究所，邀任主任。任雲南大學教授，講「經學史」、「中國上古史」二課。

1939 47 歲，1 月，錢玄同逝世。編輯《益世報》之〈邊疆〉周刊。2 月，撰〈中華民族是一個〉[30]、〈東漢的西羌〉。5 月，推為文藝界抗敵協會理事。流亡成都之齊魯大學來邀任國學研究所主任，顧頡剛應聘，並邀錢穆同往。9 月，在齊

---

[29] 文末〈附言〉見顧頡剛自道個性和撰文求快的缺失：

「年來頗少作議論文字，此篇直是破例。而且因為牽涉太廣，以致有的地方太粗淺，有的地方有罅漏，自己也覺得不能滿意。」

「我這幾年真太忙了，不但來作的文不能作，就有想讀的書也不能讀。固然也緣我自己好事，這樣那樣都想做，但社會上加給我的負擔也實在太重了，使得我不喜歡做的，這樣那樣也只得做，我真有些支持不下了。」

[30] 文見《益世報》，認為中華民族早自戰國秦漢逐步形成一體，應共同對抗今日的帝國主義的侵略。

魯大學講授「中國古代史」課。

1940　48 歲，2 月，為《古史辨》第七冊作序。3 月，蔡元培逝世香港。4 月，作〈燕國曾遷汾水流域考〉、〈武士與文士之轉換〉。6 月，與蒙文通、蕭一山、呂思勉、金毓黻等 74 名史學同人創辦《史學季刊》，顧頡剛撰〈發刊詞〉。7 月，教育部史地教育委員會設立《十三經注疏》整理處，被聘為主任。8 月，與韓儒林等籌組「中國邊疆學會」。9 月，與蕭一山議籌「中國史學會」。

1941　49 歲，6 月，呂思勉、童書業編《古史辨》第七冊出版。7 月，受蔣介石接見。11 月，應中央大學邀兼課，授國文系「古代文學」、史學系「中國古代史研究」課。出版《漢代學術史略》。

1942　50 歲，3 月，任中央大學專任教授。作〈秦漢時代的四川〉。任中央組織部邊疆語文編譯委員會副主任。5 月，撰〈我對於五四運動的感想〉。7 月，復旦大學邀任文學院長兼史地系主任，辭之。8 月，任高等考試典試委員。9 月，改寫《春秋史話》。

1943　51 歲，1 月，編輯〈《唐以前文類編》旨趣書〉。作〈九鼎銘文〉[31]。2 月，辭中大職。撰〈左丘失明〉。3 月，任「中國史學會」主席。4 月，推為「中國史地圖表編纂社」社長。任「中國邊疆學會」幹事。5 月，與陳訓慈組「唐代文化研究會」。妻殷履安重慶病逝。10 月，任「民族復興研究會」幹事。11 月，任「中國圖書公司」編輯所所長。

1944　52 歲，1 月，至中央訓練團講「中國近代政治思想」。3 月，任復旦大學史地系教授，授「史記研究」，後改授「春秋戰國史」、「歷史地理」。4 月，與張靜秋訂婚。撰〈〈蜀王本紀〉與〈華陽國志〉所記蜀國史事之比較〉。5 月，編《顧頡剛文集》第一、二冊。6 月，應邀至國立編譯館，講「如何編纂中國通史」。7 月，與張靜秋結婚。11 月，赴成都齊魯大學任國學研究所主任，開授「中國地理沿革史」、「春秋史」課。

1945　53 歲，3 月，任復旦大學教授。5 月，擬作《春秋經通檢》目錄。6 月，作〈我在北大〉三篇。8 月，日本投降。中國出版公司成立，任總編輯、董事。11 月，修改〈近百年來中國史學〉。

---

[31] 大學及工礦黨部向蔣介石獻九鼎，顧頡剛依據學生劉起釪的草稿改寫。

1946 54 歲，3 月，出席參政會大會，提案「定都北平案」、「設中國文化銀行案」、「邊疆政策案」、「文字標準化問題」。7 月，大中國圖書局在滬開幕，被推為總經理，兼編輯部主任。8 月，任蘇州社會教育學院教授、蘭州大學聘任教授兼歷史系主任、蘇州光華中學董事。

1947 55 歲，7 月，中國邊政學會成立，被推為常務監事。

1948 56 歲，1 月，撰〈堯典二十有二人說〉。到中研院社會科學研究所講〈我的事業苦悶〉。3 月，當選中央研究院人文組院士。8 月，在天山學會講〈中國通史與邊疆史料〉。

1949 57 歲，3 月，吳康邀任廣州文化大學文學院長，不就。5 月，誠明文學院邀任教授，因值經濟崩潰，隨即答允。7 月，整理《浪口村隨筆》，成六卷。中國新史學研究會籌會在北平成立，顧頡剛未受邀[32]。8 月，誠明文學院聘任為中國文學系主任。授「校勘學」、「傳記研究」、「中國文學史」。10 月，中華人民共和國成立。12 月，應震旦大學邀任教授，講「專書選讀」、「史記」。

1950 58 歲，2 月，撰〈昆侖傳說與羌戎文化〉[33]。8 月，上海市政府聘為文物管理委員會委員。改寫〈司馬談作史考〉。12 月，傅斯年病逝臺灣。

1951 59 歲，3 月，譯《尚書周誥》八篇。為教育部寫「尚書研究」學程教學計劃。5 月，鎮反運動。妻兄被捕，寫「頡剛預囑」。7 月，中國史學會在北京舉行，顧頡剛亦未受邀。8 月，誠明文學院合併為上海學院，欲辭，未果，仍授「古籍整理」課。10 月，復楊樹達信，論《尚書》研究工作。12 月，到《大公報》館參加「胡適思想批判座談會」，將發言改寫〈從我自己看胡適〉一文。

1952 60 歲，1 月，任上海學院兼任教授，授「論語」。又任復旦大學兼任教授，授「中國民族史料」，3 月初，因思想改造，停課。3 月，參加五反運動。4 月，應五反檢查隊囑咐，寫下〈自傳〉。5 月，《文史哲》發表童書業〈古史辨派的階級本質〉、楊向奎〈古史辨派的學術思想批判〉二文，給予顧頡剛「無情的打擊」。7 月，參加思想改造運動、三反運動。作簡單的〈年譜〉、〈思想交代書〉。9 月，上海學院被取消，顧頡剛分派至復旦大學專任教授。

1953 61 歲，4 月，與章巽合編《中國歷史地圖集》。5 月，在蘇州工專講〈中

---

[32] 顧頡剛開始嗅到政治無形的影響學術、影響人生的味道。

[33] 文長 12 萬字，本寄法國巴黎大學漢學研究所刊發表，欲以稿費還債，但遭退稿。

國古代的城市〉。8月,與李亞農訪中共華東宣傳部副部長匡亞明,述目前難以研究工作之苦。12月,中科院尹達來訪,邀任歷史研究所研究員。

1954 62歲,6月,將滬蘇225箱書籍郵運北京。9月,作〈顧頡剛工作計劃〉,被尹達評為「大而無當」。應中華書局邀校點《史記》三家注。11月,承毛澤東意標點《資治通鑑》,顧頡剛任總校對。參加批判俞平伯《紅樓夢研究》運動。12月,當選中國人民政協委員,對自己學術工作進行批判,「甚受好評」。參加批判胡適思想運動。

1955 63歲,2月,撰〈《戰國策》之古本與今本〉。3月,在中科院參加批判胡適思想運動,會中提到「考據學是反封建的」、「考據學之目的在求真」,因發言不當,會後作「檢討書」,並在統戰部批判會上受到尖銳激烈之批判。4月,校點王國維《今本竹書紀年疏證》、《古本竹書紀年輯校》及整理《穆天子傳》。薦于省吾任東北人民大學歷史系教授。6月,參加肅反運動。10月,加入中國民主促進會。

1956 64歲,3月,向尹達交代一生經歷,「期望得到理解,搞好團結。」8月,整理《浪口村隨筆》。

1957 65歲,4月,整風運動開始。修改〈談顧頡剛放手貫徹「百家爭鳴」〉訪問稿,末戒慎的說「予惴惴恐罹咎,幸得寬免。」8月,應中科院地理所之邀編輯《中國古代地理名著選讀》第一輯。應童書業邀為《文史哲》撰〈息壤考〉。9月,在山東大學中文系講〈《詩經》的來源問題〉。10月,嚴重失眠,轉入青島療養院。12月,整理《山海經》。

1958 66歲,2月,參加民進整風,作「交心資料」及檢討書十萬言。3月,參加歷史所整風,寫大字報及檢討書。6月,應郭沫若之命,作〈《孫子》的作者〉,代回應國外學者的詢查。11月,出席民進大會,作〈從抗拒改造到接受改造〉一發言稿,「甚得好評」。12月,尹達主持歷史所,批判以顧頡剛為重點的資產階級史學。

1959 67歲,4月,撰〈我在兩年中的思想轉變〉發言稿。7月,到青島療養。

1960 68歲,2月,出席政協會議,抗議美國劫奪在臺灣文物。5月,撰〈尚書學校勘重點參考書表〉。

1961 69歲,2月,赴周恩來招待宴,「坐周旁,談文史資料」。11月,晤蘇聯

科學院李福清，談孟姜女故事。

1962　70 歲，2 月，胡適病逝臺灣。3 月，出席政協會議，響應大會「暢所欲言」號召，發言批評中科院歷史所行政工作之積弊[34]。10月，校畢《史林雜識》。

1963　71 歲，1 月，赴全國文史資料工作會議，講〈中國史料的範圍和其已有的整理成績〉。5 月，修改《大誥譯證》。

1964　72 歲，1 月，《史林雜識》出版。3 月，到北京大學中文系講「經學通論」。5 月，撰〈古代東方民族在周人壓力下留遷興亡表〉。6 月，撰〈三監疆域各家異說表〉、〈西周東征、南征將佐表〉。8 月，去青島養病。12 月，出席政協會議，又「發言不當」。

1965　73 歲，1 月，鈔毛澤東《矛盾論》，在日記附言：「自此次大會後，始明政治學習之必要，故此後改為學習第一，業務第二。」9 月，便血，住北京醫院。

1966　74 歲，1 月，為療養所講中國歷史，後整理出版，題為《中國史學入門》。6 月，「文化大革命」開始。7 月，至歷史所參加運動。8 月，幫顧頡剛鈔寫的林劍華被解職。歷史所貼出大字報批判顧頡剛，被定性為「資產階級反動學術權威」，需「戴高帽、受批鬥」。「每日晨到歷史所勞動」。「中學紅衛兵來抄家，燒毀信札、照片」。「在運動終止前，不得隨意看書寫稿」。「寫交代數萬字」。9 月，以年老停止勞動。自學《毛選》。

1967　75 歲，12 月，遵歷史所之命，作〈我的學習、工作和社會活動年表〉，日記載：「交代一生罪行，數易其稿，改了寫，寫了又改，永不能完成，實為今生第一遭，也直使我有『江郎才盡』之感。」12月下旬，歷史所取走全部日記審查。

1968　76 歲，5 月，被歷史所批鬥，不斷的寫檢討、思想匯報及記錄〈顧頡剛在解放後的大事記〉。10 月，禁止外出。與俞平伯同遭文學、歷史二所批鬥。

1969　77 歲，不斷的寫檢討、思想匯報，全日到所參加運動。10 月，患嚴重高血壓、失眠。

1970　78 歲，8 月，下放河南息縣，因病得免。

1971　79 歲，4 月，毛澤東批准周恩來提議，顧頡剛主持標點廿四史工作，自此

---

[34] 此見顧頡剛個性天真、魯直、單純的一面。

解脫「反動學術權威」大帽子，得到恢復工作的權利。作〈整理國史計劃書〉。

1974　82 歲，記筆記《甲寅雜記》、《讀左傳隨筆》。

1975　83 歲，秋，著手「《尚書》今譯」計劃，擬調劉起釪至歷史所協助工作。

1976　84 歲，3 月，劉起釪借調至歷史所工作。10 月，「四人幫」和「文化大革命」結束。

1978　86 歲，1 月，撰〈《秦漢的方士與儒生》重版前言〉。4 月，調王煦華入歷史所作助手。

1979　87 歲，1 月，增訂〈周公制禮的傳說和《周官》一書的出現〉。3 月，將資料交王煦華作〈「聖」、「賢」觀念和字義的演變〉。

1980　88 歲，5 月，審定《顧頡剛古史論文集》目錄。7 月，中國紅樓夢學會成立，被推為顧問。12 月 25 日，腦溢血逝世。

近代史學界名人顧頡剛，早在 1922 年剛滿 30 歲只作為北京大學一員助教時，幸運的得到當時學術名望如日中天的胡適、錢玄同相繼的扶持，暴得大名。自他 28 歲開始，因胡適囑其標點《古今偽書考》，引起其對辨偽的關注，至 30 歲發明了「古史層累造成」理論，並以「孟姜女故事」加以印證，從此響滿學林。

顧頡剛一生勤奮，由 33 歲編寫《古史辨》，一直至 43 歲之間，持續在秦漢造偽、五德終始、禪讓、古地理的議題撰文，這十餘年是他個人治學成果的頂峰。他開創了歷史地理學、邊疆民俗學與民間文學以證史的研究先河。其後研究熱潮漸消退，但仍積極遊走於社會團體之間，許多文章、書刊也都是和學生合撰合編發表的。顧頡剛晚年仍重視在《尚書》譯註的整理，企圖為「建設商周史」作出貢獻。

顧頡剛透過「疑古」的實驗精神，闖出全新的「古史是層累地造成的」說法，成就了一場促使近代史學界革命的戲碼。「疑古」的工作，將經學掃平為一般史料，他一度努力的由經史而諸子而小說歌謠，席捲所有文獻檢閱，破壞了傳統經學、儒學獨尊的局面，更形成「古史辨學派」一學術流派[35]。然而，「破易而立

---

[35] 顧頡剛在〈我是怎樣編寫《古史辨》的〉一文中，不認可「疑古」是一學派。他說：
「以前有人說『現代人對於古史，可分為三派：一派是信古，一派是疑古，一派是釋古，正合於辯證法的正、反、合三個階段。』我的意思，疑古並不能自成一派。

難」，破壞否定的多，建樹和開創肯定的少。「破」也並非學術的正途。不管如何，顧頡剛靠著個人非比尋常的「執著」毅力，在「萬馬齊喑」、期待人才和求變的混沌年代，提供了他一個揚名的機會。

　　顧頡剛擅於組織學會社團刊物，懂得聚人才，人稱「顧老闆」。他治學的毛病，是過於旺盛的企圖心和虛榮心，精力過人，想法多，好寫計劃，但總欠缺細部落實行動的恆心。他好交游，不吝於提攜後進，導致他的社會活動太頻密，俗務也太多。他好名寡斷的個性，自然都影響了純學術的追求。他過早享受著「古史辨學派」的王者冠冕，無疑也拖慢了他在實學上持續開創的進度。他雖熱衷關心於政治活動，但個性膽怯被動，讓他沒有太多積極參與的機會。在 1949 年新中國建立後，他承受到「胡適的學生」、「古史辨學派」頭銜的無情打擊。在動蕩社會中無數殘酷的運動壓迫下，他不得不捨棄傳統讀書人的風骨身段，委曲求全，配合上意。晚年的他，已中止嚴肅的辨偽證史，轉而透過大量編校註譯古書借以求安。

　　　　因為他們所以有疑，為的是有信，必先有所信，建立了信的標準，凡是不合於這標準者，則疑之。信古派信的是偽古，釋古派信的是真古，各有各的標準。釋古派所信的真古，從何而來的呢？這只是得之於疑古者之整理抉發。」

九、董作賓學術年表

1895（清光緒二十一年）　中日甲午戰後。1 歲，3 月 20 日生於河南南陽縣。父士魁，年 46，經商，作手工業。母王氏，年 32。董作賓原名作仁，字彥堂，一字雁堂，又因仰慕同鄉先輩張平子，別號平廬[1]。

1899　5 歲，河南省彰德府安陽縣小屯村出土甲骨文。

1900　6 歲，初入私塾。改名作賓。

1910　16 歲，南陽元宗小學肄業，與郭寶鈞同學。課餘助父親生產：印衣袖、刻印章、書春聯，販賣為生。

1911　17 歲，承父命廢學，經商。

1912　18 歲，經商餘暇，教私塾，並自課進修。

1914　20 歲，在南陽組立文社。

1915　21 歲，春，考入縣立師範講習所。夏，父去世。

1916　22 歲，冬，師範畢業，名列優等第一。

1917　23 歲，留任師範講習所教員。

1918　24 歲，春，至開封，考入河南育才館（政府公務員培訓學校）。從時經訓習商簡，始知有甲骨文。

1919　25 歲，冬，育才館畢業。與同學籌辦《新豫日報》，任編輯。

1921　27 歲，冬，赴北京深造，識北京大學教授同鄉徐炳昶。

1922　28 歲，在北京大學當旁聽生，初學甲骨文字。與臺靜農、莊嚴交往。

1923　29 歲，北京大學研究所國學門成立，入所為研究生。參加考古學會。在國學門歌謠研究會編校《歌謠周刊》。

---

[1] 董作賓的生平，參考董作賓《甲骨年表正續合編》、董敏編《走近甲骨學大師董作賓》、嚴一萍〈董作賓先生傳略〉、裘錫圭〈董作賓先生小傳〉。

1924　30 歲，參加點查故宮工作。入方言調查會、風俗調查會。

1925　31 歲，春，至福州，任福建協和大學國文系教授。著《歌謠通論》、《中原音韻的研究》。

1926　32 歲，至開封，任中州大學文學院講師。著〈邶風靜女篇「荑」的討論〉。

1927　33 歲，春，在開封任課。暑假至北京，任北京大學研究所國學門幹事。秋，赴廣州，任國立中山大學副教授，與文學院長傅斯年結識。

1928　34 歲，春，因母病，返南陽，在省立南陽中學兼授國文。時國立中央研究院歷史語言研究所籌備處成立於廣州，負責人傅斯年聘董作賓為通信員。10 月，歷史語言研究所正式成立，聘為編輯員，同月，董作賓至洛陽調查三體石經，並轉赴安陽調查殷墟甲骨文字出土情形。調查書的結果，董作賓認為殷墟有馬上進行有組織的科學挖掘之必要[2]。得到中研院院長蔡元培的大力支持，10 月 13 至 20 日，董作賓隨即主持第一次試掘安陽小屯遺址工作，獲甲骨 854 片，其中有字甲骨 784 片，是史語所第一次的殷墟發掘[3]。著〈洛陽石經、殷墟甲骨調查報告暨發掘計劃書〉、〈民國十七年十月試掘安陽小屯報告書〉。

---

[2] 董作賓認為「甲骨挖掘之確猶未盡」，「甲骨既尚有留遺，而近年之出土者又源源不絕，長此以往，關係吾國古代文化至鉅之瑰寶，將為無知土人私掘盜賣以盡，遲之一日，即有一日之損失，是則由國家學術機關以科學方法發掘之，實為刻不容緩之圖。」

[3] 殷墟發掘，代表的歷史和文化意義非凡。它標誌著中國考古學的建立。由此一刻開始，中國人嘗試從地下求索文明的起源、民族的形成、消失的城邦、漢字的發生、青銅的制作、文獻的真偽等，這些知識已經超越兩三千年書本所乘載的問題，讓研治中國學問的材料和方法衍生一重大的改革。

史語所從 1928 年 10 月至 1937 年 6 月，共進行殷墟發掘 15 次。

我在〈董作賓與甲骨學〉一文中，說：

「殷墟的調查和發現，讓甲骨文字脫離傳統金石學的附庸，而獨立成為一門科學的學問。殷墟，不但代表了西方考古學在中國的紮根，也配合近代中國『為學術而學術』的求真口號，打破聖人、玄想的框架，召喚新一代學人了解理性與實證的重要性。因此，殷墟不只是學術史上由清代過渡至近代的重要標誌，也是研究歷史文化上新舊觀念的交替點。它印證了古書、批判了古書，並開展了我們新的研究方向，為新一代學界踏進國際學術舞台帶來傲然的希望和前景。」文見《朱歧祥學術文存》，藝文印書館，2012 年 12 月。

1929 35 歲，春，參加第二次發掘殷墟工作[4]。秋，參加第三次發掘殷墟工作。史語所遷北平。著〈商代龜卜之推測〉[5]、〈新獲卜辭寫本附後記〉、〈獲白麟解〉、〈甲骨文研究之擴大〉、〈唐寫本切韻殘卷跋〉、《殷墟沿革》、《甲骨年表》[6]。

1930 36 歲，在北平撰《殷墟發掘報告》。冬，至濟南，參加第一次城子崖發掘。

1931 37 歲，2 月，在中央大學講演「甲骨文之厄運與幸運」。參加第四、五次發掘殷墟工作。與李濟至南京開古物展覽會。著〈卜辭中所見之殷曆〉、〈大龜四版考釋〉[7]、〈「于之入商」考〉、〈怎樣研治甲骨文字〉。

1932 38 歲，春，發表經典的《甲骨文斷代研究例》[8]。參加第六、七次發掘殷墟

---

[4] 董作賓謙退發掘主持之任，蔡元培、傅斯年隨即邀請剛返國的李濟以史語所考古組主任身分，承接此事。

[5] 董文根據甲骨實物，對照文獻，首開討論古人用龜、燎龜的方式，並對「卜」「兆」提出新解。

[6] 後經胡厚宣、黃然偉的增編，分別在 1937、1967 年初版正續合編。

[7] 文見《安陽發掘報告》第三期。董作賓透過大龜四版的發掘，突破「干支卜，某貞」文例的解讀，首先提出「貞人說」，開展了甲骨系聯和甲骨斷化分期的重要構思。
有關董作賓能夠提出甲骨斷代的研究成果，我在〈董作賓與甲骨學〉一文中，指出有五個客觀階段的思考背景：
（一）承襲前人研究殷墟的經驗。（二）王國維《觀堂集林》的啟示。（三）〈大龜四版考釋〉——同坑同版貞人共出的啟示。（四）〈帝矛說——骨白刻辭的研究〉——貞人的系聯。（五）〈甲骨文斷代研究例〉——提出十種斷代標準。

[8] 此書是甲骨學開山之作。1933 年 1 月刊於中研院史語所集刊外編第一種《慶祝蔡元培先生六十五歲論文集》上冊。
董作賓以「貞人說」為始點，配合王國維「稱謂定時代」的啟發，站在「世系、稱謂、貞人、坑位」作為主要基礎，提出十種開創的甲骨斷代的標準：「世系、稱謂、貞人、坑位、方國、人物、事類、文法、字形、書體」，透過這些標準的交錯重疊驗證，初步的將盤庚遷殷，至帝辛（商紂）滅亡，總 273 年的商甲骨文，劃分為五期：
「第一期武丁及其以前（盤庚、小辛、小乙）；第二期祖庚、祖甲；第三期廩辛、康丁；第四期武乙、文丁；第五期帝乙、帝辛。」
五期「斷代」，讓甲骨由羅、王時期進行一版一版的個別研究，擴大為一堆與一堆之間的綜合對比和縱線研究，大大增加了甲骨文的學術價值。自此，「鑿破鴻濛」，讓甲骨文研究走上一科學的康莊大道。

工作。改聘為歷史語言研究所研究員。著《甲骨文論著目錄》。是年,在北京大學兼課,開授「甲骨文字研究」。

1933 39 歲,隨歷史語言研究所遷上海。秋,調查漢畫,赴山東主持滕縣發掘工作。著〈骨臼刻辭研究(帚矛說)〉、〈釋后岡出土的一片卜辭〉、〈釋「馭厘」〉、《殷契佚存》序、跋《福氏所藏之甲骨文字》、〈談「譚」〉、〈春秋經傳史日叢考〉、〈敦煌唐寫本大順元年殘曆考〉。

1934 40 歲,隨歷史語言研究所遷南京。春,主持第九次發掘殷墟工作[9]。秋,中央古物保管委員會成立,聘為委員。著〈殷曆中幾個重要問題〉、《城子崖》、〈關於「寶」〉。冬,與元配錢女士離異。

1935 41 歲,春,監察第十一次發掘殷墟工作。冬,與熊海平在南京結婚。

1936 42 歲,編輯《殷墟文字甲編》圖版成。春,視察第十三次發掘殷墟工作。冬,至登封調查周公測景台古迹。著〈安陽侯家莊出土的甲骨文字〉、〈五等爵在

一般人對於「斷代」,只注意到「分期」,而沒有細心了解「斷代」的精神,不在於劃分多少期,而是在於發明判別甲骨時期的多元方法。董作賓提出的「十種斷代標準」,才是「斷代」的精髓,由多角度交疊看分期標準,帶引出多元對比的客觀精神,讓甲骨學離開羅王時期單一平面的研究,能夠立體的、時空交錯的看待任何甲骨的問題。

「斷代標準」中的「世系」,董作賓據卜辭祭祀客觀區分「自上甲微至主癸」、「自大乙至祖丁」、「自小乙至武乙」各為一段,串連成線,還原當日祭祀的真相。「稱謂」,董作賓由祀典中祖、妣、父、母、兄的稱謂,確定卜辭的時期,並與各期貞人互證。「貞人」,董作賓證貞人是史官,並提出貞人集團五期分期系聯的初步成果。「坑位」,董作賓依安陽發掘的分區位置,印證出土甲骨的分期內容。這裡的「坑位」,和後來考古強調的「坑層」不同。「方國」,指不同時期征伐的外邦。董作賓已靈敏的指出第五期帝辛征人分的路線和地望。「人物」,各期的史官、諸侯、小臣、王妻、子某各有差別。特別是提及祖己即孝己的問題。「事類」,董作賓列舉各期田游卜辭的特徵為例,加以說明。「文法」,董作賓以卜旬卜辭五期文法、詞句、用語的變易為例。「字形」,文中引干支、習見字、形構增省、月夕互易等討論文字早晚的差別。「書體」,董作賓討論五期文字書寫的獨特風格。以上是用十個不同斷代角度,來判定任一版甲骨的客觀時限。董作賓這一研治古文字的方法,成為日後各類學科的典範之作。

[9] 從 1928 年 10 月至 1937 年 6 月,中央研究院歷史語言研究所在殷墟進行 15 次發掘。董作賓是第一、五、九等三次的發掘主持人,第二、三、四、六、七等次發掘的參與者。又是第十一、十三兩次發掘的監察。董作賓的名字,幾乎與史語所 15 次科學發掘殷墟成為等號。

殷商〉、〈殷商疑年〉、〈骨文例〉、《麼些象形文字字典》跋。

1937 43 歲，春，赴杭州，調查黑陶出土的情況。夏，再至登封，調查周公測景台修理工程。4 月，董作賓和胡厚宣合編《甲骨年表》。撰〈殷人之書與契〉。6 月，史語所在安陽殷墟進行第 15 次發掘。「七七」事變，抗日戰爭爆發，考古工作被迫中止，董作賓隨史語所遷長沙，冬，再遷至桂林。《殷墟文字甲編》圖版在上海印刷廠因失陷，無法出版。

1939 45 歲，在昆明。參加天文學會年會。著〈論雍己在五期背甲上之位置〉、〈孔子誕辰之考定兼論改為國曆問題〉。《殷墟文字甲編》圖版本再在香港出版，又毀於戰火。

1940 46 歲，平廬新居落成。1 月，著〈研究殷代年曆的基本問題〉，3 月，著〈方法斂博士對於甲骨文字的貢獻〉、〈稘三百有六旬有六日新考〉、〈殷代之天文〉。冬，隨史語所遷四川南溪李莊。

1941 47 歲，寓李莊板栗坳。

1942 48 歲，8 月，著〈殷代的羌與蜀〉。9 月，著〈從高宗諒陰說到武丁父子們的健康〉。又著〈天曆發微〉、〈關於太平天國曆法的討論〉、〈魏特夫商代卜辭中的氣象紀錄〉。12 月，董作賓選了甲骨五十件並摹本運至重慶「全國美展」中展出。

1943 49 歲，秋，手寫《殷曆譜》稿本付石印[10]。著〈敦煌唐寫本大順元年殘曆考〉、〈四分一月說辨正〉、〈中康日食〉、〈敦煌紀年〉。12 月，著〈殷文丁時一旬間之氣象紀錄〉。

1944 50 歲，在南溪，續寫《殷曆譜》，並兼代歷史語言所所長。5 月，著〈王

---

[10] 此書是近代殷商天文研究的第一部書。

這是董作賓繼《甲骨文斷代研究例》之後另一開創的甲骨著作，根據甲骨日食、月食、閏月、事類系聯等關鍵資料，研究殷代的曆法。他復提出了劃分新、舊派研究的學說，作為斷代分期的補充。他將祖庚以前諸王和武乙、文丁劃為舊派，祖甲、廩辛、康丁和帝乙、帝辛劃為新派。他認為武乙和文丁，特別是文丁卜辭有復古的傾向。《殷曆譜》中針對殷王的「排譜」研究和新派中的「五種祀典」（後人有稱為「周祭」）制度的提出，對甲骨學影響深遠。但有關董作賓的殷代年曆成果和「舊新舊新」更替的復古說，卻一再被後人質疑。

若曰古義〉、《殷墟甲骨文字》。6 月,著〈麼些象形文字字典序〉。12 月,著〈中康日食〉。

1945　51 歲,4 月,抗戰勝利。出版《殷曆譜》四冊[11],傅斯年序。

1946　52 歲,返北平。冬,接美國芝加哥大學客座教授聘。著〈再談殷代氣候〉。

1947　53 歲,1 月,乘船赴美,任芝加哥大學中國考古學客座教授,授甲骨金文課程。著〈漢簡永元六年曆譜考〉、〈殷代文化概論〉初稿。

1948　54 歲,4 月,當選中研院第一屆院士。出版《殷墟文字甲編》附自序[12]。6 月,著〈武丁龜甲卜辭十例〉。10 月,出版《殷墟文字乙編》上輯[13]。12 月,著《殷曆譜》後記。《殷墟文字甲編》圖版第三次印刷,由商務印書館正式出版。冬,返國,至南京。仍任中研院歷史語言所專任研究員。

1949　55 歲,1 月,隨中央研究院史語所遷臺。春,接國立臺灣大學文學院教授聘,在中文系開授「古文字學」,在歷史系開授「殷商史」、「古史年代學」。秋,文學院考古人類學系成立,轉為該系教授。3 月,出版《殷墟文字乙編》中輯。10 月,著〈中國文字在商代〉、〈殷代的奴隸生活〉、〈甲午月食龜版〉、〈湯盤與商三戈〉。

1950　56 歲,夏,創辦《大陸雜誌》。著《甲骨學五十年》。與胡適、李濟等籌建中研院新址於南港。7 月,著〈殷代月食考〉。12 月,傅斯年逝世,享年 55 歲。

1951　57 歲,春,任中研院歷史語言所所長。2 月,著〈論商人以十日為名〉、〈虢季子白盤之時代〉、〈司母戊大鼎〉。5 月,著〈中國古曆與世界古曆〉、

---

[11] 書印於四川南溪李莊,共只印二百部。
[12] 《殷墟文字甲編》收錄史語所第一至九次的殷墟發掘甲骨片。
[13] 《殷墟文字乙編》收錄史語所第十三至十五次的殷墟發掘甲骨片。《甲編》、《乙編》二書共著錄有字甲骨 13000 餘版。董作賓在《殷墟文字乙編》序中揭開了所謂「文武丁時代卜辭之謎」,他以貞人「扶」為基點,和稱「唐」為「大乙」的用例,將一批卜辭從提早了八九十年的第一期武丁時期,下移到第四期的文丁時代,透過文字字形、曆法、祀典、卜貞例等方面的比較,認為是屬於文武丁復古的卜辭。

〈關於貞人〉。7月，著〈從麼些文看甲骨文〉[14]、〈武王伐紂年月日今考〉。10月，著〈大龜四版之四卜旬版年代訂〉、〈甲骨文的初步研究〉。12月，著〈中國古代文化的認識〉[15]。

1952　58歲，美國東方學會選為榮譽會員。7月，著〈卜辭中八月乙酉月食考〉。12月，著〈周金文中生霸死霸考〉。同年，又著有〈甲骨文斷代研究的十個標準〉、《西周年曆譜》、〈中國上古史新證〉、〈漫談中國文字書法的美〉、〈中國文字的起源〉、〈殷代禮制中的新舊兩派〉[16]、〈五十年來考訂殷代世系的檢討〉、〈殷代的鳥書〉、〈談中國的紀年法〉、〈談西元和公元〉、〈古文字中的仁〉[17]。

1953　59歲，1月，著〈卜辭中的亳與商〉。冬，赴菲律賓參加太平洋科學會議。12月，出版《殷墟文字乙編》下輯。同年，又著有《毛公鼎》、〈殷墟出土一塊「武丁逐豕」骨版的研究〉、〈骨臼刻辭再考〉、〈殷周戰史〉、〈西夏文銅斧〉、〈加利福尼亞的古陶文字〉、〈殷代的紀日法〉。

1954　60歲，6月，著〈武丁狩龜淺說〉。8月，著〈我國文字的特色〉，同月，又著〈殷曆譜的自我檢討〉[18]。12月，著〈今日之甲骨學〉。

1955　61歲，4月，著〈甲骨學在日本〉。5月，與朱騮先、溥心畬赴韓國漢城講學，受漢城大學授予文學博士。又赴日本東京東洋文庫及京都大學演講。7月，出版《甲骨學五十年》。8月，辭史語所所長，向臺大請假，赴香港，就香港大學

---

[14] 董文開展了比較文字學的先河。文中由造字的地理環境、社會背景、心理等角度來看兩種文字的異同特徵。

[15] 董文是利用甲骨文的研究成果，簡介殷商文化，包括：社會組織、生活方式、宗教信仰、科學知識、文字藝術五項。文章有推廣中國文化源頭之功。

[16] 董作賓發現辛乙、帝辛有固定的五種祀典，這祀典和祖甲時代相同。可是，文武丁時代的祭法，又多和武丁時代相同，而不與第二、五期同。因此，董作賓大膽的提出新舊兩派祭禮的差別。文中董作賓又進一步依據祀典、曆法、文字、卜事的差異，分析二派的不同。

[17] 董文主要是談商承祚《殷虛書契類編》卷八列的一「仁」字，經覆核〈前2.19.1〉原拓，見「人」旁的「二」字為兆序，乃誤認之字，從而論證甲骨中並無出現「仁」字。

[18] 文中對十年前的著作《殷曆譜》提出自我檢討，分「應刪的」、「應改的」、「應增補的」三項。最末一項，主要是根據嚴一萍撰的〈殷曆譜旬譜補〉一文，補在祖庚四年處，為〈旬譜四〉。

東方文化研究院研究員之聘。10 月，著〈殷代甲骨文字與古代文化〉。又著〈談曆〉[19]、〈論長沙出上之繒書〉、〈沁陽玉簡〉。

1956 62 歲，香港大學聘為榮譽史學教授，兼崇基書院史學教授。10 月，著〈甲骨學前途之展望〉。11 月，著〈春秋晉卜骨文字考〉。12 月，著〈卜辭之時代區分〉。又著〈甲骨文中的地理問題〉、〈我怎樣研究上古史〉、〈堯典天文曆法新證〉、〈中國古史年代學在今天〉。

1957 63 歲，編《中國年曆總譜》。2 月，著〈中國文字演變史之一例〉。5 月，著〈漢城大學所藏大胛骨刻辭考釋〉。秋，任新亞書院甲骨鐘鼎文兼任教授。又著〈香港大學所藏甲骨文字〉、〈孔子生年考〉、〈關於中國年曆總譜〉、〈康熙字典的訂正〉。

1958 64 歲，春，兼任香港珠海書院上古史教授。秋，返臺，續任臺灣大學考古人類學系專任教授。11 月，中研院史語所設甲骨文研究室，院聘為主任。著〈甲骨實物整理〉、〈建立上古信史的大廈〉、〈儒略周日與古曆〉、〈量天尺〉、〈古史考年淺說〉。

1959 65 歲，5 月 10 日，中風不能言語。著〈二十史朔閏表補〉、〈古史研究的信念〉、〈國立歷史博物館所藏甲骨文字〉。秋，《中國年曆總譜》上下編由香港大學出版。

1960 66 歲，8 月，接任臺灣大學甲骨學研究講座教授。9 月，《中國文字》第一期出版。

1961 67 歲，與黃然偉合編《續甲骨年表》。冬，《董作賓學術論著》上下冊出版。著〈殷墟文字中之人猿圖〉、〈大胛骨絕非象骨之證〉、〈臺灣大學所藏甲骨文字之二附考釋〉。

1962 68 歲，2 月，胡適心臟病發逝世，年 71 歲。著〈殷代文例分常例特例二種說〉、〈羅雪堂先生事略〉、〈方地山所藏之一版卜辭〉。

1963 69 歲，3 月，心臟舊疾復發住院。10 月，《平廬文存》上冊和《殷曆譜》再版，由藝文印書館出版。11 月 23 日，卒於臺北。葬臺北南港。

---

[19] 文撰於香港。董文簡單的用「量日」、「量年」、「量月」三條尺子來談中國曆法。

1964　由藝文印書館出版《平廬印存》，共收董印 88 方。

1965　由藝文印書館出版董作賓遺著《甲骨學六十年》[20]。

1978　嚴一萍編《董作賓先生全集》十二冊。

　　對比章太炎、梁啟超、胡適、郭沫若等同時期熱衷於政治、入世的學人，董作賓的學術生涯就純粹、清淨、樸實，也單調多了。

　　董作賓初治方言、歌謠調查，自參與殷墟發掘工作後，一生的學術心力，都專注在甲骨文研究，他的學術成長和業績，可以說和甲骨學是同步的。

　　有關董在甲骨學上的成就，我在《朱歧祥學術文存》中的〈董作賓與甲骨學〉一文，指出董的四項學術貢獻：

　　（一）帶領殷墟的發掘。殷墟的開挖，承接中西方科學研究的主流風氣，具有「預流」的標誌。這對於近代學術有幾點意義：

　　　　1. 應用地下材料重寫學術史。
　　　　2. 掀起科學整理國故的風潮。
　　　　3. 建立客觀的新的研究方法。
　　　　4. 挑戰傳統的《說文》學。
　　　　5. 改變近代學術人才的培育方向。

　　（二）甲骨斷代縱線的對比研究。開啟日後貞人組類以至字形系聯的研究。

　　（三）甲骨改革的分派研究。帶動殷禮以至上古社會制度的探尋。

　　（四）殷代天文曆法研究。展開上古天文學的討論。

　　董作賓的學術生涯，幸運的一開始就站在「甲骨學」這個近代學術「預流」的頂點上。他有機會親手接觸甲骨等出土實物，成為甲骨研究由考字過渡至斷代的開創者。由 1931 年的〈大龜四版考釋〉、1932 年的《甲骨文斷代研究例》，以至 1945 年的《殷曆譜》，這 15 年之間，遍見其在方法學上的創新：由貞人的發現，至斷代分期多元的研究，以至掀起周祭、排譜、上古天文曆法、文武丁復古之謎等意見討論，成就了他在「甲骨學」上無可取代的崇高位置。

　　1948 年，陸續出版的《殷墟文字甲編》、《殷墟文字乙編》，完整公布中研院史語所珍貴的殷墟甲骨一手資料，無私的提供學界使用，自然是董作賓另一永恆

---

[20] 董作賓的《甲骨學六十年》依殷墟開發，分私人挖掘的前期和公家發掘的後期。前期研究，重在字句的考釋和篇章的通讀，後期研究，則重在分期和分派的研究。

的貢獻。

董作賓的長處，是在觀念的開創。一如王國維，他對地下材料有過人的敏感度，提出的甲骨創見，如「貞人」、「斷代」、文武丁之謎、新舊派的更替、字形辭例行款前後期的差異、殷曆和古天文研究等，多能發前人所未發。董作賓為甲骨學史以至古文字研究，留下一段很清晰的道途，供後學因循借鑑。至於其中的考字部分，因接觸材料終究不夠全面而稍有偏失，如釋麟、釋矛等字是。有關殷代年曆和「文武丁之謎」的甲骨時代，究屬第一、二期抑或第四期之物，目前的學界仍是爭論不休。

董門有關「甲骨學」的培訓人才，在國共分治後，可分為兩支，留在大陸的以中國社會科學院歷史研究所的胡厚宣為主，播臺後另以臺灣大學中文系的金祥恆為中心，開枝散葉，成為兩岸早年研治甲骨學的核心。

十、錢穆學術年表

1895　1 歲，中日甲午戰敗。7 月 30 日，生於江蘇省無錫縣蕩口鎮七房橋之五世同堂，原名恩鑅，字賓四。[1]父承沛，幼有神童之稱，16 歲縣試得秀才第一名，可惜體弱，三赴鄉試，均病倒科場，無功而還，在故里設館授徒。母蔡氏。

1901　7 歲，入私塾讀書，每日誦記生字 20 至 80 個。

1902　8 歲，年幼聰慧。隨華姓塾師讀《史概節要》、《地球韻事》二書。

1903　9 歲，讀《三國演義》。

1904　10 歲，進蕩口鎮果育學校讀初一。

1905　11 歲，因作文成績優異，兩度越級升班。

1906　12 歲，5 月，父親逝世，臨終囑其好好讀書。家計無著，靠七房橋義莊賑濟錢米過活。

1907　13 歲，冬，考入常州府中學堂中班。呂思勉為其史地課教師。

1910　16 歲，申請無錫城卹孤獎學金，得不輟學。同年，受譚嗣同《仁學》一書影響，剪去長辮[2]。又讀到梁啟超刊載在《國風報》的〈中國前途之希望與國民責任〉一文，深受梁提出的「中國不亡論」的影響，走上歷史研究一途。

1911　17 歲，轉讀南京私立鍾英中學五年級。10 月，辛亥革命。

1912　18 歲，春，改名為穆。家貧，為生計，任教無錫市郊秦家渠小學，授高班國文、史地、英文、數學、體操、音樂等科[3]，每周 36 小時，月薪 14 元。課餘自修，又自學靜坐。

1913　19 歲，春，轉任私立果育學校教員，授國文及史地課，每周 24 小時，月

---

[1] 錢穆的生平，參考李木妙的《國史大師錢穆教授生平及其著述》、汪學群的《錢穆學術思想評傳》、聯經出版《錢賓四先生全集》。
　　「賓四」，語出《尚書》〈舜典〉：「賓於四門，四門穆穆。」
[2] 錢穆一生強調的民族意識，同情革命民主，宜由此種下。
[3] 錢穆通過教學而自學，先讀《孟子》，再讀《史記》、毛奇齡的《四書改錯》。

薪 20 元。

1914　20 歲，秋，任教無錫縣立第四高等小學，每周授課 18 小時。

1915　21 歲，五世同堂第三進「素書堂」火災，無屋可居，遷返蕩口鎮。

1917　23 歲，秋，錢穆完婚。開始撰寫學術論文[4]。

1918　24 歲，回果育學校專任。11 月，出版《論語文解》[5]。

1920　26 歲，秋，轉入泰伯市立第一初級小學任校長。冬，在上海《時事新報》副刊投稿〈意志自由與責任〉。

1921　27 歲，春，轉任泰伯市立圖書館館長。

1922　28 歲，9 月，轉任無錫縣立第一高等小學教員，月薪 24 元。10 月，應聘廈門私立集美師範學校高中部國文教師，月薪 80 元。

1923　29 歲，秋，在錢基博推薦，任江蘇省無錫第三師範學校國文教師，有學生糜文開。為一年級學生編《論語要略》講義[6]。

1924　30 歲，為無錫師範二年級學生編《孟子要略》講義。

1925　31 歲，春，出版《論語要略》。為無錫師範三年級學生編《文字學》講義。

1926　32 歲，為無錫師範四年級學生編《國學概論》講義。

1927　33 歲，任蘇州中學國文教師，講授《國學概論》。同年，出版《孟子要略》。

1928　34 歲，妻子和新生兒相繼去世。

1929　35 歲，在蘇州續娶張一貫女士。常與南京支那內學院歐陽竟無的學生蒙文

---

[4]　是年開始有志於學術。

[5]　錢穆在教《論語》時，讀馬建忠的《馬氏文通》，並利用其體例，撰寫《論語文解》。這是他的第一部著作，他用稿酬購買浙江官書局本《二十二子》，並開始研究《墨子》。

[6]　錢穆在講《論語》時，考訂孔子生卒行事，始有意作《先秦諸子繫年》。

通通信論學，此間蒙來訪，相談甚歡。稍後胡適應蘇州女子師範邀講演，亦來見錢穆，但二人的意見不合，未作深談。

1930 36 歲，3 月，出版《墨子》、《王守仁》。秋，經顧頡剛推薦，任北平燕京大學國文系講師[7]。他在《燕京學報》發表〈劉向歆父子年譜〉[8]一文，廣為學界所悉。

1931 37 歲，秋，轉任北京大學歷史系副教授[9]，開授「中國上古史」、「秦漢史」，有學生全漢昇、李樹桐。同年兼任清華大學歷史系。5 月，出版《國學概論》[10]、《惠施公孫龍》。

1932 38 歲，在北大開授「中國政治制度史」[11]、「中國近三百年學術史」[12]。出版《老子辨》。

---

[7] 顧頡剛看到錢穆的《先秦諸子繫年》稿，極為賞識，認為錢穆不宜在中學教國文，應該去大學教歷史，遂先推薦錢穆去中山大學。因中山以講述康有為今文經學為中心，錢穆撰《向歆年譜》的觀點與今文家不同，遂謝絕中山的聘請。顧其後再推薦錢穆赴燕京大學任教，才開始錢穆數十年的大學教書生涯。錢穆沒有學位而能在大學任職，開展其一生學術業績，此全仗「顧老闆」的知人用人。

[8] 錢穆「以史證經」的一重要範例。
錢穆就《漢書》的內容，評核康有為《新學偽經考》之誤，文中對比劉向、劉歆父子和王莽的生平，論證康有為有 28 處曲解史實，而劉歆在情理及時間上都不可能偽造古文經，以助莽篡漢改制。此文成為劃時代的名文，中止了古文經屬新漢偽造之說，也結束了迄清代爭論不休的「今古文經」門戶之爭，還古文經書的正當性和時代價值。

[9] 錢穆應聘北京大學任教，仍是經顧頡剛的推薦。錢穆的論學觀點，有與顧相違背，而顧的胸懷能容人如此，實讓人欽佩。與錢穆同來北大的，有湯用彤、蒙文通、熊十力，彼此過從甚密。

[10] 此書專述經、子之學。將中國古今學術發展，分四變：
(1)先秦諸子「階級之覺醒」，(2)魏晉清談「個人之發現」，(3)宋明理學「大我之尋證」，(4)今日「民族精神之發揚與物質科學之認識」。
此書對喚醒當日國人對文化、民族的意識有幫助。

[11] 時北大歷史系負責人傅斯年反對在北大開設此課，但錢穆有感古代政制優劣真相應有所開示，故堅持開授此課。講義後出版為《中國歷代政治得失》一書。

[12] 此課程梁啟超在清華已開授，並已發表，但錢穆認為自己的觀點和梁有許多不同處，故堅持再開此課。後人如要論說近代學人的異同，似可以梁、錢對「近三百年學術」的優劣取捨互較之處入手。如：梁已有疏離漢學的傾向，而錢穆更進而將重要的乾嘉小學大將段玉裁、王念孫、王引之等存而不論，另突顯曾國藩的學術地位。

1933 39 歲，在北大開授「中國通史」[13]，並在燕京大學兼課。

1934 40 歲，應師範大學歷史系之邀，講授「秦漢史」。錢穆在北平前後五載，平日節衣縮食，購書逾 5 萬冊。

1935 41 歲，12 月，出版《先秦諸子繫年》[14]。

1937 43 歲，5 月，出版《中國近三百年學術史》[15]。七七事變後，錢穆隨北大南遷，在長沙戰時臨時大學（後改為西南聯合大學）任教，仍授「中國通史」課，開始八年流亡生活。

1938 44 歲，錢穆隨西南聯合大學內遷自湖南長沙赴桂林、陽朔，再輾轉至雲南昆明、蒙自。秋，西南聯合大學文學院在蒙自復課。撰《國史大綱》[16]。

---

[13] 過去傅斯年規畫此通史課程，是由七、八位老師合開，後由錢穆和陳寅恪分講。自此年始，錢穆開創了獨開此課程的先例。

[14] 錢穆治史首以諸子學入手，「以史證子」，此書重點在於貫通諸子學說，並考證諸子的年世、師承和生平著述，審訂《史記》〈世家〉、〈年表〉失真處。此書為錢穆成名的代表作。全書共 163 篇 30 萬餘字，上溯孔子，下至李斯二百多年間思想淵源。

[15] 這是錢穆在北大歷史系的講義增刪而成。

當今談「近三百年學術史」影響最大的，自是梁啟超和錢穆二人。錢穆談清代學術，上溯自兩宋學術談起，論說亦偏於宋學，與歷來論說如梁啟超、章太炎等僅溯源自晚明遺老而偏於漢學的路數不同。錢穆在自序說：

「不知宋學，則亦不能知漢學，更無以平漢宋之是非」，「道咸以下，則漢宋兼采之說漸盛，抑且多尊宋貶漢，對乾嘉為平反者。不識宋學，則無以識近代。」

[16] 這是一部在國家快要敗亡時所寫的通史。

國史之作，有凝聚民族志氣的功能。國民對於本國歷史，需由了解而認同，由認同而生維護的責任。此一通史著作，成於抗戰隨校流徙萬里於昆明蒙自、宜民時期，是經由陳夢家鼓勵之下完成。此書的出版，對國難時增強民族的凝聚、國家的認同和激發青年參戰，有重要的推動作用。

錢穆認為「一國之民」，有了解「一國之史」之責。錢穆提出「新通史」之說：

「今日所需要之國史新本，將為自《尚書》以來下至《通志》一類之一種新通史，此新通史應簡單而扼要，而又必具備兩條件。一者必能將我國家民族以往文化演進之真相，明白示人，為一般有志認識中國以往政治社會文化思想種種演變者所必要之智識。二者應能於舊史統貫中映照出現中國種種複雜難解之問題，為一般有志革新現實者所必備之參考。前者在積極的求出國家民族永久生命之泉源，後者在消極的指出國家民族最近病痛之症候。此種新通史，其最主要任務，尤在將國史真態傳

1939 45 歲,第二次世界大戰爆發。夏,母親老病,歸蘇州侍母一年。改名「梁隱」,齋名「補讀舊書樓」。始撰《史記地名考》。

1940 46 歲,6 月,出版《國史大綱》。秋,應顧頡剛之邀,赴成都任齊魯大學國學研究所主任,授「中國文化史」課。

1941 47 歲,1 月,母病逝,錢穆題齋名「思親彊學室」。同年,應四川武漢大學歷史系之邀,講授一月「中國政治制度史導論」、「秦漢史」。當時,嚴耕望為其學生[17]。其間應馬一浮之邀,至樂山復性書院講演「中國傳統政治」。12 月,轉任重慶中央大學歷史研究所導師。

播於國人之前,使曉然了解於我先民對於國家民族所已盡之責任,而油然興其慨想,奮發愛惜保護之摯意也。」

全書創新的史學體例,強調於不同朝代突顯的(1)政治制度、(2)學術思想、(3)社會經濟三大支柱的變動興替,提供「有志革新現實者所必備之參考」。

他在書前〈引論〉復批判近代否定傳統、主張西化的學人和反古的風氣,說:

「凡對於已往歷史抱一號稱革命的蔑視者,此皆一切真正進步之勁敵也。惟藉過去乃可以認識現在,亦惟對現在有真實之認識,乃能對現在有真實之改進。故所貴於歷史知識者,又不僅於鑒古而知今,乃將為未來精神盡其一部分孕育與嚮導之責也。」

陳寅恪曾稱譽此〈引論〉「為近世一篇大文章」。

錢穆透過此一通史的撰述,企圖喚起國民的愛國心,強化民族精神,「凡人類常情,必先認識乃生情感」。「欲其國民對國家有深厚之愛情,必先使其國民對國家已往歷史有深厚的認識。欲其國民對國家當前有真實之改進,必先使其國民對國家已往歷史有真實之了解。」

錢穆通博思精,行文多作中西對比,文史交錯,論說由情入理,特有精神,亦最具其特色,如在〈引論〉中分析中西方的差異:

「中國非無進展。中國史之進展,乃常在和平形態下,以舒齊步驟得之。若空洞設譬,中國史如一首詩,西洋史如一本劇。一本劇之各幕,均有其截然不同之變換。詩則只在和諧節奏中轉移到新階段,令人不可劃分。所以詩代表中國文界之最美部分,而劇曲之在中國,不佔地位。西洋則以作劇為文學家之聖境。即以人物作證,蘇格拉底死於一杯毒藥,耶穌死於十字架,孔子則夢奠於兩楹之間,晨起扶杖,遙詠歌自輓。三位民族聖人之死去,其景象不同如此,正足反映民族精神之全部。」

這些跳躍式的比喻,率以情入文史。近人有以不嚴謹、乏論文架構推理譏之,實不明錢穆行文力求彰顯其熾熱生命精神的特色。

[17] 嚴曾記錄錢穆的講演,說:「歷史學有兩只腳,一只腳是歷史地理,一只腳是制度。要通史學,首先要懂這兩門學問」。

1943 49 歲，春，應張曉峰之邀，赴貴州遵義浙江大學講授一月「中國文化史專題」。秋，齊魯大學國學研究所停辦，錢穆被羅忠恕邀至華西大學文學院哲學、歷史系任教，講授「儒家哲學」。錢穆和馮友蘭、蕭公權應邀至重慶高級訓練班講學。此間胃病，住院成都養病時，讀完《朱子語類》、禪宗《指月錄》。

1944 50 歲，四川大學遷返成都，校長黃季陸邀錢穆講學。

1945 51 歲，抗戰勝利。北京大學復校，胡適為校長，時校務由傅斯年代，錢穆並未收到返北京的邀請函。8月，仍在華西大學任教。11月，出版《政學私言》。

1946 52 歲，秋，應于乃仁之邀，赴昆明五華書院文史研究所，講授「中國思想史」，翻閱大量宋、元、明三朝禪師著作及金、元兩代道教書籍。同時，兼任雲南大學文史系，開授「中國文化史」。

1948 54 歲，春，任無錫江南大學文學院長兼史地系教授，與唐君毅論交。撰述《湖上閒思錄》、《莊子纂箋》，出版《孟子研究》與《中國文化史導論》[18]。

1949 55 歲，春，與江南大學同事唐君毅教授應廣州私立華僑大學之聘，由滬赴穗。5月，出版《中國人之宗教社會及人生觀》。秋，應張其昀之約，南避香港。與謝幼偉、崔書琴等籌辦「亞洲文商夜學院」。

1950 56 歲，秋，亞洲文商改為日校，並更名為「新亞書院」，錢穆任院長[19]。冬，赴臺，在臺北省立師範學院演講「文化學大義」，在國防部總政部講「中國歷史精神」。

1951 57 歲，11月，出版《中國歷史精神》[20]。12月，出版《莊子纂箋》。

---

[18] 是書宏觀的探討中國文化精神。首明文化對於「國家凝成」和「民族融合」的重要，然後透過學術文字、文治政府、社會經濟、宗教、文藝美術等延申，討論文化的內涵。其中的第四章〈古代學術與古代文字〉，是站在中國學術史的特殊性看中國文化，最值得注意。

[19] 新亞開辦時，環境惡劣，校舍簡陋，條件艱苦。教員授課一小時酬僅二十元港幣。然而，新亞為許多大陸來港青年提供學習的機會，更落實宋明書院的講學精神，得以在動盪的世局中延續中國文化，此其可貴處。

[20] 書是錢穆在臺北應國防部之邀約講演。書由早年讀梁啟超的〈中國不亡論〉，「如在黑暗中見到一線光明」，從而深受感動帶起，以迄最後講到〈中國歷史上的道德精神〉作結。

1952 58 歲，1 月，出版《文化學大義》。11 月，出版《中國歷代政治得失》、《中國思想史》。

1953 59 歲，5 月，出版《國史新論》。6 月，出版《宋明理學概述》、《四書釋義》、《人生十論》。10 月，得美國亞洲協會經費支助，籌辦「新亞研究所」。

1954 60 歲，出版《黃帝》。

1955 61 歲，春，哈佛燕京社撥款資助「新亞研究所」發展，正式公開招生。3 月，出版《陽明學述要》、《中國思想通俗講話》。同月，錢穆獲中華民國教育部頒發「學術獎章」。6 月，香港大學頒授名譽法學博士。同年，新亞首屆研究生余英時以助教名義赴美哈佛大學深造。

1956 62 歲，1 月，與胡美琦成婚。同年，再版《先秦諸子繫年》，出版《王陽明先生傳習錄及大學問節本》、《中國學術史論集》。

1957 63 歲，3 月，出版《秦漢史》。10 月，出版《莊老通辨》[21]。

1958 64 歲，出版《兩漢經學今古文評議》。

1960 66 歲，1 月，應邀赴美耶魯大學東方研究系講學。6 月，被授予名譽人文博士。後又去哥倫比亞大學為「丁龍講座」作講演。出版《湖上閒思錄》。

1961 67 歲，出版《中國歷史研究法》。

1963 69 歲，出版《中國文學講演集》[22]、《論語新解》。

1964 70 歲，第二次通讀《朱子語類》，撰寫《朱子新學案》。同年，接受切除白內障手術。

---

[21] 當時學界對老子時代的爭論，胡適堅持老子在孔子之前，而馮友蘭和顧頡剛則主張老子在孔子之後才出現。錢穆根據《老子》的字詞和思想，判斷《老子》一書成於戰國晚期，並更晚於莊子的書。老子其人、其書的時間長期構成近代學界一辯論焦點。

近年湖北荊門郭店楚墓老子簡的出土，似能證明《老子》成書的出現，不晚於戰國中期以前。

[22] 講演集首以「中國文字」「具有特有之基準，調洽殊方，溝貫絕代」，成就了「中國文化綿歷之久，鎔凝之廣」的重要性破題，接著逐一講述「散文」、「詩」、「離騷」、「韓柳」、「歐陽文忠」，以迄「京劇」的意味風格。

1965　71 歲,香港政府選定崇基、聯合、新亞三校,合為「中文大學」[23]。錢穆辭去新亞書院院長職務,結束在港辦學長達十六年的生涯,並婉拒星加坡南洋大學擬聘校長之邀。

1967　73 歲,8 月,遷臺定居。任教陽明山中國文化學院歷史所。

1968　74 歲,7 月,當選中央研究院人文組院士。受在臺政府禮遇,遷居臺北市士林外雙溪,取齋名為「素書樓」。出版《中華文化十二講》。

1969　75 歲,11 月,出版《中國文化叢談》。

1970　76 歲,5 月,出版《史學導言》。

1971　77 歲,10 月,出版《朱子新學案》五冊[24]。11 月,出版《朱子學提綱》。同年,完成《中國文化精神》。

1973　79 歲,出版《中國史學名著》[25]。

1974　80 歲,1 月,出版《理學六家詩鈔》。7 月,出版《八十憶雙親》。9 月,出版《孔子與論語》。

1975　81 歲,出版《中國學術通義》。

1976　82 歲,2 月,出版《靈魂與心》。6 月,出版《中國學術思想史論叢》。

1977　83 歲,5 月,出版《世界局勢與中國文化》。雙目逐漸失明,「不能見字,不能讀書」。

1978　84 歲,夏,香港中文大學新亞書院成立「錢賓四先生學術文化講座」。10 月,錢穆以「從中國歷史來看中國民族性及中國文化」為題,作講座演講。11 月,在香港大學演講「人生三步驟」。

1979　85 歲,8 月,出版《歷史與文化論叢》、《從中國歷史看中國民族性及中

---

[23] 「中文大學」一名,為錢穆所提議。此後新亞學生畢業資格獲得承認,教師生活待遇得到改善,但新亞創校的精神卻從此而逐漸消散。

[24] 錢穆把朱熹思想視為理學的重心,並將朱熹與孔子並列,突顯出其在整個中國思想史上的地位。

[25] 此為錢穆在臺北文化學院歷史研究所課程的錄音刪述。

國文化》。

1980　86 歲，出版《中國哲學史》、《中國通史參考資料》。

1981　87 歲，1 月，出版《雙溪獨語》。

1982　88 歲，7 月，出版《古史地理論叢》、《中國文學論叢》。

1983　89 歲，1 月，出版《八十憶雙親》、《師友雜憶》。10 月，出版《宋明理學三書隨劄》。

1984　90 歲，12 月，出版《現代中國學術論衡》。

1985　91 歲，6 月 9 日，錢穆上告別杏壇的「最後一課」。最後給學生的贈言是：「你是中國人，不要忘記了中國。」[26]，正式在中國文化大學榮休，結束了 74 年的教育生涯。

1987　93 歲，8 月，出版《晚學盲言》上、下冊。

1988　94 歲，臺北市議會「政界鬥爭」，市議員周伯倫質詢：「錢穆憑什麼無償借用素書樓」，並以「非法興建」為由，提出收回市政府公產的「素書樓」。當時的臺北市市長是陳水扁。

1990　96 歲，6 月，錢穆為避免「享受特權」的口實，毅然遷離居住了 23 年的「素書樓」。錢穆對於「晚年遷徙」終究難以釋懷，同時無法適應鬧區的公寓住所。8 月 30 日，遷出不到兩個月，逝世於臺北杭州南路新遷寓所。錢穆的骨灰遵遺願運回江蘇故鄉，安葬於蘇州太湖西山四龍山。

　　錢穆廣涉經、史、子、集，而以史學為研究主線。由早年愛好古文，後轉進宋明理學，再上溯秦漢經、子，最後進入清代考證[27]。他的史學以宏觀的評述通史、

---

[26] 這些愛國的溫情語言，新一代人未審有幾人能感動。
[27] 錢穆在《宋明理學概述》〈自序〉自道學術發展的脈絡：
「入中學，遂窺韓文，旁及柳、歐諸家，因是而得見姚惜抱《古文辭類纂》及曾滌生《經史百家雜鈔》。因念非讀諸家全集，終不足以窺姚、曾取捨之標的，遂決意先讀唐、宋八家。……遂悟姚、曾古文義法，並非學術止境。韓文公所謂因文見道者，其道別有在，於是轉治晦翁、陽明。因其文漸入其說，遂看《傳習錄》、《近

文化史、學術史見稱當代，文章富啟發論點，被譽為「一代儒宗」。

錢穆享高壽，一生筆耕不輟，講學不斷，他以宏揚中華文化為志，留下大量學術及通俗推廣的文字。我在 70 年代初期，曾大量閱讀錢穆的文章，深受其學術溫情的感召。

他的學術歷程，以 1930 年為分界，這年以前為其學術的孕育期，一直蟄居於中學教職，1930 年以後至 1950 年間，是他得以破格在大學任教，展露其學術才華的階段。其中，特別是自 1930 年以〈劉向歆父子年譜〉一文，奠定其學術聲望，接著在 1935 年《先秦諸子繫年》、1937 年《中國近三百年學術史》、1940 年《國史大綱》的密集出版，成就最為突出。這十年之間的文章，確立其通儒的地位。

1950 年，他遠赴香港，開展出在中壯年困頓流亡歲月中的「新亞精神」，一直至 1965 年，新亞書院為香港中文大學合併為止。1967 年，赴臺定居之後，屬於他的學術晚期，以《朱子新學案》再展風華，為其晚年壓卷之作。

錢穆關愛、重視中國民族情懷，民族憂患涵蓋其一生的生命和文字。他不是單純為學術而研究學術，而是以「溫情與敬意」之心研治歷史文化，在講述過程中兼有一絲宗教家的情懷。學術上，他強調「會通」四部的重要，混合今文古文經的分野，破除考據、義理、辭章的缺裂，消弭漢學和宋學、理學和心學之間的爭論，思考中國文化精神中獨有「人本」的「天人合一」的融合協調價值，此對後學影響最大最深遠。

錢穆幼孤失學，刻苦自學成名，他並非學院派出身，撰文率性自發，好用簡淺文言，由情入理，境界自大，感人處亦深。惜近世學人以胡適、北大派及其後中央研究院為首的學術主流，嚴格遵遁西方的論文格式撰寫文章，言必以科學、證據為口號，一再忽略或貶損錢穆等新儒家的著作背後講求溫情、生命的致用價值。此種非我族類的偏見，固然壓縮錢穆在當世的學術地位，但誠有可商榷的地方。至於近世被推為顯學的甲骨金文等地下材料，錢穆並沒有充分的應用，無疑也是一種世代的遺憾。

思錄》及黃、全兩《學案》。又因是上溯，治五經，治先秦諸子，遂又下迨清儒之考訂訓詁。宋、明之語錄，清代之考據，……所讀者益多，遂知治史學。」

十一、于省吾學術年表

1896（光緒二十二年）　1 歲，12 月 23 日生於遼寧海城縣[1]。父名開地，為私塾教師。

1903　7 歲，入私塾。父親親自教讀。

1913　17 歲，考入海城縣中學，肄業三年。

1914　18 歲，考入奉天教育會國學專修科，肄業二年。後專修科合併於瀋陽國立高等師範。

1919　23 歲，師範畢業，在安東縣署編輯縣志，三月後，轉任奉天交通銀行職員。

1920　24 歲，任西北籌邊使署文牘委員。秋，改任奉天省教育廳科員。

1924　28 歲，任江蘇督辦楊宇霆的秘書。

1926　30 歲，被奉天省長莫德惠任奉天省城稅捐局局長。

1928　32 歲，被張學良委任東北邊防司令官公署諮議。同年，張學良和楊宇霆籌建奉天萃升書院，傳揚國學，于省吾任院監。于親赴北京邀國學名師如吳廷燮、吳闓生、高步瀛等來講。其中的吳闓生主講「古文」，于省吾由此深受桐城派「古文」影響。

1929　33 歲，任輔仁大學講師，開始講授「古文字學」。

1931　35 歲，「九一八」事變，萃升書院停辦，于省吾移居北京。其父將瀋陽的藏書三十餘箱轉運至京，于省吾開始研究古器物和古文字，也同時研究先秦文獻[2]。他先後搜藏甲骨，和青銅二百多件，其中多屬兵器，如吳王夫差劍、少虞錯金劍、吳王光戈、楚王酓璋錯金戈、秦相邦冉戟等，乃以「雙劍誃」名齋[3]。

---

[1] 于省吾的生平，主要參考其本人的〈于省吾自傳〉、黃錫全撰〈于省吾先生及其學術貢獻述略〉、何景成撰〈于省吾先生傳略〉。

[2] 此年應是于省吾潛心治學的開始。

[3] 于省吾在大陸建國時，將所藏古文物捐獻給故宮博物院和中國歷史博物館。

1933　37 歲，編《雙劍誃吉金文選》。

1934　38 歲，撰《雙劍誃尚書新證》、編《雙劍誃吉金圖錄》。

1935　39 歲，撰《雙劍誃詩經新證》[4]。

1936　40 歲，撰《雙劍誃易經新證》。並發表〈井侯簋銘文考擇〉、〈毛伯班簋銘文考釋〉。

1941　45 歲，撰《雙劍誃殷契駢枝》、《論語新證》。

1942　46 歲，撰《雙劍誃殷契駢枝續編》。

1943　47 歲，撰《雙劍誃殷契駢枝三編》。

1947　51 歲，發表〈釋人、尸、仁、夷〉一文於《大公報文史周刊》、〈急就篇新證〉。

1949　53 歲，中止教學，在家從事研究。撰〈重文例〉。

1952　56 歲，全國高校院系調整，于省吾被聘為故宮博物院專門委員。

1955　59 歲，長春東北人民大學（後改為吉林大學）校長匡亞明赴京，聘請于省吾為歷史系教授[5]。撰〈殷代的交通工具和馹傳制度〉。

1956　60 歲，撰〈殷代的奚奴〉、〈釋蔑曆〉。

---

[4] 1981 年書內容經增刪，改名《澤螺居詩經新證》出版。後附《楚辭新證》。書中大量引用甲骨、金文和文獻對應，重新理解《詩經》、《楚辭》的句意。如：用甲文的「亡尤」證〈綠衣〉的「無訧」，金文的「牽」證〈桃夭〉的「有蕡」、「侃」證〈南有嘉魚〉的「衎」、「小正」證〈小星〉的「宵征」，用鄭州二里崗戰國墓出土的帶鉤，引證〈大招〉的「鮮卑」一詞等是，都充分掌握王國維「二重證據」的操作和精神。此書成為近人研治《詩經》、《楚辭》不可或缺的參考著作。

[5] 于省吾在長春從 1955 年至 1984 年工作長達 30 年。自 1955 年到 1966 年，于省吾為學校培育了兩屆研究生，第一屆是姚孝遂、陳世輝，第二屆是林澐、張亞初。1978 年後，才又繼續指導研究生和教育部委託的古文字進修班。他曾在古文字進修班中，率性的品評當代古文字學人：

「唐蘭的文章，有的可以，有的不成。郭沫若聰明，但文章不成。徐中舒釋字的文章不成。裘錫圭可以。李學勤不錯。」

這讓隨班上課的唐蘭兒子唐復年尷尬不已。

1957　61 歲，出版《商周金文錄遺》[6]。撰〈商代的穀類作物〉、〈從甲骨文看商代社會性質〉。同年，為郭沫若的《殷契粹編》和《卜辭通纂》進行校訂。

1958　62 歲，撰〈駁唐蘭先生《關於商代社會性質的討論》〉。

1959　63 歲，撰〈《書·無逸》「文王卑服即康公田功」解〉、〈釋庶〉、〈略論圖騰與宗教起源和夏商圖騰〉。

1960　64 歲，撰〈關於天亡簋銘文的幾點論證〉。

1961　65 歲，撰〈陳僖壺銘文考釋〉、〈歲時起源初考〉。

1962　66 歲，撰《雙劍誃諸子新證》[7]、〈論古韻部東、冬的分合〉、〈盜跖和有關史料的幾點解釋〉、〈皇帝稱號的由來和秦始皇的正式稱號〉、〈《詩》「駿惠我文王」解〉、〈師克盨銘考釋書後〉、〈從古文字學方面評判清代文字、聲韻、訓詁之學的得失〉、〈對於《詩·既醉》篇舊說的批判和新的解釋〉、〈澤螺居讀詩札記〉[8]。

1963　67 歲，撰〈澤螺居詩義解詁〉、〈《詩經》中「止」字的辨釋〉、〈釋羌、苟、敬、美〉、〈鄂君啟節考釋〉、〈釋尼〉。

1964　68 歲，撰〈司母戊鼎的鑄造和年代問題〉、〈略論西周金文中的「六師」和「八師」及其屯田制〉。

1965　69 歲，撰〈關於〈釋臣和釋鬲〉一文的幾點意見〉、〈夏小正五方質疑〉、〈關於〈論西周金文中的「六師」「八師」和鄉遂制度的關係〉一文的意見〉、〈《詩》「履帝武敏歆」解——附論姜嫄棄子的由來〉。

1966　70 歲，撰〈讀西周金文札記五則〉、〈「王若曰」釋義〉。

1972　76 歲，撰〈從甲骨文看商代的農田墾殖〉。

---

[6] 書收錄金文拓本 466 種，是當日較完善的金文讀本。

[7] 于省吾應用甲骨金文，配合乾嘉二王、孫詒讓等的成果，重新審訂、訓釋《管子》、《晏子春秋》、《墨子》、《老子》、《莊子》、《韓非子》、《呂氏春秋》、《淮南子》、《法言》、《列子》等子書的句意，開用地下材料通盤研治子書的先河。

[8] 于省吾曾考釋《莊子》〈秋水〉的「礨空之在大澤」的「礨空」一詞，讀為「螺孔」，後遂以「澤螺」為室名，有學無止境之意。

1973　77 歲，撰〈關於古文字研究的若干問題〉、〈關於長沙馬王堆一號漢墓內棺棺飾的解說〉。

1976　80 歲，歷經文革十年動盪，仍不斷研究，長期凌晨三點多起床閱讀寫作，自號「夙興叟」。

1978　82 歲，大陸高校恢復研究生招考。于省吾招收了何琳儀、湯餘惠、曹錦炎、黃錫全、吳振武五名研究生[9]。撰〈略論甲骨文「自上甲六示」的廟號以及我國成文歷史的開始〉、〈周易尚氏學序言〉、〈〈關於利簋銘文的釋讀〉一文的幾點意見〉。

1979　83 歲，出版《甲骨文字釋林》[10]。撰〈澤螺居楚辭新證〉、〈壽縣蔡侯墓銅器銘文考釋〉。

1983　87 歲，秋，赴香港參加首屆國際中國古文字學術會議[11]，會後即病重。

1984　88 歲，7 月 7 日病逝長春。

---

[9] 早年召開文字會議，五人多同時列席，發言相互援引，分析犀利，時人外號「東北虎」。

[10] 此書最能反映于省吾一生在甲骨的研究成果。

書中整合、刪訂過去《駢枝》三編的成果，並增補建國後的研究所得，總 190 篇，考前人未釋或已釋而有疑義的甲骨文三百字詞。如甲文的乞、敗、喪、虹、雷、大驟風、釋羌甲為沃甲、釋小王為孝己等，都是「泰山不易」的意見。全書方法嚴謹，使用「分析偏旁以定形，聲韻通假以定音，援據典籍以訓詁貫通形與音」，治學路數和王國維相當。書中提出「附劃因聲指事字」、「具有部分表音的獨體象形字」，更是突破傳統「六書」的理論結構。

只是于省吾在處理音韻通假方面有過寬之嫌，閱讀其成果時仍宜謹慎面對。而他提出「附劃因聲指事字」的字例，如：東，從一指事，柬聲。重，從一指事，東聲。月，從一指事，夕聲等結構分析，都不見得可靠。另「表音的獨體象形字」是否存在，于省吾所羅列的字例，恐亦有討論的空間。讀者在閱讀此書時，宜分別觀之。

[11] 于省吾在會議發表的〈釋从天从大从人的一些古文字〉一文，利用偏旁分析法，考訂甲金文中偏旁有作「天」「大」「人」字形之間會通的關連。

當日我有幸在會場恭聆，轉瞬已是四十年前的煙塵往事。「于老黝黑瘦削的身影，襯發著頭頂白髮的光亮，散發出無比自信的學術理念，情景仍如在目前」（我在撰寫《甲骨文字學》一書序言〈世界甲骨學者人力調查〉中的記述）。

于省吾在中壯年後作為一純淨的學人，自學出身，治學方法服膺王國維。一生關注在古文字學、古文物歷史、古籍研究，勤奮著述不斷。他考釋甲骨文字的數量之多，稱譽於當代。他充分應用甲金文等地下資料為主導，印證古書，並擅用偏旁分析，對甲金文字有極具創見的解釋。他的治學，強調由釋字而追溯剖析上古民族社會的真實現象和歷史規律，並肯定「闕疑」精神，被推為「新證」一派，是最能繼承王國維「二重證據法」的學人。

于省吾在《甲骨文字釋林》序中，提出很多具體的研契方法，值得後學借鑑，如：

> 「我們研究古文字，既應注意每一字本身的形、音、義三方面的相互關係，又應注意每一個字和同時代其他字的橫的關係，以及它們在不同時代的發生、發展和變化的縱的關係。只要深入具體地全面分析這幾種關係，是可以得出符合客觀的認識的。」

> 「留存至今的某些古文字的音與義，或一時不可確知，然其字形則為確切不可移的客觀存在。因而，字形是我們實事求是地進行研究的唯一基礎。有的人卻說：『考釋文字，舍義以就形者，必多窒礙不通，而屈形以就義者，往往犁然有當。』這種方法，完全是本末倒置，必然導致主觀望文生義，削足適屨地改易客觀存在的字形，以遷就一己之見。這和真正科學的方法，是完全背道而馳的。」

> 「關於古文字資料在研究古代歷史上的地位問題，我過去一再強調，要以地下發掘的文字資料為主，以古典文獻為輔。」

> 「研究古文字的主要目的，是為探討古代史。而且，中國古文字中的某些象形字和會意字，往往形象地反映了古代社會活動的實際情況，可見文字的本身也是很珍貴的史料。」

以上這些求實的珍貴意見，對應今日學界泛濫輕率的直接以音義考釋文字，而不考慮字形流變的射覆風氣，真能發人深省。

于省吾對於戰國古文和篆隸字形的演變，很早就開始注意。特別是對古璽印、古貨幣、古陶文的研究，更是開其先河。他熟讀古文獻，尤精於《詩經》、《楚辭》和諸子，透過和地下文字的充分互較，多有精闢的看法。

與于省吾同一時期齊名的，有廣州中山大學的容庚、商承祚[12]，北京大學的唐蘭[13]，中國社會科學院歷史所的胡厚宣[14]，上海華東師大的戴家祥[15]，杭州浙江大學的姜亮夫[16]，四川大學的徐中舒[17]，可謂人才濟濟。以上諸君多屬「甲骨四堂」後人，皆以甲金文研究勝長，地下出土古文字無疑已上推為新一代國學研究的顯學之一。

　　于省吾長期蟄居東北苦寒之地，遠離是非，在動盪的政局下，猶幸能自免，且仍堅持初衷，勤於研治學術，新意疊出。于省吾有教育傳承之心，「春風能化雨，悄然無聲」，他以吉林大學為中心，開創東北古文字學重鎮，自成一脈。他先以戰國文字為訓練根底，上推甲金文，下評述《說文》，宏觀的應用出土文字整理古書的正讀，學風影響迄今。

---

[12] 容、商為羅振玉、王國維的學生。容畢生從事青銅器研究，撰《商周彝器通考》，至今仍是最好的一部認識青銅器的書。又有《金文編》，歷經四版修訂，更是研究金文字形必備的工具書。商年青時整理甲骨文考釋，後旁及竹簡帛書研究。80年代初，二人培育的學生曾憲通、陳煒湛、孫稚雛、張振林，學林外號「四大金剛」，盛況空前。

[13] 唐為王國維的學生，治學由《說文》而金文而甲骨，創三書說、部首自然分類法，並總結文字考釋方法有四：對照法、推勘法、偏旁分析法、歷史考證法。撰《古文字學導論》、《中國文字學》，屬文字理論開山之作。《殷墟文字記》，是他在北大任教的講義，自稱破讀甲骨文字數冠於當代。

[14] 胡為董作賓的學生。早年撰《甲骨學商史論叢》，享譽海內外，是甲骨四堂後一代宗師。晚年積極培育人才，又在動盪中主編《甲骨文合集》，集四萬多片有代表性的甲骨於一書，科學的分期分類，足以取代羅振玉的貞松堂本甲骨，一直迄今，仍是最方便最好用的甲骨材料彙編。

[15] 戴在1906年生於浙江瑞安，是孫詒讓侄孫，1926年考入北京清華研究院，為王國維的學生。1951年任教華東師範大學，1957年被劃為右派。至1995年，出版《金文大字典》。

[16] 姜在1902年生於雲南昭通。初入讀北京師大，又考入清華研究院，為王國維的學生，以《詩騷聯綿字考》卒業，後受河南大學聘。他曾赴巴黎整理「敦煌經卷」中切韻的卷子。大陸解放後，被調至浙江師院，一生以讀書、寫書為樂。

[17] 徐為王國維的學生，長於用甲骨考證殷制度史，晚年編《甲骨文字典》，整理每一甲骨文的用法。

十二、徐復觀學術年表

1903 1歲，1月31日，生於湖北浠水一貧苦農家[1]。乳名丙熇。母育子女五人，徐復觀排行第四。幼年放牛、打柴、撿棉花等勞動。

1911 9歲，從父親啟蒙讀書，易名秉常。父採用新舊並進方式教學。其中的新是讀新式教科書，舊是以先背誦後講解的方式精讀《論語》、《四書》、《五經》，並兼讀《東萊博議》、《古文觀止》、《綱鑒易知錄》、《御批通鑒輯覽》等書。

1915 13歲，以第一名考入浠水縣立高等小學。

1918 16歲，浠水縣立高等小學畢業，考上武昌的湖北省立第一師範學校，校長是劉鳳章[2]。這階段徐復觀系統的學習傳統典籍，奠定了很好的文史基礎[3]。

1920 18歲，讀《大乘起信論》，自取「佛觀」以為字。

1923 21歲，師範畢業。徐復觀被派至縣城第五模範小學當教員，工資每月只有5塊半到6塊大洋。此時湖北省國學館開始招生，旨在培養國學人才，館長是王葆心。冬，徐參加考試，三千應考生中，徐復觀以第一名錄取，當時的閱卷人是黃侃。其後，徐因生活貧困，當中不得不離開武漢，赴漢川縣當小學教員，以維持生計。

1926 24歲，冬，北伐軍攻佔武昌，湖北省國學館關閉，徐復觀結束了求學生涯。徐復觀參加國民革命軍，投身革命。

1927 25歲，徐復觀退出政治活動，擔任在武昌的湖北省立第七小學校長。

1928 26歲，受省方支助，保送留學日本習軍事，先後就讀明治大學經濟系和陸軍士官學校步兵科。其間，閱日本思想家河上肇的著作，並廣泛研讀馬克思主義書

---

[1] 徐復觀年表的整理，主要是參考謝鶯興編的《徐復觀教授年表初編》、李維武編〈徐復觀著作編年目錄〉。

[2] 劉鳳章，湖北黃陂人，曾任教於張之洞創辦的兩湖書院。劉崇信王陽明學說，徐復觀推舉之為「真正以宋明儒精神辦學校的，民國以來僅有他一人」。

[3] 徐復觀讀書重眉批、摘抄資料的基本功夫。

刊。

1931 29 歲,「九一八」事變。徐復觀因抗議日本帝國主義侵華,被日本當局監禁,並革除學籍,驅逐出國,隨即返上海。此時徐復觀才真正和社會接觸、奔走,但結果都是冷酷回應。自此,徐復觀不再談「救國大志」。為了生活,徐復觀經介紹至廣西國民黨軍隊中任職。

1932 30 歲,投效於浙江省政府黃紹竑幕下。

1934 32 歲,春,隨黃紹竑駐節新疆歸綏。

1935 33 歲,黃紹竑調任浙江省主席兼滬杭指揮官,抵禦日軍入侵,徐復觀隨同前往,任上校參謀。同年,與同鄉王世高結婚[4]。

1937 35 歲,7 月,隨黃紹竑參加山西娘子關戰役,此戰役以失陷告終。11 月,派任團長。長子武軍出生杭州。

1938 36 歲,春,徐復觀至武昌武漢大學參加軍官集訓。

1942 40 歲,徐復觀奉國民黨軍事委員會令,至延安八路軍任聯絡參謀,歷時半年,與中共領導人如毛澤東、劉少奇等多有接觸。

1943 41 歲,徐復觀從延安返重慶,向國民黨當局提出〈中共最近動態〉報告,引起了蔣介石的重視,先後擔任蔣的軍委會少將高級參謀、聯合秘書處秘書長隨從秘書、侍從室第六組副組長、總統隨從秘書等職。同年春,在白碚金剛碑的勉仁書院拜見熊十力[5]。熊推薦徐復觀閱讀王夫之的《讀通鑑論》,並對徐復觀嚴厲的訓斥,讓徐復觀開始摸到治學的門徑[6]。徐復觀受熊「亡國族者常先自亡其文化」的教誨影響,深悟文化問題的重要,成為日後徐由政治轉投身學術文化的動機。熊將徐復觀的原名「佛觀」改為「復觀」,取《易‧復卦‧象辭》的「復其見天地之心乎」之意,字曰「見心」[7]。

---

[4] 徐復觀和王世高的結合,是他一生苦難飄零中最值得安慰的際遇。

[5] 熊十力曾學於南京支那內學院的歐陽竟無大師,著《新唯識論》,和馬一浮、梁漱溟、張君勱合稱「當代四大儒」。

[6] 徐復觀提出資料的歸納,有「文獻的線索」,和「思想的線索」兩條考證方法。每種考證,都要建立在源頭和流變的了解上。

[7] 在熊十力的遺稿,見 1948 年處悲苦動盪之時,撰〈徐復觀名字說〉一文,極言對國族

1946 44 歲，10 月，以陸軍少將志願退役，結束軍旅生涯。

1947 45 歲，徐復觀對政治失望，選擇回到學術文化研究的道途。他獲蔣介石津貼一億元（時值美元二萬），和商務印書館合作，創辦《學原》學術月刊。

1948 46 歲，認識香港華僑日報的岑維休、岑才生。徐蚌大戰，徐復觀憂心奔走無效，由南京經上海至廣州。

1949 47 歲，國共分治。1 月，得到蔣介石的九萬元港幣支助，避居香港，創辦《民主評論》半月刊雜誌。徐復觀自此離開大陸，離開老母，流亡港臺地區，5 月，抵臺灣臺中定居[8]。

1951 49 歲，次子帥軍在臺中出生。開始在《華僑日報》撰寫政論文字。

1952 50 歲，徐復觀在臺中的臺灣省立農學院任兼任教師，開授「國際組織與國際現勢」一政治課程。

1953 51 歲，8 月，改為臺灣省立農學院任的專任教師，並改授國文。

1955 53 歲，7 月，由美國基督教會創辦的東海大學在臺中建立。經沈剛伯的推薦，並應東海校長曾約農之邀，徐復觀轉任東海中文系教授。從此，徐復觀焚膏繼晷，致力寫作，一方面是學術研究，一方面是時評雜文[9]。

1956 54 歲，4 月，出版譯作《詩的原理》（荻原朔太郎著）。8 月，接任東海中文系系主任。10 月，出版《學術與政治之間》甲集[10]。11 月，至臺中師範講演

之殷切和學生的盼望：

「今大地眾生，方顛倒以極於剝。吾憂人尤剝極，其忍不思復乎？」

「子以維桑之誼，周旋老夫丈履間，寄望彌切，慎忽忘易名命字之旨也。」

[8] 據徐復觀在一篇〈我的母親〉文中，沉痛的敘述徐母在亂世中逝去：

「三十八年十月左右，我家被掃地出門，母親旋不久死去，得年約八十歲。」

「全家白天無一碗一筷，夜間無一被一單。母親當然迅速倒下，而我也由此抱終天之恨，與鄉土永隔，連母親有沒有墓墳，也不得而知了。」

[9] 徐復觀在《中國思想史論集》感慨的說：

「我中年奔走衣食，不曾有計畫的做過學問。垂暮之年，覺得古代思想堡壘之門，好像向我漸漸開了一條隙縫，並從隙縫中閃出了一點光亮；所以這幾年作了若干嘗試性的工作。」

[10] 《學術與政治之間》甲集、《學術與政治之間》乙集，是徐復觀撰文重心由政治評論逐

「象山學術思想的時代課題」。

1957 55 歲，6 月，代東海吳德耀校長赴臺北邀請梁容若到中文系授課。11 月，出版《學術與政治之間》乙集。

1958 56 歲，1 月，徐復觀和牟宗三、張君勱、唐君毅共同簽署〈為中國文化敬告世界人士宣言〉，肯定中國歷史文化之精神生命。這標誌著臺港地區「新儒家思潮」的崛起[11]。10 月，至臺中師範學院講演「孝道在中國文化中的地位」。

1959 57 歲，12 月，出版《中國思想史論集》[12]。

1960 58 歲，2 月，東海休假一年，赴日。蕭繼宗兼中文系主任。7 月，自日返回。

1961 59 歲，12 月，徐復觀在《民主評論》發表〈中國人的恥辱，東方人的恥弄〉一文，嚴厲批評胡適在一場演講中稱：「中國文化，已經失去了靈性」。

1962 60 歲，2 月 24 日，胡適因心臟病病發去世。3 月，徐復觀撰〈一個偉大書生的悲劇——哀悼胡適之先生〉。8 月，徐復觀在東海獲休假一年。

1963 61 歲，出版近代先秦論著經典的《中國人性論史・先秦篇》[13]。

漸過渡至學術論文的階段。前書如〈論政治的主流〉、〈我們信賴民主主義〉、〈論組織〉、〈中國政治問題的兩個層次〉等，都仍有濃厚的政論意識，及見後書的〈釋論語的仁〉、〈釋論語「民無信不立」〉、〈中國知識分子診所之回向〉等，基本上已都是純粹談學理的文章。

[11] 一般言「新儒家」，是指以熊十力為開山，熊門的牟宗三、唐君毅、徐復觀等發揚光大的思潮。

徐復觀稱唐君毅是「仁者型」儒者，牟宗三是「智者型」儒者，而自己並不是單純的書齋裡的學者，個性敢於批評，敢於打抱不平，是「勇者型」儒者。

[12] 書中〈中國歷史運命的挫折〉一文，嚴厲的批評乾嘉考據之學：

「中國學問，自西周初葉，以迄清代初葉，雖然其中有注意知識，因而開有研究自然科學之門的這一方面，但這一悠久的傳統文化，其中心乃在近求人之所以為人的道理，包括人與人之間，如何可以和諧共處在裏面，並加以躬行實踐，這只要稍有常識的人，便可以承認的。但這一文化傳統，在乾嘉學派手上完全被否定了，這還有什麼中國文化可言。但今日高踞學術壇坫的人，依然是以能作乾嘉學派的餘孽而自愛自喜，這還有什麼學術可言呢？」

[13] 此書是徐復觀由政途進入學途的第一本代表作。徐復觀寫此書，是要印證中國文化「在

人的具體生命的心性中,能夠發掘出道德的根源。人在自己一念自覺之間,可以解決人類自身的矛盾」。

書中第二章對周初人文精神源自人性的「憂患意識」,提出詳盡的論述:

「憂患與恐怖、絕望的最大不同之點,在於憂患心理的形成,乃是從當事者對吉凶成敗的深思熟考而來的遠見。在這種遠見中,主要發現了吉凶成敗與當事者行為的密切關係,及當事者在行為上所應負的責任。憂患正是由這種責任感來的要以己力突破困難而尚未突破時的心理狀態。」

「憂患意識,乃人類精神開始直接對事物發生責任感的表現,也即是精神上開始有了人地自覺的表現。」

「自己擔當起問題的責任時,才有憂患意識。這種憂患意識,實際是蘊蓄著一種堅強意志和奮發的精神。」

「在憂患意識躍動之下,人的信心的根據,漸由神而轉移向自己本身行為的謹慎與努力。這種謹慎與努力,在周初是表現在『敬』、『敬德』、『明德』等觀念裏面。尤其是一個敬字,實貫穿於周初人的一切生活之中,這是直承憂患意識的警惕性而來的精神欲抑、集中,及對事的謹慎、認真的心理狀態。」

以上的文字,真是字字千金,直接成為新儒家語錄的經典,也成為後人了解中國人文精神源頭的重要文獻。

自此,《易傳》所說的「憂患」一詞(語出〈繫辭〉上:「(天地)鼓萬物不與聖人同憂」。〈繫辭〉下:「易之興也,其於中古乎?作易者,其有憂患乎?」。「其出入以度,外內使知懼,又明於憂患與故」。),成為近人討論上古宗教、文化的一個關鍵用語。這種在逆境中勇於向上、勇於面對擔當、永不言悔的精神,也體現在徐復觀一生的生命實踐之中。

書中逐章分述:周初宗教與人文精神、禮的出現、孔子其性與天道、中庸的性命思想、孟子的心善、荀子經驗主義的人性論、大學之道、墨子兼愛與天地、老子道德思想、莊子的「心」、道家支派與末流的心性、陰陽五行的演變等,是近代學人研究中國思想的典範名著。

書末附錄三篇,都是了解徐思想極重要的文字,學者不可不察。

附錄一:〈有關老子其人其書的再檢討〉,徐復觀將老子的觀念和用字,逐一和莊子、荀子、呂氏春秋、韓非子等先秦資料對看。特別是拿莊子言「天門」、「抱一」等,多是發揮老子的話,而莊子多用「性」而老子書中無一言「性」字,都可證老子思想先行於莊學。徐復觀認為老子是孔子先進,並大膽推測成書者是《史記》〈老子列傳〉的「關公尹喜」,這啟發行後人許多聯想的空間。

附錄二:〈陰陽五行及其有關文獻的研究〉,徐以「陰陽」、「五行」關鍵詞為橋,對比《詩經》、《春秋》、《國語》和《尚書》中的各種用例,勇敢的提出〈甘誓〉篇為「夏典之遺」。徐在思辨處有過人處,能發前人所未發之靈光。但在文獻的考訂上,似未能服眾。這一議題和當日臺灣大學中文系的屈萬里尚有爭議。徐復觀由思想史的立場

1966　64 歲，2 月，出版《中國藝術精神》[14]。3 月，出版《中國文集論集》[15]。12 月，出版《公孫龍子講疏》。

1967　65 歲，1 月，徐復觀至香港新亞書院講學半年。12 月，撰〈反共與反漢奸〉、〈致胡秋原先生壽並代答梁某的公開信〉[16]。

1968　66 歲，1 月，發表〈回給王雲五先生的一封公開信——有關中山文化學術基金會董事會的審查水準問題〉一文。5 月，熊十力在上海逝世[17]。出版《石濤之一研究》。

1969　67 歲，2 月，獲中華民國畫學會畫學金爵獎（美術理論家獎）。7 月 31 日，徐復觀自東海大學被強迫退休[18]，撰〈無慚尺布裹頭歸〉一文以明志。徐復觀

出發，屈萬里則站在文字詞句使用的因承上看。學者宜思深。

附錄三：〈由尚書甘誓、洪範諸篇的考證看有關治學的方法和態度問題——敬答屈萬里先生〉，本文是承附錄二文章的延續討論。

[14] 徐復觀提出道德和藝術，是中國文化的兩大支柱。徐復觀寫此書，是要將藝術精神堂正的匯合於整個文化洪流之中。此書宏觀的討論孔子與音樂、莊子的精神自由、魏晉玄學與書畫氣韻、唐代山水畫、宋代文人畫等議題，足為近代討論中國藝術的典範著作。全書十章之中，有八章專談中國畫。而第二章〈中國藝術精神主體之呈現——莊子的發現〉一文，創意的把莊子的心齋、坐忘、遊、無用、和等概念和藝術精神相互扣連說明，成就最大。

[15] 此書以討論劉勰《文心雕龍》的文體論為主線，遍論杜甫詩、李商隱詩、韓偓詩等藝術風格以及中國文學中的氣的問題。

[16] 徐復觀和梁容若的衝突，自此正式訴諸文字。

[17] 徐復觀認為是「中國文化長城的崩壞」。

[18] 徐復觀和同屬中文系教授梁容若之間的爭執，不幸拓大為徐復觀與東海大學校方的矛盾。

梁容若早年在抗戰時期，曾撰〈日本文化與支那文化〉一文，參加日本國際懸賞徵文而獲首獎，文中有抬高日本文化、為日本侵華張目之嫌，遂爆發 60 年代臺灣文壇「文化漢奸」一案的批判；又在 1967 年 11 月，梁容若以《文學十家傳》一小書，獲得臺灣中山學術文化基金會的文學史獎，而這本書的申請，是經由東海大學校長和文學院院長逕行推薦參選評獎的。以上二事，激起徐復觀對梁容若和東海校方的強烈不滿，以至衝突。1969 年，校方公布來自美國聯合董事會的調查報告報告，公然宣稱大陸人和臺灣人是兩個不同文化的民族，並要求東海大學教中國文化的教師保證學生信仰基督教。徐復觀針對此事在校務會議上向校方提出抗議，遂激化了雙方的矛盾，導致了他日後的被迫退休。詳參朱歧祥撰〈談徐復觀先生的二度飄零〉，文見朱著《亦古亦今之學》，萬

隨即遷離東海宿舍，移家北上。他結束了 14 年安靜穩定的生活，又回到 20 年前人生困頓的轉折點[19]。9 月，徐復觀赴香港新亞書院研究所任教，持續發奮著述。此後，為了生活，大量在香港華僑日報撰寫副刊雜文。同月，殷海光癌症逝世，徐復觀撰〈痛悼吾敵，痛悼吾友〉一文以追念。

1971　69 歲，1 月，出版《徐復觀文錄》四冊。

1972　70 歲，3 月，出版《兩漢思想史》[20]卷一。

1973　71 歲，1 月，發表〈與陳夢家屈萬里兩先生商討周公旦曾否踐阼稱王的問題〉。

1974　72 歲，出版《中國文學論集》。4 月，撰〈駁郭沫若殷周奴隸社會說〉。

1976　74 歲，6 月，出版《兩漢思想史》卷二。

1977　75 歲，5 月，出版《黃大痴兩山水長卷的真偽問題》。

1978　76 歲，9 月，任香港珠海文史研究所兼任教授。

1979　77 歲，8 月，出版《儒家政治思想與民主自由人權》。9 月，出版《兩漢思想史》卷三。

1980　78 歲，4 月，出版《徐復觀雜文》四冊。5 月，出版《周官成立之時代及其思想性格》。9 月，出版《徐復觀文錄選粹》。9 月中旬，來臺參加漢學會議，發現胃癌，並接受手術。

1981　79 歲，1 月，集中精力撰寫《兩漢經學史》，至 3 月完成初稿。3 月，出版《中國思想史論集續篇》。5 月，出版《徐復觀雜文續集》。10 月，出版《中國文學論集續篇》。

1982　80 歲，徐復觀將〈先漢經學的形成〉和〈西漢經學史〉兩文稿合在一起，擬出版《中國經學史的基礎》。1 月，準備為 7 月在夏威夷參加的「國際朱熹學術

　　卷樓圖書公司，2017 年 12 月。
[19]　臺灣的臺灣大學哲學系、輔仁大學、東吳大學本擬有延聘徐復觀的計畫，但都因政治的壓力而作罷。其後，適逢唐君毅來臺，乃邀徐復觀至香港中文大學新亞書院客座兼課。
[20]　原由新亞出版，名《周秦漢政治社會結構之研究》，後在學生書局增訂二章重印改名。

討論會」撰寫〈程朱異同〉一文[21]。2月，由香港飛臺灣接受檢查，癌細胞已擴散。4月1日，徐復觀逝世於臺灣大學醫院。4月，出版《中國思想史論集續篇》。5月，出版《中國經學史的基礎》。6月，出版《論戰與譯述》。

1984　8月，出版《徐復觀最後雜文集》。

1987　10月，徐復觀的幼子帥軍將徐的骨灰移返故鄉浠水。出版《無慚尺布裹頭歸──徐復觀最後日記》。

1991　6月，出版《徐復觀文存》。

1993　2月，出版《徐復觀家書精選》、《徐復觀集》。

　　徐復觀童年貧苦務農，因政治理想而從軍，其後又因理想的幻滅[22]，轉身投向文化生命的追求，並以肯定孔孟思想的價值作終[23]。他一生以氣盛，不管是做事為人；以至行文，特別是捍衛中國文化，都讓旁人感受到這股堅定不移的霸氣氣勢，沒有討價還價的餘地。這或許是來自其師熊十力學統的感染，也或許是出自其與身俱來的氣質。

　　他自幼窮困，一生乘載著無數人世間的苦難不平，並挑負著傳統的文化命脈，以蒼生百姓為念，感時傷世，言情說理，至死不移，堅守著「知識分子的民族責任」、「堂堂正正做一個中國人」的驕傲，做平實正直而「入世」的生命學問。徐復觀透過千百萬「鍥而不捨」的筆耕文字，站在學理上強調「人」的價值和「本心」的意義，向古今專制政權挑戰。他畢生散發出對中華民族和文化的熱愛、溫情和信念，傳達奮進的人性光輝，讓人感動追思。

　　徐復觀自1949年飄零於海外，因緣際遇，幸運寄身於臺中大肚山東海大學，以快接近50歲的高齡，才有機會開展其學術生涯的追求。老天給他14年安穩述作

---

[21] 這是徐復觀一生完成的最後一篇論文。
徐文中提出「為己之學」，是由孔、孟至程朱、陸王思想的主軸特點。論文由劉述先濃縮譯為英文稿發表。徐復觀說：「所謂為己之學，是追求知識的目的，乃在自我的發現、開闢、升進，以求自我的完成。」

[22] 徐復觀曾撰〈舊夢‧明天〉一文，替自己死後的墓石寫道：「這裡埋的，是曾經嘗試過政治，卻萬分痛恨政治的一個農村的兒子。」

[23] 徐復觀的遺囑謂：「余自四十五歲以後，乃漸悟孔孟思想為中華文化命脈所寄，今日以未能赴曲阜親謁孔陵為大恨也。」

人生的生活，他偏重在考研中國人文精神的源頭和思想縱線的特色。約到 60 歲的高齡，先後完成了《中國人性論史‧先秦篇》、《中國藝術精神》二本經典著作，在思想和文學圈始露頭角。這時候起，快速奠定了他在中國文化思想學界的領袖地位。

1969 年，徐復觀卻以個人的原則，竟甘冒和教育集團和人情的相衝突，毫不妥協，最終被逼退休，結束了 20 年的安定日子，舉家遷移，緊接開展了第二段花果飄零的晚年歲月。1969 年徐復觀移居香港，一直至他病逝的 10 餘年，徐復觀「像老牛似的」不要命地著述，為了謀生活，也為完成個人學術生命的理想堅持。他似乎明白這是老天額外多賞賜給他的學術光陰，他並沒有浪費分秒，這段辛苦日子再次的激發他在學術的鬥志。1981 年的《兩漢思想史》、《兩漢經學史》的撰寫，成就了他晚年又一次超越自我的名山事業；儘管後一本書已無力完全撰畢。「憂患意識」、「藝術精神」、「為己之學」等概念，幾乎已屬於徐復觀在攀爬學術高峰時沿途建構的里程碑代稱，也成為後人進入中國文化可以因循的共同血脈。

十三、屈萬里學術年表

1907（光緒三十三年） 1 歲，9 月 15 月生於山東魚臺縣[1]。父鴻生公，為晚清生員。早聰慧，從小喜歡讀書。字翼鵬，號書傭。

1913 7 歲，入鄉塾。課本除〈百家姓〉、〈三字經〉外，大多是經書。

1917 11 歲，讀畢四書、毛詩。插班入小學四年級。寒暑假，父親親授《韓昌黎文》、《綱鑑易知錄》等書，並用朱熹的《易經本義》為他講解《易經》。

1922 16 歲，入讀濟寧山東省立第七中學初中部。

1925 19 歲，轉入濟南私立東魯中學[2]高中部肄業。課餘始讀《資治通鑑》、《續通鑑》。

1926 20 歲，4 月，娶同縣劉氏為妻。

1928 22 歲，5 月，日本入侵山東。夏，屈萬里中學畢業。因時局動盪，無法投考大學，他暫時在家教館擔任教席。

1929 23 歲，4 月，回鄉任魚臺縣圖書館館長，並兼任縣立師範講習所國文老師。閒時閱讀《漢書》、《後漢書》和《三國志》。

1930 24 歲，屈萬里赴北平，入讀私立郁文學院中文系肄業，空餘時至北京大學、中國大學聽講，如胡適講授的「漢代哲學史」。此時的屈萬里，閱讀梁啟超的《國學必讀書及其讀法》、《清代學術概論》、《中國近三百年學術史》等書，受梁的影響深遠。

1931 25 歲，「九一八」瀋陽事變，因平津學生抗日運動，屈萬里遭停學，返回濟南。

---

[1] 屈萬里的生平，主要參考劉兆祐著〈屈萬里先生著述年表〉、《屈萬里先生年譜》、王天昌著〈中央研究院故院士屈萬里先生事略〉、馮慶東著《屈萬里研究》。

[2] 該校以「發揚東方文化」為辦學宗旨，只有文科班，國學風氣濃厚，教《說文》的是丁佛言。屈萬里在此奠定一良好的國學基礎。

1932　26 歲，1 月，任職省立山東圖書館館員[3]。自編《山東圖書館圖書分類法》。

1934　28 歲，撰《漢魏石經殘字二卷校錄一卷》（二冊）[4]，又在齊魯大學國學所發表〈明釋藏雕印考〉。

1935　29 歲，1 月，撰〈全唐詩所收杜牧許渾二家雷同詩〉。7 月，撰〈站在中國圖書館立場上對於圖書分類法文學分類的商榷〉。同年，又撰〈讀周易古義〉。

1936　30 歲，5 月，撰〈齊魯方言雜考〉。7 月，陞山東省圖書館編藏部主任。12 月，撰〈《易》損其一考〉。

1937　31 歲，七七事變，日本全面侵華。10 月，屈萬里奉王獻唐命，將館藏善本和古器物由曲阜經漢口運至四川保存。他在四川樂山縣圖書館開始搜集陽陰五行的材料。

1939　33 歲，5 月，應孔德成聘，至大成至聖先師奉祀官府任文書主任，並職伴讀。6 月，撰〈跋胡適之的「跋張元的柳泉蒲先生墓表」一文〉[5]。

1940　34 歲，5 月，撰〈讀胡適的〈考作象棋的年代〉〉。6 月，撰〈讀胡適〈入聲考〉一文〉。秋，應聘成都教育工作團圖書館管理。冬，任職國立中央圖書館編纂[6]，注意版本學的研究，並閱讀大量史籍，其中正史由《晉書》到《隋書》。

1941　35 歲，1 月，撰〈傅斯年〈性命古訓辨證〉評介〉[7]。2 月，撰〈關葆謙

---

[3]　屈萬里勤於讀書，眼界漸開。齊魯大學國學所所長樂調甫得知屈萬里的勤奮好學，薦之於山東省立圖書館館長王獻唐。屈萬里蒙王獻唐的重用提攜，1936 年調升至編藏部主任。屈萬里在此任職七年，置身圖書館，大量閱讀易學專著，復經王獻唐指導鐘鼎金石的知識，開始注意考古學和民族學的重要。屈萬里對於甲骨文的興趣，亦源自這一階段。

[4]　屈萬里承王獻唐囑咐，整理洛陽漢魏殘石經 125 枚，並進行考釋。此為屈萬里研究石經之始。

[5]　屈文推算胡適討論蒲松齡夫婦墓表碑陰的生年之誤。

[6]　屈萬里歷任編纂、主任之職。1966 年秋，出任館長。

[7]　這兩年屈萬里撰文先後評論當日學術界紅人胡適、傅斯年的文章，無疑已引起學界對屈萬里的注意。

〈鄭冢古器圖考〉評介〉。3月，撰〈說易〉[8]。8月，撰〈程石泉撰〈雕菰樓易義〉評介〉。11月，與顧頡剛交往。12月，撰〈李證剛等撰《易學討論集》評介〉。

1942 36歲，1月，撰〈汲冢竹書考略〉。7月，撰〈關於周易之年代思想〉。8月，撰〈我國古代的圖書——竹帛〉。冬，中央研究院歷史語言研究所有一助理名額開缺。屈萬里為了閱讀甲骨文、金文和研究《周易》[9]，他甘願放棄中央圖書館高薪的編纂職位，逕而申請待遇少一半的助理空缺[10]，並請王獻唐修介紹信函呈史語所所長傅斯年。然當時的館長蔣復璁並不願放人。

1943 37歲，2月，蒙傅斯年的允准，折衷讓屈萬里借調的名義，至中央研究院歷史語言研究所[11]鑽研甲骨文，並熟讀《尚書》、《毛詩》，旁及《左傳》、《屈賦》。10月，撰〈周易爻辭中之禮俗〉。11月，撰〈吳相湘《清史研究初集》評介〉。

1945 39歲，冬，教育部派中央圖書館蔣復璁館長擔任京滬區接收圖書文物特派員，急需人員協助，蔣數度函催屈萬里回館。12月，撰〈十三經注疏版刻述略〉。

---

[8] 文中介紹易學的演變和各派易例。

[9] 屈萬里希望由接觸出土甲骨文字的內容，目的是要進一步了解《周易》。

[10] 屈萬里對於知識的狂熱追求，實非常人所能及。他從此開展了和史語所長達三十多年的「活養死葬」的關係。

[11] 屈萬里借調從事研究為期三年，他曾說「平生得力處，蓋在此三年。」

屈萬里自擬三年的研究題目：

「1 甲骨文、金文。2 殷代及西周史實：a 政事，b 職官，c 祀典，d 習俗。3 周易。4 陰陽五行。5 齊學。6 黃老。7 古書年代。」

而三年的時間分配，見其嚴以律己：

「1、閱讀甲骨金文書籍——每日午前以兩小時之時間為之。2、閱讀先秦經籍時間——每日午後以一小時半之時間為之。（國語、左傳、逸周書、國策、諸子、三禮）。3、閱讀新出版書時間——每日午後趁暇為之。4、治易時間——每年一、二、十一、十二，四個月，每日晚間以二小時之時間為之。5、閱史書及雜書時間——每年三、四、九、十，四個月，每日晚間以二小時之時間為之。五、六、七、八，四個月之晚間，以儘可能之時間為之。6、溫書時間——每日晨起至早飯前之時間為之。」

這時期，屈萬里受到傅斯年的啟示，了解真實資料的重要。此後二十年，屈萬里的研究工作就在於鑑別資料和解釋資料上。

1946 40 歲，1 月，任特藏組主任。撰〈跋舊拓本大王莊二郎廟碑〉。

1947 41 歲，抗戰勝利，中央圖書館遷回南京。1 月，與顧頡剛遊南京半山寺。3 月，撰〈漢石經周易為梁丘氏本考——跋張溥泉先生藏漢嘉平石經周易殘石〉、〈曲阜散記〉。10 月，撰〈周易卦爻辭利西南不利東北說〉、〈國立中央圖書館善本書目初稿〉。

1948 42 歲，9 月，寓四川南溪李莊。任中央研究院歷史語言研究所助理研究員。在《中研院史語所集刊》第十三本發表〈諡法濫觴於殷代論〉[12]、〈師不跣解〉、〈甲骨文從比二字辨〉[13]三文。

1949 43 歲，國共內戰。春，中央圖書館遷移善本書至臺北，屈萬里受命任臺灣辦事處主任，隨行保管。10 月撰〈鴉鳴的凶兆〉、〈牝雞司晨在臺灣〉。同年，傅斯年任臺灣大學校長。

1950 44 歲，春，轉任臺灣大學中文系副教授[14]，並襄助校長主任秘書公務。6 月，撰〈周易卦爻辭成於周武王時考〉[15]，文發表於臺灣大學《文史哲學報》第一期。7 月，撰〈罔極解〉[16]。12 月，傅斯年卒於國立臺灣大學校長任內，享年 55 歲。

1951 45 歲，1 月，撰〈敬悼傅孟真先生〉。4 月，重寫〈十三經註疏版刻述略〉、撰〈讀古書為什麼要講究版本〉。6 月，撰〈傅孟真先生軼事瑣記〉。秋，專任臺大教書工作。12 月，撰〈唐寫本史記伯夷列傳校勘記〉。

1952 46 歲，3 月，撰〈中文舊籍目錄版本項著錄舉例〉。4 月，出版《詩經釋

---

[12] 傳統言諡法制度，多據《逸周書》，謂始於周初。王國維則稱在宗周共懿之後，郭沫若甚至推至戰國時期。屈文則另闢新說，認為殷末已有之制。

[13] 屈萬里將甲文的「從」「比」形近二字的用法細加區分，認為前者訓自、訓於，後者作親近解。這觀念一直影響甲骨學界。

[14] 屈萬里先後開授「周易」、「詩經」、「尚書」、「古籍導讀」、「文史資料討論」、「經學專題討論」等課程。

[15] 屈文一反前人謂卦爻辭為周文王之作的說法，另據晉卦卦辭及隨卦上六、益卦六四爻辭內容用字，推知卦爻辭成於周初武王之際。

[16] 《詩經》〈蓼莪〉「昊天罔極」一句的「罔極」，歷來訓解釋「無窮」意，屈文改釋以「無良」意，謂是詈天之語。

義》[17]。11月，撰〈談詩經〉。12月，撰〈詩三百篇成語零釋〉[18]。

1953　47歲，升為教授。6月，出版《圖書版本學要略》[19]一書。

1954　48歲，4月，撰〈擬拓片編目規則〉。7月，撰《中國歷史地理》中的〈殷周篇〉。11月，撰〈周誥十二篇中的政治思想〉[20]。12月，撰〈仁字涵義之史的觀察〉[21]、〈孟子的民本學說〉。

1955　49歲，專任臺大教授，兼任中央研究院歷史語言研究所副研究員，承擔「殷墟文字甲編考釋」工作[22]。3月，撰〈許世瑛《中國目錄學史》評介〉。5月，出版《詩經選注》一書。12月，撰〈今本尚書的真偽〉。

1956　50歲，4月，撰〈說易散稿〉[23]、〈易卦源於龜卜考〉[24]。8月，撰〈子部雜家類之新的分類問題〉、出版《尚書釋義》一書[25]。9月，撰〈明夷待訪錄論君

---

[17] 此書打破了今古文經的界劃，訓解多採清儒看法，又能貫以甲骨金文的參證，通讀上下文。出版後一直成為近人修讀《詩經》的必讀參考著作。

[18] 本文載於臺大《文史哲學報》第四期。有關古文獻「成語」研究，無疑是由王國維導乎先路。屈文應是受王國維的影響，文中討論《詩》中成語十例：「周行」、「不瑕」、「德音」、「不忘」、「九皋」、「有北」、「匪人匪民」、「無競」、「昭假」、「敦」。

[19] 書與昌彼得合撰。屈萬里擅長於版本，在山東圖書館任職時，已熟具考訂善本圖書編目的知識。

[20] 屈文將〈周誥〉諸篇的君臣對話和儒家政治思想相承討論。

[21] 屈文指出西周文獻無「仁」字。「仁」字在《論語》和《孟子》用法的差別，是由廣而狹，由為人最高最核心的思想原則而收窄為「愛人」的單一意義上。孟子以後儒家的「仁」，都多用孟子的涵義。

[22] 工作至1958年完成，綴合甲骨223版，新識及訂正舊說文字多達七十餘字。是屈萬里研治甲骨的總成果，也讓《殷虛文字甲編》中的珍貴資料，更廣泛的為文史學界所徵引使用。

[23] 文中多引用甲骨卜辭，以糾正前人之誤說。

[24] 此文系統的印證易卦和龜卜的關係。

[25] 書的體例和《詩經釋義》相當。書中訓詁釋義，以清儒和近人研究為主，並多取甲骨金文印證文獻通讀，創獲殊多。屈萬里行文有王國維的味道，文字不多，但字後多有選擇、判斷的深意。這在他的註文中隨處可見。特別注意書前的敘論，更是一篇讓後學了解「尚書學史」的宏觀文章。書後附「尚書逸文」、「書序」、「偽古文尚書」，提供進一步對比研究之用。

權〉。12月,撰〈尚書皋陶謨篇著成的時代〉[26]。

1957　51 歲,1 月,徐復觀來信[27]。2 月,撰〈甲骨文金文與經學〉。4 月,撰〈論出車之詩著成的時代〉[28]。5 月,撰〈論語解題〉。6 月,撰〈詩國風曾經潤色說〉。7 月,〈闕里聖蹟述證〉。8 月,改任中研院史語所專任研究員,仍與臺大合聘。8 月,與孔德成赴日講學。11 月,於臺大《考古人類學刊》發表〈張秉權《殷虛文字丙編上輯(一)》評介〉。

1958　52 歲,1 月,撰〈我所認識的李濟先生〉。2 月,與費海瑾女士結婚[29]。撰〈孔德成先生應邀訪日散記〉。4 月,撰〈陶潛〉。5 月,撰〈〈滕王閣序〉的兩個問題〉。6 月,撰〈先秦漢魏易例述評(上)〉、〈周初的刑法思想〉。11 月,撰〈尚書文侯之命著成的時代〉[30]。

1959　53 歲,1 月,撰〈跋國立中央圖書館藏宋刊本注東坡先生文集〉。4 月,撰〈先秦漢魏易例述評(漢魏部分)〉。5 月,撰〈習俗與經義〉。8 月,與孔德成赴越南講學。10 月,撰〈河字意義的演變〉[31]。

1960　54 歲,5 月,撰〈岳義稽古〉[32]、〈陳簠齋先生手拓毛公鼎銘跋〉。7 月,撰〈釋「尤」〉[33]。由中研院史語所出版《殷墟文字甲編考釋》。

1961　55 歲,3 月,撰〈尚書中不可盡信的材料〉。6 月,出版《殷虛文字甲編考釋》上下冊[34]。9 月,撰〈周易古義補〉。12 月,出版《漢石經周易殘字集證》

這兩部《釋義》,鼎定屈萬里在經學、小學研治的學術地位。

[26] 屈文認為〈皋陶謨〉的著成時代,在戰國初葉,略晚於〈堯典〉。

[27] 徐復觀信中提及臺大教授毛子水撰〈考據與義理〉一文,針對徐復觀作出的批評。徐、毛的不和,似在此年始。

[28] 屈萬里由〈出車〉詩中的伐「玁狁」一事,印證詩成於周宣王時之作。

[29] 屈萬里元配劉氏,早逝,有子三人世鐸、世銘、世鈞,女一人,皆留大陸。

[30] 文中印證〈文侯之命〉是周平王賜命晉文侯之書。

[31] 文中論證「河」字在甲骨和先秦經籍四百多例中,都用為專名而非通名。河字用為通名,始於秦始皇二十六年以後的事。

[32] 屈文對「岳」字形分析為群山重疊形,中間相聯處為中。在眾多釋讀中,最為合理。

[33] 屈萬里在文中,將第三期卜辭的貞人「尤」改隸為「何」。

[34] 書中的版圖,經拼綴得 223 版。其中檢討時人拼錯的甲骨表列,最值得後人警惕。釋文部分,是參照胡厚宣的底稿重作,其中有七十多字釋文和舊說不同。對董作賓第四期貞人的意見,亦提出不同的看法。

三卷[35]。

1962 56 歲，2 月，撰〈曾伯簠考釋〉、〈對於〈與五行有關的文獻〉之解釋問題——敬答徐復觀先生〉。3 月，撰〈祭胡適博士文〉。5 月，撰〈尚書甘誓篇著成的時代〉[36]。10 月，撰〈中國傳統古史說之破壞和古代信史的重建〉。11 月，撰〈胡適《中國文學史選例》跋〉。

1963 57 歲，4 月，與勞榦合撰《史記今註》[37]。7 月，出版《漢石經尚書殘字集證》三卷[38]。12 月，撰〈論國風非民間歌謠的本來面目〉。

1964 58 歲，3 月，撰〈李漢三《先秦兩漢之陰陽五行學說》序〉。4 月，撰〈孟子七篇的編者和孟子外書的真偽問題〉。6 月，撰〈甲骨文資料對於書本文獻之糾正與補闕〉。8 月，撰〈宋人疑經的風氣〉。9 月，撰〈論禹貢著成的時代〉[39]，出版《古籍導讀》[40]。10 月，撰〈王獻唐先生事略〉[41]、〈談談甲骨文〉。12 月，撰〈甲骨文簡介〉。

1965 59 歲，4 月，撰〈李孝定《甲骨文字集釋》序〉。夏，應美國普林斯頓大學聘為圖書館訪問學人。8 月，撰〈跋李棪齋先生綴合的兩版〈用侯屯〉牛骨卜辭〉。9 月，撰〈讀周書世俘篇〉。11 月，撰〈史記殷本紀及其他紀錄中所載殷商時代的史事〉。

---

[35] 書論證漢石經和今本周易的章次異同。書中有〈漢石經碑周易部分復原圖〉一卷，最為學界注意。

[36] 屈文據「六卿」、「威侮五行」、「怠棄三正」等用語，判定〈甘誓〉篇的著成，在戰國晚葉。

[37] 屈註，計有〈夏本紀〉、〈殷本紀〉、〈周本紀〉、〈項羽本紀〉四篇。

[38] 屈萬里由漢石經殘字得證，漢時《尚書》確為二十九篇，而〈康王之誥〉確合於〈顧命〉，偽古文之〈舜典〉實源自〈堯典〉析出，而另增二十八字，偽古文之〈益稷〉，確自〈皋陶謨〉析出等成果。

[39] 屈文認為〈禹貢〉成於春秋晚年。文中由「梁州貢鐵」、「五服」、「梁州疆域」證書不早於西周之世，由「五行」、「五嶽」、「大九州」證不晚於戰國。

[40] 屈萬里在臺灣大學中文系開授的講義，文字淺易，是近代介紹中國古籍重要的一部入門書籍。屈萬里長於目錄板本，書的中編「明板本與辨偽書」一部分，更非治學老手不能道，讀者不以等閒視之。

[41] 王獻唐在 1929 年任省立山東圖書館館長，對屈萬里多有教導。1937 年抗日時，王獻唐曾授命屈萬里選善本經籍和文物，播遷入蜀以保存。屈萬里對王獻唐感念情誼深厚，多見諸文字，赴臺後復刊印王獻唐的著作以留存。

1966　60 歲，春，赴加拿大多倫多大學演講〈臺灣現存的珍本圖書和重要學術資料〉。9 月，任中央圖書館館長[42]。12 月，撰〈說乘石〉、〈中央圖書館的現狀與願望〉、〈我的讀書經驗〉。

1967　61 歲，1 月，撰〈北美洲的圖書館界〉。2 月，撰〈古書的若干問題──文史研究叢談之一〉。3 月，撰〈釋𢁁屯〉、〈瑚璉質疑〉。4 月，發表〈臺灣現存的珍本圖書和重要學術資料〉。6 月，撰〈中央圖書館善本書目〉。7 月，撰〈簡評高本漢的詩經注釋和英釋詩經〉。9 月，撰〈舊雨樓藏漢石經殘字辨偽〉[43]。

1968　62 歲，1 月，撰〈中國圖書館事業的現況及其問題〉。4 月，撰〈關於孟子「比……者」的討論〉。6 月，發表演講稿〈東西周之際的詩篇所反映的民主及政治情況〉、撰〈甲骨學在日本〉。9 月，屈萬里任臺大中文系主任[44]。11 月，撰〈晚清齊魯學者對於金石學方面的貢獻〉。12 月，撰〈山東方志選輯序〉。

1969　63 歲，2 月，撰〈文字形義的演變與古籍考訂的關係〉。3 月，撰〈童世綱《胡適文存索引》序〉、〈探討殷代文化的重要史料──甲骨文〉[45]。同月，出版《書傭論學集》[46]。4 月，出版《先秦漢魏易例述評》[47]。9 月，出版《尚書今註今譯》。11 月，撰〈甲骨文的發現、傳播及其對學術的貢獻〉。12 月，撰〈普林斯敦大學所藏中文善本書辨疑〉。

---

[42] 原館長蔣復璁調任故宮博物院院長。屈萬里於 1968 年 2 月辭館長職，再返臺大任教。

[43] 屈萬里判斷中央圖書館藏墨拓本漢石經為近人方藥雨所偽刻。

[44] 屈萬里繼臺靜農接任主任，至 1973 年止。

[45] 這是屈萬里應教育部文化局之邀，在臺北市亞洲反共聯盟中國總會講演的講稿。

[46] 屈萬里的自選論學集，共收論文 29 篇，其中有關周易、尚書、詩經者各四篇，有關群經共二篇，有關文字訓詁共十篇，有關古史共四篇，有關文學一篇。這是了解屈萬里一生學術的代表作。其中的〈易卦源於龜卜考〉、〈論禹貢著成的時代〉、〈周極解〉、〈詩三百篇成語零釋〉、〈甲骨文从比二字辨〉、〈岳義稽古〉等篇章，都是舉證充分，影響後學深遠的大文章。

[47] 屈書前有王獻唐題解，直接點出屈萬里的研究方法：

「居今治易有兩途，一仍研究本經，一對歷代說易者作一總清算。翼鵬是書即從事第二種工作也。」

「翼鵬研易垂二十年，其治本經，先以音韻訓詁釋字義，繼以群經甲骨金文參釋文旨，兩者既明，再據經文為史料作各項研究，言必求徵，義必求富，用力最篤，而方法最密，心有未安，不肯苟下一字。」

1970　64 歲，3 月，撰〈論語公山弗擾章辨證〉。夏，赴新加坡南洋大學任訪問教授一年。

1971　65 歲，3 月，撰〈從目錄學的立場看中國古書的一些問題〉。9 月，代理中央研究院歷史語言研究所所長。12 月，撰〈西周史事概述〉、〈兕觥問題重探〉[48]、〈先秦說詩的風尚和漢儒以詩教說詩的迂曲〉、〈傅孟真先生逝世廿週年祭〉。

1972　66 歲，屈萬里膺選為中央研究院院士。5 月，撰〈以古文字推證尚書訛字及糾正前人誤解舉例〉、〈文物資料和圖書資料的相互關係〉。同月，在東吳大學演講〈經籍中常被忽略的年世問題〉。8 月，撰〈孔子的述與作〉。10 月，撰〈尚書與其作者〉。11 月，撰〈二戴記解題〉。12 月，撰〈參考古書要先辨明真偽〉。

1973　67 歲，1 月，正式任中研院史語所所長。3 月，撰〈有關周公問題之商討〉[49]。5 月，撰〈經學簡述〉。7 月，撰〈字義的演變和學術資料的解釋與鑑別〉。8 月，撰〈從殷墟出土器物蠡測我國古代文化〉。

1974　68 歲，1 月，撰〈關於所謂周公旦〈踐作稱王〉問題敬覆徐復觀先生〉、〈排孔與尊秦〉。8 月，撰〈周初文獻與孔子的中道和孝道學說〉。10 月，赴韓國檀國大學參加東洋學術會議，講題是〈元祐元年宋朝向高麗訪求佚書問題〉。撰〈漫談本國文史研究〉。11 月，撰〈治學的兩大課題〉。

1975　69 歲，1 月，出版《普林斯敦大學葛思德東方圖書館中文善本書志》。6 月，撰〈先秦史的史料問題〉。7 月，撰〈讀陶希聖先生〈李斯始發明篆書〉〉。8 月，撰〈民族與經義〉。9 月，撰〈談竹書紀年〉。

1976　70 歲，3 月，撰〈晚明書業的惡風〉。4 月，撰〈推衍與附會——先秦兩漢說易的風尚舉例〉。6 月，撰〈曲阜的聖蹟〉。11 月，撰〈中央研究院歷史語言研究所工作重點及珍藏資料〉。12 月，撰〈傳述史料中常見的幾種現象〉、〈載

---

[48] 屈萬里就安陽發掘實物的角形器，判斷兕觥是飲器而非容器。

[49] 文載《東方雜誌》第六卷九期。屈文是一函回覆徐復觀討論《尚書》「王若曰」的「王」的身分。屈萬里認為〈大誥〉「王若曰」的王是成王，〈康誥〉「王若曰」的王是武王。

書播遷記〉（上）[50]。

1977 71 歲，1 月，應普林斯敦大學聘客座教授半年。3 月，撰〈載書播遷記〉（下）[51]。7 月，撰〈北美各大學所藏的中文圖書和著名的漢學家〉。8 月，撰〈學博識卓的沈剛伯先生〉。12 月，撰〈讀書與治學的歷程〉。

1978 72 歲，3 月，撰〈中學生活片段的回憶〉、〈如是我聞──關於經書的幾個小問題〉。6 月，撰〈說詩經之雅〉。

1979 73 歲，2 月 16 日，因肺癌病逝臺大醫院。墓葬於臺北林口。10 月，出版《中華傳統的理想》一書。

1980 12 月，出版〈董作賓先生對於甲骨文之貢獻〉、〈屈萬里先生手批老子〉。

1985 2 月，聯經出版公司出版《屈萬里全集》，共收書十六種二十二冊。

2015 7 月，大陸中西書局出版屈著的《載書飄流記》[52]。

2002 9 月，山東圖書館編《屈萬里書信集》。

屈萬里一生耿直儒雅，勤奮讀書寫書不斷，為一純淨的讀書人。他一開始即喜讀經史方面的古籍，特別是經由研讀《周易》入手，印證石經，再及群經。他樂於「書傭」之名，甘於平順，樂天知命，可謂「仁者壽」。猶記在 1977 年，我有幸聆聽屈萬里在臺灣大學開授的《尚書》課程，「望之儼然，即之也溫」，小子何敢造次，頑劣如我，當日已品味到學者身教的光華。

屈萬里生於山東，對於鄉土文化和孔學有特殊的情感，思想以儒家為主軸。他早年長期任職於圖書館，長於目錄版本之學，對圖書分類、善本的問題特別講究，也影響了他特別的治學途徑。

---

[50] 文見《山東文獻》二卷三期。屈文記載 1927 年 7 月日人侵華，屈萬里受山東省立圖書館館長王獻唐之命，選取館藏圖書文物精品，播遷蜀地的艱辛經過。文原名〈載書飄流記〉。

[51] 文載《山東文獻》二卷四期。

[52] 書由原書收錄的「載書記事」和「曲阜記勝」兩部分外，增收屈萬里的詩集「流離寫憂集」。

屈萬里治學專注嚴謹,「大處著眼,小處著手」,首重原始資料和鑑別能力,由博而及專。屈萬里一生治學三絕:經學、甲骨文和目錄校勘之學。

他博通經書,尤專研《易》和《詩》、《書》,李濟曾譽之為當今「經學第一人」。他和東北的于省吾,成為兩岸學人繼王國維後以「新證」方法研治《詩經》、《尚書》,而廣為學界所欽服的開山。他的《尚書釋義》、《詩經釋義》,論真偽不論今古文,論史料沒有「經」的包袱,文字老練,深入淺出,擅仲裁意見,處處有看法,是無數學子進入經學的領航讀物。他往往先關注版本考訂、掌握客觀的成書時期,接著才是文本的訓釋問題。其後他接觸石經、甲骨文、鐘鼎文等實物,復能以地下材料研治古書古史,更是得心應手,冠絕當代。

甲骨方面,以《殷墟文字甲編考釋》為其研究集大成之作。該書為史語所早期第一至九次科學挖掘殷墟的甲骨資料匯編,特別是在 223 片甲骨實物的辛勞綴合方面,多有貢獻,但在學術業績上只能算是增加材料的實用價值,為人作嫁,消耗了屈萬里大量的心力。屈萬里的研究重心,仍在文獻的解讀,對於甲骨金文等地下材料,只是供他破讀文獻的工具,他在甲骨方面,仍欠缺重大系統的突破發明。

目錄之學,是屈萬里的獨門專業。他早在 1946 年編〈善本書目規則〉,出版《國立中央圖書館中文善本書目初稿》。1965 年又為美國普林斯頓大學的葛思德東方圖書館編《中文善本書志》。他一生接觸古書,多年在圖書館服務,了解版本的優劣,有豐富的整體宏觀認識「書」的經驗,這對於研究觸角方面別具一格。他擅於先整理材料的時間、真偽考訂,與一般學者單純看書中問題有所不同。

屈萬里治學「絕對服從真理」,佩服王國維的方法,精熟先秦史料的考訂,尤長於目錄校勘。近代臺灣學界論博學於文,屈萬里是首屈一指的。在臺灣大學中真能傳屈學者,周鳳五一人而已。可惜周英年早逝,屈學再無傳人。屈萬里至臺灣開展的務實無華、以博為基的純治學風氣,可惜歷經過多年學風的消弭,迄今亦蕩然無存了。

十四、陳夢家學術年表

1912　1 歲，祖籍浙江上虞縣。1911 年 4 月出生於南京西城一所神學院，父金鏞為基督教神職人員，母出身牧師家庭。父親曾任上海廣學會編輯。陳夢家有八個姊妹，兩個哥哥，兩個弟弟，都是一母所生，陳夢家排行第八。[1]

1916　5 歲，入讀南京四根杆子禮拜堂附小學。

1918　7 歲，轉讀南京金陵小學。

1919　8 歲，全家遷上海，入讀聖保羅小學。

1921　10 歲，轉讀南京師範大學附屬小學。

1922　11 歲，小學畢業。

1927　16 歲，夏，陳夢家未正規讀完中學，以同等學歷考入南京國立第四中山大學（後改名「中山大學」）法政科，結識在該校任教的聞一多，開始創作新詩[2]。

1928　17 歲，春，遊青島，結識徐志摩。因其推薦，在《新月》月刊以「陳漫哉」為筆名，發表處女作新詩〈那一晚〉。

1929　18 歲，徐志摩任中山大學英文系教授，講授西洋詩歌、西洋名著選。陳夢家前往聽課。

1930　19 歲，陳夢家發表詩論〈詩的裝飾和靈魂〉。

1931　20 歲，1 月，上海新月書店出版《夢家詩集》。7 月，應徐志摩之邀，赴上海編選《新月詩集》，9 月出版。夏，中山大學畢業，取得律師執照。秋，開始翻譯舊約《聖經》。

1932　21 歲，1 月，新月《詩刊》停刊。一二八事變後隔日，陳夢家從南京赴上海參加十九路軍抗日。3 月，隨聞一多赴青島大學，任其助教。4 月，出版《陳夢

---

[1] 陳夢家的生平，參考王世民的〈陳夢家〉、趙蘿蕤的〈憶夢家〉、周永珍的〈憶夢家先生〉、曾俐瑋的《陳夢家甲骨學綜合研究》。

[2] 聞一多成為陳夢家在新詩、藝術、神話、古文字研究的啟蒙老師，也是影響他一生政治取向的領航人。

家作詩在前線》。9月，短期入讀燕京大學宗教學院，為院長趙紫宸所重[3]。開始研究甲骨文、古代史。

1933 22歲，春，熱河戰役，再赴前線。9月，至安徽蕪湖任廣益中學教員。

1934 23歲，1月，在燕京大學研究院隨容庚學古文字學。同年，結識院長趙紫宸之女趙蘿蕤。

1935 24歲，8月，開始編選《夢家存詩》[4]。成為考古學社成員，開始接觸殷周銅器。

1936 25歲，1月，與趙蘿蕤結婚。3月，出版《夢家存詩》。5月，發表論文〈古文字中之商周祭祀〉[5]。9月，獲碩士學位，留任燕京大學中文系助教。在聞一多的指導下，脫離現代詩壇，全力研治中國古文字、古文化史。12月，發表〈商代的神話與巫術〉、〈史記新釋〉、〈令彝新解〉、〈釋冎〉等論文於《燕京學報》、《禹貢》、《考古社刊》上[6]。

1937 26歲，與聞一多赴安陽，參觀殷墟最後一次發掘。7月，撰〈高禖郊社祖廟通考〉。七七蘆溝橋事變，他離開北平，經聞一多的推薦，至長沙的臨時大學中的清華大學任國文教員。撰〈殷代的自然崇拜〉。

1938 27歲，春，臨時大學遷至昆明，成立西南聯合大學。陳夢家在聯大講授「古文字學」、「尚書通論」。夏，編「文字學」講義[7]。隨即升為副教授。

1939 28歲，應北京圖書館約請，彙編《海外中國銅器圖錄》三集。

---

[3] 這一年是陳夢家由新詩創作轉向研究古文字與古史的分水嶺。他是因為對於上古宗教歷史產生興趣，才會傾全力從事地下出土文物的研究。

[4] 這本詩集作為陳夢家「七年寫詩的結帳」。自此，陳夢家不再積極從事新詩的創作。

[5] 陳夢家發表學術論文的第一篇。

[6] 僅這一年中，陳夢家在不同的雜誌學刊「密集的」發表了七篇論文，見其爆發式的潛力，也正式開展了他在學術界揚名的生涯。

[7] 初稿寫定六章。1942年續作第七章〈古文字材料〉，1943年重訂本，改題名為《中國文字學》，但書並沒有完全寫完。

陳夢家書中檢討傳統六書，並率先提出象形、聲假、形聲的「三書說」。書末附有「說文五百四十部首統系」，原是陳夢家的數紙遺稿，他將部首的分類，排列井然有序，值得重視。

1940　29 歲，撰〈述方法斂所藏甲骨卜辭〉。

1941　30 歲，撰〈關於上古音系的討論〉、〈郊與祀〉。

1944　33 歲，升為教授。秋，經哈佛大學教授費正清、清華大學哲學教授金岳霖的推介，赴美國芝加哥大學東方研究所講授中國古文字學，並發願編一部全美所藏中國銅器圖錄。他在美國努力遍訪收藏青銅器的博物館、古董商、收藏家，周遭的人都為他的奮鬥不懈而感動讚歎。同時，洛克斐勒基金會提供人類學獎學金予陳夢家，哈佛燕京學社亦資助陳夢家從事青銅器的研究。陳夢家在美三年，以英語撰寫〈中國銅器的藝術風格〉、〈周代的偉大〉、〈商代的文化〉、〈康侯簋〉等論文。

1945　34 歲，11 月，在紐約全美中國藝術學會中演講「中國青銅器的形制」。出版《西周年代考》、《老子分釋》。

1946　35 歲，7 月，聞一多遭槍殺。11 月，陳夢家協助整理聞一多遺著文字學、古史部分。陳夢家出版《海外中國銅器圖錄》第一集二冊、《白金漢宮所藏中國銅器圖錄》。

1947　36 歲，赴加拿大安大略省博物館調查所藏安陽、洛陽的青銅器。8、9 月，遊英、法、丹麥、荷蘭、瑞典等國，遍訪青銅器收藏家。10 月，他婉拒美國羅氏基本會留美定居的邀請，毫不猶豫的為報效祖國而按計劃返回中國，擔任清華大學教授，並為學校購置許多祖國文物，成立「文物陳列室」[8]。彙編《美國收藏中國青銅器全集》。

1948　37 歲，拒絕國民政府遷臺灣之邀，並勸告朋友不要離開北平，迎接解放。

1949　38 歲，在清華大學開授「中國語言學」課程。撰寫〈甲骨斷代學〉四篇，檢視董作賓的斷代內容，並以青銅斷代方法研治甲骨。他在北京「圍城之際」，仍持續的整理清華大學藏甲骨。這階段復相繼完成〈殷虛考〉、〈世本考略〉、〈上古天文材料〉、〈古文字中之商周祭祀〉、〈商代地理小記〉、〈商王名號考〉、〈商代的神話和祭祀〉、〈商殷與夏周的年代問題〉、〈西周年代考〉、〈六國紀年〉、〈中國歷代紀年表〉補訂等學術成果[9]。

---

[8]　這足見陳夢家為國為公的真純報效祖國思想，未審他後來對此決定有否絲毫的悔意。

[9]　陳夢家在亂世之中，仍能靜心振筆從事研究若此，真可說是百年難得一見的學癡。

1951 40 歲,「知識分子思想改造運動」開始。發表〈甲骨斷代學甲篇〉、〈甲骨斷代與坑位——甲骨斷代學丁篇〉。

1952 41 歲,高等院校院系調整,陳夢家調任中國科學院考古所研究員。

1953 42 歲,開始撰寫《殷墟卜辭綜述》。12 月,發表〈殷代卜人篇——甲骨斷代學丙篇〉。

1954 43 歲,年底,即完成多達 70 餘萬字經典的《殷墟卜辭綜述》[10]。發表〈解

---

[10] 陳夢家以不到兩年的時間,即撰畢《殷墟卜辭綜述》此全面研究殷墟和甲骨的驚世之作,真讓後人贊歎。這是一本落實「科學整理國故」的科研報告,事事求證,章章有看法。書的特色,首重推理。

曾作為陳夢家的「鄰居」,李學勤在反右時期,對陳夢家書中的「重要錯誤」有很嚴苛無情的攻擊和批評。參李著〈評陳夢家《殷虛卜辭綜述》〉,文見《考古學報》1957 年第 3 期。

我曾撰〈甲骨學第一人——談陳夢家先生的《殷墟卜辭綜述》〉一文,認為陳書是甲骨學一部典範之作:

「陳夢家的《殷墟卜辭綜述》發表迄今已超過 60 年,但我仍認為是眾多甲骨學概論著作中最好的一部。這除了由於陳夢家個人的才華絕頂、思路清晰,對數字靈敏,對文字駕馭細緻入微外,他擅長全面而系統的佔有材料、分析材料,處處有看法,更是此書成為指標性著作不可或缺的優點。……《殷墟卜辭綜述》是自 1953 年正式動筆撰寫,至 1954 年年底即完成全書,總共分 20 章,116 節,前後又整整的校訂了三遍,始告完稿。全書逐一討論:殷墟甲骨的發掘狀況、甲骨文字的審釋和考釋方法、甲骨語法和句形、甲骨斷代和分組、殷商積年、殷代曆法和紀時、方國地理、政治區域、先公世系和舊臣、先王先妣和周祭祀譜的編排、宗廟廟號和宗室建築、親屬稱謂和宗法、百官名稱分類、漁農業和工具、宗教崇拜、人的身分、殷社會文化形態的總論、相關甲骨材料的記錄、甲骨論著簡目、甲骨著錄表。這無疑是一部全面整理殷墟、甲骨文文法和殷商文明的百科全書式著作,提供後人研究甲骨學一完善的框架。」

「陳夢家以區區一年半的時間,撰畢全書,無論深度抑廣度,他的著作能力驚人。細讀內容,每章每節都能感受到陳夢家長期而細微具靈性熱情的用心,和獨具慧眼的判語,令人神往,也讓後學汗顏。」

「陳夢家擅長系統的數據化和量化材料,作客觀的對比陳述。如:1.介紹小屯。陳夢家清晰的描繪出發掘小屯的地圖位置:『小屯在安陽縣城西北,書上所記是「西北五里」,若從城西北角到小屯村東南角作一直線,長 2700 米。村北距洹水最遠 600 米,東距洹水約為 160 米。在村北東靠洹水的區域,名之為「小屯北地」,即

放後甲骨的新資料和研究整理〉、〈殷代銅器〉、〈商王廟號考——甲骨斷代學乙篇〉。

1955 44 歲，再版《西周年代考》。同年至 1956 年，在《考古學報》分六期連載《西周銅器斷代》[11]。

1956 45 歲，7 月，出版《殷墟卜辭綜述》。陳夢家用稿費在北京錢糧胡同購置一所房屋。

1957 46 歲，出版《尚書通論》。5 月，發表〈慎重一點「改革」漢字〉於《文匯報》[12]，6 月，在「反右運動」中被劃為右派，並禁止在五年內發表任何文章。

1958 47 歲，年底，下放河南省洛陽白馬寺，參加勞動改造。

抗戰前發掘 A，B，C，D，E，G 等區。安陽區域內刻辭甲骨出土集中之處有三：一是小屯北地，二是小屯村南，三是侯家莊南地。』2.殷虛地理的文獻記錄，陳夢家在文末提出客觀的數字資料：『凡此晉以後至唐諸書所記的洹水上的殷墟，在鄴之南三十里，朝歌之北百五十里，洹水南岸三里，當安陽城西北，恰好就是今天的小屯。』3.陳夢家逐一討論羅振玉、王襄、商承祚、朱芳圃、孫海波、于省吾等人各種甲骨字書的優劣，並由異同作出一估計數字：『甲骨上的文字，總數約有 3000 至 3500 字，前人已經審釋的不超過 1000 字，現在還不曾認出的約有 2000 字。』這些數字，一直到現在，仍是十分有根據和價值的看法。」

「有關陳夢家在《綜述》中有許多開創而值得後學深思的研究成果。如：1.甲骨文字結構的基本類型，陳夢家提出象形、假借、形聲的三書說。2.甲骨文法強調語序研究。陳夢家認為『分析卜辭文法，應該從語序的基本上去研究，即是注意某一詞在某一句中的環境，稱之為「詞位」研究。』3.甲骨斷代首先提出分組的觀念。陳夢家『曾分析 YH127 坑所出一萬多片甲骨為四組，賓組屬於武丁，師組子組屬於武丁晚期，而午組很特別，現在我想它可能比賓組早一些。』以上意見，影響後人提出不同的看法，至今討論不斷。」

文詳見朱歧祥《亦古亦今之學——古文字與近代學術論稿》第十八章，臺北：萬卷樓圖書公司，2017.12。

[11] 此書可惜沒有完全寫完定稿。共發表了六篇，分別討論武王時期至懿、孝時期的銅器，凡 98 器，成組成群的系聯整理，提出個人的斷代準則。陳夢家精於青銅形制紋路，又勤於匯集相關歷史文獻，對釋文又能按詞逐條客觀討論，每一銅器附有形和拓片，極方便閱讀。遺憾的是西周中期以後沒能發表。然而，這已是繼 1934 年郭沫若的《兩周金文辭大系考釋圖錄》之後，對於周金文斷代分期研究最有影響力的著作之一。

[12] 此文無辜的讓陳夢家從此惹禍上身，怪只怪他不識時勢，太有個人意見。

1959　48 歲，7 月，甘肅武威出土漢簡。

1960　49 歲，甘肅博物館請求考古所支援整理武威磨咀子出土的漢簡，夏鼐力薦陳夢家赴蘭州，陳夢家得以恢復學術工作。陳夢家負責整理漢簡《儀禮》。其後又對居延、敦煌、酒泉的漢簡進行考訂。中國社科院考古所編的《居延漢簡甲編》，實由陳夢家主持整理工作[13]。

1962　51 歲，負責《居延漢簡乙編》的編纂工作。由科學出版社出版《美帝國主義劫掠的我國殷周銅器集錄》[14]。

1963　52 歲，1 月，陳夢家「右派摘帽」。4 月，考古所委派陳夢家主持「金文集成」編纂工作。發表〈漢簡考述〉。

1964　53 歲，9 月，出版《武威漢簡》。

1965　54 歲，將 30 萬餘字論文彙編為《漢簡綴述》。年底，計劃完成《西周銅器斷代》、《歷代度量衡研究》等書。發表〈漢簡年曆表敘〉。

1966　55 歲，6 月，文化大革命展開。陳夢家被指控為「反動學術權威」。8 月，遭考古所批判、抄家。8 月 24 日，留下遺書，服用大量安眠藥自殺，但並未成功[15]。9 月 3 日，再次自殺，終自縊而逝世。一說陳夢家是遭打死後，偽裝成自殺的。[16]他死後仍遺留下大約二百萬字未發表、未完成的遺稿[17]。

1978　12 月 28 日，中國社會科學院考古研究所在北京舉行「陳夢家先生追悼會」，由所長夏鼐致悼詞，為陳夢家平反昭雪。

1980　中華書局出版《漢簡綴述》。

---

[13] 陳夢家成為繼王國維之後，早期研究西北漢簡最有成果的一人。

[14] 此書反映陳在形態學上高水平的研究成果。陳夢家對於青銅器物分類，早已注意形制、花紋、銘文的變化和發展，他看金文的角度自然比一般的文字學家強。

[15] 熱情的人，在生活上總是不懂得隱忍。這一點作為同屬詩人的個性，陳夢家太直太露，遠不如陳寅恪能沉鬱待發，以換取學術生命僅餘的時間。

[16] 據陳夢家的工作日記，陳夢家在被批判最最嚴峻的時候，仍靜靜的用了十天的時間，把故宮中九百多張青銅拓片逐一和《三代吉金文存》等青銅著錄核對。如此執著於學術、鍾情於學術的學人，如何會願意放下紙筆，輕易的自殺。

[17] 陳夢家在《考古》1966 年第 5 期，發表生前最後的一篇文章〈東周盟誓與出土載書〉。

1988　中華書局出版《殷墟卜辭綜述》。

2000　河北教育出版社出版《尚書通論》。

2006　中華書局出版《夢甲室存文》。

2012　陳夢家的衣冠塚在浙江上虞落成。

　　陳夢家聰慧具靈氣，思辨能力極強，學識既廣且純，專心無雜務，本就可以在學術界揚名。只可惜，區區五十五年的壽考而不得已作終，對於一個培育不易的古文字學家而言，真而是太短太匆忙了。

　　陳夢家於 25 歲後離開純文藝，在學術界嶄露頭角，他以詩人單純執著的直觀氣質治學，行文中有詩意，判斷問題又如老吏斷案，終其一生學術著作努力不懈。33 歲，陳夢家有機會赴美目驗大量青銅實物，直至 36 歲，是他發表青銅器彙編的鼎盛期。這階段屬於他廣開甲金文字眼界的孕育期。至 44 歲，初步完成了《西周銅器斷代》，45 歲，快速寫完並出版甲骨經典綜論的《殷墟卜辭綜述》，以甲骨治金文，以考古治甲骨，貫情於理，這階段應是他攀上個人學術生涯的頂峰時期。

　　1949 至 1957 年之間，是國共政權交替之際，社會動盪艱辛，生活條件差，但也是老天給他最成熟寶貴的七、八年學術生涯。他在 1960 年，49 歲後，仍有緣整理居延漢簡，讓他在亂世困頓中再次展現才華。他僅用了兩三年時間，就完成了《武威漢簡》、《漢簡綴述》等巨著，這也許是老天對其不幸人生的最後一次憐憫補償吧。

　　周永珍〈懷念陳夢家先生〉一文，曾對其老師寫下一段感性的文字：

「先生文思敏捷，學識廣博。然而更加難能可貴的，是他數十年如一日，孜孜不倦地勤奮工作和寫作。他白天上班，天天還工作到深夜。他的著述，除上面說到的以外，還有許多未及發表或未竟之作。《美帝國主義劫掠的我國殷周銅器集錄》是他計劃完成的《中國銅器綜述》五集中的一集，已基本完成的，尚有流散北歐及加拿大的兩集，其餘流散英、法兩國的未來得及整理。除去《西周銅器斷代》以外，他還準備撰寫《東周銅器斷代》，並且材料業已收集。《漢簡綴述》中未發表部分，約二十五萬字。其它還有我國度量衡的研究、戰國帛書考、戰國貨幣總述、漢代銅器與工官、考古圖跋，等等，或已完成，或待完成。陳先生關於漢簡的研究，如《武威漢簡》、《漢簡綴述》等著作，是他六十年代僅僅用了兩三年時間寫成的，可見他用力之

勤。1957 年，陳先生被錯劃成右派，但政治上的打擊並未使他治學的毅力銳減。」

以上文字，充分說明狂熱的「執著」、「堅持」，對學人一生業績的重要性。

我在《亦古亦今之學》第十八章〈甲骨學第一人〉一文之中，也曾概括的寫下我對陳夢家的看法：

「陳夢家，是詩人，是古文字學家，是考古學家。他的治學，是先由詩的追求，逐漸進入宗教神話，最後才鍾情於考古、古文字研究。陳夢家在青銅器斷代和甲骨斷代研究，先後有開創的貢獻，是甲骨學繼羅王董郭四堂以後的第一人。」

「陳夢家是一位極具溫情的愛國主義學人。」

「陳夢家《殷墟卜辭綜述》是一本真正落實『科學整理國故』的科學報告，事事求證，句句有看法。書的特色，首重推理。」

「陳夢家在情感上顯然有取代董作賓在 1949 年後大陸甲骨學領導位置的企圖。相對於陳書中，大幅歸納表揚羅振玉、王國維研究甲骨的成就，肯定郭沫若的『敏銳與膽識』，『對於一字一詞常有創獲』，支持唐蘭『批判許慎的六書說』，贊成于省吾對若干甲骨文字的釋讀等等溫和意見，陳夢家對於董作賓嚴苛的批判心態，無疑是奈人尋味的。」

「陳夢家博通甲金竹簡、考古、古文獻，學貫中西，對於甲骨文的字形結構、斷代分組、周祭曆法等，都有開創的意見。這份深沉專注，既博且深的才華，科學復溫情的研究學養，更是直追王國維，實屬百年難得一見的奇才，在甲骨學界至今恐未見有出其右者。可惜，『天不假年』，『時代』亦辜負了他，沒有機會讓他為中國學術文化留下更多的偉大成果，教人無限唏噓。」

附一　殷卜辭中所見先公先考

王國維

　　甲寅歲莫，上虞羅叔言參事撰《殷虛書契考釋》，始於卜辭中發見王亥之名。嗣余讀《山海經》、《竹書記年》，乃知王亥為殷之先公，并與《世本》〈作篇〉之胲、〈帝繫篇〉之核、《楚辭》〈天問〉之該、《呂氏春秋》之王冰、《史記》〈殷本紀〉及〈三代世表〉之振、《漢書》〈古今人表〉之垓，實係一人。嘗以此語參事及日本內藤博士【虎次郎】。參事復博蒐甲骨中之紀王亥事者，得七八條，載之《殷虛書契後編》。博士亦采余說，旁加考證，作〈王亥〉一篇，載諸《藝文雜誌》。并謂：「自契以降諸先公之名，苟後此尚得於卜辭中發見之，則有裨於古史學者當尤鉅。」余感博士言，乃復就卜辭有所攻究，復於王亥之外，得王恆一人。案《楚辭》〈天問〉云：「該秉季德，厥父是臧」，又云：「恆秉季德」。王亥即該，則王恆即恆。而卜辭之季之即冥【羅參事說】，至是始得其證矣。又觀卜辭中數十見之田字，从甲在囗中【十，古甲字】，及通觀諸卜辭而知田即上甲微。於是參事前疑卜辭之[乙][丙][丁]【即乙丙丁三字之在匚或ㄈ中者，與田字甲在囗中同意。】即報乙、報丙、報丁者，至是亦得其證矣。又卜辭自上甲以降皆稱曰示，則參事謂卜辭之示壬、示癸，即主壬、主癸，亦信而有徵。又觀卜辭，王恆之祀與王亥同。太丁之祀與太乙、太甲同。孝己之祀與祖庚同。知商人兄弟，無論長幼，與已立未立，其名號典禮蓋無差別。於是卜辭中人物，其名與禮皆類先王而史無其人者，與夫父甲、兄乙等名稱之浩繁求諸帝系而不可通者，至是亦理順冰釋。而《世本》《史記》之為實錄，且得於今日證之。又卜辭人名中有夒字，疑即帝嚳之名。又有土字，或亦相土之略。此二事雖未遽定，然容有可證明之日。由是，有商一代先公王之名，不見於卜辭者殆鮮。乃為此考以質諸博士及參事，并使世人知殷墟遺物之有裨於經史二學者有如斯也。丁巳二月。

夒

　　卜辭有夒字，其文曰：「貞：賣【古燎字。】于夒？」【《殷虛書契前編》卷六第十八葉】；又曰：「賣于夒囗牢？」【同上】；又曰：「賣于夒六牛？」【同上卷七第二十葉】；又曰：「于夒賣牛六？」；又曰：「貞：求年于夒九牛？」

【兩見，以上皆羅氏拓本。】；又曰：「【上闕】又于❍？」【《殷虛書契後編》卷上第十四葉】。案：❍❍二形象人首手足之形。《說文》戈部：「夒，貪獸也；一曰母猴。似人，从頁，巳止戈，其手足。」毛公鼎：「我弗作先王羞」之羞作❍。克鼎：「柔遠能邇」之柔作❍。番生敦作❍。而《博古圖》、薛氏《款識》盨和鐘之「柔燮百邦」，晉姜鼎之「用康柔綏懷遠廷」，柔并作❍，皆是字也。夒羞柔三字古音同部，故互相通借。此稱高祖夒，案卜辭惟王亥稱高祖王亥【《後編》卷上第廿二葉】，或高祖亥【《戩壽堂所藏殷虛文字》第一葉】；大乙稱高祖乙【《後編》卷上第三葉】，則夒必為殷先祖之最顯赫者。以聲類求之，蓋即帝嚳也。帝嚳之名，已見《逸書》〈書序〉：「自契至於成湯八遷，湯始居亳，从先王居，作〈帝告〉。」《史記》〈殷本記〉：「告作誥」，〈索隱〉曰：「一作俈」。案《史記》〈三代世表〉、〈封禪書〉、《管子》〈侈靡篇〉皆以俈為嚳。《偽孔傳》亦云：「契父帝嚳都亳，湯自商丘遷亳，故曰從先王居。」若〈書序〉之說可信，則帝嚳之名，已見商初之書矣。諸書作嚳或俈者，與夒字聲相近，其或作夋者，則又夒字之訛也。《史記》〈五帝本紀〉索隱引皇甫謐曰：「帝嚳名夋」。《初學記》九引《帝王世紀》曰：「帝嚳生而神靈，自言其名，曰：夋」。《太平御覽》八十引作逡。《史記正義》引作岌。逡為異文，岌則訛字也。《山海經》屢稱帝俊【凡十二見】，郭璞注於〈大荒西經〉「帝俊生后稷」下云：「俊宜為嚳。餘皆以為帝舜之假借。」然〈大荒東經〉曰：「帝俊生仲容」，〈南經〉曰：「帝俊生季釐」，是即《左氏傳》之仲熊季貍，所謂「高辛氏之才子」也。〈海內經〉曰：「帝俊有子八人，實始為歌舞」，即《左氏傳》所謂「有才子八人」也。〈大荒西經〉：「帝俊妻常羲生月十有二」。又《傳》《記》所云：「帝嚳次妃諏訾氏女，曰常儀，生帝摯者也」。三占從二，知郭璞以帝俊為帝舜，不如皇甫以夋為帝嚳名之當矣。〈祭法〉：「殷人禘嚳」，〈魯語〉作「殷人禘舜」。舜亦當作夋。嚳為契父，為商人所自出之帝，故商人禘之。卜辭稱高祖夒，乃與王亥、大乙同稱，疑非嚳不足以當之矣。

相土

殷虛卜辭有❍字。其文曰：「貞：賣于❍三小牢，卯一牛？」【《書契前編》卷一第二十四葉，又重見卷七第二十五葉】；又曰：「貞：求年于❍九牛？」【《鐵雲藏龜》第二百十六葉】；又曰：「貞：勿賣于❍？」【同上第二百二十八葉】；又云：「貞：于❍求？」【《前編》卷五第一葉】。❍，即土字。盂鼎：「受民受疆土」之土作❍。卜辭用刀契，不能作肥筆，故空其中作❍，猶❍之作❍、❍之作❍矣。土，疑即相土。《史記》〈殷本紀〉：「契卒，子昭明

立。昭明卒，子相土立。」相土之字，《詩》〈商頌〉、《春秋左氏傳》、《世本》〈帝繫篇〉皆作土。而《周禮》〈校人〉注引《世本》〈作篇〉：「相士作乘馬」，作士。【楊倞《荀子注》引《世本》此條作土】，而《荀子》〈解蔽篇〉曰：「乘杜作乘馬。」《呂覽》〈勿躬篇〉曰：「乘雅作駕。」注：「雅，一作持。」持、杜聲相近，則土是士非。楊倞注《荀子》曰：「以其作乘馬，故謂之乘杜。」是乘本非名。相土，或單名土，又假用杜也。然則卜辭之 🌿 當即相土。曩以卜辭有 🌿🌿【《前編》卷四第十七葉】，字即邦社，假土為社。疑諸土字皆社之假借字。今觀卜辭中殷之先公，有季、有王亥、有王恆，又自上甲至於主癸，無一不見於卜辭，則此土亦當為相土，而非社矣。

季

卜辭人名中又有季。其文曰：「辛亥卜，囗貞：季囗求王？」【《前編》卷五第四十葉，兩見】；又曰：「癸巳卜，之于季？」【同上卷七第四十一葉】；又曰：「貞：之于季？」【《後編》卷上第九葉】。季亦殷之先公，即冥是也。《楚辭》〈天問〉曰：「該秉季德，厥父是臧」，又曰：「恆秉季德」。則該與恆皆季之子。該即王亥，恆即王恆，皆見於卜辭。則卜辭之季，亦當是王亥之父冥矣。

王亥

卜辭多記祭王亥事。《殷虛書契前編》有二事，曰：「貞：賣于王亥？」【卷一第四十九葉】；曰：「貞：之于王亥卅牛，辛亥用？」【卷四第八葉】。《後編》中又有七事，曰：「貞：于王亥求年？」【卷上第一葉】；曰：「乙巳卜，囗貞：之于王亥十？」【下闕，同上第十二葉】；曰：「貞：賣于王亥？」【同上第十九葉】；曰：「賣于王亥？」【同上第二十三葉】曰：「癸卯囗貞：囗囗高祖王亥囗囗囗？」【同上第二十一葉】；曰：「甲辰卜，囗貞：來辛亥賣于王亥卅牛？十二月。」【同上第二十三葉】；曰：「貞：登王亥羊？」【同上第二十六葉】；曰：「貞：之于王亥囗三百牛？」【同上第二十八葉】。《龜甲獸骨文字》有一事，曰：「貞：賣于王亥五牛？」【卷一第九葉】。觀其祭日用辛亥，其牲用五牛、三十牛、四十牛，乃至三百牛，乃祭禮之最隆者，必為商之先王先公無疑。案《史記》〈殷本紀〉及〈三代世表〉，商先祖中無王亥，惟云：「冥卒，子振立。振卒，子微立」。索隱：「振，《系本》作核。《漢書》〈古今人表〉作垓。」然則，《史記》之振，當為核或為垓字之訛也。〈大荒東經〉曰：「有困民國，句姓而食。有人曰王亥，兩手操鳥，方食其頭。王亥託於有易河伯僕牛，有易殺王亥，取僕牛」，郭璞注引《竹書》曰：「殷王子亥，賓於有易而淫焉。有易之

君綿臣殺而放之。是故殷主甲微假師於河伯以伐有易，克之，遂殺其君綿臣也。」【此《竹書紀年》真本，郭氏隱括之如此】。今本《竹書紀年》：「帝泄十二年，殷侯子亥賓于有易，有易殺而放之。十六年，殷侯微以河伯之師伐有易，殺其君綿臣」，是《山海經》之「王亥」，古本《紀年》作「殷王子亥」，今本作「殷侯子亥」。又前於上甲微者一世，則為殷之先祖，冥之子微之父無疑。卜辭作王亥，正與《山海經》同。又祭王亥皆以亥日，則亥乃其正字。《世本》作核，〈古今人表〉作垓，皆其通假字。《史記》作振，則因與核或垓二字相近而訛。夫《山海經》一書，其文不雅馴，其中人物，世亦以子虛烏有視之。《紀年》一書，亦非可盡信者，而王亥之名竟於卜辭見之，其事雖未必盡然，而其人則確非虛構，可知古代傳說存於周秦之間者，非絕無根據也。

王亥之名及其事蹟，非徒見於《山海經》、《竹書》，周秦間人著書多能道之。《呂覽》〈勿躬篇〉：「王冰作服牛」。案：篆文冰作仌，與亥字相似，「王仌」亦「王亥」之訛。《世本》〈作篇〉：「胲作服牛」【《初學記》卷二十九引。又《御覽》八百九十九引《世本》鮌作服牛，鮌亦胲之訛。《路史》注引《世本》胲為黃帝馬醫，常醫龍，疑引宋衷注。《御覽》引宋注曰：「胲，黃帝臣也，能駕牛。」又云：「少昊時人，始駕牛。」皆漢人說，不足據。實則〈作篇〉之胲，即〈帝繫篇〉之核也。】，其證也。服牛者，即〈大荒東經〉之僕牛。古服僕同音。《楚辭》〈天問〉：「該秉季德，厥父是臧。胡終弊于有扈，牧夫牛羊。」又曰：「恆秉季德，焉得夫朴牛。」該，即胲。有扈，即有易【說見下】。朴牛，亦即服牛。是《山海經》、〈天問〉、《呂覽》、《世本》，皆以王亥為始作服牛之人。蓋夏初奚仲作車，或尚以人挽之，至相土作乘馬，王亥作服牛，而車之用益廣。《管子》〈輕重戊〉云：「殷人之王，立帛牢服牛，以為民利，而天下化之」。蓋古之有天下者，其先皆有大功德於天下。禹抑鴻水，稷降嘉種，爰啟夏周。商之相土、王亥，蓋亦其儔。然則，王亥祀典之隆，亦以其為制作之聖人，非徒以其為先祖。周秦間王亥之傳說，胥由是起也。

卜辭言王亥者九。其二有祭日，皆以「辛亥」。與祭大乙用乙日、祭大甲用甲日同例。是王亥確為殷人「以辰為名」之始，猶上甲微之為「以日為名」之始也。然觀殷人之名，即不用日辰者，亦取於時為多。自契以下，若昭明、若昌若、若冥，皆含朝莫明晦之意，而王恆之名亦取象於月弦，是以時為名或號者，乃殷俗也。夏后氏之以日為名者，有孔甲、有履癸，要在王亥及上甲之後矣。

王恆

卜辭人名，於王亥外，又有王𠄒。其文曰：「貞：之于王𠄒？」【《鐵雲藏

龜》第一百九十九葉及《書契後編》卷上第九葉】；又曰：「貞：勿㞢之于王✦？」【《後編》卷下第七葉】。又作王✦，曰：「貞：王✦口？」【下闕，《前編》卷七第十一葉】。案：✦，即恆字。《說文解字》二部：「恆，常也。从心，从舟在二之間。上下心以舟施恆也。亙，古文恆。從月。詩曰：『如月之恆』。」案：許君既云：「古文恆从月」，復引詩以釋从月之意，而今本古文乃作亙，从二从古文外，蓋傳寫之譌字。當作亙。又，說《說文》木部：「楦，竟也。从木，恆聲。𣎴，古文楦」。案古从月之字，後或變而从舟。殷虛卜辭朝莫之朝作✦【《後編》卷下第三葉】，从日月在茻間，與莫字从日在茻間同意。而篆文作𦩍，不从月而从舟。以此例之，𣎴本當作亙。訇鼎有✦字，从心从亙，與篆文之恆从亙者同，即恆之初字。可知𣎴亙一字。卜辭✦字从二，从✦【卜辭月字或作✦，或作✦】，其為亙亙二字，或恆字之省無疑。其作✦者，《詩》〈小雅〉：「如月之恆」，毛傳：「恆，弦也」。弦本弓上物，故字又從弓。然則，✦✦二字確為恆字。王恆之為殷先祖，惟見於《楚辭》〈天問〉，〈天問〉自「簡狄在臺，嚳何宜？」以下二十韻，皆述商事【前夏事後周事】，其問王亥以下數世事，曰：「該秉季德，厥父是臧；胡終弊于有扈，牧夫牛羊？于協時舞，何以懷之？平脅曼膚，何以肥之？有扈牧豎，云何而逢？擊床先出，其命何從？恆秉季德，焉得夫朴牛？何往營班祿，不但還來，昏微遵跡，有狄不寧？何繁鳥萃棘，負子肆情，眩弟并淫，危害厥兄？何變化以作詐，後嗣而逢長？」此十二韻以〈大荒東經〉及郭注所引《竹書》參證之，實紀王亥、王恆及上甲微三世之事。而《山海經》、《竹書》之「有易」，〈天問〉作「有扈」，乃字之誤。蓋後人多見「有扈」，少見「有易」，又同是夏時事，故改易為扈。下文又云：「昏微遵跡，有狄不寧？」昏微，即上甲微。有狄，亦即有易也。古狄易二字同音，故互相通假。《說文解字》辵部，逖之古文作逷。《書》〈牧誓〉：「逖矣西土之人」，《爾雅》郭注引作「逷矣西土之人」。《書》〈多士〉：「離逖爾土」。《詩》〈大雅〉：「用逷蠻方」，〈魯頌〉：「狄彼東南」。畢狄鐘：「畢狄不龏」。此逖逷狄三字異文同義。《史記》〈殷本紀〉之「簡狄」，索隱曰：「舊本作易」。《漢書》〈古今人表〉作「簡逷」。《白虎通》〈禮樂篇〉：「狄者，易也」。是古狄易二字通，「有狄」即「有易」。上甲遵跡而有易不寧，是王亥弊于有易，非弊于有扈。故曰扈當為易字之誤也。狄易二字，不知孰正孰借。其國當在大河之北，或在易水左右。蓋商之先，自冥治河，王亥遷殷【今本《竹書紀年》帝芒三十三年商侯遷于殷，其時商侯即王亥也。《山海經》注所引真本《竹書》亦稱王亥為殷王子亥，稱殷不稱商，則今本《紀年》此條古本想亦有之。殷在河北，非亳殷，見余撰〈三代地理小記〉】，已由商邱越大河而北，故游牧於有易高爽之地，服牛之利，即發見

於此。有易之人乃殺王亥，取服牛，所謂「胡終弊于有扈，牧夫牛羊？」者也。其云：「有扈牧豎，云何而逢。擊床先出，其命何從？」者，似記王亥被殺之事。其云：「恆秉季德，焉得夫朴牛？」者，恆蓋該弟，與該同秉季德，復得該所失服牛也。所云：「昏微遵跡，有狄不寧？」者，謂上甲微能率循其先人之跡，有易與之有殺父之讎，故為之不寧也。「繁鳥萃棘」以下，當亦記上甲事，書闕有間，不敢妄為之說。然非如王逸《章句》所說解居父及象事，固自顯然。要之，〈天問〉所說，當與《山海經》及《竹書紀年》同出一源，而〈天問〉就壁畫發問，所記尤詳。恆之一人，并為諸書所未載，卜辭之王恆與王亥，同以王稱，其時代自當相接，而〈天問〉之該與恆，適與之相當，前後所陳，又皆商家故事，則中間十二韻自係述王亥、王恆、上甲微三世之事。然則王亥與上甲微之間，又當有王恆一世，以《世本》、《史記》所未載，《山經》、《竹書》所不詳，而今於卜辭得之，〈天問〉之辭，千古不能通其說者，而今由卜辭通之。此治史學語文學者所當同聲稱快者也。

上甲

〈魯語〉：「上甲微能帥契者也，商人報焉。」是商人祭上甲微，而卜辭不見上甲。郭璞〈大荒東經〉注引《竹書》作「主甲微」，而卜辭亦不見主甲。余由卜辭有⊠⊠⊠三人名，其乙丙丁三字皆在匚或⊐中，而悟卜辭中凡數十見之田【或作⊞】即上甲也。卜辭中凡田狩之田字，其口中橫直二筆皆與其四旁相接，而人名之田，則其中橫直二筆或其直筆必與四旁不接，與田字區別較然。田中十字，即古甲字【卜辭與古金文皆同】。甲在口中，與⊠⊠⊠之乙丙丁三字在匚或⊐中同意。亦有口中橫直二筆與四旁接而與田狩字無別者，則上加一作⊞以別之。上加一者，古六書中指事之法。一在田上，與二字【古文上字】之一在一上同意，去「上甲」之義尤近。細觀卜辭中記田或⊞者數十條，亦惟上甲微始足當之。卜辭中云：「自田【或作⊞】至於多后衣」者五【《書契前編》卷二第二十五葉三見，又卷三第二十七葉、《後編》卷上第二十葉各一見】，其斷片云：「自田至于多后」者三【《前編》卷上第二十五葉兩見，又卷三第二十八葉一見】，云：「自田至於武乙衣」者一【《後編》卷上第二十葉】。衣者，古殷祭之名。又卜辭曰：「丁卯貞：來乙亥告自田？」【《後編》卷上第二十八葉】；又曰：「乙亥卜，賓貞：囗大御自田？」【同上卷下第六葉】；又曰：「【上闕】貞：翌甲囗⊠自田？」【同上第三十四葉】。凡祭告皆曰「自田」，是田實居先公先王之首也。又曰：「辛巳卜，大貞：之自田元示三牛，二示一牛？十三月。」【《前編》卷三第二十二葉】；又云：「乙未貞：其求自田十又三示牛，小示羊？」

【《後編》卷上第二十八葉】，是田為元示及十有三示之首。殷之先公稱示，主壬、主癸，卜辭稱示壬、示癸，則田又居先公之首也。商之先人王亥始以辰名，上甲以降皆以日名，是商人數先公當自上甲始。且田之為上甲，又有可徵證者。殷之祭先，率以前所名之日祭之。祭名甲者用甲日，祭名乙者用乙日，此卜辭之通例也。今卜辭中凡專祭田者皆用甲日，如曰：「在三月甲子口祭田？」【《前編》卷四第十八葉】，又曰：「在十月又一【即十有一月】甲申口酻祭田？」【《後編》卷下第二十葉】；又曰：「癸卯卜：翌甲辰之口牛？吉。」【同上第二十七葉】；又曰：「甲辰卜，貞：來甲寅又伐田羊五、卯牛一？」【同上第二十一葉】。此四事祭田有日者，皆用甲日。又云：「在正月口口【此二字闕】祭大甲，㞢田？」【同上第二十一葉】，此條雖無祭日，然與大甲同日祭，則亦用甲日矣。即與諸先王先公合祭時，其有日可考者，亦用甲日。如曰：「貞：翌甲口㞢自田？」【同上】；又曰「癸巳卜，貞：酻肜日自田至于多后，衣亡它自口？在四月。惟王二祀。」【《前編》卷三第二十七葉】；又曰「癸卯王卜貞：酻翌日自田至多后，衣亡它？在口在九月。惟王五祀。」【《後編》卷上第二十葉】，此二條以癸巳及癸卯卜，則其所云之肜日、翌日，皆甲日也。是故田之名甲，可以祭日用甲證之。田字為十【古甲字】在口中，可以⊡⊡⊡三名乙丙丁在匚中證之。而此甲之即上甲，又可以其居先公先王之首證之。此說雖若穿鑿，然恐殷人復起，亦無易之矣。〈魯語〉稱「商人報上甲微」，《孔叢子》引逸書：「惟高宗報上甲微」【此魏晉間偽書之未采入梅本者，今本《竹書紀年》武丁十二年報祀上甲微，即本諸此】，報者，蓋非常祭。今卜辭於上甲，有合祭，有專祭，皆常祭也。又商人於先公皆祭，非獨上甲，可知周人言殷禮已多失實，此孔子所以有文獻不足之歎與。

報丁　報丙　報乙

自上甲至湯，《史記》〈殷本紀〉、〈三代世表〉、《漢書》〈古今人表〉有報丁、報丙、報乙、主壬、主癸五世。蓋皆出於《世本》。案卜辭有⊡⊡⊡三人，其文曰：「乙丑卜，口貞：王賓⊡祭」【下闕，見《書契後編》卷上第八葉，又斷片二】；又曰：「丙申卜，旅貞：王賓⊡口，亡固？」【同上】；又曰：「丁亥卜，貞：王賓⊡肜日，亡口？」【同上】。其乙丙丁三字皆在匚或⊐中。又稱之曰「王賓」，與他先王同。羅參事疑即報乙、報丙、報丁，而苦無以證之。余案參事說是也。卜辭又有一條曰：「丁酉酻繇【中闕】⊡三、⊡三、示【中闕】、大丁十、大」【下闕，見《後編》卷上第八葉】，此文殘闕，然「示」字下所闕當為「壬」字，又自報丁經示壬、示癸、大乙而後及大丁、大甲，

則其下又當闕「示癸、大乙」諸字，又所謂「▨三、▢三、大丁十」者，當謂牲牢之數。據此，則▨▢在大丁之前，又在示壬、示癸之前，非報丙、報丁奚屬矣。▨▢既為報丙、報丁，則▨亦當即報乙。惟卜辭▨▢之後即繼以示字，蓋謂示壬，殆以▢▨丁為次，與《史記》諸書不合。然何必《史記》諸書是而卜辭非乎？又報乙、報丙、報丁稱報者，殆亦取「報上甲微」之報以為義，自是後世追號，非殷人本稱，當時但稱▨▨▢而已。上甲之甲字在口中，報乙、報丙、報丁之乙丙丁三字在匚或▢中，自是一例。意壇墠或郊宗石室之制，殷人已有行之者與。

主壬 主癸

卜辭屢見示壬、示癸。羅參事謂：「即《史記》之主壬、主癸」。其說至確，而證之至難。今既知田為上甲，則示壬、示癸之即主壬、主癸，亦可證之。卜辭曰：「辛巳卜，大貞：之自田元示三牛，二示一牛？」【《前編》卷三第二十二葉】；又曰：「乙未貞：其求自田十又三示牛，小示羊？」【《後編》卷上第二十八葉】。是自上甲以降均謂之示，則主壬、主癸宜稱示壬、示癸。又卜辭有示丁【《殷虛書契菁華》第九葉】，蓋亦即報丁。報丁既作▢，又作示丁，則自上甲至示癸，皆卜辭所謂元示也。又，卜辭稱「自田十有三示」，而《史記》諸書自上甲至主癸，歷六世而僅得六君，疑其間當有兄弟相及而史失其名者，如王亥與王恆，疑亦兄弟相及，而《史記》諸書皆不載。蓋商之先公，其世數雖傳，而君數已不可考。又商人於先王先公之未立者，祀之與已立者同【見後】，故多至十有三示也。

大乙

湯名天乙，見於《世本》【《書》〈湯誓〉釋文引】及《荀子》〈成相篇〉，而《史記》仍之。卜辭有大乙，無天乙。羅參事謂：「天乙為大乙之訛」。觀於大戊，卜辭亦作天戊【《前編》卷四第二十六葉】。卜辭之大邑商，《周書》〈多士〉作天邑商。蓋天大二字形近，故互訛也。且商初葉諸帝，如大丁、如大甲、如大庚、如大戊，皆冠以大字，則湯自當稱大乙。又，卜辭曰：「癸巳貞：又𠂤于伊，其口大乙肜日？」【《後編》卷上第二十二葉】；又曰：「癸酉卜，貞：大乙伊其」【下闕，見同上】。伊即伊尹，以大乙與伊尹并言，尤大乙即天乙之證矣。

唐

卜辭又屢見唐字，亦人名。其一條有「唐、大丁、大甲」三人相連，而下文不

具【《鐵雲藏龜》第二百十四葉】；又一骨上有卜辭三，一曰：「貞：于唐告🜨方？」；二曰：「貞：于大甲告？」；三曰：「貞：于大丁告🜨？」【《書契後編》卷上第二十九葉】。三辭在一骨上，自係一時所卜。據此則唐與大丁、大甲連文，而又居其首，疑即湯也。《說文》口部：「🜨，古文唐，從口昜。」與湯字形相近。《博古圖》所載齊侯鎛鐘銘曰：「虩虩成唐，有嚴在帝所，尃受天命。」；又曰：「奄有九州，處禹之都。」夫受天命，有九州，非成湯其孰能當之？《太平御覽》八十二及九百一十二引《歸藏》曰：「昔者桀筮伐唐，而枚占熒惑，曰：不吉。」《博物志》六亦云。案：唐，亦即湯也。卜辭之唐，必湯之本字，後轉作啺，遂通作湯。然卜辭於湯之專祭必曰「王賓大乙」，惟告祭等乃稱唐，未知其故。

羊甲

卜辭有「羊甲」，無「陽甲」。羅參事證以古「樂陽」作「樂羊」，「歐陽」作「歐羊」，謂「羊甲」即「陽甲」。今案卜辭有：「曰南庚，曰羊甲」六字【《前編》卷上第四十二葉】，「羊甲」在「南庚」之次，則其即「陽甲」審矣。

祖某 父某 兄某

有商一代二十九帝，其未見卜辭者，仲王、沃丁、雍己、河亶甲、沃甲、廩辛、帝乙、帝辛八帝也。而卜辭出於殷虛，乃自盤庚至帝乙時所刻辭，自當無帝乙、帝辛之名，則名不見於卜辭者，於二十七帝中實六帝耳。又，卜辭中人名，若🜨甲【《前編》卷一第十六葉，《後編》卷上第八葉】、若祖丙【《前編》卷一第二十二葉】、若小丁【同上】、若祖戊【同上，第二十三葉】、若祖己【同上】、若中己【《後編》卷上第八葉】、若南壬【《前編》卷一第四十五葉】、若小癸【《龜甲獸骨文字》卷二第廿五葉】，其名號與祀之之禮，皆與先王同，而史無其人。又卜辭所見父甲、兄乙等人名頗眾，求之遷殷以後諸帝之父兄，或無其人。曩頗疑《世本》及《史記》於有商一代帝繫不無遺漏，今由種種研究，知卜辭中所未見知諸帝，或名亡而實存。至卜辭所有而史所無者，與夫父某兄某等之史無其人以當之者，皆諸帝兄弟之未立而殂者，或諸帝之異名也。試詳證之。

一事。商之繼統法，以弟及為主，而以子繼輔之，無弟然後傳子。自湯至於帝辛二十九帝中，以弟繼兄者凡十四帝【此據《史記》〈殷本紀〉。若據〈三代世表〉及《漢書》〈古今人表〉則得十五帝。】。其傳子者，亦多傳弟之子，而罕傳兄之子。蓋周時以嫡庶長幼為貴賤之制，商無有也，故兄弟之中有未立而死者，其祀之也與立者同。王亥之弟王恆，其立否不可考，而亦在祀典。且卜辭於王亥、王

恆外，又有王矢【《前編》卷一第三十五葉兩見，又卷四第三十三葉及《後編》卷下第四葉各一見】，亦在祀典，疑亦王亥兄弟也。又自上甲至於示癸，《史記》僅有六君，而卜辭稱自田十又三示，又或稱九示、十示，蓋亦并諸先公兄弟之立與未立者數之，逮有天下後亦然。孟子稱大丁未立，今觀其祀禮則與大乙、大甲同。卜辭有一節，曰：「癸酉卜，貞：王賓【此字原奪，以他文例之此處，當有賓字】父丁歲三牛罙兄己一牛兄庚口口【此二字殘闕，疑亦是一牛二字】，亡口？」【《後編》卷上第十九葉】；又曰：「癸亥卜，貞：兄庚口罙兄己口？」【同上第八葉】；又曰：「貞：兄庚口罙兄己其牛？」【同上】。考商時諸帝中，凡丁之子無己、庚二人相繼在位者，惟武丁之子有孝己【《戰國》秦燕二策、《莊子》〈外物篇〉、《荀子》〈性惡〉〈大略〉二篇、《漢書》〈古今人表〉均有孝己。《家語》〈弟子解〉云：「高宗以後妻殺孝己」，則孝己，武丁子也。】、有祖庚、有祖甲，則此條乃祖甲時所卜，父丁即武丁，兄己、兄庚，即孝己及祖庚也。孝己未立，故不見於《世本》及《史記》，而其祀典乃與祖庚同。然則，上所舉祖丙、小丁諸人名與禮視先王異者，非諸帝之異名，必諸帝兄弟之未立者矣。周初之制，猶與之同，《逸周書》〈克殷解〉曰：「王烈祖太王、太伯、王季、虞公、文王邑考以列升」。蓋周公未制禮以前，殷禮固如斯矣。

　　二事。卜辭於諸先王本名之外，或稱帝某、或稱祖某、或稱父某、兄某。羅參事曰：「有商一代帝王，以甲名者六，以乙名者五，以丁名者六，以庚、辛名者四，以壬名者二，惟以丙及戊、己名者各一。其稱大甲、小甲、大乙、小乙、大丁、中丁者，殆後來加之以示別。然在嗣位之君，則徑稱其父為父甲，稱其兄為兄乙，當時已自了然，故疑所稱父某、兄某者，即大乙以下諸帝矣。」余案：參事說是也。非獨父某、兄某為然，其云帝與祖者，亦諸帝之通稱。卜辭曰：「己卯卜，貞：帝甲口【中闕二字】其罙祖丁？」【《後編》卷上第四葉】，案：祖丁之前一帝為沃甲，則帝甲即沃甲，非〈周語〉：「帝甲亂之」之帝甲也。又曰：「祖辛一牛、祖甲一牛、祖丁一牛」【同上，第二十六葉】案：祖辛、祖丁之間，惟有沃甲，則祖甲亦即沃甲，非武丁之子祖甲也。又曰：「甲辰卜，貞：王賓求祖乙、祖丁、祖甲、康祖丁、武乙，衣亡口？」【同上，第二十葉】。案：武乙以前四世，為小乙、武丁、祖甲、庚丁【羅參事以庚丁為康丁之訛，是也。】，則祖乙即小乙，祖丁即武丁，非河亶甲之子祖乙，亦非祖辛之子祖丁也。又，此五世中名丁者有二，故於庚丁【實康丁】云康祖丁以別之，否則亦直云祖丁而已。然則，商人自大父以上，皆稱曰祖，其不須區別而自明者，不必舉其本號，但云祖某足矣。即須加區別時，亦有不舉其本號，而但以數別之者，如云：「口口于三祖庚。」【《前編》卷一第十九葉】案：商諸帝以庚名者，大庚第一，南庚第二，盤庚第三，祖庚

第四,則三祖庚即盤庚也。又有稱四祖丁者【《後編》卷上第三葉,凡三見。】,案:商諸帝以丁名者,大丁第一,沃丁第二,中丁第三,祖丁第四,則四祖丁即《史記》之祖丁也。以名庚者皆可稱祖庚,名丁者皆可稱祖丁,故加三四等字以別之,否則贅矣。由是推之,則卜辭之祖丙或即外丙,祖戊或即大戊,祖己或即雍己、孝己。【此祖己非《書》〈高宗肜日〉之祖己,卜辭稱:「卜貞:王賓祖己?」,與先王同,而伊尹、巫咸皆無此稱,固宜別是一人。且商時云祖某者,皆先王之名,非臣子可襲用,疑《尚書》誤。】故祖者,大父以上諸先王之通稱也。其稱父某者亦然。父者,父與諸父之通稱。卜辭曰:「父甲一牡?父庚一牡?父辛一牡?」【《後編》卷上第二十五葉】此當為武丁時所卜。父甲、父庚、父辛,即陽甲、盤庚、小辛,皆小乙之兄,而武丁之諸父也【羅參事說】。又,卜辭凡單稱父某者,有父甲【《前編》卷一第二十四葉】、有父乙【同上,第二十五及第二十六葉】、有父丁【同上,第二十六葉】、有父己【同上,第二十七葉及卷三第二十三葉,《後編》卷上第六、第七葉】、有父庚【《前編》卷一第二十六及第二十七葉】、有父辛【同上,第二十七葉】,今於盤庚以後諸帝之父及諸父中求之,則武丁之於陽甲,庚丁之於祖甲,皆得稱父甲。武丁之於小乙,文丁之於武乙,帝辛之於帝乙,皆得稱父乙。廩辛、庚丁之於孝己,皆得稱父己。餘如父庚當為盤庚或祖庚,父辛當為小辛或廩辛,他皆放此。其稱兄某者亦然,案:卜辭云兄某者,有兄甲【《前編》卷一第三十八葉】、有兄丁【同上,卷一第三十九葉,又《後編》卷上第七葉】、有兄戊【《前編》卷一第四十葉】、有兄己【《前編》卷一第四十及第四十一葉,《後編》卷上第七葉】、有兄庚【《前編》卷一第四十一葉,《後編》卷上第七葉及第十九葉】、有兄辛【《後編》卷上第七葉】、有兄壬【同上】、有兄癸【同上】。今於盤庚以後諸帝之兄求之,則兄甲當為盤庚、小辛、小乙之稱陽甲,兄己當為祖庚、祖甲之稱孝己,兄庚當為小辛、小乙之稱盤庚,或祖甲之稱祖庚,兄辛當為小乙之稱小辛,或庚丁之稱廩辛。而丁戊壬癸,則盤庚以後諸帝之兄在位者,初無其人,自是未立而殂者,與孝己同矣。由是觀之,則卜辭中所未見之雍己、沃甲、廩辛等,名雖亡而實或存,其史家所不載之祖丙、小丁【此疑即沃丁,或武丁對大丁或祖丁言,則沃丁與武丁自當稱小丁,猶大甲之後有小甲,祖乙之後有小乙,祖辛之後有小辛矣。】、祖戊、祖己、中己、南壬等,或為諸帝之異稱,或為諸帝兄弟之未立者,於是卜辭與《世本》、《史記》間毫無牴牾之處矣。

(文見《觀堂集林》卷九)

殷卜辭中所見先公先王續考

王國維

丁巳二月，余作〈殷卜辭中所見先公先王考〉，時所據者《鐵雲藏龜》及《殷虛書契前、後編》諸書耳。踰月得見英倫哈同氏《戩壽堂所藏殷虛文字》拓本凡八百紙。又踰月，上虞羅叔言參事以養疴來海上，行裝中有新拓之書契文字約千紙，余盡得見之。二家拓本中足以補證余前說者頗多，乃復寫為一編，以質世之治古文及古史者。閏二月下旬。海甯王國維。

高祖夋

前考以卜辭之 𦖞 及 𦖝 為夋，即帝嚳之名，但就字形定之，無他證也。今見羅氏拓本中有一條，曰：「癸巳貞：于高祖 𦖝 」【下闕】。案：卜辭中惟王亥稱高祖王亥【《書契後編》卷上第二十二葉】、或高祖亥【哈氏拓本】；大乙稱高祖乙【《後編》卷上第三葉】。今 𦖝 亦稱高祖，斯為 𦖞𦖝 即夋之確證，亦為夋即帝嚳之確證矣。

上甲 報乙 報丙 報丁 主壬 主癸

前考據《書契後編》上第八葉一條，證 丙 、 丁 即報丙、報丁；又據此知卜辭以報丙、報丁為次，與《史記》〈殷本紀〉及〈三代世表〉不同。比觀哈氏拓本中有一片，有 田 、 乙 、示癸等字，而彼片有 丙 、 丁 等字，疑本一骨折為二者。乃以二拓本合之，其斷痕若合符節，文辭亦連續可誦。凡殷先公先王自上甲至於大甲，其名皆在焉。其文三行，左行，其辭曰：「乙未酒祭自 田 十、 乙 三、 丙 三、 丁 三、示壬三、示癸三、大丁十、大甲十【下闕】」。此中曰十、曰三者，蓋謂牲牢之數。上甲、大丁、大甲十而其餘皆三者，以上甲為先公之首，大丁、大甲又先王而非先公，故殊其數也。示癸、大丁之間無大乙者，大乙為大祖，先公先王或均合食於大祖故也。據此一文之中，先公之名具在，不獨 田 即上甲， 乙 、 丙 、 丁 即報乙、報丙、報丁，示壬、示癸即主壬、主癸，胥得確證，且足證上甲以後諸先公之次，當為報乙、報丙、報丁、主壬、主癸。而《史記》以報丁、報乙、報丙為次，乃違事實。又據此次序，則首甲次乙次丙次丁，而終於壬癸，與十日之次全同。疑

商人以日為名號，乃成湯以後之事。其先世諸公生卒之日，至湯有天下後定祀典名號時已不可知，乃即用十日之次序以追名之，故先公之次乃適與十日之次同，否則不應如此巧合也。茲摹二骨之形狀及文字如左。

多后

卜辭屢云：「自田至于多䆒衣」【見前考】。曩疑「多䆒」亦先公或先王之名，今觀《戩壽堂所藏殷虛文字》，乃知其不然。其辭曰：「乙丑卜，貞：王賓䆒祖乙口亡尤？」；又曰：「乙卯卜，即貞：王賓䆒祖乙、父丁歲亡尤？」；又曰：「貞：䆒祖乙告十牛？四月。」；又曰：「貞：䆒祖乙告十物牛？四月。」【以上出《戩壽堂所藏殷虛文字》】；又曰：「咸䆒祖乙」【《書契前編》卷五第五葉】；又曰：「甲口口，貞：翌乙口酒肜日于䆒祖乙，亡它？」【《後編》卷上第二十葉】，則䆒亦作䆒。卜辭又曰：「口丑之于五䆒？」【《前編》卷一第三十葉】，合此諸文觀之，則「多䆒」殆非人名。案：卜辭䆒字異文頗多，或作䆒【《前編》卷六第二十七葉】、或作䆒【同上，卷二第二十五葉】、或作䆒、作䆒、作䆒【均同上】、或作䆒【同上，二十五葉】、或作䆒【《後編》卷上第二十葉】。字皆从女从䆒【倒子】，或从母从䆒；象產子之形。其从丨丨丨丨丨者，則象產子之有水液也。或从丨者，與从女、从母同意。故以字形言，此字即《說文》育之或體毓字。毓，从每，从𠫓【倒古文子】；與此正同。呂中僕尊曰：「呂中僕作䆒子寶尊彝」。「䆒子」，即「毓子」。毓，稺也。《書》今文〈堯典〉：「教育子」，《詩》鄘風：「鬻子之閔斯」，《書》〈康誥〉：「兄亦不念鞠子哀」，〈康王之誥〉：「無遺鞠子羞」，育、鬻、鞠三字通。然卜辭假此為后字。古者育、胄、后聲相近，誼亦相通。《說文解字》：「后，繼體君也。象人之形。施令以告四方，故厂之，从一口。」是后从人，厂當即䆒之訛變；一口亦䆒之訛變也。后字之誼，本从毓義引申，其後毓字專用毓育二形；后字專用䆒，又訛為后，

遂成二字。卜辭𢦒又作𢦒【《後編》卷下第二十二葉】，與𢦒𢦒諸形皆象倒子在人後，故先後之後，古亦作后。蓋毓、后、後三字實本一字也。

商人稱先王為后，《書》〈盤庚〉曰：「古我前后」；又曰：「女曷不念我古后之聞」；又曰：「予念我先神后之勞爾先」；又曰：「高后丕乃崇降罪疾」；又曰：「先后丕降與汝罪疾」；《詩》〈商頌〉曰：「商之先后」，是商人稱其先人為后，是故多后者，猶《書》言多子、多士、多方也。五后者，猶《詩》《書》言「三后在天」、「三后成功」也。其與「祖乙」連言者，又假為後字。後祖乙，謂武乙也。卜辭以𢦒祖乙、父丁連文，考殷諸帝中父名乙、子名丁者，盤庚以後，惟小乙、武丁及武乙、文丁。而小乙卜辭稱小祖乙【《戩壽堂所藏殷虛文字》】，則𢦒祖乙必武乙矣。商諸帝名乙者六，除帝乙外，皆有祖乙之稱，而各加字以別之。是故高祖乙者謂大乙也，中宗祖乙者謂祖乙也，小祖乙者謂小乙也，武祖乙、后祖乙者謂武乙也。卜辭君后之后與先後之後，均用𢦒或𢦒，知毓、后、後三字之古為一字矣。

中宗祖乙

《戩壽堂所藏殷虛文字》中有斷片，存字六，曰：「中宗祖乙牛？吉」。稱祖乙為中宗，全與古來尚書學家之說違異。惟《太平御覽》【八十三】引《竹書紀年》曰：「祖乙滕即位，是為中宗。居庇。」【今本《紀年》注亦云「祖乙之世，商道復興，號為中宗。」即本此】今由此斷片，知《紀年》是而古今尚書家說非也。《史記》〈殷本紀〉以大甲為大宗，大戊為中宗，武丁為高宗，此本尚書今文家說。今徵之卜辭，則大甲、祖乙往往并祭，而大戊不與焉。卜辭曰：「囗亥卜，貞：三示御大乙、大甲、祖乙五牢？」【羅氏拓本】；又曰：「癸丑卜，囗貞：求年于大甲十牢，祖乙十牢？」【《後編》上第二十七葉】；又曰：「丁亥卜，囗貞：昔乙酉服囗御【中闕】大丁、大甲、祖乙：百鬯、百羊，卯三百牛」【下闕，同上第二十八葉】。大乙、大甲之後，獨舉祖乙，亦中宗是祖乙，非大戊之一證。【《晏子春秋》內篇〈諫上〉：「夫湯、大甲、武丁、祖乙，天下之盛君也。」亦以祖乙與大甲、武丁并稱。】

大示 二示 三示 四示

《戩壽堂所藏殷虛文字》中有一條，其文曰：「癸卯卜：酻求貞乙巳自𤊫廿示一牛，二示羊？𠔏賣三示麂牢，四示犬？」前考以示為先公之專稱，故因卜辭「十有三示」一語，疑商先公之數不止如《史記》所紀。今此條稱「自𤊫廿示」，又與彼云「十有三示」不同。蓋示者，先公先王之通稱。卜辭云：「囗亥卜，貞：

三示御大乙、大甲、祖乙五牢？」【見前】，以大乙、大甲、祖乙為三示，是先王亦稱示矣。其有大示【亦云元示】、二示、三示、四示之別者，蓋商人祀其先自有差等。上甲之祀與報乙以下不同，大乙、大甲、祖乙之祀又與他先王不同。

又諸臣亦稱示，卜辭云：「癸酉卜：右伊五示？」【羅氏拓本】。伊謂伊尹，故有大示、二示、三示、四示之名。

卜辭又有小示，蓋即謂二示以下。小者，對大示言之也。

商先王世數

《史記》〈殷本紀〉、〈三代世表〉及《漢書》〈古今人表〉所記殷君數同，而於世數則互相違異。據〈殷本紀〉，則商三十一帝【除大丁為三十帝】，共十七世。〈三代世表〉以小甲、雍己、大戊為大庚弟【《殷本紀》大庚子】，則為十六世。〈古今人表〉以中丁、外壬、河亶甲為大戊弟【〈殷本紀〉大戊子】，祖乙為河亶甲弟【〈殷本紀〉河亶甲子】，小辛為盤庚子【〈殷本紀〉盤庚弟】，則增一世、減二世，亦為十六世。今由卜辭證之，則以〈殷本紀〉所記為近。案：殷人祭祀中，有特祭其所自出之先王，而非所自出之先王不與者。前考所舉「求祖乙【小乙】、祖丁【武丁】、祖甲、康祖丁【庚丁】、武乙衣」，其一例也。今檢卜辭中又有一斷片，其文曰：「【上闕】大甲、大庚【中闕】丁、祖乙、祖【中闕】一羊一南」【下闕，共三行，左讀。見《後編》卷上第三葉】。此片雖殘闕，然於大甲、大庚之間不數沃丁，中丁【中字直筆尚存】、祖乙之間不數外壬、河亶甲，而一世之中僅舉一帝。蓋亦與前所舉者同例。又其上下所闕，得以意補之如左。

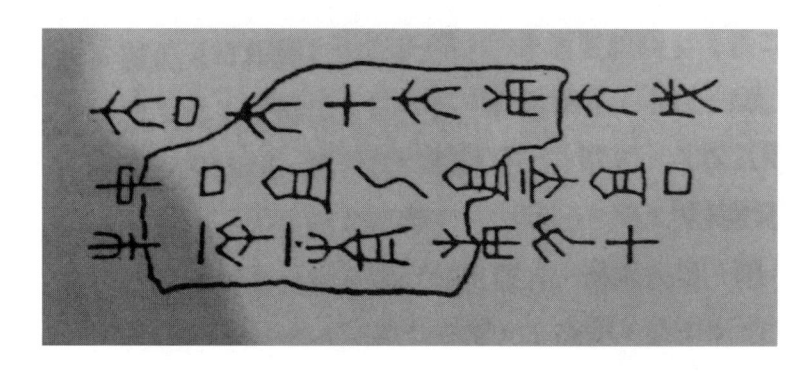

由此觀之，則此片當為盤庚、小辛、小乙三帝時之物。自大丁至祖丁皆其所自自出之先王，以〈殷本紀〉世數次之，并以行款求之，其文當如是也。惟據〈殷本紀〉，則祖乙乃河亶甲子，而非中丁子。今此片中有中丁而無河亶甲，則祖乙自當為中丁子；《史記》蓋誤也。且據此，則大甲之後有大庚，則大戊自當為大庚子，其兄小甲、雍己亦然，知〈三代世表〉以小甲、雍己、大戊為大庚弟者非矣。大戊

之後有中丁，中丁之後有祖乙，則中丁、外壬、河亶甲自當為大戊子；祖乙自當為中丁子，知〈人表〉以中丁、外壬、河亶甲、祖乙皆為大戊弟者非矣。卜辭又云：「父甲一牡？父庚一牡？父辛一牡？」【《後編》卷上第二十五葉】。甲為陽甲，庚則盤庚，辛則小辛，皆武丁之諸父，故曰：「父甲、父庚、父辛」，則〈人表〉以小辛為盤庚子者非矣。

　　凡此諸證，皆與〈殷本紀〉合，而與〈世表〉〈人表〉不合，是故殷自小乙以上之世數，可由此二片證之；小乙以下之世數，可由祖乙、祖丁、祖甲、康祖丁、武乙一條證之。考古者得此，可以無遺憾矣。

（文見《觀堂集林》卷九）

附二　古史新證（節錄）

王國維

第一章　總論

　　研究中國古史為最糾紛之問題。上古之事，傳說與史實混而不分。史實之中固不免有所緣飾，與傳說無異，而傳說之中亦往往有史實為之素地，二者不易區別；此世界各國之所同也。在中國古代已注意此事，孔子曰：信而好古，又曰：君子於其不知，蓋闕如也，故於夏殷之禮，曰：吾能言之，杞宋不足徵也，文獻不足，故也。孟子於古事之可存疑者，則曰：於傳有之，於不足信者，曰：好事者為之。太史公作五帝本紀，取孔子所傳五帝德及帝繫姓，而斥不雅馴之百家言，於三代世表，取世本而斥黃帝以來皆有年數之諜記，其術至為謹慎。然好事之徒，世多有之，故尚書於今古文外，在漢有張霸之百兩篇，在魏晉有偽孔安國之書。百兩雖斥於漢，而偽孔書則六朝以降行用，迄於今日。又，汲冢所出竹書紀年，自夏以來皆有年數，亦諜記之流亞，皇甫謐作帝王世記，亦為五帝三王盡加年數，後人乃復取以補太史公書，此信古之過也。至於近世，乃知孔安國本尚書之偽、紀年之不可信，而疑古之過，乃併堯舜禹之人物而亦疑之。其於懷疑之態度，反批評之精神，不無可取，然惜於古史材料未嘗為充分之處理也。

　　吾輩生於今日，幸於紙上之材料外，更得地下之新材料。由此種材料，我輩固得據以補正紙上之材料，亦得證明古書之某部分全為實錄，即百家不雅馴之言，亦不無表示一面之事實。此二重證據法，惟在今日始得為之。雖古書之未得證明者，不能加以否定，而其已得證明者，不能不加以肯定，可斷言也。

　　所謂紙上之史料，茲從時代先後述之：

（一）尚書：虞夏書中，如堯典、皋陶謨、禹貢、甘誓，商書中，如湯誓，文字稍平易簡潔，或係後世重編，然至少亦必為周初人所作。至商書中之盤庚、高宗肜日、西伯戡黎、微子，周書之牧誓、洪範、金縢、大誥、康誥、酒誥、梓材、召誥、洛誥、多士、無逸、君奭、多方、立政、顧命、康王之誥、呂刑、文侯之命、費誓、秦誓諸篇，皆當時所作也。

（二）詩：自周初迄春秋初所作。商頌五篇，疑亦宗周時宋人所作也。

(三) 易：卦辭爻辭，周初作。十翼，相傳為孔子作，至少亦七十子後學所述也。
(四) 五帝德及帝繫姓：太史公謂：孔子所傳帝繫一篇，與世本同，此二篇後並入大戴禮。
(五) 春秋：魯國史，孔子重脩之。
(六) 左氏傳、國語：春秋後戰國初作，至漢始行世。
(七) 世本：今不傳，有重輯本，漢初人作，然多取古代材料。
(八) 竹書紀年：戰國時魏人作，今書非原本。
(九) 戰國策及周秦諸子。
(十) 史記。

地下之材料，僅有二種：
(一) 甲骨文字：殷時物，自盤庚遷殷後迄帝乙時。
(二) 金文：殷周二代。

今茲所講，乃就此二種材料中可以證明諸書或補足糾正者，一一述之。

第二章　禹

鼏宅禹責：秦公敦
赫赫成唐—處禹之堵：齊侯鎛鍾

　　秦公敦銘有「十有二公，在帝之𥼶」語，與宋內府所藏秦盦和鍾同。歐陽公集古錄跋盦和鍾云：太史公于秦本紀云：襄公始列為諸侯，於諸侯年表以秦仲為始。今據年表，始秦仲則至康公為十二公，此鍾為共公時作也。據本紀，自襄公始則至桓公為十二公，而銘鍾者當為景公也。近儒或以為秦之立國始非子，當從非子起算，則鍾當作於宣公成公之世。要之，無論何說，皆春秋時器也。齊矦鎛鍾以字體定之，亦春秋時器。秦敦之「禹責」，即大雅之「維禹之績」，商頌之「設都于禹之蹟」。「禹責」言宅，則責當是蹟之借字。齊鎛言「赫赫成唐（即成湯，說見下），有敢（即嚴字）在帝所，溥受天命—咸有九州，處禹之堵堵」。博古圖釋「祁處禹之堵」，亦猶魯頌言「纘禹之緒」也。夫自堯典、皋陶謨、禹貢，皆紀禹事，下至周書呂刑，亦以禹為三后之一。詩言禹者，尤不可勝數，固不待藉他證據。然近人乃復疑之，故舉此二器，知春秋之世，東西二大國，無不信禹為古之帝王，且先湯而有天下也。

（文見《古史新證》，清華大學出版社）

附三　西吳徐氏印譜序

王國維

　　自許叔重序說文，以刻符、摹印、署書、殳書，與大小篆、蟲書、隸書，並為秦之八體，於是後世頗疑秦時刻符、摹印等，各自為體，並大小篆、蟲書、隸書而八。然大篆、小篆、蟲書、隸書者，以言乎其體也，刻符、摹印、署書、殳書者，以言乎其用也。秦之署書，不可攷，而新郪、陽陵二虎符字，在大小篆之間。相邦呂不韋戈與秦公私諸璽文字，皆同小篆，知刻符、摹印、殳書皆以其用言，而不以其體言，猶周官太師之六詩：比、賦、興與風、雅、頌相錯綜，保氏之六書：指事、象形諸字皆足以供轉注、假借之用者也。秦書如是，秦以前書，亦同何獨不然？三代文字，殷商有甲骨及彝器，宗周及春秋諸國並有彝器傳世，獨戰國以後，彝器傳世者，唯有田齊二敦一簠，及大梁上官諸鼎，寥寥不過數器，幸而任器之流傳，乃比殷周為富，近世所出，如六國兵器，數幾踰百，其餘若貨幣、若璽印、若陶器，其數乃以千計，而魏石經及說文解字所出之壁中古文，亦為當時齊魯間書。此數種文字，皆自相似，然並譌別簡率，上不合殷周古文，下不合小篆，不能以六書求之。而同時秦之文字，則頗與之異。傳世秦器作於此時者，若大良造鞅銅量秦孝公十八年作、若大良造鞅戟、若新郪虎符秦昭王五十四以後所作、若相邦呂不韋戈秦始皇五年作、石刻若詛楚文宋王厚之攷為秦惠王後十二年作，皆秦未并天下時所作。其文字之什九與篆文同，其什一與籀文同，其去殷周古文較之六國文字為近。余曩作史籀篇疏證序，謂戰國時秦用籀文六國用古文，即以此也。世人見六國文字，上與殷周古文、中與秦文、下與小篆不合，遂疑近世所出兵器、陶器、璽印、貨幣諸文字，並自為一體，與六國通行文字不同，又疑魏石經說文所出之壁中古文為漢人偽作，此則惑之甚者也。夫兵器、陶器、璽印、貨幣，當時通行之器也，壁中書者，當時儒家通行之書也。通行之器與通行之書，固當以通行文字書之。且同時所作大梁上官諸鼎文體，亦復如是，而此外更不見有他體。舍是數者而別求六國之通行文字，多見其紛紛也。況秦之刻符、摹印、殳書，並用通行文字，則何獨於六國而疑之？其上不合殷周古文，下不合秦篆者，時不同也，中不合秦文者，地不同也。其譌別草率，亦如北朝文字，上與魏晉、下與隋唐、中與江左不同。其中璽印、陶器，可比北朝碑碣，兵器、貨幣，則幾於魏齊小銅造象之鑿欵矣。若是者，謂其非當時通行文字則不可，若謂之為偽則尤不可也。

余謂欲治壁中古文，不當繩以殷周古文，而當於同時之兵器、陶器、璽印、貨幣求之。惜此數種文字，世尚未有專攻之者，以余之不敏，又所見實物譜錄至為狹陋，然就所見者言之，已足知此四種文字自為一系，又與昔人所傳之壁中書為一系。姑以壁中古文之同於四者言之，如石經古文弗作㇏，今上虞羅氏所藏斷劍有鏃鈰字，正从㇏。朝作𣎍，而陳矦因資敦齊威王作之朝覲字、子朝命鈰之朝字，正並作𣎍。游作㳺，古鈰有𣫻游鈰正作㳺。迷作𢓜，亡𪓳鈰正作𢓜。上作上，而上明、上敬、上信諸鈰正作丄。下作下，而下官矛正作丅。信作㐰，而辟夫夫信節作㐰、古鈰亦作㐰㐰㐰諸體，又左司徒信鈰作𠊱，王臧信鈰作𠊱，則與說文信之古文𠈰字相近信字本从言人聲，千字亦人聲，故亦得从千聲。又率作𢁉，與十三年上官鼎同。陳作𡐦，與田齊諸器及楚陳爰鉼金同。公作㕣，與古鈰及陶器同。秦作𥘅，與秦匜鈰及𥘅秦鈰同。宰作𡨜，與宰公鈰同。丁作丁，與丁盾鈰同。又，說文正之古文作㱏，剛之古文作𠛬，豆之古文作𣅀，續之古文作𢆉，五之古文作Ⅹ，並與陶文同。又，如事之作𠭁，矦之作𠂭，時之作𣅀，明之作㬗，容之作𡧱，吳之作㕦，恆之作𠄟，封之作𡊒，禹之作𠂹，醫之作𣏌，並與鈰文同。而自作𦣹，爽作𠽌，則陶文與鈰文並同。又，量作𨥉，見於大梁鼎，戶作𢇇，見於吳縣潘氏所藏六國不知名銅器。其小異大同者，如說文古文中作𠀒，而鈰文作中，君作𠁾，而鈰文作𠁾𠁾，後作𢔏，而陶文作𢔏，共作𢌥，而鈰文作𢍱𢍱，革作𠦶，而鈰文作𠦶，丹作𠁴，而鈰文及幣文並有𠁴字，倉作㑂，而陶文有㑂字，期作𣇛，而陶文有𣇛字、鈰文𣇛字，屋作𡩇，握作𡩇，而鈰文有𡩇字，履作𡲜，而鈰文有𡲜字，州作州，而鈰文有𡿩字。又如碣之古文為𥑩，其文至為奇詭，然孫渴鈰之渴作𣽝，牛閼鈰之閼作閼，知曷之為𣅀，當時自有此作法也。以上所舉諸例，類不合於殷周古文及小篆，而與六國遺器文字則血脈相通。漢人傳寫之文，與今日出土之器斠若剖符之復合，謂非當日之通行文字，其誰信之？雖陶器、鈰印、貨幣文字止紀人地名，兵器文字亦有一定之文例，故不能以盡證壁中之書，而壁中簡策當時亦不無摩滅斷折，今之所存，亦不無漢人肊造之字，故不能盡合。然其合者，固已如斯矣。

然則，兵器、陶器、鈰印、貨幣四者，正今日研究六國文字惟一之材料，其為重要實與甲骨彝器同。而鈰印一類，其文字制度尤為精整，其數亦較富，然當世譜錄不過上虞羅氏、皖江黃氏、錢唐陳氏數家。羅氏所藏，屢聚屢散，黃氏物亡于胠篋，而陳氏之藏，則歸於桐鄉徐君楙齋。楙齋復汰而益之，丙寅秋日出其所為新譜，索序於余。余讀而歎其精善，如上所舉，證容履碣瘕諸古文並出此譜。楙齋之於古器物古文字之學，可謂知所先務矣。余近於六國文字及鈰印之學，頗有所論述，因書以弁其首，世之治文字學者以覽觀焉。海甯王國維。

（文見《觀堂集林》卷六）

附四　禪宗六祖傳法偈之分析

陳寅恪

　　神秀慧能傳法偈壇經諸本及傳燈錄等書所載，其字句雖間有歧異之處，而意旨則皆相符會。茲依敦煌本壇經之文分析說明之。

　　神秀偈曰：

　　　身是菩提樹，心如明鏡臺。時時勤拂拭，莫使有塵埃。

　　惠能偈曰：

　　　菩提本無樹，明鏡亦非臺。佛性常清淨，何處有塵埃。

　　又偈曰：

　　　心是菩提樹，身明為鏡臺。明鏡本清淨，何處染塵埃。

　　敦煌本壇經偈文較通行本即後來所修改者，語句拙質，意義重複，尚略存原始形式。至惠能第二偈中「心」「身」二字應須互易，當是傳寫之誤。諸如此類，皆顯而易見，不待贅言。茲所欲討論者，即古今讀此傳法偈者眾矣，似皆未甚注意二事：

　　（一）此偈之譬喻不適當。（二）此偈之意義未完備。
請分別言之如下：

（一）

　　何謂譬喻不適當？考印度禪學，其觀身之法，往往比人身於芭蕉等易於解剝之植物，以說明陰蘊俱空，肉體可厭之意。此類教義為佛藏中所習見者，無取博徵。請引一二佛典原文，以見其例：

　　鳩摩羅什譯摩訶般若波羅蜜經卷二十四善達品第七十九云：

　　　行如芭蕉葉，除去不得堅實。

又，玄奘譯大般若波羅蜜多經卷四百七十二第二分善達品第七十七之二（即前經同本異譯。）云：

> 如實知如芭蕉樹，葉葉析除，實不可得。

又，鳩摩羅什等譯禪秘要法經中云：

> 先自觀身，使皮皮相裏，猶如芭蕉，然後安心。

又，沮渠京聲譯治禪病秘要經云：

> 次觀厚皮九十九重，猶如芭蕉。（中略。）次復觀肉，亦九十九重，如芭蕉葉。中間有蟲，細於秋毫。蟲各四頭四口九十九尾。次當觀骨，見骨皎白，如白瑠璃。九十八重，四百四脈入其骨間，流注上下，猶如芭蕉。

據此，可知天竺禪學觀身取譬之例。至於傳法偈中所謂菩提樹者，乃一樹之專稱。釋迦牟尼曾坐其下，而成正覺者。依佛陀耶舍共佛念譯長阿含經卷一第一分初大本緣經所載，先後七佛自毗婆尸至釋迦牟尼，皆坐於一定之樹下，成最正覺。其關於釋迦牟尼之文句，茲逐錄於下：

> 我今如來至真坐鉢多樹下，成其正覺。佛時頌曰：
> 我今釋迦文，坐於鉢多樹。

玄奘西域記卷八摩揭陀國上云：

> 金剛坐上菩提樹者，即畢鉢羅之樹也。昔佛在世，高數百尺。屢經殘伐，高四五丈。佛坐其下，成其正覺，因而謂之菩提樹焉。莖幹黃白，枝葉青翠，冬夏不凋，光鮮無變。

據此，可知菩提樹為永久堅牢之寶樹，決不能取以比譬變滅無常之肉身，致反乎重心神而輕肉體之教義。此所謂譬喻不適當者也。

（二）

何謂意義未完備？細繹偈文，其意在身心對舉。言身則如樹，分析皆空。心則如鏡，光明普照。今偈文關於心之一方面，既已將譬喻及其本體作用敘說詳盡，詞顯而意賅。

身之一方面，僅言及譬喻。無論其取譬不倫，即使比擬適當，亦缺少繼續之下

文,是僅得文意之一半。此所謂意義不完備者也。

然則,此偈文義何以致如是之乖舛及不具足乎?應之曰:此蓋襲用前人之舊文,集合為一偈,而作者藝術未精,空疏不學,遂令傳心之語,成為半通之文。請略考禪家故事,以資說明。

此偈中關於心之部分,其比喻及其體用之說明,佛藏之文相與類似者不少。茲僅舉其直接關係繫此偈者一事,即神秀弟子淨覺所著楞伽師資記中宋朝三藏求那跋陀之安心法。其原文云:

> 亦如磨鏡。鏡面上塵落盡,心自明淨。

案:此即宗密禪源諸詮集都序卷二敘禪宗之息妄修心宗,所謂:

> 故須依師言教,背境觀心,息滅妄念,念盡即覺悟,無所不知。如鏡昏塵,須時時拂拭,塵盡明現,即無所不照。

者是也。凡教義之傳播衍繹,必有其漸次變易之蹟象,故可依據之,以推測其淵源之所從出,及其成立之所以然。考續高僧傳卷二十五習禪六曇倫傳(江北刻經處本)。云:

> 釋曇倫姓孫氏。汴州浚儀人。十三出家。住修福寺。依端禪師。然端學次第觀,便誡倫曰:汝繫心鼻端!可得靜也。倫曰:若見有心,可繫鼻端。本來不見心相,不知何繫也。(中略。)異時(端禪師)告曰:令汝學坐,先淨昏情。猶如剝葱,一一重重剝卻,然後得淨。倫曰:若見有葱,可有剝削。本來無葱,何所剝也。

據續高僧傳,曇倫卒至於武德末年,年八十餘。則其生年必在魏末世。故以時代先後論,神秀慧能之偈必從此脫胎,可無疑義。芭蕉為南方繁茂之植物,而北地不恆見。端禪師因易以北地日常服食之葱。可謂能近取譬者也。若復易以「冬夏不凋,光鮮無變」之菩提寶樹,則比於不倫,失其本旨矣。蓋曇倫學禪故事,原謂本來無葱,故無可剝。本來無心,故無可繫。身心並舉,比擬既切,語意亦完。今神秀慧能之偈僅得關於心者之一半。其關於身之一半,以文法及文意言,俱不可通。然古今傳誦,以為絕妙好詞,更無有疑之者,豈不異哉!

予因分析偈文內容,證以禪門舊載,為之說明。使參究禪那之人得知今日所傳唐世曹溪頓派,匪獨其教義宗風溯源於先代,即文詞故實亦莫不掇拾前脩之緒餘,而此半通半不通之偈文是其一例也。

(文見《陳寅恪先生論文集》)

附五　四聲三問（刪節）

陳寅恪

　　古今論四聲者多矣。寅恪於考古審音二事皆未嘗致力，故不敢妄說。僅就近日在清華園講授所及，提出三淺顯之問題。試擬三簡單之解答，並擇錄舊籍之有關者，略加詮釋，附於第二解答之後，以資參證。凡所討論，大抵屬於中古文化史常識之範圍，其牽涉音韻學專門性質者，則謹守「不知為不知」之古訓，概不闌入，藉以藏拙云爾。

　　初問曰：中國何以成立一四聲之說？即何以適定為四聲，而不定為五聲，或七聲，抑或其他數之聲乎？

　　答曰：所以適定為四聲，而不為其他數之聲者，以除去本易分別，自為一類之入聲，復分別其餘之聲為平上去三聲。綜合通計之，適為四聲也。但其所以分別其餘之聲為三者，實依據及摹擬中國當日轉讀佛經之三聲。而中國當日轉讀佛經之三聲又出於印度古時聲明論之三聲也。據天竺圍陀之聲明論，其所謂聲 svara 者，適與中國四聲之所謂聲者相類似。即指聲之高低言，英語所謂 pitch accent 者是也。圍陀聲明論依其聲之高低，分別為三：一曰 udatta，二曰 svarita，三曰 anudatta。佛教輸入中國，其教徒轉讀經典時，此三聲之分別當亦隨之輸入。至當日佛教徒轉讀其經典所分別之三聲，是否即與中國之平上去三聲切合，今日固難詳知，然二者俱依聲之高下分為三階段則相同無疑也。中國語之入聲皆附有 k，p，t 等輔音之綴尾，可視為一特殊種類，而最易與其他之聲分別。平上去則其聲響高低相互距離之間雖有分別，但應分別之為若干數之聲，殊不易定。故中國文士依據及摹擬當日轉讀佛經之聲，分別定為平上去之三聲。合入聲共計之，適成四聲。於是創為四聲之說，並撰作聲譜，借轉讀佛經之聲調，應用於中國之美化文。此四聲之說所由成立，及其所以適為四聲，不為其他數聲之故也。

　　再問曰：四聲說之成立由於中國文士依據及摹擬轉讀佛經之聲，既聞命矣。果如所言天竺經聲流行中土，歷時甚久，上起魏晉，下迄隋唐，六七百年間審音文士善聲沙門亦已眾矣。然則無論何代何人皆可以發明四聲之說，所以其說之成立不後不先適值南齊永明之世？而創其說者非甲非乙，又適為周顒、沈約之徒乎？

　　答曰：南齊永明七年二月二十日竟陵王子良大集善聲沙門於京邸，造經唄新

聲，實為當時考文審音之一大事。在此略前之時，建康之審音文士及善聲沙門討論研求必已甚眾而且精。永明七年竟陵京邸之結集不過此新學說研求成績之發表耳。此四聲說之成立所以適值南齊永明之世，而周顒沈約之徒又適為此新學說代表人之故也。

上述理由請略徵舊籍，以資說明。但吾人今日可藉以考知六朝經唄之概略者，僅存極少數之資料：如慧皎高僧傳中經師諸傳及日本高野山所藏寫本魚山集等而已。魚山集之聲譜寅恪未能通解，可以不論。茲擇取僧傳所載與舊史及他書之文互相釋證於下：

高僧傳十三支曇籥傳云：

> 支曇籥本月支人。寓居建康，少出家，憩吳虎丘山。晉孝武初勅請出都，止建初寺。孝武從受五戒，敬以師禮。籥特稟妙聲，善於轉讀。嘗夢天神授其聲法，覺因裁製新聲。

又釋法平傳云：

> 釋法平姓康，康居人。寓居建康。與弟法等俱出家，止白馬寺。為曇籥弟子。共傳師業。響韻清雅，韻轉無方。兄弟並以元嘉末卒。

又釋僧饒傳云：

> 釋僧饒建康人，出家，止白馬寺。偏以音聲著稱，擅名宋孝武之世。響調優游，和雅哀亮，與道綜齊肩。宋大明二年卒，春秋八十六。同寺復有超慧、明慧，少俱為梵唄，長齋時轉讀，亦有名於世。

（略）

據上所擇要迻錄之僧傳原文，有三事可以注意，即善聲沙門最眾之地，善聲沙門最盛之時，及曹植魚山製契之傳說最先見於何書是也。請分別言之：

僧傳所載善聲沙門幾全部為居住建康之西域胡人，或建康之土著。蓋建康京邑，其他既為政治之中心，而揚州又屬濱海區域，故本多胡人居住，《世說新語》〈政事篇〉王丞相拜揚州條即是一例。過江名士所以得知此「彈指」「蘭闍」之胡俗胡語者，或亦由建康胡化之漸染，非必前居洛陽時傳習而來也。夫居住建康之胡人依其本來嫻習之聲調，以轉讀佛經，則建康土著之僧徒受此特殊環境之薰習，其天賦優厚者往往成為善聲沙門，實與今日中國都邑及商港居民善謳基督教祀天讚主之歌頌者，理無二致。此為建康所以多善聲沙門之最主要原因，而宮庭貴族之提倡尚在其次也。

又據僧傳所記善聲沙門之生卒年歲推之，是建康經唄之盛，實始自宋之中世，而極於齊之初年。若復取舊史及他書以為參證，則知四聲說之成立，其間因緣會合，蓋有物理之所必致，而非人事之偶然者也。

（略）

建康為南朝政治文化之中心，故為善聲沙門及審音文士共同居住之地。二者之間發生相互之影響，實情理之當然也。經聲之盛，始自宋之中世，極於齊之初年。竟陵王子良必於永明七年二月十九日以前即已嫻習轉讀，故始能於夢中詠誦。然則竟陵王當日之環境可以推知也。雞籠西邸為審音文士抄撰之學府，亦為善聲沙門結集之道場。永明新體之詞人既在「八友」之列，則其與經唄新聲制定以前之背景不能不相關涉，自無待言。周顒卒年史不記載，據傳文推之，當在永明七年五月王儉薨逝以前，永明三年王儉領國子祭酒及太子少傅之後。即使不及見永明七年二月竟陵王經唄新聲之制定，要亦時代相距至近。其與沈約一為文惠之東宮僚屬，一為竟陵之西邸賓僚，皆在佛化文學環境陶冶之中，四聲說之創始於此二人者，誠非偶然也。又顒傳言：「太學諸生慕顒之風，爭事華辯。」其所謂「辯」者，當即顒「音辭辯麗，出言不窮。宮商朱紫，發口成句。」及其子捨「善誦詩書，音韻清辯。」之「辯」。皆四聲轉讀之問題也。

（略）

三問曰：讀宋書謝靈運傳論南史陸厥傳所載厥與沈約問答之書及詩品所記王融告鍾嶸之語，竊有疑焉。凡約之所論，及厥之問約，約之答厥，融之語嶸者，皆四聲之問題也。然俱以宮商五聲為言，而絕不及四聲一語。若四聲與五聲同物，則約仍用五聲之舊說可矣。何必又創四聲之說，別撰四聲之譜乎？若四聲與五聲不同物，則約論非所論，融語非所語，厥問非所問，約更答非所答矣。然則四聲與五聲之同異，究何在耶？

答曰：宮商角徵羽五聲者，中國傳統之理論也。關於聲之本體，即同光朝士所謂「中學為體」是也。平上去入四聲者，西域輸入之技術也。關於聲之實用，即同光朝士所謂「西學為用」是也。蓋中國自古論聲，皆以宮商角徵羽為言，此學人論聲理所不能外者也。至平上去入四聲之分別，乃摹擬西域轉經之方法，以供中國行文之用。其「顛倒相配，參差變動」，如「天子聖哲」之例者，純屬於技術之方面，故可得而譜。即按譜而別聲，選字而作文之謂也。然則五聲說與四聲說乃一中一西，一古一今，兩種截然不同之系統。論理則指本體以立說，舉五聲而為言；屬文則依實用以遣詞，分四聲而撰譜。苟明乎此，則知約之所論，融之所言，及厥之問約，約之答厥，所以止五聲，而不及四聲之故矣。

又此第三解答之意旨實啟自段（段玉裁六書音均表十四聲說子注）、王（王國

維觀堂集林八五聲說）。今更借喻同光舊說，重為引申。至王氏以陰陽平上去入為三代秦漢間之五聲，其言之當否，別是一事，可置不論。此解答所竊取者，止段王同主之一誼，即「四聲之說專主屬文」而已。斯誼而是也，因不敢掠美於前修；斯誼而非也，則願俟知音之新解。

（文見《陳寅恪先生論文集》）

附六　史料之蒐集與鑑別（節錄）

梁啓超

　　最先最近之史料則最可信，此固原則也。然若過信此原則，有時亦可以陷於大誤。

　　玄奘者，我國留學生宗匠，而思想界一鉅子也。吾因故研究其一生學業進步之跡，乃發心為之作年譜。吾所憑藉之資料甚富，合計殆不下二十餘種，而其最重要者，一為道宣之續高僧傳，二為慧立之慈恩法師傳，二人皆奘之親受業弟子，為其師作傳，正吾所謂第一等史料也。乃吾研究愈進而愈感困難，兩傳中矛盾之點甚多，或甲誤，或乙誤，或甲乙俱誤。吾列舉若干問題，欲一一悉求其真，有略已解決者，有卒未能解決者。試舉吾所認為略已解決之一事，借此以示吾研究之徑路。

　　玄奘留學凡十七年，此既定之事實也。其歸國在貞觀十九年正月，此又既定之事實也。然則，其初出遊果在何年乎？自兩傳以及其他有關係之資料，皆云貞觀三年八月，咸無異辭。吾則因懷疑而研究，研究之結果，考定為貞觀元年。吾曷為忽對於三年說而起懷疑耶？三年至十九年，恰為十七個年頭，本無甚可疑也。吾因讀慈恩傳，見奘在于闐所上表中，有「貞觀三年出遊，今已十七年」等語，上表年月傳雖失載，然循按上下文，確知其在貞觀十八年春夏之交。吾忽覺此語有矛盾。此為吾懷疑之出發點。從貞觀十八年上遡所謂十七年者，若作十七個年頭解，其出遊時可云在貞觀二年，若作滿十七年解，則應為貞觀元年。吾於是姑立元年、二年之兩種假說，以從事研究。吾乃將慈恩傳中所記行程及各地淹留歲月，詳細調查。覺奘自初發長安以迄歸達于闐，最少亦須滿十六年有半之時日，乃敷分配，吾於是漸棄其二年之假說，而傾向於元年之假設。雖然，現存之數十種資料，皆云三年，僅恃此區區之反證而臆改之，非學者態度所宜出也。然吾不忍棄吾之假說，吾仍努力前進。吾已知，奘之出遊為冒禁越境。然冒禁何以能無阻？吾查續高僧傳，本傳見有「會貞觀三年，時遭霜儉，下敕道俗，隨豐四出」數語，吾因此知奘之出境，乃攙在饑民隊中，而其年之饑，實因霜災。吾乃亟查貞觀三年是否有霜災，取新舊唐書太宗紀閱之，確無是事。於是「三年說」已消極的得一有力之反證。再查元年，則新書云：「八月河南隴右邊州霜」，又云：「十月丁自以歲饑減膳」，舊書云：「八月關東及河南隴右沿邊諸州霜害秋稼」，又云：「是歲關中饑，至有鬻男女

者」，是元年確有饑荒而成災，又確由霜害，於是吾之元年說忽積極的得一極有力之正證矣。惟舊書於二年，復有「八月河南河北大霜人饑」一語，新書則無有，不知為舊書誤複耶？抑兩年連遭霜災，而新書於二年有闕文耶？如是，則二年之假說仍有存立之餘地。吾決意再覓證據，以決此疑。吾乃研究奘途中所遇之人，其名可考見者，凡三，一曰涼州都督李大亮，二曰高昌王麴文泰，三曰西突厥可汗葉護。吾查大亮傳及高昌傳，見二人皆自元年至四年在其位，不成問題。及查西突厥傳，乃忽有意外之獲。兩書皆言葉護於貞觀初被其叔所弒，其叔僭立，稱俟毗可汗。然皆未著其被弒在何年。惟新書云：「貞觀四年，俟毗可汗來請昏，太宗詔曰突厥方亂，何以昏為」。是葉護被弒，最晚亦當在貞觀三年前。再按慈恩傳所紀奘行程，若果以貞觀三年八月發長安者，則當以四年五月初乃抵突厥，其時之可汗，已為俟毗而非葉護矣。於是「三年說」之不能成立，又得一強有力之反證。吾猶不滿足，必欲得葉護被弒確年以為快。吾查資治通鑑，得之矣！貞觀二年也。吾固知通鑑必有所本，然終以不得之於正史，未能躊躇滿志。吾發憤取新舊唐書諸蠻夷傳凡與突厥有關係之國，徧繙之，卒乃在新書薛延陀傳得一條，云：「值貞觀二年，突厥葉護可汗見弒」，於是葉護弒年無問題矣。玄奘之行，既假霜災，則無論為元年為二年為三年，皆以八月後首塗，蓋無可疑，然則，非惟「三年說」不能成立，即「二年說」亦不能成立。何則？二年八月後首塗，必三年五月乃抵突厥，即已不及見葉護也。吾至是乃大樂，自覺吾之懷疑有效，吾之研究不虛，吾所立「玄奘貞觀元年首塗留學」之假說，殆成鐵案矣！

　　吾今詳此一例，將告讀者以讀者曷為不可以盲從，雖以第一等史料，如慧立、道宣之傳玄奘者，其誤謬猶且如是也，其勞吾儕以鑑別猶且如是也。又將告讀者以治學當如何大無畏，雖以數十種書萬口同聲所持之說，苟不愜於吾心，不妨持異同，但取得有完證，則絕無憑藉之新說，固自可以成立也。吾又以為善治學者，不是以問題之大小而起差別觀，問題有大小，研究一問題之精神無大小，學以求真而已，大固當真，小亦當真，一問題不入吾手則已，一入吾手，必鄭重忠實以赴之。夫大小豈有絕對標準，小者輕輕放過，浸假而大者亦輕輕放過，則研究精神替矣。吾又以為，學者而誠欲以學餉人，則宜勿徒餉以自己研究所得之結果，而當兼餉以自己何以能研究得此結果之塗徑，及其進行次第。夫然後所餉者，乃為有源之水，而挹之不竭也。

　　吾研究此問題，所得結果雖甚微末，然不得不謂為甚良。其所用研究法，純為前清乾嘉諸老之嚴格的考證法，亦即近代科學家所應用之歸納方法也。讀者舉一反三，則任研究若何大問題，其精神皆若是而已。」

（文見梁啟超《中國歷史研究法》第五章）

附七　《中國古代哲學史》導言

胡　適

哲學的定義：哲學的定義從來沒有一定的。我如今也暫下一個定義：「凡研究人生切要的問題，從根本上著想，要尋一個根本的解決：這種學問，叫做哲學。」例如行為的善惡，乃是人生一個切要問題。平常人對著這問題，或勸人行善去惡，或實行賞善罰惡，這都算不得根本的解決。哲學家遇著這問題，便去研究什麼叫做善，什麼叫做惡；人的善惡還是天生的呢，還是學得來的呢；我們何以能知道善惡的分別，還是生來有這種觀念，還是從閱歷經驗上學得來的呢；善何以當為，惡何以不當為；還是因為善事有利所以當為，惡事有害所以不當為呢；還是只論善惡，不論利害呢：這些都是善惡問題的根本方面。必須從這些方面著想，方可希望有一個根本的解決。

因為人生切要的問題不止一個，所以哲學的門類也有許多種。例如：

一、天地萬物怎樣來的。（宇宙論）

二、知識、思想的範圍、作用及方法。（名學及知識論）

三、人生在世應該如何行為。（人生哲學，舊稱「倫理學」）

四、怎樣纔可使人有知識，能思想，行善去惡呢。（教育哲學）

五、社會國家應該如何組織，如何管理。（政治哲學）

六、人生究竟有何歸宿。（宗教哲學）

哲學史：這種種人生切要問題，自古以來，經過了許多哲學家的研究。往往有一個問題發生以後，各人有各人的見解，各人有各人的解決方法，遂致互相辯論。有時一種問題過了幾千百年，還沒有一定的解決法。例如孟子說人性是善的，告子說性無善無不善，荀子說性是惡的。到了後世，又有人說性有上中下三品，又有人說性是無善無惡可善可惡的。若有人把種種哲學問題的種種研究法和種種解決方法，都依著年代的先後和學派的系統，一一記敘下來，便成了哲學史。

哲學史的種類也有許多：

一、通史。例如：《中國哲學史》、《西洋哲學史》之類。

二、專史。（一）專治一個時代的。例如：《希臘哲學史》、《明儒學案》。（二）專治一個學派的。例如：《禪學史》、《斯多亞派哲學史》。（三）專講一

人的學說的。例如：《王陽明的哲學》、《康德的哲學》。（四）專講哲學的一部分的歷史。例如：《名學史》、《人生哲學史》、《心理學史》。

哲學史有三個目的：

（一）明變：哲學史第一要務，在於使學者知道古今思想沿革變遷的線索。例如：孟子、荀子同是儒家，但是孟子、荀子的學說和孔子不同，孟子又和荀子不同。又如：宋儒、明儒也都自稱孔氏，但是宋明的儒學，並不是孔子的儒學，也不是孟子、荀子的儒學。但是這個不同之中，卻也有個相同的所在，又有個一線相承的所在。這種同異沿革的線索，非有哲學史，不能明白寫出來。

（二）求因：哲學史目的，不但要指出哲學思想沿革變遷的線索，還須要尋出這些沿革變遷的原因。例如：程子、朱子的哲學，何以不同於孔子、孟子的哲學？陸象山、王陽明的哲學，又何以不同於程子、朱子呢？這些原因，約有三種：

（甲）個人才性不同。

（乙）所處的時勢不同。

（丙）所受的思想學術不同。

（三）評判：既知思想的變遷和所以變遷的原因了，哲學史的責任還沒有完，還須要使學者知道各家學說的價值，這便叫做評判。但是我說的評判，並不是把做哲學史的人自己的眼光，來批評古人的是非得失。那種「主觀的」評判，沒有什麼大用處。如今所說，乃是「客觀的」評判。這種評判法，要把每一家學說所發生的效果表示出來。這些效果的價值，便是那種學說的價值。這些效果，大概可分為三種：

（甲）要看一家學說在同時的思想，和後來的思想上，發生何種影響。

（乙）要看一家學說在風俗政治上，發生何種影響。

（丙）要看一家學說的結果，可造出什麼樣的人格來。

例如：古代的「命定主義」，說得最痛切的，莫如莊子。莊子把天道看作無所不在，無所不包，故說：「庸詎知吾所謂天之非人乎？所謂人之非天乎？」因此他有「乘化以待盡」的學說。這種學說，在當時遇著荀子，便發生一種反動力。荀子說：「莊子蔽於天而不知人」，所以荀子的〈天論〉極力主張征服天行，以利人事。但是後來莊子這種學說的影響，養成一種樂天安命的思想，牢不可破。在社會上，好的效果，便是一種達觀主義；不好的效果，便是懶惰不肯進取的心理。造成的人才，好的便是陶淵明、蘇東坡；不好的便是劉伶一類達觀的廢物了。

中國哲學在世界哲學史上的位置：世界上的哲學大概可分為東西兩支。東支又分印度、中國兩系。西支也分希臘、猶太兩系。初起的時候，這四系都可算作獨立發生的。到了漢以後，猶太系加入希臘系，成了歐洲中古的哲學。印度系加入中國

系，成了中國中古的哲學。到了近代，印度系的勢力漸衰，儒家復起，遂產生了中國近世的哲學，歷宋元明清直到於今。歐洲的思想，漸漸脫離了猶太系的勢力，遂產生歐洲的近世哲學。到了今日，這兩大支的哲學互相接觸，互相影響。五十年後，一百年後，或竟能發生一種世界的哲學，也未可知。

中國哲學史的區分：中國哲學史可分為三個時代：

（一）古代哲學：自老子至韓非，為古代哲學。這個時代，又名「諸子哲學」。

（二）中世哲學：自漢至北宋，為中世哲學。這個時代，大略又可分作兩個時期：

（甲）中世第一時期。自漢至晉，為中世第一時期。這一時期的學派，無論如何不同，都還是以古代諸子的哲學作起點的。例如：《淮南子》是折衷古代各家的；董仲舒是儒家的一支；王充的〈天論〉得力於道家，〈性論〉折衷於各家；魏晉的老莊之學，更不用說了。

（乙）中世第二時期。自東晉以後，直到北宋，這幾百年中間，是印度哲學在中國最盛的時代。印度的經典，次第輸入中國。印度的宇宙論、人生觀、知識論、名學、宗教哲學，都能於諸子哲學之外，別開生面，別放光彩。此時凡是第一流的中國思想家，如智顗、玄奘、宗密、窺基，多用全副精力，發揮印度哲學。那時的中國系的學者，如王通、韓愈、李翱諸人，全是第二流以下的人物。他們所有的學說，浮泛淺陋，全無精辟獨到的見解。故這個時期的哲學，完全以印度系為主體。

（三）近世哲學：唐以後，印度哲學已漸漸成為中國思想文明的一部分。譬如喫美味，中古第二時期是仔細咀嚼的時候，唐以後便是胃裏消化的時候了。喫的東西消化時，與人身本有的種種質料結合，別成一些新質料。印度哲學在中國，到了消化的時代，與中國固有的思想結合，所發生的新質料，便是中國近世的哲學。我這話初聽了好像近於武斷。平心而論，宋明的哲學，或是程朱，或是陸王，表面上雖都不承認和佛家禪宗有何關係，其實沒有一派不曾受印度學說的影響的。這種影響，約有兩個方面：一面是直接的。如由佛家的觀心，回到孔子的「操心」，到孟子的「盡心」、「養心」，到《大學》的「正心」，是直接的影響。一面是反動的。佛家見解儘管玄妙，終究是出世的，是「非倫理的」。宋明的儒家，攻擊佛家的出世主義，故極力提倡「倫理的」入世主義。明心見性，以成佛果，終是自私自利；正心誠意，以至於齊家、治國、平天下，便是倫理的人生哲學了。這是反動的影響。

明代以後，中國近世哲學完全成立。佛家已衰，儒家成為一尊。於是又生反動力，遂有漢學、宋學之分。清初的漢學家，嫌宋儒用主觀的見解，來解古代經典，

有「望文生義」、「增字解經」種種流弊。故漢學的方法，只是用古訓、古音、古本等等客觀的根據，來求經典的原意。故嘉慶以前的漢學、宋學之爭，還只是儒家的內訌。但是漢學家既重古訓古義，不得不研究與古代儒家同時的子書，用來作參考互證的材料。故清初的諸子學，不過是經學的一種附屬品、一種參考書。不料後來的學者，越研究子書，越覺得子書有價值。故孫星衍、王念孫、王引之、顧廣圻、俞樾諸人，對於經書與子書，簡直沒有上下輕重，和正道異端的分別了。到了最近世，如孫詒讓、章炳麟諸君，竟都用全副精力，發明諸子學。於是從前作經學附屬品的諸子學，到此時代，竟成專門學。一般普通學者，崇拜子書，也往往過於儒書。豈但是「附庸蔚為大國」，簡直是「婢作夫人」了。

綜觀清代學術變遷的大勢，可稱為古學昌明的時代。自從有了那些漢學家考據、校勘、訓詁的工夫，那些經書子書，方纔勉強可以讀得。這個時代，有點像歐洲的「再生時代」（再生時代，西名 Renaissance，舊譯文藝復興時代）。歐洲到了「再生時代」，昌明古希臘的文學哲學，故能推翻中古「經院哲學」（舊譯煩瑣哲學，極不通。原文為 Scholasticism，今譯原義）的勢力，產出近世的歐洲文化。我們中國到了這個古學昌明的時代，不但有古書可讀，又恰當西洋學術思想輸入的時代，有西洋的新舊學說可供我們的參考研究。我們今日的學術思想，有這兩大源頭：一方面是漢學家傳給我們的古書；一方面是西洋的新舊學說。這兩大潮流匯合以後，中國若不能產生一種中國的新哲學，那就真是辜負了這個好機會了。

哲學史的史料：

上文說哲學史有三個目的：一是明變，二是求因，三是評判。但是哲學史先須做了一番根本工夫，方才可望達到這三個目的。這個根本工夫，叫做述學。述學是用正確的手段，科學的方法，精密的心思，從所有的史料裡面，求出各位哲學家的一生行事、思想淵源沿革和學說的真面目。為什麼說「學說的真面目」呢？因為古人讀書編書最不細心，往往把不相干的人的學說併入某人的學說（例如《韓非子》的第一篇是張儀說秦王的書。又如《墨子‧經上下》、〈經說上下〉、〈大取〉、〈小取〉諸篇，決不是墨翟的書）；或把假書作為真書（如《管子》、《關尹子》、《晏子春秋》之類）；或把後人加入的篇章，作為原有的篇章（此弊諸子書皆不能免。試舉《莊子》為例，《莊子》書中偽篇最多。世人竟有認〈說劍〉、〈漁父〉諸篇為真者。其他諸篇，更無論矣）；或不懂得古人的學說，遂致埋沒了（如《墨子‧經上》諸篇）；或把古書解錯了，遂失原意（如漢人用分野、爻辰、卦氣說《易經》，宋人用太極圖、先天卦位圖說《易經》。又如漢人附會《春秋》來說災異，宋人顛倒《大學》，任意補增，皆是其例）；或各用己意解古書，鬧得後來眾說紛紛，糊塗混亂（如《大學》中「格物」兩字，解者多至七十餘家。又如

老莊之書，說者紛紛，無兩家相同者）。有此種種障礙，遂把各家學說的真面目大半失掉了。至於哲學家的一生行事和所居的時代，古人也最不留意。老子可見楊朱；莊周可見魯哀公；管子能說毛嬙、西施；墨子能見吳起之死和中山之滅；商鞅能知長平之戰；韓非能說荊、齊、燕、魏之亡。此類笑柄，不可勝數。《史記》說老子活了一百六十多歲，或言二百餘歲，又說孔子死後一百二十九年，老子還不曾死。那種神話，更不足論了。哲學家的時代，既不分明，如何能知道他們思想的傳授沿革？最荒謬的是漢朝的劉歆、班固說諸子的學說都出於王官；又說「合其要歸，亦六經之支與流裔」（《漢書・藝文志》。看胡適〈諸子不出於王官論〉，《太平洋雜誌》第一卷第七號）。諸子既都出於王官與六經，還有什麼別的淵源傳授可說？

以上所說，可見「述學」之難。述學的所以難，正為史料或不完備，或不可靠。哲學史的史料，大概可分為兩種：一為原料，一為副料。今分說於下：

一、原料：哲學史的原料，即是各哲學家的著作。近世哲學史對於這一層，大概沒有什麼大困難。因為近世哲學發生在印書術通行以後，重要的哲學家的著作，都有刻板流傳；偶有散失埋沒的書，終究不多。但近世哲學史的史料，也不能完全沒有疑竇。如謝良佐的《上蔡語錄》裏，是否有江民表的書？如朱熹的《家禮》是否可信為他自己的主張？這都是可疑的問題。又，宋儒以來，各家都有語錄，都是門弟子筆記的。這些語錄，是否無誤記誤解之處，也是一個疑問。但是大致看來，近世哲學史料還不至有大困難。到了中世哲學史，便有大困難了。

漢代的書，如賈誼的《新書》，董仲舒的《春秋繁露》，都有後人增加的痕跡。

又如王充的《論衡》，是漢代一部奇書，但其中如〈亂龍篇〉極力為董仲舒作土龍求雨一事辯護，與全書的宗旨恰相反。篇末又有「論衡終之，故曰亂龍。亂者，終也」的話，全無道理。明是後人假造的。此外，重復的話極多。偽造的書定不止這一篇。又如仲長統的《昌言》，乃是中國政治哲學史上有數的書，如今已失，僅存三篇。魏晉人的書，散失更多。《三國志》、《晉書》、《世說新語》所稱各書，今所存的，不過幾部書。如《世說新語》說魏晉注《莊子》的有幾十家，今但有郭象注完全存在。《晉書》說魯勝有《墨辯注》，今看其序，可見那注定極有價值，可惜現在不傳了。後人所編的漢魏六朝人的集子，大抵多係東抄西摘而成的，那原本的集子大半都散失了。故中古哲學史料最不完全。我們不能完全恢復魏晉人的哲學著作，是中國哲學史最不幸的事。到了古代哲學史，這個史料問題更困難了。表面上看來，古代哲學史的重要材料，如孔、老、墨、莊、孟、荀、韓非的書，都還存在。仔細研究起來，這些書差不多沒有一部是完全可靠的。大概《老

子》裏假的最少。《孟子》或是全真，或是全假（宋人疑《孟子》者甚多）。依我看來，大約是真的。稱「子曰」或「孔子曰」的書極多，但是真可靠的實在不多。《墨子》、《荀子》兩部書裏，很多後人雜湊偽造的文字。《莊子》一書，大概十分之八九是假造的。《韓非子》也只有十分之一二可靠。此外，如《管子》、《列子》、《晏子春秋》諸書，是後人雜湊成的。《關尹子》、《鶡冠子》、《商君書》，是後人偽造的。《鄧析子》也是假書。《尹文子》似乎是真書，但不無後人加入的材料。《公孫龍子》有真有假，又多錯誤。這是我們所有的原料。更想到《莊子・天下篇》和《荀子・非十二子篇》、〈天論篇〉、〈解蔽篇〉所舉它囂、魏牟、陳仲（即孟子之陳仲子）、宋鈃（即孟子之宋牼）、彭蒙、田駢、慎到（今所傳《慎子》五篇是佚文）、惠施、申不害；和王充《論衡》所舉的世碩、漆雕開、宓子賤、公孫尼子，都沒有著作遺傳下來。更想到孔門一脈的儒家，所著書籍，何止大小戴《禮記》裏所採的幾篇？如此一想，可知中國古代哲學的史料於今所存不過十分之一二。其餘的十分之八九，都不曾保存下來。古人稱「惠施多方，其書五車」。於今惠施的學說，只賸得一百多個字。若依此比例，恐怕現存的古代史料，還沒有十分之一二呢！原著的書既散失了這許多，於今又無發見古書的希望，於是有一班學者，把古書所記各人的殘章斷句，一一搜集成書。如汪繼培或孫星衍的《尸子》，如馬國翰的《玉函山房輯佚書》。這種書可名為「史料鈎沉」，在哲學史上也極為重要。如惠施的五車書都失掉了，幸虧有《莊子・天下篇》所記的十事，還可以考見他的學說的性質。又如告子與宋鈃的書，都不傳了，今幸虧有《孟子》的〈告子篇〉和《荀子》的〈正論篇〉，還可以考見他們的學說的大概。又如各代歷史的列傳裏，也往往保存了許多中古和近世的學說。例如《後漢書》和〈仲長統傳〉保存了三篇《昌言》；《梁書》的〈范縝傳〉保存了他的〈神滅論〉。這都是哲學史的原料的一部分。

二、副料：原料之外，還有一些副料，也極重要。凡古人所作關於哲學家的傳記、軼事、評論、學案、書目，都是哲學史的副料。例如《禮記》中的〈檀弓〉，《論語》中的十八、十九兩篇，《莊子》中的〈天下篇〉，《荀子》中的〈正論篇〉、《呂氏春秋》，《韓非子》的〈顯學篇〉，《史記》中各哲學家的列傳，皆屬於此類。近世文集裏有許多傳狀序跋，也往往可供參考。至於黃宗羲的《明儒學案》，及黃宗羲、黃百家、全祖望的《宋元學案》，更為重要的哲學史副料。若古代中世的哲學都有這一類的學案，我們今日編哲學史便不至如此困難了。副料的重要，約有三端：第一，各哲學家的年代、家世、事蹟，未必在各家著作之中，往往須靠這種副料，方才可以考見。第二，各家哲學的學派系統、傳授源流，幾乎全靠這種副料作根據。例如《莊子・天下篇》與《韓非子・顯學篇》論墨家派別，為他

書所無。〈天下篇〉說墨家的後人，「以堅白同異之辯相訾，以觭偶不仵之辭相應」，可考證後世俗儒所分別的「名家」，原不過是墨家的一派。不但「名家出於禮官之說」不能成立，還可證明古代本無所謂「名家」（說詳見本書第八篇）。第三，有許多學派的原著已失，全靠這種副料裏面，論及這種散佚的學派，借此可以考見他們的學說大旨。如《莊子・天下篇》所論宋鈃、彭蒙、田駢、慎到、惠施、公孫龍、桓團及其他辯者的學說；如《荀子・正論篇》所稱宋研的學說，都是此例。上節所說的「史料鉤沉」，也都全靠這些副料裏所引的各家學說。

以上論哲學史料的是什麼。

史料的審定：

中國人作史，最不講究史料。神話官書，都可作史料，全不問這些材料是否可靠。卻不知道史料若不可靠，所作的歷史便無信史的價值。孟子說：「盡信書，則不如無書。」孟子何等崇拜孔子，但他對於孔子手定之書，還持懷疑態度。何況我們生在今日，去古已遠，豈可一味迷信古書，甘心受古代作偽之人的欺騙？哲學史最重學說的真相，先後的次序和沿革的線索。若把那些不可靠的材料信為真書，必致（一）失了各家學說的真相；（二）亂了學說先後的次序；（三）亂了學派相承的系統。我且舉《管子》一部書為例。《管子》這書，定非管仲所作，乃是後人把戰國末年一些法家的議論，和一些儒家的議論（如〈內業篇〉，如〈弟子職篇〉），和一些道家的議論（如〈白心〉、〈心術〉等篇），還有許多夾七夾八的話，併作一書；又偽造了一些桓公與管仲問答諸篇，又雜湊了一些紀管仲功業的幾篇；遂附會為管仲所作。今定此書為假造的，證據甚多，單舉三條：

（一）〈小稱篇〉記管仲將死之言，又記桓公之死。管仲死於西曆前 643 年。〈小稱篇〉又稱毛嬙、西施。西施當吳亡時還在。吳亡在西曆前 472 年，管仲已死百七十年了。此外，如〈形勢解〉說「五伯」，〈七臣七主〉說「吳王好劍，楚王好細腰」，皆可見此書為後人偽作。

（二）〈立政篇〉說：「寢兵之說勝，則險阻不守；兼愛之說勝，則士卒不戰。」〈立政〉〈九敗〉解說「兼愛」道：「視天下之民如其民，視人國如吾國。如是則無并兼攘奪之心。」這明指墨子的學說，遠在管仲以後了（〈法法篇〉亦有求廢兵之語）。

（三）《左傳》紀子產鑄刑書（西曆前 536），叔向極力反對。過了二十幾年，晉國也作刑鼎、鑄刑書，孔子也極不贊成（西曆前 513）。這都在管仲死後一百多年。若管仲生時已有了那樣完備的法治學說，何以百餘年後，賢如叔向、孔子，竟無一毫法治觀念？（或言孔子論晉鑄刑鼎一段，不很可靠。但叔向諫子產書，決不是後人能假造的。）何以子產答叔向書，也只能說「吾以救世而已」？為

什麼不能利用百餘年前已發揮盡致的法治學說？這可見《管子》書中的法治學說，乃是戰國末年的出產物，決不是管仲時代所能突然發生的。全書的文法筆勢也都不是老子、孔子以前能產生的。即以論法治諸篇看來，如〈法法篇〉兩次說「《春秋》之記，臣有弒其君，子有弒其父者矣」。可見是後人偽作的了。

《管子》一書既不是真書，若用作管仲時代的哲學史料，便生出上文所說的三弊：（一）管仲本無這些學說，今說他有，便是張冠李戴，便是無中生有。（二）老子之前，忽然有〈心術〉、〈白心〉諸篇那樣詳細的道家學說；孟子、荀子之前數百年，忽然有〈內業〉那樣深密的儒家心理學；法家之前數百年，忽然有〈法法〉、〈明法〉、〈禁藏〉諸篇那樣發達的法治主義。若果然如此，哲學史便無學說先後演進的次序，竟變成了靈異記、神祕記了！（三）管仲生當老子、孔子之前一百多年，已有那樣規模廣大的哲學。這與老子以後一步一步、循序漸進的思想發達史，完全不合。故認《管子》為真書，便把諸子學直接間接的淵源系統一齊推翻。

以上用《管子》作例，表示史料的不可不審定。讀古書的人，須知古書有種種作偽的理由。第一，有一種人實有一種主張，卻恐怕自己的人微言輕，不見信用，故往往借用古人的名字。《莊子》所說的「重言」，即是這一種借重古人的主張。康有為稱這一種為「托古改制」，極有道理。古人言必稱堯舜，只因為堯舜年代久遠，可以由我們任意把我們理想中的制度一概推到堯舜的時代。即如《黃帝內經》假托黃帝，《周髀算經》假托周公，都是這個道理。韓非說得好：

> 孔子、墨子俱道堯舜，而取舍不同，皆自謂真堯舜。堯舜不復生，將誰使定儒墨之誠乎？（〈顯學篇〉）

正為古人死無對證，故人多可隨意托古改制。這是作偽書的第一類。第二，有一種人為了錢財，有意偽作古書。試看漢代求遺書的令，和諸王貴族求遺書的競爭心，便知作假書在當時定可發財。這一類造假書的，與造假古董的同一樣心理。他們為的是錢，故東拉西扯，篇幅越多，越可多賣錢。故《管子》、《晏子春秋》諸書，篇幅都極長。有時得了真本古書，因為篇幅太短，不能多得錢，故又東拉西扯，增加許多卷數。如《莊子》、《韓非子》都屬於此類。但他們的買主，大半是一些假充內行的收藏家，沒有真正的賞鑒本領。故這一類的假書，於書中年代事實，往往不曾考校正確。因此，莊子可以見魯哀公，管子可以說西施。這是第二類的偽書。大概這兩類之中，第一類「托古改制」的書，往往有第一流的思想家在內。第二類「托古發財」的書，全是下流人才，思想既不高尚，心思又不精密，故最容易露出馬腳來。如《周禮》一書，是一種托古改制的國家組織法。我們雖可斷定他不是

「周公致太平」之書，卻不容易定他是什麼時代的人假造的。至於《管子》一類的書，說了作者死後的許多史事，便容易斷定了。

審定史料之法：

審定史料乃是史學家第一步根本工夫。西洋近百年來史學大進步，大半都由於審定史料的方法更嚴密了。凡審定史料的真偽，須要有證據，方能使人心服。這種證據，大概可分五種（此專指哲學史料）：

（一）史事：書中的史事，是否與作書的人的年代相符。如不相符，即可證那一書或那一篇是假的。如莊子見魯哀公，便太前了；如管仲說西施，便太後了。這都是作偽之證。

（二）文字：一時代有一時代的文字，不致亂用。作偽書的人，多不懂這個道理，故往往露出作偽的形跡來。如《關尹子》中所用字：「術咒」、「誦咒」、「役神」、「豆中攝鬼、杯中釣魚、畫門可開、土鬼可語」，「嬰兒蕊女、金樓絳宮、青蛟白虎、寶鼎紅爐」，是道士的話。「石火」、「想」、「識」、「五識並馳」、「尚自不見我，將何為我所」，是佛家的話。這都是作偽之證。

（三）文體：不但文字可作證，文體也可作證。如《管子》那種長篇大論的文體，決不是孔子前一百多年所能作的。後人儘管仿古，古人決不仿今。如《關尹子》中「譬犀望月，月影入角，特因識生，始有月形，而彼真月，初不在角」；又譬如「水中之影，有去有來，所謂水者，實無去來」：這決不是佛經輸入以前的文體。不但一個時代有一個時代的文體，一個人也有一個人的文體。如《莊子》中〈說劍〉、〈讓王〉、〈漁父〉、〈盜跖〉等篇，決不是莊周的文體。《韓非子》中〈主道〉、〈揚權〉（今作揚權）等篇和〈五蠹〉、〈顯學〉等篇，明是兩個人的文體。

（四）思想：凡能著書立說成一家言的人，他的思想學說，總有一個系統可尋，決不致有大相矛盾衝突之處。故看一部書裏的學說是否能連絡貫串，也可幫助證明那書是否真的。最淺近的，例如《韓非子》的第一篇，勸秦王攻韓，第二篇，勸秦王存韓。這是絕對不相容的。司馬光不仔細考察，便罵韓非請人滅他自己的祖國，死有餘辜，豈不是冤煞韓非了！大凡思想進化有一定的次序，一個時代有一個時代的問題，即有那個時代的思想。如《墨子》裏〈經上下〉、〈經說上下〉、〈大取〉、〈小取〉等篇，所討論的問題，乃是墨翟死後百餘年纔發生的，決非墨翟時代所能提出。因此，可知這六篇書決不是墨子自己做的。不但如此，大凡一種重要的新學說發生以後，決不會完全沒有影響。若管仲時代已有《管子》書中的法治學說，決不會二三百年中沒有法治觀念的影響。又如《關尹子》說：「即吾心中，可作萬物」；又說：「風雨雷電，皆緣氣而生。而氣緣心生，猶如內想大火，

久之覺熱；內想大水，久之覺寒。」這是極端的萬物唯心論。若老子、關尹子時代已有這種唯心論，決無毫不發生影響之理。周秦諸子竟無人受這種學說的影響，可見《關尹子》完全是佛學輸入以後的書，決不是周秦的書。這都是用思想來考證古書的方法。

（五）旁證：以上所說四種證據，史事、文字、文體、思想，皆可叫做內證。因這四種都是從本書裏尋出來的。還有一些證據，是從別書裏尋出的，故名為旁證。旁證的重要，有時竟與內證等。如西洋哲學史家，考定柏拉圖（Plato）的著作，凡是他的弟子亞里士多德（Aristotle）書中所曾稱引的書，都定為真是柏拉圖的書。又如清代惠棟、閻若璩諸人考證梅氏《古文尚書》之偽，所用方法，幾乎全是旁證（看閻若璩《古文尚書疏證》及惠棟《古文尚書考》）。又如《荀子·正論篇》引宋子曰：「明見侮之不辱，使人不鬥。」又曰：「人之情慾寡（欲是動詞），而皆以己之情為欲多，是過也。」《尹文子》說：「見侮不辱，見推不矜，禁暴息兵，救世之鬥。」《莊子·天下篇》合論宋鈃、尹文的學說道：「見侮不辱，救民之鬥；禁攻寢兵，救世之戰。」又說：「以禁攻寢兵為外，以情慾寡小為內。」又，孟子記宋鈃聽見秦楚交戰，便要去勸他們息兵。以上四條，互相印證，即互為旁證，證明宋鈃、尹文實有這種學說。

以上說審定史料方法的大概。

今人談古代哲學，不但根據《管子》、《列子》、《鬻子》、《晏子春秋》、《鶡冠子》等書，認為史料。甚至於高談「邃古哲學」、「唐虞哲學」，全不問用何史料。最可怪的是竟有人引《列子·天瑞篇》「有太易，有太初，有太始」一段，及《淮南子》「有始者，有未始有有始者」一段，用作「邃古哲學」的材料，說這都是「古說而諸子述之。吾國哲學思想初萌之時，大抵其說即如此！」（謝無量《中國哲學史》第一編第一章，頁六）。這種辦法，似乎不合作史的方法。韓非說得好：

> 無參驗而必之者，愚也。弗能必而據之者，誣也。故明據先王必定堯舜者，非愚即誣也。（〈顯學篇〉）

參驗，即是我所說的證據。以現在中國考古學的程度看來，我們對於東周以前的中國古史，只可存一個懷疑的態度。至於「邃古」的哲學，更難憑信了。唐、虞、夏、商的事實，今所根據，止有一部《尚書》。但《尚書》是否可作史料，正難決定。梅賾偽古文，固不用說。即二十八篇之「真古文」，依我看來，也沒有信史的價值。如〈皋陶謨〉的「鳳皇來儀」，「百獸率舞」，如〈金縢〉的「天大雷電以風，禾盡偃，大木斯拔。……王出郊，天乃雨，反風。禾則盡起。二公命邦人，凡

大木所偃,盡起而築之,歲則大孰」,這豈可用作史料?我以為《尚書》或是儒家造出的「托古改制」的書,或是古代歌功頌德的官書。無論如何,沒有史料的價值。古代的書只有一部《詩經》可算得是中國最古的史料。《詩經·小雅》說:

> 十月之交,朔日辛卯日有食之。

後來的歷學家,如梁虞劇,隋張冑元,唐傅仁均、僧一行,元郭守敬,都推定此次日食在周幽王六年,十月,辛卯朔,日入食限。清朝閻若璩、阮元推算此日食,也在幽王六年。近來西洋學者,也說《詩經》所記月日(西曆紀元前 776 年 8 月 29 日),中國北部可見日蝕。這不是偶然相合的事,乃是科學上的鐵證。《詩經》有此一種鐵證,便使《詩經》中所說的國政、民情、風俗、思想,一一都有史料的價值了。至於《易經》更不能用作上古哲學史料。《易經》除去〈十翼〉,止賸得六十四個卦,六十四條卦辭,三百八十四條爻辭,乃是一部卜筮之書,全無哲學史料可說。故我以為我們現在作哲學史,只可從老子、孔子說起。用《詩經》作當日時勢的參考資料。其餘一切「無徵則不信」的材料,一概闕疑。這個辦法,雖比不上別的史家的淹博,或可免「非愚即誣」的譏評了。

整理史料之法:

哲學史料既經審定,還須整理。無論古今哲學史料,都有須整理之處。但古代哲學書籍,更不能不加整理的工夫。今說整理史料的方法,約有三端:

(一)校勘:古書經了多少次傳寫,遭了多少兵火蟲魚之劫,往往有脫誤、損壞、種種缺點。校勘之學,便是補救這些缺點的方法。這種學問,從古以來,多有人研究,但總不如清朝王念孫、王引之、盧文弨、孫星衍、顧廣圻、俞樾、孫詒讓諸人的完密謹嚴,合科學的方法。孫詒讓論諸家校書的方法,道:

> 綜論厥善,大氐以舊刊精校為據依,而究其微恉,通其大例,精研博考,不參成見。其諟正文字訛舛,或求之於本書,或旁證之他籍,及援引之類書,而以聲類通轉為之錧鍵。(《札迻·序》)

大抵校書有三種根據:(一)是舊刊精校的古本。例如《荀子·解蔽篇》:「不以己所臧害所將受。」宋錢佃本、元刻本、明世德堂本,皆作「所已臧」,可據以改正。(二)是他書或類書所援引。例如《荀子·天論篇》:「脩道而不貳」。王念孫校曰:「脩當為循。貳當為貣。字之誤也。貣與忒同。⋯⋯《群書治要》作『循道而不忒』。」(三)是本書通用的義例。例如《墨子·小取篇》:「辟也者,舉也物而以明之也。」畢沅刪第二「也」字,便無意思。王念孫說:「也與他同。舉他物以明此物,謂之譬。⋯⋯《墨子》書通以也為他。說見〈備城

門篇〉。」這是以本書的通例作根據。又如〈小取篇〉說：「此與彼同類，世有彼而不自非也。墨者有此而非之，無故也焉。」王引之曰：「無故也焉，當作無也故焉。也故即他故。下文云，此與彼同類，世有彼而不自非也。墨者有此而罪非之，無也故焉。文正與此同。」這是先用本篇構造相同的文句，來證「故也」當作「也故」；又用全書以也為他的通例，來證「也故」即「他故」。

（二）訓詁：古書年代已久遠，書中的字義，古今不同。宋儒解書，往往妄用己意，故常失古義。清代的訓詁學，所以超過前代，正因為戴震以下的漢學家，註釋古書，都有法度，都用客觀的佐證，不用主觀的猜測。三百年來，周、秦、兩漢的古書所以可讀，不單靠校勘的精細，還靠訓詁的謹嚴。今述訓詁學的大要，約有三端：（1）根據古義。或用古代的字典（如《爾雅》、《說文》、《廣雅》之類），或用古代箋注（如《詩》的毛、鄭，如《淮南子》的許、高）作根據，或用古書中相同的字句作印證。今引王念孫《讀書雜記·餘編》上一條為例：

《老子》五十三章：「行於大道，唯施是畏。」王弼曰：「唯施為之是畏也。」河上公注略同。念孫按二家以「施為」釋施字，非也。施，讀為迆。迆，邪也。言行於大道之中，唯懼其入於邪道也。……《說文》：「迆，邪行也。」引〈禹貢〉：「東迆北會於匯。」《孟子·離婁篇》：「施從良人之所之。」趙注：「施者，邪施而行。」丁公著音迆。《淮南·齊俗篇》：「去非者，非批邪施也。」高注曰：「施，微曲也。」〈要略篇〉：「接徑直施。」高注曰：「施，邪也。」是施與迆通。《史記·賈生傳》：「庚子日施兮。」《漢書》施作斜。斜亦邪也。《韓子·解老篇》釋此章之義曰：「所謂大道也者，端道也。所謂貌施也者，邪道也。」此尤其明證矣。

這一則中引古字典一條，古書類似之例五條，古注四條。這都是根據古義的注書法。（2）根據文字假借、聲類通轉的道理。古字通用，全由聲音。但古今聲韻有異，若不懂音韻變遷的道理，便不能領會古字的意義。自顧炎武、江永、錢大昕、孔廣森諸人以來，音韻學大興。應用於訓詁學，收效更大。今舉二例。《易·繫辭傳》：「旁行而不流。」又，《乾·文言》：「旁通情也。」舊注多解旁為邊旁。王引之說：「旁之言溥也，徧也。《說文》：『旁，溥也，』旁溥徧一聲之轉。《周官》男巫曰：『旁招以茅』，謂徧招於四方也。《月令》曰：『命有司大難、旁磔』，亦謂徧磔於四方也。」……《楚語》曰：「武丁使以夢象『旁求四方之賢』，謂徧求四方之賢也。」又，《書·堯典》：「湯湯洪水方割」；〈微子〉：「小民方興，相為敵讎」；〈立政〉：「方行天下，至於海表」；〈呂刑〉：「方告無辜於上。」舊說方字都作四方解。王念孫說：「方，皆讀為旁。旁之言溥也，徧也。《說文》曰：『旁，溥也。』旁與方古字通。（〈堯典〉：「共

工方鳩僝功」,《史記》引作旁。〈皋陶謨〉「方施象刑惟明」,《新序》引作旁。)《商頌》:『方命厥后』,鄭箋曰:『謂徧告諸侯』。是方為徧也。……『方告無辜於上』,《論衡·變動篇》引此,方作旁,旁亦徧也。」以上兩例,說方旁兩字皆作溥徧解。今音讀方為輕唇音,旁為重唇音。不知古無輕唇音,故兩字同音,相通。與溥字徧字,皆為同紐之字。這是音韻學幫助訓詁學的例。(3) 根據文法的研究。古人講書最不講究文法上的構造,往往把助字、介字、連字、狀字等都解作名字、代字等等的實字。清朝訓詁學家最講究文法的,是王念孫、王引之父子兩人。他們的《經傳釋詞》用歸納的方法,比較同類的例句,尋出各字的文法上的作用,可算得《馬氏文通》之前的一部文法學要書。這種研究法,在訓詁學上,別開一新天地。今舉一條例如下:

　　《老子》三十一章:「夫佳兵者不祥之器。」《釋文》:「佳,善也。」河上云:「飾也。」念孫案,善飾二訓,皆於義未安。……今案佳字當作隹,字之誤也。隹,古唯字也。唯兵為不祥之器,故有道者不處。上言「夫唯」,下言「故」,文義正相承也。八章云:「夫唯不爭,故無尤。」十五章云:「夫唯不可識,故強為之容。」又云:「夫唯不盈。故能蔽不新成。」二十二章云:「夫唯不爭,故天下莫能與之爭。」皆其證也。古鐘鼎文,唯字作隹。石鼓文亦然。又夏竦《古文四聲韻》載《道德經》唯字做,據此則今本作唯者,皆後人所改。此佳字若不誤為隹,則後人亦必改為唯矣。(王念孫《讀書雜誌·餘篇》上)

　　以上所述三種根據,乃是訓詁學的根本方法。

　　(三) 貫通:上文說整理哲學史料之法,已說兩種。校勘是書的本子上的整理,訓詁是書的字義上的整理。沒有校勘,我們定讀誤書;沒有訓詁,我們便不能懂得書的真意義。這兩層雖極重要,但是作哲學史還須有第三層整理的方法。這第三層,可叫做「貫通」。貫通便是把每一部書的內容要旨融會貫串,尋出一個脈絡條理,演成一家有頭緒有條理的學說。宋儒注重貫通,漢學家注重校勘訓詁。但是宋儒不明校勘訓詁之學(朱子稍知之而不甚精),故流於空疏,流於臆說。清代的漢學家,最精校勘訓詁,但多不肯做貫通的工夫,故流於支離碎瑣。校勘訓詁的工夫,到了孫詒讓的《墨子閒詁》,可謂最完備了(此書尚多缺點,此所云最完備,乃比較之辭耳),但終不能貫通全書,述墨學的大恉。到章太炎方纔於校勘訓詁的諸子學之外,別出一種有條理系統的諸子學。太炎的〈原道〉、〈原名〉、〈明見〉、〈原墨〉、〈訂孔〉、〈原法〉、〈齊物論釋〉都屬於貫通的一類。〈原名〉、〈明見〉、〈齊物論釋〉三篇,更為空前的著作。今細看這三篇,所以能如此精到,正因太炎精於佛學,先有佛家的因明學、心理學、純粹哲學,作為比較印證的材料,故能融會貫通,於墨翟、莊周、惠施、荀卿的學說裏面,尋出一個條理

系統。於此可見整理哲學史料的第三步，必須於校勘訓詁之外，還要有比較參考的哲學資料。為什麼呢？因為古代哲學去今太遠，久成了絕學。當時發生那些學說的特別時勢、特別原因，現在都沒有了。當時討論最激烈的問題，現在都不成問題了。當時通行的學術名詞，現在也都失了原意了。但是別國的哲學史上，有時也曾發生那些問題，也曾用過那些名詞，也曾產出大同小異或小同大異的學說。我們有了這種比較參考的材料，往往能互相印證，互相發明。今舉一個極顯明的例。《墨子》的〈經上下〉、〈經說上下〉、〈大取〉、〈小取〉六篇，從魯勝以後，幾乎無人研究。到了近幾十年之中，有些人懂得幾何算學了，方纔知道那幾篇裏有幾何算學的道理。後來有些人懂得光學力學了，方才知道那幾篇裏又有光學力學的道理。後來有些人懂得印度的名學心理學了，方纔知道這幾篇裏又有名學知識論的道理。到了今日，這幾篇二千年沒人過問的書，竟成中國古代的第一部奇書了！我做這部哲學史的最大奢望，在於把各家的哲學融會貫通，要使他們各成有頭緒條理的學說。我所用的比較參證資料，便是西洋的哲學。但是我雖用西洋哲學作參考資料，並不以為中國古代也有某種學說，便可以自誇自喜。做歷史的人，千萬不可存一毫主觀的成見。須知東西的學術思想的互相印證、互相發明，至多不過可以見得人類的官能心理大概相同，故遇著大同小異的境地時勢，便會產出大同小異的思想學派。東家所有，西家所無，只因為時勢境地不同，西家未必不如東家，東家也不配誇炫於西家。何況東西所同有，誰也不配誇張自豪。故本書的主張，但以為我們若想貫通整理中國哲學史的史料，不可不借用別系的哲學，作一種解釋演述的工具。此外別無他種穿鑿附會、發揚國光、自己誇耀的心。

史料結論：

以上論哲學史料：先論史料為何，次論史料所以必須審定，次論審定的方法，次論整理史料的方法。前後差不多說了一萬字。我的理想中，以為要做一部可靠的中國哲學史，必須要用這幾條方法。第一步須搜集史料。第二步須審定史料的真假。第三步須把一切不可信的史料全行除去不用。第四步須把可靠的史料仔細整理一番：先把本子校勘完好，次把字句解釋明白，最後又把各家的書貫串領會，使一家一家的學說，都成有條理有統系的哲學。做到這個地位，方才做到「述學」兩個字。然後還須把各家的學說，攏統研究一番，依時代的先後，看他們傳授的淵源，交互的影響，變遷的次序：這便叫做「明變」。然後研究各家學派興廢沿革變遷的原故：這便叫做「求因」。然後用完全中立的眼光，歷史的觀念，一一尋求各家學說的效果影響，再用這種種影響效果來批評各家學說的價值：這便叫做「評判」。

這是我理想中的《中國哲學史》，我自己深知道當此初次嘗試的時代，我這部書定有許多未能做到這個目的，和未能謹守這些方法之處。所以我特地把這些做哲

學史的方法詳細寫出。一來呢，我希望國中學者用這些方法來評判我的書；二來呢，我更希望將來的學者用這些方法來做一部更完備更精確的《中國哲學史》。

【參考書舉要】

(1) 論哲學史，看 Windelband's *A History of Philosophy*（頁八至十八）。
(2) 論哲學史料，參看同書（頁十五至十七注語）。
(3) 論史料審定及整理之法，看 C. V. Langlois and Seignobos' *Introduction to the Study of History*.
(4) 論校勘學，看王念孫〈讀淮南子雜志敘〉（《讀書雜誌》九之二十二）及俞樾《古書疑義舉例》。
(5) 論西洋校勘學，看 Encyclopaedia Britannica 中論 Textual Criticism 一篇。
(6) 論訓詁學，看王引之《經義述聞》卷三十一及三十二。

附八　歷史語言研究所工作之旨趣

傅斯年

　　歷史學和語言學在歐洲都是很近才發達的。歷史學不是著史：著史每多多少少帶點古世中世的意味，且每取倫理家的手段，作文章家的本事。近代的歷史學只是史料學，利用自然科學供給我們的一切工具，整理一切可逢著的史料，所以近代史學所達到的範域，自地質學以至目下新聞紙，而史學外的達爾文論，正是歷史方法之大成。歐洲近代的語言學，在梵文的發見影響了兩種古典語學以後才降生，正當十八十九世紀之交。經幾個大家的手，印度日耳曼系的語言學已經成了近代學問最光榮的成就之一個，別個如賽米的系，芬匈系，也都有相當的成就，即在印度支那語系也有有意味的揣測。十九世紀下半的人們又注意到些個和歐洲語言全不相同的語言，如黑人的話等等，「審音之功」更大進步，成就了甚細密的實驗語言學。而一語裡面方言研究之發達，更使學者知道語言流變的因緣，所以以前比較語言學尚不過是和動物植物分類學或比較解剖學在一列的，最近一世語言學所達到的地步，已經是生物發生學，環境學，生理學了。無論綜比的系族語學，如印度日耳曼族語學，等等，或各種的專語學，如日耳曼語學，芬蘭語學，伊斯蘭語學，等等，在現在都成大國。本來語言即是思想，一個民族的語言即是這一個民族精神上的富有，所以語言學總是一個大題目，而直到現在的語言學的成就也很能副這一個大題目。在歷史學和語言學發達甚後的歐洲是如此，難道在這些學問發達甚早的中國，必須看著他荒廢，我們不能製造別人的原料，便是自己的原料也讓別人製造嗎？

　　論到語言學和歷史學在中國的發達是很引人尋思的。西曆紀元前兩世紀的司馬遷，能那樣子傳信存疑以別史料，能作八書，能排比列國的紀年，能有若干概念比十九世紀的大名家還近代些。北宋的歐陽修一面修五代史，純粹不是客觀的史學，一面卻作集古錄，下手研究直接材料，是近代史學的真功夫。北南宋的人雖然有歐陽修的五代史，朱熹的綱目，是代表中世古世的思想的，但如司馬光作通鑒，「遍閱舊史，旁采小說」，他和劉攽劉恕范祖禹諸人都能利用無限的史料，考定舊記，凡通鑒和所謂正史不同的地方，每多是詳細考定的結果。可惜長篇不存在，我們不得詳細看他們的方法，然尚有通鑒考異說明史料的異同。宋朝晚年一切史料的利用，及考定辨疑的精審，有些人很使人更驚異的。照這樣進化到明朝，應可以有當

代歐洲的局面了，不幸胡元之亂，明朝人之浮誇，不特不進步，或者退步了。明清之交，浙東的史學派又發了一個好端涯，但康熙以後漸漸的熄滅，無論官書和私著，都未見得開新趨向，這乃由於外族政府最忌真史學發達之故。語言學中，中國雖然沒有普日尼，但中國語本不使中國出普日尼，而中國文字也出了說文解字，這書雖然現在看來只是一部沒有時代觀念，不自知說何文解何字的系統哲學，但當年總是金聲玉振的書，何況還有認識方言的輶軒使者？古代的故事且少論，論近代：顧炎武搜求直接的史料訂史文，以因時因地的音變觀念為語學，閻若璩以實在地理訂古記載，以一切比核辯證偽孔，不注經而提出經的題目，並解決了他，不著史而成就了可以永遠為法式的辨史料法。亭林百詩這樣對付歷史學和語言學，是最近代的：這樣立點便是不朽的遺訓。不幸三百年前雖然已經成就了這樣近代的一個遺訓，一百多年前更有了循這遺訓的形跡而出的好成就，而到了現在，除零零星星幾個例外以外，不特不因和西洋人接觸，能夠借用新工具，擴張新材料，反要坐看修元史修清史的作那樣官樣形式文章，又坐看章炳麟君一流人尸學問上的大權威。章氏在文字學以外是個文人，在文字學以內作了一部文始，一步倒退過孫詒讓，再步倒退過吳大澂，三步倒退過阮元，不特自己不能用新材料，即是別人已經開頭用了的新材料，他還抹殺著。至於那部新方言，東西南北的猜去，何嘗尋楊雄就一字因地變異作觀察？這麼竟倒退過二千多年了。

　　推繹說去，為什麼在中國的歷史學和語言學開了一個好的端緒以後，不能隨時發展，到了現在這樣落後呢？這原故本來顯然，我們可以把一句很平實的話作一個很該括的標準：

　　（一）凡能直接研究材料，便進步。凡間接的研究前人所研究或前人所創造之系統，而不繁豐細密的參照所包含的事實，便退步。上項正是所謂科學的研究，下項正是所謂書院學究的研究。在自然科學是這樣，在語言學和歷史學亦何嘗不然？舉例說，以說文為本體，為究竟，去作研究的文字學，是書院學究的作為。僅以說文為材料之一種，能充量的辨別著去用一切材料，如金文，甲骨文等，因而成就的文字學，乃是科學的研究。照著司馬子長的舊公式，去寫紀表書傳，是化石的史學。能利用各地各時的直接材料，大如地方志書，小如私人的日記，遠如石器時代的發掘，近如某個洋行的貿易冊，去把史事無論鉅者或細者，單者或綜合者，條理出來，是科學的本事。科學研究中的題目是事實之匯集，因事實之研究而更產生別個題目。所以有些從前世傳來的題目經過若干時期，不是被解決了，乃是被解散了，因為新的事實證明了舊來問題不成問題，這樣的問題不管他困了多少年的學者，一經為後來發現的事實所不許之後，自然失了他的成為問題的地位。破壞了遺傳的問題，解決了事實逼出來的問題，這學問自然進步。譬如兩部皇清經解，其中

的問題是很多的，如果我們這些以外不再成題目，這些以內不肯捐棄任何題目，自然這學問是靜止的，是不進步的。一種學問中的題目能夠新陳代謝，則所得結果可以層層堆積上去，即使年代久遠，堆積眾多，究竟不覺得累贅，還可以到處出來新路，例如很發達的天文物理化學生物等科目；如果永遠盤桓於傳留的問題，舊題不下世，新題不出生，則結果直是旋風舞而已，例如中國的所謂經學中甚多題目，如西洋的哲學。所以中國各地零零碎碎致力於歷史或語言範圍內事的人也本不少，還有些所謂整理國故的工作，不過每每因為所持住的一些題目不在關鍵中，換言之，無後世的題目，或者是自縛的題目，遂至於這些學問不見奔馳的發展，只表昏黃的殘缺。

（二）凡一種學問能擴張他研究的材料便進步，不能的便退步。西洋人研究中國或牽連中國的事物，本來沒有很多的成績，因為他們讀中國書不能親切，認中國事實不能嚴辨，所以關於一切文字審求，文籍考訂，史事辨別，等等，在他們永遠一籌莫展。但他們卻有些地方比我們範圍來得寬些。我們中國人多是不會解決史籍上的四裔問題的。丁謙君的諸史外國傳考證，遠不如沙萬君之譯外國傳，玉連之解大唐西域記，高幾耶之注馬哥博羅游記，米勒之發讀回紇文書，這都不是中國人現在已經辦到的。凡中國人所忽略，如匈奴，鮮卑，突厥，回紇，契丹，女真，蒙古，滿州等問題，在歐洲人卻施格外的注意。說句笑話，假如中國學是漢學，為此學者是漢學家，則西洋人治這些匈奴以來的問題豈不是虜學，治這學者豈不是虜學家嗎？然而，也許漢學之發達有些地方正借重虜學呢！又如最有趣的一些材料，如神祇崇拜，歌謠，民俗，各地各時雕刻文式之差別，中國人把他們忽略了千百年，還是歐洲人開頭為規模的注意。零星注意，中國向來有的。西洋人做學問不是去讀書，是動手動腳到處尋找新材料，隨時擴大舊範圍，所以這學問才有四方的發展，向上的增高。中國文字學之進步，正因為說文之研究消滅了汗簡，阮吳諸人金文之研究識破了說文，近年孫詒讓王國維等之殷文研究更能繼續金文之研究。材料愈擴充，學問愈進步，利用了檔案，然後可以訂史，利用了別國的記載，然後可以考四裔史事。在中國史學的盛時，材料用得還是廣的，地方上求材料，刻文上抄材料，檔庫中出材料，傳說中辨材料。到了現在，不特不能去擴張材料，去學曹操設「發塚校尉」，求出一部古史於地下遺物，就是「自然」送給我們的出土的物事，以及敦煌石藏，內閣檔案，還由他毀壞了好多，剩下的流傳海外，京師圖書館所存摩尼經典等等良籍，還復任其擱置，一面則談整理國故者人多如鯽，這樣焉能進步。

（三）凡一種學問能擴充他作研究時應用的工具的，則進步；不能的，則退步。實驗學家之相競如鬥寶一般，不得其器，不成其事，語言學和歷史學亦復如此。中國歷來的音韻學者審不了音，所以把一部切韻始終弄不甚明白，一切古音研

究僅僅以統計的方法分類，因為幾個字的牽連，使得分類上各家不同，即令這些分類有的對了，也不過能舉其數，不能舉其實，知其然不知其所以然，如錢大昕論輕唇舌上古來無之，乃自重唇舌頭出，此言全是，然何以重唇分出一類為輕唇，唇頭分出一類為上唇，竟不是全部的變遷，這層道理非現在審音的人不能明白，錢君固說不出。若把一個熟悉語音學的人和這樣一個無工具的研究者比長短，是沒法子競爭的。又如解釋隋唐音，西洋人之知道梵音的，自然按照譯名容易下手，在中國人本沒有這個工具，又沒有法子。又如西藏，緬甸，暹羅等語，實在和漢語出於一語族，將來以比較言語學的方法來建設中國古代言語學，取資於這些語言中的印證處至多，沒有這些工具不能成這些學問。又如現代的歷史學研究，已經成了一個各種科學的方法之匯集。地質，地理，考古，生物，氣象，天文等學，無一不供給研究歷史問題者之工具。顧亭林研究歷史事跡時自己觀察地形，這意思雖然至好，但如果他能有我們現在可以向西洋人借來的一切自然科學的工具，成績豈不更卓越呢？若干歷史學的問題非有自然科學之資助無從下手，無從解決。比如春秋經是不是終於獲麟，左氏經後一段是不是劉歆所造補，我們正可以算算哀公十四年之日食是不是對的，如不對，自然是偽作，如對了，自然是和獲麟前春秋文同出史所記。又譬如我們要掘地去，沒有科學資助的人一鏟子下去，損壞了無數古事物，且正不知掘準了沒有，如果先有幾種必要科學的訓練，可以一層一層的自然發現，不特得寶，並且得知當年入土的蹤跡，這每每比所得物更是重大的智識。所以古史學在現在之需用測量本領及地質氣象常識，並不少於航海家。中國史學者先沒有這些工具，那能使得史學進步，無非靠天幫忙，這裡那裡現些出土物，又靠西洋人的腿，然而卻又不一定是他們的腦袋，找到些新材料而已。整理自己的物事的工具尚不夠，更說不上整理別人的物事，如希拉藝術如何影響中國佛教藝術，中央亞細亞的文化成分如何影響到中國的物事，中國文化成分如何由安西西去，等等，西洋的東方學者之拿手好戲，日本近年也有竟敢去幹的，中國人目前只好拱手謝之而已。

　　由上列的三項來看，除幾個例外算，近幾世中中國語言學和歷史學實不大進步，其所以如此自是必然的事實。在中國的語言學和歷史學當年之有光榮的歷史，正因為能開拓的用材料，後來之衰歇，正因為題目固定了，材料不大擴充了，工具不添新的了。不過在中國境內語言學和歷史學的材料是最多的，歐洲人求之尚難得，我們卻坐看他毀壞亡失。我們著實不滿這個狀態，著實不服氣就是物質的原料以外，即便學問的原料，也被歐洲人搬了去乃至偷了去。我們很想借幾個不陳的工具，處置些新獲見的材料，所以才有這歷史語言研究所之設置。

　　我們宗旨第一條是保持亭林百詩的遺訓。

　　這不是因為我們震懾於大權威，也不是因為我們發什麼「懷古之幽情」，正因

為我們覺得亭林百詩在很早的時代已經使用最近代的手段，他們的歷史學和語言學都是照著材料的分量出貨物的。他們搜尋金石刻文以考證史事，親看地勢以察古地名。亭林以語言按照時和地變遷的這一個觀念看得頗清楚，百詩於文籍考訂上成那末一個偉大的模範著作，都是能利用舊的新的材料，客觀的處理實在問題，因解決之問題更生新問題，因問題之解決更要求多項的材料。這種精神在語言學和歷史學裡是必要的，也是充足的。本這精神，因行動擴充材料，因時代擴充工具，便是唯一的正當路徑。

宗旨第二條是擴張研究的材料。

第三條是擴張研究的工具。

這兩層的理由上文中已敘說，不再重複了。這三件實在是一句話，沒有客觀的處理史學或語言學的題目之精神，即所謂亭林百詩的遺訓者，是不感覺著擴充材料之必要，且正也擴充不了，若不擴張工具，也不能實現這精神，處置這材料。

關於我們宗旨的負面還有幾句話要說。

（一）我們反對「國故」一個觀念。如果我們所去研究的材料多半是在中國的，這並不是由於我們專要研究「國」的東西，乃是因為在中國的材料到我們的手中方便些，因為我們前前後後對於這些材料或已經有了些研究，以後堆積上研究去方便些，好比在中國的地質或地理研究所所致力的，總多是些中國地質地理問題，在中國的生物研究所所致力的，總多是些中國生物的問題，在中國的氣象研究所所致力的，總是些中國各地氣象觀察。世界中無論哪一種歷史學或哪一種語言學，要想做科學的研究，只得用同一的方法，所以這些學問斷不以國別成邏輯的分別，不過是因地域的方便成分工。國故本來即是國粹，不過說來客氣一點兒，而所謂國學院也恐怕是一個改良的存古學堂。原來「國學」「中國學」等等名詞，說來都甚不詳，西洋人造了支那學「新諾邏輯」一個名詞，本是和埃及脫邏輯亞西里亞邏輯同等看的，難道我們自己也要如此看嗎？果然中國還有將來，為什麼算學天文物理化學等等不都成了國學，為什麼國學之下都僅僅是些言語歷史民俗等等題目？且這名詞還不通達，取所謂國學的大題目在語言學或歷史學的範圍中的而論，因為求這些題目的解決與推進，如我們上文所敘的，擴充材料，擴充工具，勢必至於弄到不國了，或不故了，或且不國不故了。這層並不是名詞的爭執，實在是精神的差異的表顯。

（二）我們反對疏通，我們只是要把材料整理好，則事實自然顯明了。一分材料出一分貨，十分材料出十分貨，沒有材料便不出貨。兩件事實之間，隔著一大段，把他們聯絡起來的一切涉想，自然有些也是多多少少可以容許的，但推論是危險的事，以假設可能為當然是不誠信的事。所以我們存而不補，這是我們對於材料

的態度；我們證而不疏，這是我們處置材料的手段。材料之內使他發見無遺，材料之外我們一點也不越過去說。果然我們同人中也有些在別處發揮歷史哲學或語言泛想，這些都僅可以當作私人的事，不是研究的工作。

（三）我們不做或者反對所謂普及那一行中的工作。近百年中，拉丁文和希臘文在歐洲一般教育中之退步，和他們在學問上之進步，恰恰成正比例，我們希望在中國也是如此。現在中國希望製造一個新將來，取用材料自然最重要的是歐美的物質文明，即物質以外的東西也應該取精神於未衰敗的外國。歷史學和語言學之發達，自然於教育上也有相當的關係，但這都不見得即是什麼經國之大業不朽之盛事，只要有十幾個書院的學究肯把他們一生消耗到這些不生利的事物上，也就足以點綴國家之崇尚學術了——這一行的學術。這個反正沒有一般的用處，自然用不著去引誘別人也好這個。如果一但引了，不特有時免不了致人於無用，且愛好的主觀過於我們的人進來時，帶進了些烏煙瘴氣，又怎麼辦？

這個歷史語言研究所，本是大學學院院長蔡先生委託在廣州的三人籌備的，現在正計畫和接洽應舉的事，已有些條隨著人的所在小小動手，卻還沒有把研究所的大體設定。稍過些時，北伐定功，破虜收京之後，這研究所的所在或者一部分在廣州一部分在北京，位置的方便提供給我們許多工作進行的方便。我們最要注意的是求新材料，第一步想沿京漢路，安陽至易州，安陽殷墟以前盜出之物並非徹底發掘，易州邯鄲又是燕趙故都，這一帶又是衛鄭故域。這些地方我們既頗知其富有，又容易達到的，現在已著手調查及布置，河南軍事少靜止，便結隊前去。第二步是洛陽一帶，將來一步一步的西去，到中央亞細亞各地，就脫了純中國材料之範圍了。為這一些工作及隨時搜集之方便，我們想在洛陽或西安敦煌或吐魯蕃疏勒，設幾個工作站，「有志者事竟成！」因為廣州的地理位置，我們將要設置的研究所要有一半在廣州。在廣州的四方是最富於語言學和人類學的材料，漢語將來之大成全靠各種方言之研究，廣東省內及鄰省有很多種的方言，可以每種每種的細細研究，並制定表式，用語音學幫助，作比較的調查。至於人類學的材料，則漢族以外還有幾個小民族，漢族以內，有幾個不同的式和部居，這些最可寶貴的材料怕要漸漸以開化和交通的緣故而消滅，我們想趕緊著手采集。我們又希望數年以後能在廣州發達南洋學：南洋之富於地質生物的材料，是早已著名的了。南洋之富於人類學材料，現在已漸漸為人公認。南洋學應該是中國人的學問，因為南洋在一切意義上是「漢廣」。

總而言之，我們不是讀書的人，我們只是上窮碧落下黃泉，動手動腳找東西！

現因我們研究所之要求及同人之祈向，想次第在兩年以內設立下列各組；各組之旨趣及計畫，以後分別刊印。

一、文籍考訂；

二、史料證集；

三、考古；

四、人類及民物；

五、比較藝術。

以上歷史範圍。

六、漢語；

七、西南語；

八、中央亞細亞語；

九、語言學。

以上語言範圍。

　　歷史學和語言學發展到現在，已經不容易由個人作孤立的研究了，他既靠圖書館或學會供給他材料，靠團體為他尋材料，並且須得在一個研究的環境中，才能大家互相補其所不能，互相引會，互相訂正，於是乎孤立的製作漸漸的難，漸漸的無意謂，集眾的工作漸漸的成一切工作的樣式了。這集眾的工作中有的不過是幾個人就一題目之合作，有的可就是有規模的系統研究。無論範圍大小，只要其中步步都是做研究功夫的，便不會流成「官書」的無聊。所有這些集眾工作的題目及附帶的計畫，後來隨時布白。希望社會上欣賞這些問題，並同情這樣工作的人多多加以助力！果然我們動手動腳得有結果，因而更改了「讀書就是學問」的風氣，雖然比不得自然科學上的貢獻較為有益於民生國計，也或者可以免於妄自生事之譏誚罷？我們高呼：

　　一、把些傳統的或自造的「仁義禮智」和其他主觀，同歷史學和語言學混在一氣的人，絕對不是我們的同志！

　　二、要把歷史學語言學建設得和生物學地質學等同樣，乃是我們的同志！

　　三、我們要科學的東方學之正統在中國！

（原刊民國十七年十月國立中央研究院《歷史語言研究所集刊》第一本第一分）

附九　朱子讀書法（節錄）

錢　穆

　　在中國學術史上，若論博大、精微兼而盡之的學者，孔子以下，只有朱子，可算得第二人。孔子是大聖人，不當僅以學者論。而且孔子距我們時代遠了，他的成學經過，我們已無法詳考。朱子離我們時代近，他的治學經過，還可詳考而知。本文則只拈朱子的讀書法一項，加以闡說。

　　朱子教人讀書法，紀錄留傳極多，後人有彙集之成專書者，本文則只擇其最精要語論列之。

（一）

　　或曰：讀書須是有精力，至之日，亦須是聰明。曰：雖是聰明，亦須是靜，方運得精神。蓋靜則心虛，道理方看得出。

今按：讀書須精力，又須聰明，此義盡人皆知。朱子特別提出一個讀書的精神條件來，即是如何善為運用我之聰明與精力之條件。此一精神條件便是靜，靜則心虛，更喫緊的是在心虛上。

　　問：易如何讀？曰：只要虛心以求其義，不要執己見。讀他書亦然。

今按：心虛只是不執己見。若先執一個己見去讀書，便是心不虛。所見的將依然是己見，不會看出書中道理。則於自己無長進。

　　看書不可將己見硬參入去。須是除了自己所見，看他冊子上古人意思如何。

今按：此是讀書第一最要法門。朱子所謂「虛心」，略如今人所謂「客觀」。若讀書時硬將己見參入，便是心不虛。便不能客觀，而不能真有所得矣。

　　大抵義理須是且虛心，隨他本文正意看。

今按：「且」字重要，「隨」字重要，「本文正意」四字更重要。如此讀書，看易

實難。莊子云：「吾與之虛而委蛇。」心既虛了，又要隨他本書曲折，恁地去。

　　近日看得後生，只是教他依本子識得訓詁文義分明為急，自此反復不厭，日久月深，自然心與理會，有得力處。

今按：依本子反復不厭，又要識得本書上訓詁文義分明，此是讀書至要惟一法門也。若驟讀一本書，便要求明得種種理，又要求於己有所得，此皆是心不靜。從來讀書，亦無此速化之法也。

　　從頭熟讀，逐字訓釋，逐句消詳，逐段反復，虛心量力，且要曉得句下文意，未可便肆己見，妄起浮論。
　　看前人文字，未得其意，便容易立說，殊害事。

今按：「且要曉得句下文意」，此語重要。看書瞭解得書中本意，即是學問有所得。如何瞭解得書中意，便須隨其本文，反復不厭看。容易立說，只是己見。儘說了些己見，到底是於書無所得也。

　　凡讀書，先須曉得他的言詞了，然後看其說於理當否。今人多是心下先有一個意思了，卻將他人說話來說自家底意思。其有不合者，則硬穿鑿之使合。

今按：讀書莫要自己心下先有一個意思，此即不虛心也。不虛心人，便易把別人說話來說自己意思，最要不得。此等人將會終身學問無進步。

　　讀書如問人事一般，欲知彼事，須問彼人。今卻不問其人，只以己意料度，謂必是如此。

今按：此即是以主觀讀書也。以主觀讀書，只會更增強主觀，外此必全無所得。

　　讀書若有所見，未必便是，不可便執著，且放在一邊，益更讀，以來新見。

今按：此條言讀書縱有得，仍不可執著。若便執著，便又成一種己見，又不心虛了。讀書工夫，便於此截止。故須放下，再求新見。所謂新見者，也仍是於反復再讀此書或讀另一書時又另有所見而已。讀此書有得有見，讀那書又有得有見，反復讀，又反復有得有見，此始是自己學問長進。

　　學者不可只管守從前所見，須除了方見新意。如去了濁水，然後清者出焉。

今按：從前所見，本亦是我讀書所得。但另讀新書，便須先將舊時所得者從心除去。譬如一無所知般，此即心虛也。如此始易有新見重入心來。否則牢守那舊所得

者，便易成己見，一有了己見，便心不虛，不易再長進。

　　濯去舊文，以來新見。

今按：讀書有見，不固執，不牢守，是濯去舊聞也。再讀新書，續有所得，即重來新見也。

　　上舉各條，是朱子教人讀書最大綱領，朱子讀書法之最大精義，已盡於此，以下再逐層分析反覆詳說之。

（二）

　　聖人言語，皆天理自然，本坦白易明在那裏。只被人不虛心去看，只管外面捉摸。及看不得，便將自己身上一般意見說出，把做聖人意思。

今按：外面捉摸，便是不隨他本文正意看。書上本文正意，若你明白得它訓詁文義，本是坦白易明。不須再從外面添些子進去。朱子教人讀書，說來說去，只是戒人不要把自己意見當作書中意見而已。一語道破，實已再無其他深意也。

　　牽率古人言語，入做自家意中來，終無進益。

今按：牽率古人語，入做自家意中來，似乎自家意見更圓成。其實仍是自家這一番意見，並無進益也。而且又把古人書中本意忽略誤解了。此病不淺，切戒切戒。

　　讀書別無法，只管看，便是法。正如獃人相似，捱來捱去，自己卻未要先立意見，且虛心，只管看。看來看去，自然曉得。

今按：讀書不能一看便曉，便且再看，再虛心反覆看，舍此更無別法了。

　　須是胸次放開，磊落明快，恁地去。第一不可先責效。纔責效，便有憂愁底意。只管如此，胸中便結聚一餅子不散。今且放置閒事，不要閒思量，只管去玩味義理，便會心精。心精便會熟。

今按：讀書先責效，是學者大病。駿快者，讀一書未透，早已自立說，自謂讀書見效，其實是無所得。篤厚者，未肯遽立說，卻謂讀書不見效，反增愁憂，此是心不寬。主要還在懂得先虛心，第一不要搶立說，第二不要問效驗。只就書看書，只辦此一條心，故謂之心精。心精便是只有此一心。心精了，書自熟。所謂「看來看去，自然曉得」也。此方法好像笨，正如獃人相似。然看書法門，卻只此一法，只

此一門，別無其他法門。所謂「大巧若拙」，最獃最笨的，卻是最聰明最易見效的。有志讀書，千萬莫忽略了此義。

> 寬著心，以他說看他說，以物觀物，無以己觀物。

今按：朱子教人讀書，須心靜，須心寬，須心虛，須心精，其實只此一「心」。朱子的讀書法，其實即是朱子的「格物」法。就書看書，隨物格物，以他說看他說，此是最客觀的，此是最合科學方法的。如此看書，自明得書中道理。如此格物，也自易明得物理。卻莫先存了一番道理來看書格物。此義最喫緊。

> 或問：「讀書未知統要」。曰：「統要如何便會知得？近來學者，有一種則捨去冊子，卻欲於一言半句上便見道理。又有一種，則一向汎濫，不知歸著處。此皆非知學者。須要熟看熟思，久久間，自然見個道理，四停八當，而所謂統要者，自在其中矣。」

今按：讀書即心急要求統要，此是心不寬。有些人，遂求於一言半句上即見出統要來，如此初格一物，便要明天理。其實此等統要與天理，仍只是己見耳。但放開心，不責效，又易汎濫，一書看了又一書，一物放過又一物，到底心中還是無所得。故看書須熟看熟思，儘在此書上多捱，捱得，自然有得也。

> 大凡人讀書，且當虛心一意，將正文熟讀，不可便立見解。看正文了，卻著深思熟讀，便如己說，如此方是。今來學者，一般是專要作文字用，一般是要說得新奇，人說得不如我說得較好，此學者之大病。譬如聽人說話一般，且從他說盡，不可勦斷他說，便以己意見抄說。若如此，全不見得他說是非，只說得自家底，終不濟於事。須如人受詞訟，聽其說盡，然後方可決斷。

今按：近代學人，最易犯此病。如讀《論語》，只抓得一言半句，如「民可使由之，不可使知之」，「惟女子與小人為難養也」等語，便濫肆批評，卻不問孔子《論語》二十篇，其他又說了些什麼。又如讀史，只說專制，不民主，封建，頑固，不開通，尋得一兩條證據，便謂中國歷史只如此，卻不再問一部二十四史，更又記載了些什麼。他自謂於孔子思想與中國歷史有所見，其實只見了他自己，此所謂「己見」也。

> 近日看得讀書別無他法，只是除卻自家私意，而逐字逐句只依聖賢所說，白直曉會。不敢妄亂添一句閒雜言語，則久久自然有得。

今按：此條「白直」兩字最緊要，須善會。不要妄添注腳，不要曲折生解。書上如何說，便依他如何說，這是「白直」。只有如此，纔是真「曉會」。若替他添說曲說，儘添進自己意見，便不白不直了。

上引諸條，是朱子教人讀書第一步。讀書須先知曉那書中說了些什麼，我知曉書中說了些什麼，便是學問有得，便是我增長了一番知識也。

（三）

讀書只就那一條本文意上看，不必又生枝節。看一段，須反復看來看去，要十分爛熟，方見意味，方快活。令人都不愛去看別段，始得。人都是向前趕去，不曾向後反復。只要去看明日未讀的，不曾去細繹前日已讀底。須翫味反復始得。用力深，便見意味長，便受用牢固。

今按：朱子教人讀書，先要「白直曉會」，此是看易實難。既須能靜心、寬心、虛心、精心，又須能紬繹反復，翫味爛熟，乃得此曉會。讀書如交友，交友熟，自然意味深，緩急有所恃。人遇熟友，自然心下快活，不成捨了熟友另去看生人。只想向前趕，亦是心不靜。懂得向後反復，纔有基址可守，纔有業績可成。朱子此一段話，真值深深玩味也。

看文字，需仔細，雖是舊曾看過，重溫亦須仔細。每日可看三兩段。不是於那疑處看，正須於那無疑處看，蓋功夫都在那上也。

今按：此條喫緊。讀書能白直曉會，纔能不旁生枝節。能不向前趕，纔能於無疑處仔細用功夫。當知此等境界，此等情況，都當先向自己心地上求。此即是「修心養性」，讀書做人，打成一片。如此讀書，纔始不是讀死書，纔始不是死讀書。當知朱子教人讀書，即已同時教了人如何修心做人，亦所謂「吾道一以貫之」也。

只是要人看無一字閒。那個無緊要底字，越要看。自家意裏說是閒字，那個正是緊要字。

今按：朱子讀書法，乃最科學者。人若懂得科學方法，便懂得此條意義深長。朱子讀書法，又是最藝術者。人若懂得藝術欣賞，亦自懂得此條之意義深長也。如此纔能白直曉會到極深處，纔能受用牢固。

讀書須讀到不忍舍處，方見得真味。若讀之數過，略曉其義，即厭之，欲求別書看，則是於此一卷書，猶未得趣也。

今按：今人讀書，只故要自己發意見，朱子教人讀書，只重在教人長趣味。此是莫大分歧點。然非先求心靜，則不易在書中得趣味。未得真趣味，自然也不會有「不忍捨」之一境。此等皆當循序潛玩，莫輕作一番言語看過了。

> 某舊日讀書，方其讀《論語》時，不知有《孟子》。方讀〈學而〉第一，不知有〈為政〉第二。今日看此一段，明日且更看此一段，看來看去，直待無可看，方換一段看。如此看久，自然洞貫，方為浹洽。
>
> 初時雖是鈍滯，使一件了得一件，將來卻有盡理會得時。若撩東搭西，徒然看多，事事不了。日暮途遠，將來慌忙，不濟事。
>
> 李先生云：「一件融釋了後，方更理會一件。」

今按：朱子以最鈍滯法教人，實乃是最快捷，最聰明之法。朱子本人，即是讀書最多，學問最廣，事事理會，件件精通，融釋浹洽，無不洞貫。此事過來人以金針度人，幸有志好學者，萬勿忽過。

> 讀書不貴多，只貴熟。

今按：我試為朱子此條下一轉語。讀書能熟自然多。如朱子本人便是一好例。若一向貪多，不求熟，則到頭茫然，只如一書為讀，此則更例不勝舉矣。

> 汎觀博取，不若熟讀而精思。讀十通，與讀一通時終別。讀百通，與讀十通終自不同。
>
> 讀書須是窮究道理徹底。如人之食，嚼得爛，方可嚥下，然後有補。

今按：讀書熟須如嚼食爛，此條當與白直理會相參。如喫一口飯，便將此口飯反復咀嚼，自然有味，此即白直理會也。輕易吞下，不僅無味，而且成了胃病，從此再不喜食，戒之戒之。

> 大凡看文字，少看熟讀，一也。不要鑽研立說，但要反復體翫，二也。埋頭理會，不要求效，三也。

今按：此為朱子教人讀書三大綱領，學者須切記，並依此力行之。

> 少看熟讀，反復體驗，不必想像計獲，只此三事，守之有常。
>
> 讀書不要貪多，常使自家力量有餘。須看得一書徹了，方再看一書。

今按：看得一書徹了，是我力量能到處。時時只想看一書看得徹了，便會自覺力量有餘。若遽要博極羣書，遽要學窮精微，便心慌意亂了。當知只有看得一書徹了，

纔是博極羣書法，亦纔是學窮精微法。連一書都看不徹，遑論其他。

　　凡讀書，且須從一路正路直去。四面雖有可觀，不妨一看，然非是緊要。

今按：讀書能從一路正路直去，便是對此書求能白直曉會也。不善讀書者，逐步四處分心，譬如行路，東眺西顧，不直向前。如此讀書，又便是心下不靜，慌張跳動，意見橫生，趣味索然矣。

　　東坡教人讀書，每一書當作數次讀之。當如入海，百貨皆有，人之精力，不能兼收盡取，但得其所欲求者爾。故願學者每次作一意求之。如欲求古今興亡治亂，聖賢作用，且作此意求之，勿生餘念。又別作一次求事迹文物之類，亦如之。他皆放此。若學成，八面受敵，與慕涉獵者，不可同日而語。

今按：慕涉獵者讀書，只是浮光掠影；能八面受敵者讀書，乃處處周道。此甚不同，學者不可不細辨。

　　〈學記〉曰：「善問者如攻堅木，先其易者，後其節目。」所謂攻瑕則堅者瑕，攻堅則瑕者堅。不知道理好處，又卻在平易處。

今按：朱子教人讀書法，其實人人盡能，真是平易，而其陳義之深美，卻可使人終身研玩不盡。即作人道理亦然，最美好處，亦總在最平易處也。

　　讀書不可兼看未讀者，卻當兼看已讀者。

今按：朱子此條，所謂「兼看」，謂方讀一書，旁及他書，同時兼讀也。當知兼讀已讀書，實有受用，兼讀未讀書，只是分心，心分了，便不易有受用。故每逢讀一新書，決當全神一志讀。只可兼讀舊書，萬不當同時又兼讀另一新書也。

　　讀書只要將理會得處反復又看。

今按：讀書不貴多，貴使自己精力有餘，貴能於自己理會得處反復又看，貴能於那無疑處看，貴在自己看若無緊要處，閒處用工夫，貴先其易者，貴兼看已讀過的書，卻不宜兼看未讀過的書。此等皆朱子教人讀書秘訣。可謂金針度盡，風光狼籍，更無餘蘊矣。

　　上引諸條，可謂朱子教人讀書之第二步。若學者先辦得一片虛心，又能少讀熟讀，漸得趣味，到不忍舍處。此即是學問正確入門也。

（四）

　　或問：「看文字，為眾說雜亂，如何？」曰：「且要虛心，逐一說看去；看得一說，卻又看一說，看來看去，是非長短，皆自分明。」

今按：讀書至眾說雜亂，已是讀書漸多後使知之。然仍只有虛心，逐一說理會之，更無他法也。若真能虛心逐一說理會之，自見眾說各有是非長短，卻非自己容易立說，將己見硬參入去之謂。學者到此境界，當自辨之。

　　讀書須看上下文義，不可泥著一字。揚子「於仁也柔，於義也剛」，到《易》中又將剛配仁，柔配義。《論語》：「學不厭，智也。教不倦，仁也。」到《中庸》謂：「成己，仁也。成物，智也。」此等處，須各隨文本意看，便自不相礙。

今按：眾說雜亂，若能各隨文本意看，便見其不相礙。到此，心胸自開，意味自長。若硬要將自己意見參入，孰是孰非，執一廢百，只增長了自己意氣，於學問無涉也。

　　且依文看，逐處各自見個道理，久之自然貫通。

今按：能逐處各自依文看之，便見各自有個道理，不僅不相礙，久之自會通，此是自己學問長進，卻非先出己見來判斷眾說之比，學者當細參之。

　　凡看文字，眾家說有異同處，最可觀。如甲說如此，且撐扯住甲，窮盡其辭。乙說如此，且撐扯住乙，窮盡其辭。兩家之說既盡，又參考而窮究之，必有一真是者出矣。

今按：讀書至是，始是不容得讀者不拿出真見來。然仍是虛心逐一書白直曉會後，真見自出。非是外面捉摸，於書中本意不徹了，卻硬把己意牽說曲說也。

　　學者讀書，須是於無味處當致思焉，至於羣疑並興，寢食俱廢，乃能驟進。因歎「驟進」二字最下得好，須是如此。若進得些子，或進或退，若存若亡，不濟事。如用兵相殺，爭得些兒，小可一二十里，也不濟事。須大殺一番，方是善勝。

今按：正因不先立己見，故至羣疑並興。正因羣疑並興，故須苦苦大殺一番。若一向以己意衡評一切，信了自己，不信別人，譬如入無人之境，將不見有敵，何須廝

殺乎？學者當善體此意。莫謂不管事情曲折，不辨義理精微，只肆意一口罵盡古人，便是大殺善勝也。

> 看文字須是如猛將用兵，直是鏖戰一陣子。如酷吏治獄，直是推勘到底。決是不恕他方得。

今按：若真是不恕他，便須將他書中所說，細看熟看，連無疑處，無味處，不緊要處，閒處，逐一依他捱。捱來捱去，方得。所謂猛將酷吏，前面必有難勝強敵，難斷疑獄，始見本領。初學人驟難到此境界，萬勿輕肆己見，遽自認為如猛將酷吏，切記切記。

> 看文字如捉賊，須知道盜發處，自一文以上，贓罪情節，都要勘出。若只描摸個大綱，縱使知道此人是賊，卻不知何處做賊。

今按：學問至此，義理考據，一以貫之矣。近代學者，未讀宋儒者，便謂宋儒只講義理，不務考據。又謂宋儒所講義理，只憑主觀，不求客觀。此正如判人作賊，卻不全勘其贓罪情節也。

> 今世上有一般議論，成就後生懶惰。如云不敢輕議前輩，不敢妄立論之類，皆中怠惰者之意。前輩固不敢妄議，然論其行事之是非何害？固不可鑿空立論，然讀書有疑，有所見，自不容不立論。其不立論者，只是讀書不到疑處耳。

今按：讀書先貴徹了，徹了後自會疑，疑後自有見。有所見，自不容不立論。此是讀書循序漸進必有之境界。故朱子教人讀書且虛心，並非要人讀書老是無主見也。此層當細會。然今世上卻另有一般議論，成就後生惰懶，而並不如朱子此條所舉者。如云：「莫讓人牽著鼻子走」，「莫輕信前人」，「須自出手眼」之類。此亦中怠惰者之意。因從此可以不細心讀書，縱我對此書未徹了，仍可對此書作批評。

> 讀書無疑，須教有疑。有疑者卻要無疑。到這裡，方有長進。

今按：自無疑到有疑，是一進。自有疑到無疑，又是一進。如此循環，乃可進進不休。

> 讀書須是看著他那罅縫處，方尋得道理透徹。若不見得罅縫處，無由得入，看見罅縫時，脈絡自開。

今按：朱子此條教人讀書須看著它罅縫處，其用心在求對此書道理透徹。今人教人

看書中罅逢，卻是教人專尋書中破綻，並不是教人對此書透徹。此中大有辨，幸學者細辨之。

> 看文字，且依本句，不添字，那裏原有罅縫。如合子相似。自家只去抉開，不是渾淪底物，硬去鑿。亦不可先立說，牽古人意來湊。

今按：朱子教人讀書覓罅縫，此略如今人所未分析法也。硬去鑿，先立說，只是己見，與他書不相涉。

> 學者初看文字，只見個渾淪物事。久久看作三兩片，以至於十數片，方是長進。

今按：此即看出罅縫處也。看出罅縫，只如打開合子，看出那書中所蘊義理體統，脈絡分明，則道理透徹矣。此仍是求瞭解，不是求推翻也。

> 熟讀後，自有窒礙不通處，是自然有疑，方可較量。今若先去求個疑，便不得。

今按：讀書生疑，仍自虛心熟讀白直曉會來。今人先要抱了疑，再去讀那書，自謂莫給他牽著我鼻子走，譬如先疑心他是賊，再和他打交道。實則如此讀書，深閉固拒，永無進益，真又何苦來。

> 大抵今人讀書不廣，索理未精，乃不能致疑，而先務立說，此所以徒勞苦而少進益也。學者須是多讀書，使互相發明，事事窮到極致處。

今按：朱子教人讀書不貴多，卻又怪人讀書不廣。朱子教人讀書須白直曉會，卻又怪人索理未精，此等處，大可深味。是亦朱子語之罅縫處，讀者正貴由此生疑，由此透入。卻並不是教我們先疑了他話，又如何體會到他話中之深意乎？

上引諸條，可謂是朱子教人讀書之第三步。學者至此，讀書廣，索理精，殆已達於成學之階段矣。

（五）

> 讀書之法，須是用工去看。先一書費許多工夫，後則無許多矣。始初一書，費十分工夫，後一書費八九分，後則費六七分，又後則四五分矣。

今按：此朱子所以教人讀書，須用獸人㨨法，而到後卻博學多通，成為唯一捷徑

也。

> 文字大節目，痛理會三五處，後當迎刃而解。學者所患，在於輕浮，不沉著痛快。

今按：輕浮故不沉著，不沉著故不痛快。今之狂昧者，又誤以輕浮為痛快，因此終身無入頭處。是皆不肯先虛心痛理會之過。

> 讀書須是普遍周滿，某嘗以為寧詳毋略，寧下毋高，寧拙毋巧，寧近毋遠。

今按：此又是朱子教人讀書四大綱領。若真能詳、能下、能拙、能近，自然沉著，便見痛快矣。縱使後面是迎刃而解，仍當是普遍周滿處，不許有些小輕浮。

> 讀書而不能盡知其理，只是心粗意廣。

今按：心粗意廣便輕浮，縱有聰明，縱有精力，皆無所運始矣。又心粗便意廣，意廣便心粗，兩者亦互為因果也。

> 今人看文字，多是以昏怠去看，所以不仔細。故學者且於靜處收拾，教意思在裏，然後虛心去看，則其義理未有不明者也。

今按：昏是不聰明，怠是無精力，其實則是心粗意廣，輕浮，不沉著，故使聰明精力無處使，遂成昏怠也。朱子教人先於靜處收拾，讓自己意思在裏面了，再去看書。此仍是靜則心虛，道理方看得出之意。

> 今人所以讀書苟簡者，緣書皆有印本，多了。

今按：讀書苟簡之病，愈後愈甚。只一苟簡，則聰明精力皆退矣。苟簡引起昏怠，然昏怠亦引起苟簡，是仍互為因果也。

> 看文字，須大段精采看，聳起精神，樹起筋骨，不要困，如有刀劍在後一般。

今按：著精采看，便是聰明精力齊用也。若懂得寧詳、寧下、寧拙、寧近，自然能著精采看。能著精采看，自能不輕浮，不苟簡，不昏怠，而聰明精力亦汩汩然俱來矣。此等處，須學者善體。

（文見錢穆《學籥》）

附十　我的讀書生活

徐復觀

「我從八歲發蒙起，即使是在行軍、作戰中間，也不能兩天三天不打開書本的。但一直到四十七、八歲，也可以說不曾讀過一部書，不曾讀過一年書。因為我的讀書生活是這樣的矛盾，所以寫出來或者可以作許多有志青年的前車之鑑。

我不斷的讀書，是來自對書的興趣。但現在我了解，興趣不加上一個目的，是不會有收穫的。讀了四十多年的書，當然涉獵的範圍也相當的廣泛。但我現在知道，不徹底讀通並讀熟幾部大部頭的古典，僅靠泛觀博覽，在學問上是不會立下根基的。這即是我在回信中所得的經驗教訓。

我父親的一生，是過一生的考，卻沒有考到一個功名的人；所以他要我讀書的目的，便是希望我能考功名的。這一點曾不斷引起我的反感；也大大的影響了我童年的教育。一發蒙，即是新舊而進。所謂「新」，是讀教科書，從第一冊讀起，讀到第八冊。再接著便是《論說範模》。接著，就讀《闈墨》。所謂闈墨，是把考舉人、進士考得很好的文章印了出來的一種東西。在這上面，我記得還讀過譚延闓的文章。

所謂舊的，是從論語起，讀完了四書便是五經；此外是東萊博議，古文筆法百篇，古文觀止，綱鑑易知錄，後來又換上御批通鑑輯覽。除易知錄和輯覽外，都是要背誦，背誦後還要複講一篇的。

上面新舊兩系統的功課，到十二歲大體上告一段落。這中間，我非常喜歡讀詩，但父親不准讀。因為當時科舉雖然早廢了，但父親似乎還以為會恢復的。而最後的科舉，是只考策論，並不考詩賦。有一次，我從書櫃裏找出一部套色版的《聊齋誌異》，正看得津津有味的時候，被父親發見了，連書都扯了燒掉。等到進了高等小學，脫離了父親的掌握，便把三年寶貴的時間，整整的在看舊小說中花掉了。這也可以說是情緒上的反動。」

「我決心叩學問之門的勇氣，是啟發自熊十力先生。對中國文化，從二十年的厭棄心理中轉變過來，因而多有一點認識，也是得自熊先生的啟示。第一次我穿軍服到北碚金剛碑勉仁書院看他時，請教應該讀什麼書。他老先生教我讀王船山的《讀通鑑論》，我說那早年已經讀過了，他以不高興的神氣說：『你並沒有讀懂，

應當再讀。』過了些時候再去見他，說《讀通鑑論》已經讀完了。他問：『有點什麼心得？』於是我接二連三的說出我的許多不同意的地方。他老先生未聽完便怒聲斥罵說：『你這個東西，怎麼會讀得進書！任何書的內容都是有好的地方，也有壞的地方。你為什麼不先看出他的好的地方，卻專門去挑壞的。這樣讀書，就是讀了百部千部，你會受到書的什麼益處？讀書是要先看出他的好處，再批評他的壞處，這才像吃東西一樣，經過消化而攝取了營養。譬如《讀通鑑論》，某一段該是多麼有意義，又如某一段，理解是如何深刻，你記得嗎？你懂得嗎？你這樣讀書，真太沒有出息！』這一罵，罵得我這個陸軍少將目瞪口呆。腦筋衰亂轉著，原來這位先生罵人罵得這樣兇！原來他讀書讀得那麼熟！原來讀書是要先讀出每一部的意義！這對於我是起死回生的一罵。恐怕對於一切聰明自負，但並沒有走進學問之門的年青人、中年人、老年人，都是死回生的一罵！近年來，我每遇見覺得沒什麼書值得讀的人，便知道一定是以小聰明耽擱一生的人。」「經他老先生不斷的錘鍊，才逐漸使從這個人的浮淺中掙扎出上來，也不讓自己被浮淺的風氣淹沒下去，慢慢感到精神上總要追求一個什麼。為了要追求一個什麼而打開書本子，這和漫無目標的讀書，在效果上便完全是兩樣。」

「在浪費了無數精力以後，對於讀書，我也慢慢的提出了一點自己的門徑。第一，十年以來，定不讀第二流以下的書，非萬不得已，也不讀與自己的研究無關的書。隨便在那一部門裏，總有些不知不覺的被人推薦為第一流的學者或第一流的書。這類的書，常常是部頭大，內容較深。當然有時也有例子的。看慣了小冊子或教科書這類東西，要再向上追進一步時，因為已經橫亙了許多庸俗淺薄之見，反覺得特別困難。並且常常等於鄉下女人，戴滿許多鍍金的銅鐲子，自以為華貴，其實一錢不值，倒不如戴一只真金的小戒指，還算得一點積蓄。這就是情願少讀，但必須讀第一流著作的道理。」「第二，讀中國的古典或研究中國古典中的某一問題時，我一定要把可以收集得到的後人的有關研究，尤其是今人的有關研究，先看一個清楚明白，再細細去讀原典。因為我覺得後人的研究，對原典常常有一種指引的作用，且由此可以知道此一方面的研究所達到的水準和結果。但若把這種工作代替細讀原典的工作，那便一生居人胯下，並遺誤終身，看了後人的研究，再細讀原典，這對於原典和後人研究工作的了解和評價，容易有把握，並常發現尚有許多工作須要我們去做。這幾年來，我讀若干頗負聲名的先生們的文章，都是文采斐然。但一經與原典或原料對勘，便多使人失望。至於專為稿費的東西，頂好是一字不沾。所以，我教學生，總是勉勵他們力爭上游，多讀原典。第三，便是讀書中的摘抄工作。一部重要的書，常是一面讀一面做記號，記號做完了，便摘抄。我不慣於做卡片。卡片可適用於搜集一般的材料，但用到應該精讀的古典上，便沒有意思。

書上許多地方,看的時候以為已經懂得上,但一經摘抄,才知道先前並沒有懂清楚。所以摘抄工作,實際是讀書的水磨工夫。再者,年紀老了,記憶力日減,並且全書的內容,一下子也抓不住。摘抄一遍,可以幫助記憶,並便於提挈全書的內容,匯成為幾個重要的觀點。這是最笨的工作,但我讀一生的書,只有在這幾年的笨工作中,才得到一點受用。」

(轉引自《文星》四卷六期,1959 年 12 月)

補一　論王國維的詞

朱歧祥

一、前言

　　王國維先生（1877-1927），字靜安，號觀堂，浙江海寧人，是中國近代最有才氣的一位學者。我曾經感性的說：「王國維的死亡悲劇，是因為沉潛在他內心深處的情感和理性的力量，恰好是一半一半使然」，而王國維的詞能夠傳頌千古，直追五代北宋的大詞人，情中蘊理，理中有情，正也是王國維的絕妙處。十年前我嘗試評王國維的《人間詞》，提出王國維的作品擁有悲情和哲思兩個特色[1]：

　　「情深，因用情專一而產生永恆的執著，故能傳誦千古；情廣，以智慧駕馭知識，情感的感染遂如月印萬川，故感動世人也愈多。因此，情深而廣的作品，必具永恆性和普遍性的價值。古今詞家傾全力寫情者眾，其中獨鍾於悲情者，唯王國維一人。王詞情深而廣，尤為千古不可多得之作。王先生的悲情，非源自個人狹窄的悲觀性格，而是發自一不忍眾生疾苦的憐憫心腸。這份入世的慈悲驅使王先生用生命來擁抱其可憐的國家、民族和社會，並主動的承擔整個即將要崩解的文化的痛苦。然而，敏感的詩人在面對大自然及歷史中種種悲劇的同時，深深體會人生的虛幻無常與眾生永恆的失落。他愈堅持執著這份慈悲，心靈便愈覺痛苦。這種悲天憫人的情懷，遂成就了王國維詞中特殊的風格，亦注定了他一生抑鬱的個性。」

　　「王先生以哲學家的冷靜，細寫蒼涼的人生。其詞既具理性的求真，亦兼感性的求美。這種以理性的態度，由簡馭繁，總括眾生現象的寫法，古今詞人中均屬罕見。此為王詞的長處，亦為王先生畢生矛盾和痛苦的所在。」

　　十年後再讀這些文字，復有更深的體驗。王詞的文字，主要是以人間世為切入

---

[1] 朱歧祥：《王國維學術研究》第六章〈悲情與哲思──王國維《人間詞》選評〉，文史哲出版社，民國84年3月。

點。所寫一切景物，重點都在一個情字。[2]然而，王詞擅以義理分析，遂使情感的昇華無法單純乾淨；說理時，又因情之沉重而無法超脫，遂使理性無法客觀而遭糾纏啃噬。沒有一處言苦，而處處為苦所困。這種物（人、景）、情、義理的交融寫法[3]，就作品而言是其長處，但就人性而言，卻未嘗不是他的缺點。因此，我們讀王先生的詞，情與理不宜分別觀之。

二、論王國維《人間詞》的悲苦與哲思

王國維的《人間詞》115 闋，分別編入《海寧王靜安先生遺書》的〈苕華詞〉和《觀堂集林》卷 24 的〈長短句〉中，主要是 1903 至 1907 年的作品[4]。2005 年 7 月浙江古籍出版社影印出版大陸國家圖書館善本特藏部的王國維《人間詞》手稿[5]，不但對近百年來坊間輾轉刊刻翻印之本有校訂之功，對王先生當日手書用字的斟酌復有更深的了解。下文評論王國維的詞，是以這個最新的本子為依據。詞評的內容，主要是據拙著〈王國維《人間詞》選評〉一文[6]。討論的詞，以一苦字為主線。詩人以苦之情，說苦之理。復由個人一己之情，推而建立人世間古往今來之理。王國維在〈叔本華與尼采〉一文中所謂：「苦痛之大小，亦與天才之大小為比例」是也。

1.蝶戀花

閱盡天涯離別苦。不道歸來，零落花如許。花底相看無一語，綠窗春與天俱暮。　　待把相思燈下訴。一縷新歡，舊恨千千縷。最是人間留不住，朱顏辭鏡花辭樹。

【評】上片寫造物弄人之苦，詩人無緣與故人再聚。

首句「閱盡天涯離別苦」，寫的是離別的苦，有三層意思：一、「離別苦」，言分離相思之情苦；二、「天涯離別苦」，言分隔千萬里空間之苦；三、「閱盡天

---

[2] 王國維《人間詞話》言「詩詞有景語、情語之別，不知一切景語皆情語也。」，由王先生的理論，亦可反應王先生的創作以情語為本。

[3] 王國維《人間詞話》：「境外獨謂景物也，情感亦人心中之一境界。故能寫真景物、真感情者，謂之境界。否則，謂之無境界。」王先生以景、情、真三者的結合，點出境界說。

[4] 參趙萬里《王靜安先生年譜》，《國學論叢》第一卷三號。

[5] 王國維《《人間詞》《人間詞話》手稿》，浙江古籍出版社，2005 年 8 月。

[6] 參註 1。

涯離別苦」，言詩人遍嘗各種時、空交錯的愁苦，乃理性的、冷靜的，復經沉澱的刻骨之苦。三層淒苦一層疊上一層，第一層苦是當下的苦、淺的苦；第二層的苦是執著的苦、深的苦；第三層苦則是廣而深的苦、永恆的苦。作者由這一句話把個人的情懷串連上千古離人的愁緒，儘管深淺各不同，但道盡其離別即苦一也。

二三句「不道歸來，零落花如許」，言分離非我所願，想不到歷劫歸來，客觀的環境和主觀的情感都已改變。離去是苦，去而復返的失落，更是苦上加苦。「如許」，指多。此言時光無情消逝，百花紛紛凋落。花的飄謝，不可復生，即使把花再接枝頭，亦已無生機可言，也不再是原來的花。此暗示一片花飛，已教詩人傷感，更何況是「零落花如許」？王詞的〈好事近〉「數梧桐葉下」、〈蝶戀花〉「馬頭何處無飛絮」，寫的正是這種自然生命結束、飄泊悲涼的心情。詩人由客觀的落紅無數，興起內心前塵種種無法挽回或追悔的感歎。「零落如許」，指的是花，亦指人，更點出詩人孤寂的內心。

四五句「花底相看無一語，綠窗春與天俱暮」，言難得與故人相會，卻苦無一語。綠窗依舊，但天人俱已遲暮。「花底」「綠窗」，當為過去與故人常相廝守的纏綿地方，但如今景物依舊，人事已非，情何以堪？「相看」卻「無一語」點出彼此有心卻緣盡的淒涼。詩人遍嘗天涯苦楚，歷劫歸來正是為見故人，然而「春與天俱暮」，此處的「春暮」，指的是時光、年華老去；「天暮」，指的是機緣的錯過，時不我與。「天」，形容莫測的天意，今言命運、時機。由於命運中冥冥的阻礙，詩人明白與故人無緣再聚，深情的「相看」亦是徒然。過去「花底」的相歡，如今只剩下死寂無語般的淒苦。「綠窗」所代表的生機開展和希望，復與「春與天俱暮」的無奈成一強烈對比。

下片由情入理，寫人生中永恆的離愁規律。

下片首三句「待把相思燈下訴。一縷新歡，舊恨千千縷。」，謂詩人滿懷期盼的，準備在燈下與故人傾訴別後的相思，但一點新的歡愉，又讓詩人記憶起無數離別與舊恨。下一「待」字，有正要完成的衝動，又卻有所保留、等候的疑慮心態。此言相思之情實無由向對方傾訴。內心快樂與苦恨的滋味，是一與千千萬萬的差別。短暫的相遇，又如何能填補永別的空虛苦痛？詩人在此極言內心「剪不斷、理還亂」的愁緒。

末二句「最是人間留不住，朱顏辭鏡花辭樹」，作哲理的總結。此言人生最不可掌握的是生命。人間的分離，無論是生命的自然終結，抑或是客觀環境的阻隔，都構成永恆的苦惱。「朱顏辭鏡」指青春的逝去，「花辭樹」指環境的改變，二者都非人力所能左右，而又能直接影響人生。通篇藉著故人的離、合和永別三個階段的情感，訴說著對生命充滿無奈的感慨。

2.浣溪沙

山寺微茫背夕曛，鳥飛不到半山昏。上方孤磬定行雲。　　試上高峰窺皓月，偶開天眼覷紅塵。可憐身是眼中人。

【評】上片寫詩人對理想的冀盼與不甘。

首句「山寺微茫背夕曛」。「山寺」，形容崇高、莊嚴的象徵，亦暗示詩人立志追求的高目標。「微茫」，微光，給予讀者一種隱約莫測的神秘感覺。「夕曛」，夕陽的餘暉。「背夕曛」，指高山寺廟背後的夕陽，散發出陣陣不可知的幽光。

二句「鳥飛不到半山昏」。「鳥飛不到」，形容山寺的崇高。鳥未能攀飛到半山，天色已經昏暗了。言此高尚的人生目標並非一般世人所能企求。

三句「上方孤磬定行雲」。言高處傳來孤寂的磬聲，神妙的使浮雲凝固不動。「上方」，指高處，或指上天，或言寺中。此磬聲能定行雲，亦能正人心。在塵世間仰望山寺，只見其光，但聞其音，而不識寺中的實況，遂使有心人對崇高不可攀、求不得的山寺產生無限的好奇和嚮往。吾人對於理想的追尋，其動機亦復如是。此與詩人引「獨上高樓，望盡天涯路」一詞作為成大事業大學問的第一個理想境界，可以互參。

下片寫詩人對生命的絕望，不能超脫之苦。

下片首句「試上高峰窺皓月」，言詩人企圖攀越高峰，窺探明月，以求知道寺後幽光的秘密。「試」，嘗試，表示有決心。「窺皓月」，言冀盼了解那不可知的自然景象。

末二句「偶開天眼覷紅塵，可憐身是眼中人」，深具哲理。「覷」，探看。詩人驀然自覺，皓月一如上天的法眼。上天偶然的睜開它的眼睛，冷冷的觀看著紅塵中的每一個人。而我不管再用力，攀登再高，也不過是其中的一個可憐人罷了。由天開眼俯視下凡，眾生無論高低優劣，賢愚自覺與否，均不能超脫時空人壽的限制，眾生實無任何差異，一切奮鬥，都是空無。「眼中人」，乃宇宙主宰俯瞰的芸芸眾生。世人忙於爭逐名利，追求的只是物質生活，對於人生理想、生命終極的問題是不知求索的。是以，彼等的煩惱只是一般短暫的計較心的焦慮。詩人敏銳的超越此一物質層次，探討精神的歸宿。然而，詩人雖有高遠的志向，不甘屈服的堅毅精神，但當他一旦了悟人世在冥冥中早已遭安排，任何追求都只是白費力氣，理想中的山寺更是一永遠無法到達的境界，所有積極進取的信心頓然消失，轉生出無窮盡的痛苦。這種痛苦，自然遠比紅塵世俗不知不覺的煩惱來的深遠。末句「可憐」二字下得最是沉痛。

「可憐」的對象有二：一是紅塵中所謂「眼中人」的眾生；一是「身是眼中人」的自己。詩人由「非眼中人」的倔強自信，過渡至不得不承認自身與眾生同屬老天「眼中」虛幻命定的可憐人，徒生無限的悽涼感覺。

3. 鵲橋仙

沉沉戍鼓，蕭蕭廄馬，起視霜華滿地。猛然記得別伊時，正今夕、郵亭天氣。　　北征車轍，南征歸夢，知是調停無計。人間事事不堪憑，但除卻、無憑兩字。

【評】上片寫漂泊的鄉愁之苦。

首三句「沉沉戍鼓，蕭蕭廄馬，起視霜華滿地」，既寫景亦是言情。詩人孤寂的躺在客次的床上，靜聞遠處傳來邊戍的戰鼓聲沉沉，內心相對的沉重異常；復聞塞外征馬的悲鳴，更是倍感悲涼。「沉沉」、「蕭蕭」，連用二疊字，低沉短促的音節，加強征人不願離鄉但不得不遠行的痛苦。三句言詩人因觸景生愁，難以入眠，遂起床出視雪地上白茫茫的淒清景象，內心亦頓起茫然失落的感覺。

四、五句「猛然記得別伊時，正今夕、郵亭天氣」，言詩人忽然記起當年與伊人分別時的冰冷時節正與今夜無異。「郵亭」，旅舍，此暗示詩人長年客次在外，與伊人再會無期。「猛然」二字，把詩人的思緒由當下一刻瞬即移動至過去，作超時空的相連，然而其中的淒涼味道卻是相同的。

下片寫人世虛幻，不可憑靠的永恆之苦。

下片首三句「北征車轍，南征歸夢，知是調停無計」，詩人隨征途而北走，其心靈卻因惦念伊人而飄返南方。身心、情理的衝突，是註定永無調和的一日。然而，寶貴的光陰卻在此兩難當中悄然虛渡，人亦在痛苦的思念中走向人生的盡頭。

末二句「人間事事不堪憑，但除卻、無憑二字」，作哲理的結語。人在動盪不安的社群中，愈發希望能求得一常道，以安身立命。詩人經過平生的失意，卻歸納出一悲觀的結論，消極的否定人生的實質意義。詩人謂人間事事都是虛幻不可憑靠，更沒有永恆可言，只有「不可憑靠」無休止的變動，才是永恆。此與詩人另一首〈鷓鴣天〉詞所謂：「人間總是堪疑處，唯有茲疑不可疑」的境界相類。詩人全面否定人生努力的價值，認為人不可能在現世中尋找到真善美。語言雖甚平靜，卻備感淒然幽怨。

4. 蝶戀花

昨夜夢中多少恨。細馬香車，兩兩行相近。對面似憐人瘦損，眾中不惜搴帷

問。　　陌上輕雷聽漸隱。夢裡難從，覺後那堪訊？蠟淚窗前堆一寸，人間只有相思分。

【評】上片寫與伊人夢中再遇之情。

首句「昨夜夢中多少恨」，點出思念的深情。「多少」，無數。「恨」，是離恨，亦是別後相逢，卻無法相聚之恨。一「恨」字，牽起眾生心中的共同感覺。夢魂中的苦苦尋覓，徒然只是數不盡的遺憾。造物弄人，有情人在現實人生中更是不可能團聚。

二至五句言詩人在夢中騎著瘦馬，徘徊於人海，乍見故人在香車之內。彼此迎面擦身而過的時候，她由於憐憫詩人的憔悴，在陌生的人群中不惜搴起車帷向詩人問候。「似」，疑似之詞，為下一句「問」字作解語。「憐」，不敢言愛，但箇中更點出無限的愛意關懷。人世間情是苦多樂少。有情人不能相見，是苦；相見而不能相聚，更苦；相見復知對方消瘦而生憐，卻無法照顧，更是苦中之苦。故人不惜在眾目睽睽之下搴帷相問，由不能問、不敢問而不惜一問，可見彼此相見之難，相思之苦。「不惜」二字，更道出對伊人心中多少勇氣與憐惜。

下片言相思之苦。

下片首三句言夢中的香車漸行漸遠。「輕雷」，喻車聲轔轔。詩人悲嘆在夢裡都難以相隨，夢醒後又如何能夠追問對方的音訊呢？詩人以白描手法直抒內心的淒涼，情真、意真、景真如此，益能感動千古的傷心人。

末兩句「蠟淚窗前堆一寸，人間只有相思分」，直言夢醒後的惆悵，自言人世間只有白白相思的分兒。「蠟淚」，蠟燭因同情而流下淚來。「蠟淚」復向「窗前」遠眺，無非求見伊人蹤影於萬一，情之癡呆可見。詩人將情感移入外物，使外物人格化、情感化。由外物的生情，更襯托詩人內心恆久的悲。情深而專卻不能廝守，實人生第一悽慘事。元好問〈摸魚兒〉詞：「恨人間，情是何物，直教生死相許。」造物的作弄人，亦往往如是！「只有」二字下得決絕，言人間情感的選擇並無二途。詩人認為人生最可貴者，莫如愛情；人生最可憐者，信是相思。本詞以理性分析作結，情感哀怨而不流於淒厲卑俗，乃王詞一貫的特色。

5.點絳唇

厚地高天，側身頗覺平生左。小齋如舸，自許迴旋可。　　聊復浮生，得此須臾我。乾坤大。霜林獨坐，紅葉紛紛墮。

【評】上片言紅塵混濁，詩人獨善於其中。

首二句「厚地高天，側身頗覺平生左」，言置身於天地之間，人生的理想與現

實總有乖謬的地方。塵世中唯有真正坦蕩的人，才能俯仰天地而無愧色，然而一般人多有不能不屈己以從人者。「側身」，寫形體的難以容身，實質在指心靈的孤獨。此言「頗覺平生左」，表達作者不順心、亦不甘心的苦痛。這種苦痛是註定一生的感覺。「頗」，稍稍；有後悔、猶豫不定的語氣。莽莽紅塵之中，純真的個性與混濁的外界環境始終不能妥協。這種矛盾一直困擾著悲觀的詩人。天地雖大，人生實難見淨土。

三四句「小齋如舸，自許迴旋可」，言自己幸好仍有一間斗小的書齋，讀書自娛。「舸」，小船。船雖小，在漂泊不安的人世中，自有一絕對的空間，可以自在的伸展。「自許」，自以為；中間有一番自我的肯定。「迴旋」，盤桓自得。此與蘇東坡〈定風波〉詞：「一蓑煙雨任平生」的豪情相類。管他外界的風風雨雨，詩人在這小齋中自有一片天地，擁有獨立不外求的真我。這種具有絕對的道德勇氣去追求自我的感覺，與虛偽的塵世標準截然不同。小齋中掌握的片刻自在即是永恆的獲得。人的不幸，生於此虛幻的紅塵；人的幸，仍能保存這自由自得的斗室，聊以獨善其中。一二句寫人生之苦，三四句苦中作樂，是一種自慰，也是一份對人生無奈的感慨。

下片言生命的飄零，詩人頓生悲天憫人之情。

下片首二句「聊復浮生，得此須臾我」，承上片「小齋如舸」的文意，姑且在虛幻的人生中，暫時獲得片刻的自己。獨善是執著，也是無奈。對於無常的人事多一份了解，對自己的特立獨行則多一份信心。就詩人慈悲的個性而言，此「我」之「得」並非真正的得著。人既不能擺脫認知的、情感的小我，自不能擁有絕對的真我。詩人無力普渡眾生，卻不得不在浮生中靜觀眾生沉淪，試問此心如何能安？如何能自在？眾生既苦，詩人自覺心靈的獨善也不過是永恆的苦楚。是以，此二句表面看來超脫，但在語言背後卻大有沉著味。下一「聊」字，表示不願意但姑且為之，足見詩人實難捨紅塵之情。紅塵若盡沉淪，我如何能真箇超脫？太上忘情，然而，情又如何真能忘得了？

末三句「乾坤大。霜林獨坐，紅葉紛紛墮」，最具哲思。其中的「霜林獨坐」為主句，「乾坤大」為襯句，「紅葉紛紛墮」為補充句。句句無我，實質句句寫我。以我觀物，物物皆有生命。物中有我，我物遂混融為一，此藝術作品最高的境界。「乾坤」，指宇宙。詩人由乾坤之大對比獨坐霜林的我之渺小。然宇宙雖大，我雖小，但宇宙因我的存在而存在，「我」的意義和價值因此而無限量呈現，與宇宙足以等量而觀。三句言宇宙中物轉星移，萬物彷彿在寒冷的霜林中默默飄逝，唯獨我一人超然獨坐，靜觀大自然的衰榮。這種靜觀，不需索、不動心，驟看來是達觀的人生態度。然而，詩人於此下一「獨」字，卻予讀者一孤寂、冰冷的感覺，顯

然是傷心人別有懷抱的無奈語言。人世間如仍有可為,何用獨坐於此?正因為乾坤之大,無處容身,「霜林獨坐」一句,倍覺淒涼。反觀詩人一生未嘗超脫而卒以投湖作結,以其熾熱入世的個性對應此等貌似灑脫不關心的詩句,益見詩人內心深處不能忘情之苦。「葉」,代表生機,葉的變紅,已是可憐。此言「紛紛墮」,詩人冷眼生命無情的凋謝,執著與超脫之間,無力取捨,自生無限痛苦。深情的他,又如何能忍心獨坐霜林,靜觀眾生的終結?

此詞情景交融,以哲理作結。情真哲深,句句都是血淚。

6. 蝶戀花

> 連嶺去天知幾尺?嶺上秦關,關上元時闕。誰信京華塵裡客,獨來絕塞看明月? 如此高寒真欲絕。眼底千山,一半溶溶白。小立西風吹素幘,人間幾度生華髮?

【評】上片言詩人遠離塵俗,赴絕塞觀賞月色。

首句「連嶺去天知幾尺」,一開始以問句帶出。連綿的峻嶺究竟距離蒼天有多高?此處由我來發問,嶺與天皆在我的認知之內。眾人皆不識,唯我獨知之。問句中自有豪情。李白〈蜀道難〉:「連峰去天不盈尺」。「嶺」,表示塵世;「天」相對指上蒼,為人類希望所寄。重重的山巒去天看似接近,實質遙遠。雖遠,又常混為一體。此即現實與理想間長存的矛盾。

二三句「嶺上秦關,關上元時闕」,點出景物的恆久不變。「元時」,本作「何年」,手稿本改為定點的「元時」,與秦相對,更顯時間的流逝無情。嶺上的關口是秦時的關口,關上的城闕是元時的城闕,一直屹立至今。詩人以景物依舊,對應現實人生的變幻無常。

四五句「誰信京華塵裡客,獨來絕塞看明月」,又是反問語,中間略帶自嘲的意味。「誰信」,其實是肯定語氣,不需俗世旁人相信與否,事實已是如此。「京華」,指京城,乃名利爭逐的地方。此言詩人不在紅塵中競逐榮華,反而到此絕塞作客,欣賞明月。此二句一卑俗,一清高,形成強烈對比。第五句有三層意思:「看明月」是一層,暗示詩人看破世俗的名利,至此靜觀清景。「來絕塞」是一層,強調詩人脫離紅塵眾生。「獨」又是一層,言忘卻世間情欲,品嚐孤獨的滋味。

下片詩人因景而生無限悲情。

下片首三句「如此高寒真欲絕。眼底千山,一半溶溶白」,承上片寫高山寧靜的景色。「絕」,言絕塞景物舉世無雙。「溶溶白」,指月色高潔。眼底無數山

彎，大半溶入皎潔的月色中。詩人的「白」，是潔白，也是蒼白；於景是高寒清寂，於人則是感慨悲涼。

末二句「小立西風吹素幘，人間幾度生華髮」，詩人由小立片刻而生無限感懷。西風吹拂著詩人潔白的帽巾，人生的飄泊讓詩人又添了多少白髮。所謂「生華髮」，一為自然的蒼老，頭髮隨歲月漸趨斑白；一為人為的打擊，使頭髮頓時變白。人為的打擊復有深淺之別：外在的挫敗，乃一時之悲；內心的抑鬱，此屬永生之悲。詞謂「幾度生華髮」，「幾度」有多次、深層的意義，其失意顯然是永恆的痛苦。一生中壓抑了多少的失意事，頃刻湧上心頭，久久揮之不去。詩人在絕塞中難得的片刻寧靜安詳，復為內心的積忿沖走。紅塵中的惆悵不平，始終未能超脫忘情，這是千古傷心人的煩惱，亦是詩人斑斑白髮的原因。

7.蝶戀花

> 日落千山啼杜宇。送得歸人，不遣居人住？自是精魂先魄去，淒涼病榻無多語。　　往事悠悠容細數。見說他生，又恐他生誤。縱使茲盟終不負，那時能記今生否。

【評】上片極寫送別故人後相思之苦。

首句「日落千山啼杜宇」，擬構出一離人的客觀情景。夕陽西下杜鵑啼，點出時間和聲音的惆悵淒涼。表面寫景，實是寫情。二、三句言送別歸途之人，但卻不讓居人返回住處。言居人仍癡癡的在送別的地方獨自佇候。「送歸人」的主語，既是指詩人的「居人」，也是無情的、不可知的命運。四、五句言「自是」即「自此」。自此以後詩人的魂魄飛散，半隨歸人而去，半留孤苦一人無語。淒苦之情，溢於言表。

下片言離情過後的深情。

事隔經年，詩人擬客觀的整理當年情事。但無比的執著，讓詩人終無法超脫。當年離別時有盟誓定他生之約，但又恐怕他生之約有誤。就算他生不負今生之約，但試問來生能完全牢記今生悠悠的深情否。人間情之為物，可信與不可信，可憑與不堪憑，交錯成一悲苦的網子。幽幽癡情，感動千古傷心人。

三、叔本華與王國維《人間詞》

根據《靜安文集》自序，王國維自言在 1905 年「嗣讀叔本華之書而大好之，自癸卯（1903）之夏以至甲辰（1904）之冬，皆與叔本華之書為伴侶之時代

也。」，其實早在 1904 年 6 月和 10 月他已先後在《教育世界》發表〈跋《叔本華像贊》〉和〈德國哲學大家叔本華傳〉兩篇介紹性的文章，其後又有〈叔本華與尼采〉、〈叔本華之哲學及其教育學說〉、〈書叔本華遺傳說後〉等著述，在其開創性的文學批評名著〈紅樓夢評論〉一文中更整段的引用叔本華《意志及觀念之世界》一書的意見，作為文章的理論基礎。由此可見王國維當時對叔本華哲學、美學的傾倒，有「奉以終身」[7]之意。王國維個性的憂鬱，亦因叔本華的著作得以印證和肯定。叔本華在〈論天〉一文談到天才的內在具備智慧和憂鬱的兩種交錯的特色，最能點出王國維的個性：

> 我想敘述幾點有關天才的個性。亞里士多德曾說過這麼一句話：「在哲學、政治、詩歌或藝術方面超群出眾的人，似乎都是性質憂鬱的」。西塞羅更把這句話濃縮為「所有的天才都是憂鬱的」。歌德也這樣說：「在我遇到幸運，心情愉快的時候，我的詩才的火焰非常微弱，相反的，當我被災禍脅迫時，詩的火焰炎炎燃燒──優美的詩文，像彩虹一樣只在雨後陰暗的地方出現。唯其如此，文學的天才都喜好憂鬱的因素。」以上這幾句話，可以下面的事實來說明。意志本身是專橫霸道的，他絕對強調對於智慧的原始支配權，智慧方面有時感到不耐其煩、不對勁，因此便抽身逃出其支配。離開那些討厭的意志後，智慧為了派遣氣悶，因而走向外界，此時他的精力更為強大，也變得更客觀了。天才所以伴隨憂鬱的原因，就一般來觀察，那是因為智慧之燈愈明亮，愈能看透「生存意志」的原形，那時才了解我們竟是這一副可憐相，而興起悲哀之念。天才所以被認為悲哀的象徵，他們的情形，就像整天都被烏雲所覆的勃朗峰頂。但是偶爾──尤其是在晨光曦微時，烏雲忽然散去，那時，朝曦染紅峰頂，穿越雲際，景色之美，令人心曠神怡。同理，憂鬱的天才，有時也會露出只有他們才能領略的特殊快活，這種快活是由精神最完全的客觀化所產生。所以才說：「悲中有樂，樂中有悲。」[8]

叔本華所謂「由精神最完全的客觀化」，是將一己的情感抒發，推而廣之成為所有人情感的規律。這種情感描述愈深愈真，歸納出來的義理系統也愈廣愈大。王國維在〈人間嗜好之研究〉一文中亦有體會：

> 吾人內界之思想情感，於文學中以無人與我一定之關係故，故能傾倒而出

---

[7] 王國維〈跋《叔本華像贊》〉用語。
[8] 《叔本華文集》鐘鳴等譯本（33）〈論天才〉，頁 461，中國言實出版社，1996 年 12 月。

之。……若夫真正之大詩人,則又以人類之感情為其一己之感情。彼其勢力充實,不可以已,遂不以發表自己之感情為滿足,更進而欲發表人類全體之感情。彼之著作,實為人類全體之喉舌,而讀者於此得聞其悲歡啼笑之聲,遂覺自己之勢力亦為之發揚而不能自已。[9]

這種憂鬱的天才,用智慧的明燈分析人類情感深處的悲涼,觀之於王國維《人間詞》作品的表達手法,可謂如出一轍。這是叔本華的思想直接影響了王國維?抑或是西方叔本華的語言只是印證了遠在東方的王國維這份不世出的悲情?又或者是兩者皆有?我們不得而知。只是我們在閱讀叔本華的文字的時候,在在感覺到《人間詞》情理交融的理論架構的清晰呈現。譬如說:

叔本華寫人生是永恆的苦痛。他說:「不管自然如何安排,不論幸運是否曾降臨你身上,不拘你是王侯將相或販夫走卒,不管你曾確有什麼,痛苦仍是無法避免的。……痛苦是不可避免的。舊的痛苦剛去,新的痛苦便來,陸續遞嬗不已。……一切幸福都是消極的,而非積極的,所以不可能有永遠的滿足或喜悅。我們只是避免這一次的痛苦或缺乏,但接踵而來的不是新的痛苦,便是倦怠——亦即空虛的憧憬和無聊。」[10]相對觀察,王國維詞〈蝶戀花〉(閱盡天涯離別苦)言離情的苦楚:「一縷新歡,舊恨千千縷」。〈鵲橋仙〉(沉沉戍鼓)言漂泊之苦:「人間事事不堪憑,但除卻、無憑二字」,片刻的歡娛,難敵此恨綿綿;不可憑靠的,仍是人間的虛幻。王詞描述人性情感之苦,其深層意識都一一見於叔本華的文字。

叔本華寫智慧執著之苦。他說:「純粹的知識因看透個體化原則而先產生完美的善良傾向,和普遍的對人類的愛,最後他們將世界所有的痛苦視為自己的痛苦。」[11]又說:「綜觀個體的一生,通常它是一個悲劇。永遠無法滿足的慾望、徒勞無功的勞力、被殘酷的命運踐踏的希望、苦惱增值到最後難逃一死的生之迷惑等,這些通常都屬悲劇。……一個人最幸福的時刻,就是當他在酣睡時,而不幸的人最不幸的時刻,就是在他覺醒的瞬間。……智慧愈增,痛苦愈甚。……在這堅固舞台上的演員,他們的痛苦是和感受性同時發現的。感受性發達乃形成智慧,痛苦亦隨之俱增,慾望亦與之共同發展,永無止境地繁衍著。」[12]相對觀察,王國維詞

---

[9] 參周錫山編校《王國維文學美學論文集》,頁45,山嶽文藝出版社,1987年4月。

[10] 參叔本華《愛與生的苦惱》,七〈人的空虛與煩惱〉,頁 103-110。陳曉南譯本,志文出版社,1998年12月。

[11] 參叔本華《意志與表象的世界》第四卷〈意志世界〉,頁 346,劉大悲譯本,志文出版社,1978年10月。

[12] 參同註10,〈人生的空虛與煩惱〉,頁113-130。

〈浣溪紗〉（山寺微茫背夕曛）言命定對執著但無由超越之苦：「偶開天眼覷空塵，可憐身是眼中人」。〈點絳唇〉（厚地高天）言悲天憫人之情：「霜林獨坐，紅葉紛紛墮」。無論是作為「眼中人」抑或是「霜林獨坐」的智者，對人世愈明白了解，愈發感到渺小無力。叔本華的文與王國維的詞，恍如扣連環般的緊緊互為表裡，陳述同一層次內涵的感覺。

　　叔本華寫愛情的煩惱。他說：「性慾和其他慾望的性質截然不同：就動機言，它是最強烈的慾望；就表達的情形言，它的力量最強猛。它是構成人類的本質願望，任何動機都無法與之比擬抗衡。……它是智慧無盡的泉源，也是解答一切暗示的鎖匙。這一切，無非基於性愛。不但年輕人，有時連老人的日常舉動，都為它左右。……戀愛，所以始終成為最豐饒的閒談題材，在於它的根底乃是一件非常嚴肅的事，但這人人都關心的重大事項，為什麼總要避開人家耳目，偷偷摸摸地進行呢？頑固的人甚至要盡量裝出視若無睹的姿態，這也顯示出這個世界是多麼奇妙可笑。」[13]相對觀察，王國維詞〈蝶戀花〉（日落千山啼杜宇）言愛情之癡迷的「見說他生，又恐他生誤」，〈蝶戀花〉（昨夜夢中多少恨）言相思之苦的「蠟淚窗前堆一寸，人間只有相思分」。對於情愛的重要性，叔文和王詞，實有異曲同工之妙。

　　由以上種種句例和價值觀的比較，益見叔本華的文章，應是開啟王國維的詞以至王國維的心靈之一重要鑰匙。

四、結語

　　由王國維的詞掀開出王國維的情感世界，此一非凡的天才作家在年輕的歲月裡擁有著過人的細緻心靈，開創出晚清詞人的新格局。心靈的核心以一苦字作為主要元素，復進而與眾生之苦和古往今來的苦相契合，投射到王國維的詞，多以一己之悲情入題，再擴大而為眾人皆苦的結語。本文嘗試透過王詞的討論，明確點出《人間詞》以眾生皆苦、苦即永恆作為寫作的主線，復對比叔本華的著作，來證明王詞中對於人性悲觀的強調，是深情的個性，也是智慧的透視。此為王詞的特色，也是王詞感動世人而又超越前修的地方。

轉引自《朱歧祥學術文存》，藝文印書館，2012 年 12 月

---

[13]　參《叔本華文集》22，〈生命的理念〉，頁 318-319。

補二　談陳寅恪的詩

朱歧祥

一、前言

　　近代中國，以學究通人而為學界稱道的，除了王國維外，陳寅恪無疑是近人經常提及的一個名字。義寧陳家，三代均有詩文名[1]。至陳寅恪治學，更是博大深邃。無論是語言文字、佛經碑志、年曆學、隋唐政制、唐宋古文、元白詩箋，以至晚年攻治的《再生緣》和錢柳詩箋等，都屬開山的學問，代表著陳寅恪在不同時期的學術業績。然而，陳寅恪終其一生不斷的文類成果，卻是他的詩作。因此，陳詩無疑是較全面呈現他一生心靈所繫的研究材料，特別是他在晚年困頓時期的律詩，成為他最容易舒發內心和精神反擊的最好工具。要了解陳寅恪，有必要對陳的詩作進行微觀的整理。

　　陳寅恪詩清雅通達，情理過人，極具文采風流。特別是晚年詩作，以詩作史、以詩證史，尤為一絕。詩中隱藏的牢騷不斷，憂患不絕，欲露不露，加上古典、今典交錯，構成許多儲存心靈密碼的三度空間，學界公認難讀。本文整理陳詩，是根據《陳寅恪集·詩集》[2]、陳美延編《陳寅恪詩集附唐篔詩存》[3]、蔣天樞《陳寅恪先生編年事輯》[4]、吳學昭《吳宓與陳寅恪》[5]、余英時《陳寅恪晚年詩文釋證》[6]、胡文輝《陳寅恪詩箋釋》（增訂本）上下冊[7]為基本材料。統計陳的詩稿編自宣統二年（1910年）起，迄至1966年4月，共298首。其中主要論政治的132首、論

---

[1]　陳寅恪的祖父陳寶箴、父親陳三立都是晚清有名的詩人。

[2]　《陳寅恪集·詩集》，三聯書店。2001年版。

[3]　陳美延編《陳寅恪詩集附唐篔詩存》，《清華文叢》之二。清華大學出版社。1993年4月。

[4]　蔣著《陳寅恪先生編年事輯》，見《陳寅恪文集附錄》，上海古籍出版社。1981年9月版。

[5]　吳著《吳宓與陳寅恪》，《清華文叢》之一。清華大學出版社。1992年3月。

[6]　余著《陳寅恪晚年詩文釋證》，時報文化出版企業公司。1984年8月。

[7]　胡著《陳寅恪詩箋釋》，廣東人民出版社。2008年6月。

《再生緣》和錢柳因緣的 21 首、夫妻唱和的 21 首、個人眼疾的 12 首。陳詩解讀不易，後人論述多有不同意見。本人對陳詩詩句的看法，基本上都是參考胡文輝的《箋釋》成果。本文選取陳詩中若干關鍵字詞，系聯分析，由說夢、說人間、說白頭、說文化，以至與夫人唐篔相酬唱的作品，略加排比歸納，企圖重建詩人隱藏在內心深處的「詩魂」[8]所指，聊作為個人研讀陳詩的練習而已。

二、陳詩的「夢」

陳寅恪詩中多「夢」字，無疑是解讀陳內心世界的一關鍵用語。人生如夢，說夢亦能排遣人生。陳一生的夢境多變，由其詩作遣字之繁雜可見一般。陳詩所用的「夢」，有：「夢已仙」、「入夢」、「往夢」、「似夢」、「夢破」、「斷夢」、「舊夢」、「夢裡」、「夢覺」、「長安夢」、「魂夢」、「承平夢」、「殘夢」、「歸夢」、「連宵夢」、「尋夢」、「北歸一夢」、「東歸短夢」、「遼西夢」、「夢回」、「猶夢」、「夢休」、「興亡煩惱夢」、「扶餘短夢」、「蟻夢」、「南安夢」、「說夢」、「夢獨多」、「一夢」、「夢中夢」、「夢未成」、「記夢」、「新夢」、「驚夢」、「秋闈夢」、「夢流」、「醉夢」、「閨夢」等等，大多是屬於負面情緒感懷的內容。無論由質或量觀察，陳詩所寄託的夢都是極沉重的記憶。

細審陳寅恪的夢詩，除了純寫虛幻、迷惘的情感外，更具體的特有所指向：

1.夢詩有透過古典、今典影射國事世局的傷感和批判，如：

「金輈武曌時還異，石窟文成夢已仙。」（1929）[9]

按：前句寫的是唐代武則天，諷喻的是清末的慈禧。後句寫的是唐傳奇《遊仙窟》中的張文成，實質上所詠的對象是晚清的文廷式。二句是以唐代的衰落影射清廷的敗亡。

「尋春祇博來遲悔，望海難溫往夢痕。」（1935）

按：二句暗以色紅的海棠花比喻共產黨，指共產主義原是來自海外，進入中國後已異於原貌，轉成為暴力的革命。

---

[8] 陳寅恪在 1947 年春有丁亥春日詩作：「詩魂應悔不多來」句。
[9] 本文為節省篇幅，引用陳詩只附著作年分，不附詩題。詩題可據年分翻檢胡文輝《箋釋》。

「贏得聲名薄倖留，十年夢覺海西頭。」（1945）

按：詩諷國共衝突。此處借用隋煬帝和杜牧詩句[10]，喻指蔣介石因外遇，讓宋美齡遠走美國一事。

「十年一覺長安夢，不識何人是楚囚。」（1945）

按：詩言西安事變時蔣介石成為張學良的階下囚，讓中共因而趁機坐大。但十年後二人成敗顛倒，張卻反淪為蔣的俘虜，歷史因果循環如此。

「夢裡忽忽兩乙年，竟看東海變桑田。」（1945）

按：詩言 1894 年清朝中日甲午戰敗，簽訂《馬關條約》。迄今 1945 年卻見日本始勝今敗，簽訂降約。此用滄海桑田典，東海則兼指日本。

「惆悵念年眠食地，一春殘夢上心頭。」（1947）

按：念年，廿年。眠食地，指清華園。此詩為陳寅恪憂患美蘇霸權入侵，校內師生轉趨附親共的左傾思想而作。

「興亡總入連宵夢，衰廢難勝餞歲觴。」（1948）

按：此時國共內戰，詩為憂患美蘇勢力相繼在中國橫行而作。

「遼西夢恨中宵斷，江左妝誇半面新。」（1949）

按：詩言當日的國民政府僅保有半壁江山。遼西夢，指 1948 年底的遼瀋戰役，中共全面佔領東北。後句用陳在 1946 年撰寫的〈南朝〉詩典[11]，諷指國民政府只餘下長江以南的領土。

「蜂戶蟻封一聚塵，可憐獨夢故都春。」（1949）

按：詩是因中共舉行政治協商會議而作。前句的蜂戶、蟻封，指的是低微群眾，暗諷中共的新政權。後句則直言北平的故都繁盛，已如夢境般不再存在任何盼望。

2.夢詩寄託詩人「遺少」心態，對清室存有感懷追念。如：

---

[10] 參隋煬帝〈泛龍舟〉：「借問揚州在何處，淮南江北海西頭」。杜牧〈遣懷〉：「十年一覺揚州夢，贏得青樓薄倖名」。

[11] 陳寅恪〈南朝〉：「徐妃半面足風流」。詩或承李商隱〈南朝〉詩的：「休誇此地分天下，只得徐妃半面妝」句。

「故國遙山入夢青，江關客感到江亭。」（1932）

按：前句「故國」，顯見陳寅恪是以遺民自況。後句的「江關」指江南，亦是陳的自稱。身處在蔣介石的南方政權，自己仍是飄泊的遊客。

3.夢詩思念家人，兼指內心的困頓。如：

「還家夢破懨懨病，去國魂銷故故遲。」（1939）

按：詩的背景是在對日抗戰、國共亦陷於內戰的時候，而陳正在赴香港等候飛往英倫的途中。

「暫歸匆別意如何，三月昏昏似夢過。」（1939）

按：當時陳本擬自香港赴英，卻因歐戰爆發，被迫滯留而獨身返赴昆明。暫別的對象是夫人唐篔。

「還家魂夢穿雲斷，去國衣裝入海輕。」（1945）

按：此詩為陳自印度赴英治目疾時作。

4.夢詩追憶故人故地。如：

「羿㝅舊遊餘斷夢，雁山佳節又清秋。」（1942）

按：羿㝅，指險地，喻淪陷的香港。斷夢，人生不再，此或指香港友人許地山的逝世。

「香江烽火夢猶新，患難朋友廿五春。」（1965）

按：此詩為憑弔友人冼玉清之作。

5.夢詩對傳統文化的懷念。如：

「招魂楚澤心雖在，續命河汾夢亦休。」（1950）

按：前句指陳有心對傳統文化的招魂，後句言教書之業，無以為計，且亦無真正傳業的弟子。

「共入臨川夢中夢，聞歌一笑似京華。」（1957）

按：此詩因聽贛劇唱牡丹亭有感，陳戲言在大夢人生中傾聽述夢之作。

6.夢詩言理想的太平盛世。如：

「虎歲儻能逃佛劫，羊城猶自夢堯年。」（1962）

按：前句「虎歲」指壬寅年，屬陳的本命年。後句言在「大躍進」運動時，生民饑饉受苦，但仍想像三代盛世會有再來的一日。當然，此或可理解為陳的反語。

「羅浮夢破東坡老，那有梅花作上元。」（1963）

按：羅浮夢，用《龍城錄》的典，喻美好的時光[12]。夢破，指理想的幻滅。此言理想不再，年壽無多。

由以上的歸納，見陳詩的夢境相對繁雜，有屬政事、家園、對清室的留戀、對故人故地的追憶，對傳統文化失落的悲傷和對昇平世的盼望。陳的夢境悲涼各有所指，但慰藉處不多。以詩證人，陳無疑是一個沉鬱悲觀，復具沉重情感包袱之人。

三、陳詩的「人間」

陳寅恪詩作談及「人間」的有多達 28 首。「人間」一詞原習見於陳所心儀的學術前輩王國維的作品。王氏有《人間詞》、《人間詞話》傳世，成為日後詞學、文學批評的經典作品，也是後世了解王國維生平的重要文獻。「人間」一詞，是王與陳心靈貫通的一個重要橋樑。然二人雖同樣重視「人間」，但對「人間」的用法亦稍有出入。王對「人間」無隔，陳對「人間」有隔；王多以詩人熾熱的眼光入世看人間，陳則一直以客觀史家的冷眼分析人間；王重視個人內心的情感哲思來印證人間，陳則強調以史識論述人間政局。這無疑是二人面對人間浩劫時，一以忘身投水殉道，一以堅守殘軀對抗世俗的差異處。

陳詩的「人間」，除了一般泛言俗世社會外，亦特有所指。如：

1.悲觀落寞、遺世獨立的人間世。如：

「人間不會孤遊意，歸去含悽自閉門。」（1927）

按：此詩為陳早年春日獨遊之作。詩有「園林故國春蕪早，景物空山夕照昏」句，見陳獨特的國亡家敗的「遺少」感慨。

「人間盡誤佳期了，更有佳期莫恨遙。」（1949）

按：此詩為七夕而作。七夕本為相聚的佳期，但當下的人間卻因戰亂年年而轉生種

---

[12] 典參見胡文輝《箋釋》下冊 1029 頁。

種悲歡離合。

    2.**充滿危機、憂患的社會**。如：

「欲上高寒問今夕，人間惆悵雪盈頭。」（1950）

按：高寒，指剛取得政權的共產黨。詩言當時的政治肅殺，人人自危。

「任教憂患滿人間，欲隱巢由不買山。」（1962）

按：詩為壬寅夜臥病時作，大陸正進行厚古薄今運動的批判。1961 年陳答吳宓詩已有「留命任教加白眼」句。此時的陳目盲腿斷，已不可能教書授課，而全面批判陳的運動正要展開。

    3.**影射政壇的人間**。如：

「海外長門成短別，人間舊好勝新知。」（1945）

按：詩以七夕為題，但實諷喻蔣介石和宋美齡重歸於好一事。前句用漢長門殿典[13]，指漢武帝失寵的陳皇后，暗諷宋美齡當日因感情問題赴美。後句則言宋此時歸來，與蔣重修舊好，履行政治婚姻。

「犀渠鶴膝人間世，春水桃花夢裏船。」（1966）

按：詩諷喻當日中共的備戰運動。犀渠，犀皮製作的盾甲；鶴膝，長矛。此指人世間不免征戰。後句兼用杜甫、王維詩句[14]，形容世外桃源實無處可尋。

    4.**男女牽念的人間**。如：

「人間從古傷離別，真信人間不自由。」（1938）

按：詩是七夕憶念寄寓九龍的妻子唐篔所作。前句脫自柳永的「多情自古傷離別」，後句則確認人間多情的不自由。此時正值對日抗戰，這種不自由對於陳來說恐怕是難得的幸福吧。

「我今負得盲翁鼓，說盡人間未了情。」（1954）

---

[13] 長門殿，漢陳皇后宮殿。陳皇后乞請司馬相如作〈長門賦〉以獻漢武帝，因此重新得寵幸。
[14] 杜甫〈小寒食舟中作〉：「春水船如天上坐。」王維〈桃源行〉：「春來遍是桃花水，不辨仙源何處尋。」

按：此詩詠陳端生《再生緣》事。「負鼓盲翁」，典出陸游詩[15]，此處屬一語雙關。

「幸有人間佳耦在，杜蘭香去未移時。」（1961）

按：詩贈吳宓。後句借《搜神記》杜蘭香去而復返的典故[16]，喻吳宓重迎原配，復合歸家一事。

歸納以上的「人間」，多描寫國危家散與人恨等眾生悲劇。陳詩的「人間」，與「天上」遙相對，其中除了對親情的人間世仍有留戀追盼外，無論是悲情的、憂患的、亂世政局的人間當下，都盡屬負面的情緒，徒然流於虛幻絕望的境地。

四、陳詩的「白頭」

陳寅恪詩多用「白頭」類字眼來舒發胸中感慨，如：「白頭」、「頭白」、「雪盈頭」、「雪滿顛」、「雪盈顛」、「頭滿雪」、「鶴髮」等，成為陳詩特色之一。

陳的「白頭」詩，除直言自己年老外，有以下諸項特指：

1. 經歷人生疾苦的變化。如：

「讀書久識人生苦，未待崩離早白頭。」（1942）
「欲上高寒問今夕，人間惆悵雪盈頭。」（1950）
「早歲偷窺禁錮編，白頭重讀重悽然。」（1954）
「雲海光銷雪滿顛，重逢臘足倍悽然。」（1963）
「涉世久經刀刺舌，聞歌渾忘雪盈頭。」（1963）

2. 傷別離家，思念之苦的變化。如：

「英倫燈火高樓夜，傷別傷春更白頭。」（1946）
「黃鵠魯連羞有國，白頭摩詰尚餘家。」（1950）

3. 面對政治社會動盪之苦的變化。如：

「千里報書唯一語，白頭愁對柳條新。」（1950）

---

[15] 陸游〈小舟遊近村舍舟步歸〉之四：「斜陽古柳趙家莊，負鼓盲翁正作場。死後是非誰管得，滿村聽說蔡中郎。」

[16] 參見干寶《搜神記・杜蘭香》。

按：柳條新，指的是中共新政權。陳自言對新政權並無幻想。

「園柳愈青頭愈白，此生無分更重遊。」（1954）

按：詩為清華大學遭院系調整，已非舊貌而作。園柳愈青，喻指時人趨新媚世；頭愈白，言自己面對時人醜態之苦。

4.堅持獨立求知和風骨之苦的變化。如：

「法喜辛勤好作家，維摩頭白逐無涯。」（1951）

按：前句指妻子唐篔勤於持家，後句則言自己年老依舊治學不倦，以有涯追逐無涯。

「同酌曹溪我獨羞，江東舊義雪盈頭。」（1951）

按：前句言舉世皆遵從中共官方的意識形態，後句則強調自己到老不改初衷，堅守學術言論的獨立自由。

「青鏡鉛華初未改，白頭哀樂總相干。」（1959）

按：後句言自己晚節未改，初衷不變。

以上諸項「白頭」，其中有面對人生之疾苦、因分離思念的無情之苦、社會動盪不安的生活之苦等，都是由於客觀事務的無常而生，身不由己，屬小我有距離之苦。唯獨因個人內心的執著、文化的堅持而衍生的白頭，是詩人主動有感自豪的展示。這種白頭，是一種無距離無等差之苦，足以呈現人性的偉大光華，最讓人感動。

五、陳詩的文化意識

陳寅恪認為真正讀書人的生命應等同於文化（學術）的載體，而文化的傳承興亡亦賴於此一身。身存則文化在，身亡則文化亦告灰飛煙滅。這種文化擔當的觀念，與「一死從容殉大倫」的王國維是如出一轍。二人一遺老，一遺少，無論治學論世，都能心領契合。陳詩中在在傳達這種傲然的獨特抱負，特別是在王國維的輓詩中寫得最為透徹：

「敢將私誼哭斯人，文化神州喪一身。」
「吾儕所學關天意，并世相知妬道真。」（1927）

這種「文化中國」精神的挑負和傳承，是有心的「志士仁人」理所當然承擔的責任。陳寅恪在〈王觀堂先生輓詞并序〉中，把文化精神與人相互結合的理據，交代十分清楚：

「凡一種文化值衰落之時，為此文化所化之人，必感苦痛，其表現此文化之程量愈宏，則其所受之苦痛亦愈甚；迨既達極深之度，殆非出於自殺無以求一己之心安而義盡也。吾中國文化之定義，具於白虎通三綱六紀之說，其意義為抽象理想最高之境，猶希臘柏拉圖所謂 Idea 者。……其所殉之道，與所成之仁，均為抽象理想之通性，而非具體之一人一事。夫綱紀本理想抽象之物，然不能不有所依託，以為具體表現之用；其所依託以表現者，實為有形之社會制度，而經濟制度尤其最重要者。……近數十年來，自道光之季，迄乎今日，社會經濟之制度，以外族之侵迫，致劇疾之變遷；綱紀之說，無所憑依，不待外來學說之掊擊，而已銷沉淪喪於不知覺之間；雖有人焉，強聒而力持，亦終歸於不可救藥之局。蓋今日之赤縣神州值數千年未有之鉅劫奇變；劫盡變窮，則此文化精神所凝聚之人，安得不與之共命而同盡，此觀堂先生所以不得不死，遂為天下後世所極哀而深惜者也。」（1927）

以上所言，「文化所化之人，必感苦痛」，應亦是陳寅恪自道之詞。

陳寅恪以詩證史，晚年更多用以褒貶時人時政，益見傳統讀書人所散發的「立言」風骨。陳對文化承擔的自負與自信，由若干詩句中亦表露無遺：

「興亡今古鬱孤懷」（1910）

按：陳早年即關注近代歷史的成敗得失，借古鑑今，成就陳內心長期的憂患意識。句中將古今歷史與個人的價值並列，二者屬等量齊觀。

「文化神州喪一身」（1927）

按：1950 年吳宓《祝陳寅恪兄還曆壽（週甲）》亦有「文化神州繫一身」句[17]，以陳一身繫接整個中國文化。

「天賦迂儒自聖狂，讀書不肯為人忙。」（1929）

按：陳以天賦「聖」「狂」自許。聖，比諸孔子之立德、立言；狂，標榜個人的獨立自由精神。後句言讀書是「為己」之學，並不迎合流俗。

17　見吳學昭編《吳宓詩集》416 頁，商務印書館。2004 年。

「欲著辨亡還閣筆，眾生顛倒向誰陳。」（1931）

按：陸機作《辨亡論》，評議東吳的興亡。陳勇於批評當政者，亦欲作當代的《辨亡論》。1938 年陳詩〈藍霞〉：「辨亡欲論何人會，此恨綿綿死未休」，亦是此意。

「讀史早知今日事」（1938）

按：陳深具史識，以古諷今，此益見陳對歷史識見的自負。

「埋名從古是奇才」（1942）

按：此時陳困居於香港，仍以文化奇才自許。

「文章存佚關興廢」（1953）

按：陳對自己的文章有無比自信，猶如當日的「所南心史」、「孫盛陽秋」，對文化興亡有一定的影響。

「文章我自甘淪落，不覓封侯但覓詩」（1953）

按：陳對自己的詩作重視如此，其中具微言詩句的留傳價值，遠勝於問達封侯於當世。

「青史埋名願已如」（1953）

按：此見陳對自我文章的信心。陳於 1955 年春日詩：「乍來湖海逃名客」，意亦相類。

「平生所學供埋骨，晚歲為詩欠砍頭。」（1956）

按：陳以詩論史，晚歲詩作中當有隱語，褒貶古今人物是非，才會有「欠砍頭」一語。

「衰殘敢議千秋事」（1957）

按：詩見陳論贊歷史的無比擔當信念，以史筆自豪。這與 1962 年紀新谷鶯詩：「千秋有命存殘稿」、1964 年感賦詩：「千秋心事廢殘身」、1965 年有感詩：「縱有名山藏史稿」，可相類比。千古歷史，存乎此心。陳的文化承擔，可見於此。

「擬就罪言盈百萬，藏山付託不須辭。」（1964）

按：罪言，與主政者意見相違的言論。此指自己的著作，出版無望。末句引以司馬遷的「藏諸名山，傳諸其人」[18]的精神為依歸。

　　陳對文化傳承一肩挑的使命感，透過他不斷以詩論歷史的興亡、客觀褒貶時人時政的態度，最能落實傳達。以上列舉的許多「光風霽月」的豪情用字，更足以感動歷代的志士仁人。這無疑是陳詩難讀，卻又能一直吸引後學趨附的真正原因。

六、陳寅恪與唐篔的唱和詩

　　陳寅恪詩在學林中號稱難解費思量，其中穿插著許多古典今典，虛虛實實，後人沒有陳的文史素養，不了解陳的時地背景和內心世界，很難明白陳詩文字背後埋藏的深意。然而，陳詩中唯獨有一批與夫人唐篔一唱一和的詩作，卻出奇的平白顯淺，用字信手拈來，極富深情。這批唱和詩足見二人間感情的篤實，四十年如一日，不但是生活的伴侶，更是精神上的相倚支柱和歸宿。特別是陳在晚年失明斷腿，流寓於廣州，其精神上雖仍算堅強獨立，但生活困頓，形同廢人。陳當時仍能從事學術研究，持續內心的文化使命，唐篔的持家照料，居功實匪鮮淺。可以說，當日沒有唐篔，就不可能有陳寅恪，更不可能有陳寅恪的詩文。唐是陳身心的唯一倚靠，唐在某方面意志力的強大，恐怕比陳猶有過之。陳晚年全力研究陳端生、柳如是兩位女性，對二人堅毅精神有無比的肯定推崇，其間無疑是蘊含著大量對身邊夫人情感的投射和感激。陳要在黑暗的世界中，用最後的力氣來歌誦陳端生、柳如生，其實何嘗不是在歌誦著自己生命的伴侶唐篔？

　　陳、唐的酬答相互唱和詩句，是在亂世中二人心靈融合、相互取暖的重要活動。這批特別的詩作，保留了一些關鍵用字，是陳感性偏好而不經意間使用的。如：

1.梅

　　陳唐夫妻唱和，好以梅花為題，梅可視為二人堅貞愛情的所化。早在二人結褵時，洞房壁間即懸掛畫家曾熙所繪贈的紅梅圖，該畫一直保存數十年，可見二人對此圖的珍貴。陳詩中所提的梅，多暗指唐氏：

「燒餘紅燭嶺梅邊」（1953）
「花枝含笑畫猶存」（1954）

---

[18] 參見司馬遷〈報任安書〉。

「老梅根傍倚窗栽」（1955）

「幸得梅花同一笑」（1956）

這株能發笑的梅花，為悲觀自閉的詩人開解了多少個煩惱的日子。

2.鍾陵寫韻

陳寅恪的著作，率多經唐篔手抄定稿。特別是晚年詩作，陳視文字如生命，加上作品多有隱語，故絕不輕易示人。因此，其詩文稿的保存，更是完全由唐篔負責執筆編寫，再用毛筆謄正。陳詩中有「鍾陵寫韻」一詞，表面是敘述在唐代時仙女吳彩鸞與書生文簫相遇於鍾陵郡，相愛而結為夫婦，因家貧，吳以抄寫《唐韻》出售為生，其後二人乘虎仙去的故事[19]。陳即以此既溫馨又親密的典故喻夫人唐篔：

「即是鍾陵寫韻仙」（1951）

「鍾陵總道神仙侶」（1955）

「驚見神仙寫韻人」（1955）

「烏絲寫韻能偕老」（1958）

3.妝

陳與妻的唱和詩，多見用「妝」一類字來戲語夫人的狀態，如「妝成」、「時妝」、「殘妝」、「新妝」、「妝台」、「紅妝」、「玉鏡台」等是。例：

「妝成時世鏡台前」（1951）

「畫眉應問入時妝」（1952）

「珍重殘妝伴醉眠」（1953）

「新妝幾換孤山面」（1954）

「妝臺須看海揚塵」（1955）

「疏竹光搖玉鏡臺」（1955）

「一笑妝成伴白頭」（1955）

「新妝病起渾忘倦」（1962）

「紅妝縱換孤山面」（1966）

妝字句語意溫馨閒暇，見陳居家幸得平和之樂，在亂世中愈發珍貴異常。

4.笑

陳晚年流離困頓，經歷對日抗戰、國共內戰、文革批鬥等種種變動，加上眼盲

---

[19] 故事見唐代裴鉶《傳奇·文簫》。

腿斷，一再承受著文化、心靈和身體的鉅劫，幾無歡樂可言。唯獨與夫人酬唱詩句中，心靈始得暫時釋懷，且見用一「笑」字來記錄夫人主動散發的柔情，如花解語，安撫著陳生活中的無數苦寂。如：

「一笑風光似昔年」（1951）

「花枝含笑畫猶存」（1954）

「一笑妝成伴白頭」（1955）

「幸得梅花同一笑」（1956）

「雙燭高燒花欲笑」（1966）

5.成雙的用字

唱和詩中，陳有意的用兩兩對句的方式來敘述自己和夫人，在形式上構成一浪漫的組合。如：

「法喜辛勤好作家，維摩頭白逐無涯」（1951）
　　（唐）　　　　（陳）

「新妝幾換孤山面，淺筆終留倩女魂」（1954）
　　（唐）　　　　（陳）

「乍來湖海逃名客，驚見神仙寫韻人」（1955）
　　（陳）　　　　（唐）

「脂墨已鈔詩作史」（1955）
　（唐）　（陳）

「一笑妝成伴白頭」（1955）
　（唐）　（陳）

「新妝病起渾忘倦，滄海人來稍恨遲」（1962）
　　（唐）　　　　（陳）

而在詩句的字裡行間，又多穿插「對」、「相」、「共」、「齊」、「兼」、「伴」、「偕」、「並」、「同」、「雙」、「與」等成雙成對的偶語，益見二人的閒居生活，形影不離，相愛復相憐如此。陳在情感上的滿足，透過這些細微的用字表露無遺。例：

「燈前對坐讀書樓」（1951）

「相逐南飛繞一枝」（1951）

「照面共驚三世改」（1951）

「齊眉微惜十年遲」（1951）

「兼味盤飧共舉觴」（1952）

「珍重殘妝伴醉眠」（1953）
「偕老渾忘歲月奔」（1954）
「紅燭高燒人並照」（1954）
「他生同認舊巢痕」（1954）
「待得明月雙弄影」（1955）
「同夢忽忽廿八秋」（1955）
「嘉耦相逢莫恨遲」（1965）
「並坐窗前望銀漢，與君今夕話當時」（1965）

陳為唐所寫下的詩句，極盡直白深情。其中以「紅梅圖」為題，更是一再吟誦，其中詩句如：

「珍重玳梁香雪影，他生同認舊巢痕」（1954）
「珍重玳梁尋海影，他生重認舊巢痕」（1966）

他生之約，誓言再三，讓有情人無不動容。二人畢生相守相持終老，垂垂四十載，平靜中益見真淳。陳為唐留下最後的文字是約在 1967 年的一副對聯〈輓曉瑩〉：

「涕泣對牛衣，卅載都成腸斷史。
　廢殘難豹隱，九泉稍待眼枯人。」

此聯也應是陳的絕筆之作，真是字字血淚，見陳對唐的無限不捨，聽者無不感傷。當時應在文革抄家之後，唐仍未卒，但陳、唐的身心都已遭到大規模批鬥摧殘，無法繼續承受，故陳才有預寫輓聯的不祥之作。最後，陳終於在紅衛兵連串粗暴批判，心力衰竭，卒於 1969 年 10 月。唐亦隨而在一月後即因腦出血不治，相繼共赴黃泉。

陳唐這段終生相伴相扶持的堅貞愛情，比起同時期胡適和曹誠英默默阻隔兩岸一輩子的相思[20]、顧頡剛和譚慕愚單相思的「隔巷即天涯」[21]，明顯是幸福太多了。

20　參拙稿〈談胡適為曹珮聲寫的一些白話詩〉。
21　參拙稿〈以詩證史——談顧頡剛與譚慕愚詩〉。

七、結語

　　所謂「學者」，不是只會撰寫一些高深莫測的文章，讓一般人愈讀愈困惑的專業人仕，而應該是將糾結的學術問題，用淺易的文字幫世人解釋清楚的人。本文亦盼以簡單的歸納方法，排比分析陳寅恪詩的詩眼，讓陳詩所隱藏的微言得以解究，所寓託的內心世界因而昭告世人。

　　陳寅恪刻意以史筆寫詩，特別是對近代世局眾生的關懷，筆削於詩文之間。本文透過陳對夢、對人間、對白頭、對文化中國等特指詩句，多角度的品味陳由詩而史而文化承擔的坦蕩胸懷，點出作為一個讀書人應然的方向。本文更由陳和夫人唱和的詩句分析，掀開冷靜的史家心靈所蘊藏的熾熱情感和對人性信念的無比盼望。陳寅恪詩文的價值，不只是在史家使命的寓託傳承，更在於對純真情感的固執堅守，足以感動千古。

　　（轉引自朱歧祥《亦古亦今之學──古文字與近代學術論稿》，萬卷樓圖書公司，2017 年 12 月）

補三　談徐復觀先生的二度飄零

朱歧祥

一

　　近代中國知識分子，承受著抗日和內亂等長期國族文化趨於崩壞滅亡的衝擊，無論在形軀我抑或精神我都陷入艱難的飄蕩考驗。國共內戰，更迫使讀書人持續流散，甚至離開文化母體，飄零在外。錢穆、唐君毅在香港創立新亞書院，徐復觀、牟宗三寄身於臺灣的大學，無疑是近代文化人才花果飄零而心有所傳繫的代表。這些先生無奈的被迫離開大陸，接著過的是無數日子的心靈歷劫，面對著政治、社會、文化種種不滿現狀的批判，讓他們重新檢討堅守中國傳統文化的重要意義。彼等明白文化理想既不能落實於當下，文化責任勢必轉而為著書立說，批評時政；傳諸其人，開宗立派，以祈維繫天地元氣與文化命脈之不墜。遊走於學術與政治之間，遂成為他們有志一同的目標。

　　徐復觀先生，湖北浠水縣人。1904 年 2 月生。徐先生 8 歲啟蒙，就學於浠水縣立高級小學、湖北武昌第一師範學校、湖北省立國學館。1926 年（22 歲）參加國民革命第七軍，1928 年赴日本士官學校步兵科學習。1931 年九一八事變返國，歷任廣西警衛團、南京上新保衛團、浙江省政府參謀、湖北省保安處團長。抗日期間，曾參與娘子關戰役、武漢保衛戰等戰事。1943 年以連絡參謀名義派駐延安，得蔣中正的賞識，調任侍從室第六組副秘書長。1946 年復員南京，以陸軍少將退役。1949 年（46 歲）遷臺定居[1]。徐先生長達 20 多年的軍旅生涯，為戰士、為鬥士，過著飄泊無定的戎馬半生。及至大陸赤化，徐赴臺後旋即退出政壇[2]，決心改

---

[1] 徐復觀的生平，參黎漢基、李明輝編《徐復觀雜文及補編》（簡稱《補編》）第一冊〈思想文化卷〉上〈前言〉。中研院文哲所籌備處《中國文哲專刊》21。2001 年。

[2] 鄭學稼〈「徐復觀雜文」讀感〉：「（徐復觀）回憶：到臺灣時，因有人報告他與桂系勾結，當局對他『頗冷淡』。等看到他的〈李宗仁是第三勢力嗎？〉才找他幫辦革命實踐研究院，他沒有接受。後來又給他『組織性的任務，拖了三、四個月，也完全擺脫了。』他自做這結論：『「少日迢迢思遠道，老來兀兀守遺經。」一生便在如夢幻中渡過。』……徐先生離開現實政治後，努力研究和闡揚中國文化的偉大性。」文見《徐復

以學術為其安身立命之所[3]。當日剛創校的臺中東海大學[4]，無疑是徐在漫長身心飄蕩後冀求停泊的希望所寄。儘管徐先生「由於起步較遲，且無正式的大學學位，徐先生在治學之始，並沒有少受勢利者的冷眼及毫無理由的侮蔑。……憋著一口氣，徐先生一頭扎進中國和西方的經典中。臺中大度山的圓月，東海教員宿舍中整夜不滅的孤燈，伴隨著徐先生渡過了無數個不眠的讀書和著述的暗夜。」[5]於此，可想見當年徐在東海所投注的感情，和徐啟航於學術道途中與東海的緊密關係。

有關徐復觀的治學經歷和學術成果，可詳參其高徒翟志成、馮耀明等的撰文[6]。本文只擬重新理清徐先生託身於東海期間所面對的困頓和無奈再度飄泊的經過，藉此提供後人體會前輩學者在複雜的城市叢林中堅守文化理想的個案。

二

徐復觀先生赴臺之後，在 1952 年先擔任臺中省立農學院兼任教授，1955 年申請東海大學教席[7]，直至 1956 年始正式獲聘東海大學中文系的專任教授。這是經由當年在臺灣大學文學院的沈剛伯院長向東海首任校長曾約農推薦的結果。遺憾的是當時的教育部部長張其昀隨即主動致電關切這次的聘任案，並發函企圖阻撓徐進入東海校園。可幸曾約農校長用人唯才，承擔了外界非學術性的壓力，接受了徐復觀先生。徐並在隔年（1957）吳德耀代理校長時兼任中文系主任乙職。一直到這個階段的徐才有較安穩的生活條件，可以開展其學術理想。

徐武軍〈感恩與懷念〉：

> 先父至東海大學任教，是鄉前輩沈剛伯先生向曾約農校長所推薦的。當時的教育界大老曾口頭和書面向曾校長表示不悅，而曾校長不為所動。曾校長僅

觀雜文續集》附錄二，頁 393。時報文化出版企業公司，1981 年 5 月。

[3] 1944 年，徐復觀師從熊十力於勉仁書院，接受熊「欲救中國，必須先救學術」的思想，此時的徐復觀已有去政從學，潛心於中國文化典籍的打算。

[4] 東海大學於 1953 年成立建校籌備處，選定臺中市大度山為校地。1955 年 7 月始單獨招收第一屆新生。

[5] 參翟志成、馮耀明校注《徐復觀最後日記》翟志成代序，頁 3。允晨叢刊。1987 年 1 月。

[6] 翟志成〈無慚尺布裹頭歸——《徐復觀最後日記》代序〉；馮耀明〈憂患意識與儒家精神之再生——《徐復觀最後日記》序二〉。

[7] 參《補編》第二冊〈思想文化卷〉下，頁 385〈私立東海大學教職員待聘登記表〉。

任東海大學校長兩年,其高風亮節至今仍為人所景仰。[8]

徐復觀〈反共與反漢奸〉:

> 我對張其昀先生,不作學術上的批評。他當教育部長時,曾以電話要東海大學解我的聘,我從來不把此事放在心上。[9]

徐自1956年(53歲)在東海任教前後長達十三載,一直到1969年6月(65歲)被東海校方強迫退休離職為止。對比徐出版的專書繫年,徐一生主要的學術論著,就在這個時期問世[10]:

1956.4　《詩的原理(譯)》,臺中:中央書局。
1956.10　《學術與政治之間甲集》,臺中:中央書局。
1957.11　《學術與政治之間乙集》,臺中:中央書局。
1959.12　《中國思想史論集》,臺中:中央書局。
1963.4　《中國人性論史先秦篇》,臺中:中央書局。
1966.2　《中國藝術精神》,臺中:中央書局。
1966.3　《中國文學論集》,香港:民主評論社。
1966.12　《公孫龍子講疏》,臺北:學生書局。
1968　《石濤之一研究》,臺北:學生書局。

1970年,徐移居香港,兼任新亞書院教授。1969年～1972年初,徐正處於二度飄蕩的階段,不穩定的生計嚴重的影響其文稿撰寫。

1972.3　《兩漢思想史》卷一,香港:新亞研究所。
1972.6　《兩漢思想史》卷二,臺北:學生書局。
1979.9　《兩漢思想史》卷三,臺北:學生書局。
1980.5　《周官成立之時代及其思想性格》,臺北:學生書局。
1981.10　《中國文學論集續編》,臺北:學生書局。
1982.3　《中國思想史論集續編》,臺北:時報文化。
1982.5　《中國經學史的基礎》,臺北:學生書局。

1982年4月徐病逝,享年80歲。1972年～1982年的整整十載,徐陷入另一憂患時期,但憑著內心對學術與文化責任的堅持,總算完成關鍵的思想史工作。

---

[8] 參《徐復觀雜文補編》第一冊〈思想文化卷〉上,頁4,徐武軍2000年11月文。
[9] 參《徐復觀雜文補編》第一冊〈思想文化卷〉下,頁345。
[10] 參黎漢基〈徐復觀先生出版著作繫年表〉,《補編》第六冊〈兩岸三地卷〉(下),頁471。

在 1956 年～1968 年東海任教期間，徐連續出版學術專書多達九種，其享譽學界的核心思想：憂患意識和藝術精神等觀念，都是在這一時期完成，可知這段東海安身的歲月對於徐先生的重要意義。徐在東海全力開展寫書和教學的工作，其他的時間，基本上是接受了這間新開創的基督教大學的辦學方針，並嘗試以堂正立命的傳統精神，熱心協助東海成為一所融合中西方文化特色的大學。

徐復觀〈教會大學在中國的偉大貢獻〉[11]：

> 在中國的教會大學，愛中國，愛教會，愛中國國際上的朋友，自然而然地是和諧一致，中間沒有絲毫矛盾。這是中國教會大學的光榮傳統。我在上述中國教會大學的光榮傳統啟示之下，加入到東海大學。

徐復觀〈敬謝胡秋原兄〉[12]：

> 弟以一堂堂正正地中國人進入東海大學，以做一堂堂正正地中國人勉勵弟之學生；十四年間，未曾受到任何污染，並因始終係一堂堂正正地中國人而離開。

細讀主要由徐負責填詞的東海大學校歌，亦可透視其坦蕩高尚的人格本質：

> 美哉吾校，東海之東，挹重溟之巨浪，培萬里之長風。求仁與歸主，神聖本同功，勞心更勞力，專業復宏通。精麤與內外，東西此相逢。
> 美哉吾校，美哉吾校，永生之光被四表。立心立命，立人極於無窮。

其中的「求仁與歸主，神聖本同功」一句，足見徐先生廣被的胸懷。他將儒家的實踐精神[13]和西方的宗教情操等量齊觀，是知當日先生對這所教會大學由衷的認同和深切的祈許。而末句謂「立心立命，立人極於無窮」，語出宋儒張載的「為天地立心，為生民立命」，復暗承梁啟超的詩句：「世界無窮願無極，海天遼闊立多

---

[11] 參徐復觀 1969.3.15 在東海向董事與吳德耀校長的發言，又見《補編》第二冊〈思想文化卷〉（下），頁 417。

[12] 文見《補編》第二冊〈思想文化卷〉（下），頁 439。

[13] 徐復觀《中國人性論史》第四章〈孔子在中國文化史上的地位及其性與天道〉頁 91 談孔子的仁：「它只是一個人的自覺地精神狀態。……一方面是對自己人格的建立及知識的追求，發出無限地要求。另一方面，是對他人毫無條件地感到有應盡的無限地責任。再簡單說一句，仁的自覺地精神狀態，即是要求成己而同時即是成物的精神狀態。此種精神狀態，是一個人努力於學的動機，努力於學的方向，努力於學的目的。」這些語言，也成為徐先生律己律人的軌則。

時」¹⁴，這自然是徐先生信奉一生的傳統讀書人的核心價值觀¹⁵，也是徐先生對這所大學的誠懇祝願。徐與學校在這一刻是多麼的「和諧一致」。

徐先生以校為家，誠心盡責的提升東海的學術和教育水平，為東海人文精神種下極優良的名聲。今日回顧，徐先生對東海、對臺灣學術的奉獻，已足不朽於世，這是無庸置疑的。但亦由於他這種對民族、文化「立命」的頑強堅持，「不知變通」，加上他個人不講人情、不顧利害的批判習性，不久也帶來他生活上和精神上無比的煩惱。

徐復觀〈正告造謠誣衊之徒！〉¹⁶：

> 十多年來，因爭自由民主而得罪了多少老朋友，精神上受到多少干擾！因爭文化的是非，因為了保存中國文化的命脈，又得罪了多少胡適之先生的門下，引起多少年輕性急的人的誤解！我深深知道，這種態度，會使我完全陷於孤立；但我的良知良識，必使我如此作。我的工作，是要在中國文化中為民主自由開路；在自由民主中，注入中國文化中的良心理性，使其能在中國生根。

當代儒學，以錢穆、唐君毅、牟宗三、徐復觀四位先生最為學界推崇，前二人開創香港的新亞精神，以溫情肯定中國文化的光明面；後二人遷臺延續儒學，具批判的內證中國文化的價值。其中牟宗三用力於個人哲學系統的建構，而徐復觀則重視由史的觀念來看思辯問題和文化的現代詮釋¹⁷。徐一生致力維護中國文化，最為入世，在學理的批判性也最明顯¹⁸。這種無私求真的批判，對於徐在治學道途上成為

---

14 梁啟超語見徐復觀為《人生》雜誌創刊三周年所寫的親筆題詞，載《人生》第 7 卷第 1 期。1954 年 1 月 1 日。

15 徐復觀〈為生民立命〉一文，對「命」有很好的詮釋：「張橫渠講的這句話，主要是從教化上說明讀書人對社會所應負的責任。此處的所謂命，指的是人之所以異於禽獸的『具萬理而無不善』的人性。此性不受外在的、後起的東西的規定，而係與有生以俱來，所以稱之為『命』。生民皆有此命，所以皆是完滿具足，皆可以作頂天立地的人。」文見徐著《學術與政治之間》乙集，頁 228。南山書局印行，1976 年 3 月港版。

16 文見《補編》第二冊〈思想文化卷〉（下），頁 173。

17 參林鎮國、廖仁義、高大鵬聯合採訪〈擎起這把香火──當代思想的俯視〉，文見《徐復觀雜文續集》附錄二，頁 410。

18 龔鵬程〈我看新儒家面對的處境與批評〉：「新儒家人物及學說，通常都可能涵有兩種彷彿相反的氣質：由於他們要抗爭、要批判，故不免骨髓使氣，具有英雄豪霸的味道。加上了他們的悲情，類似宗教。但是，在慨當以慷的同時，新儒家似乎仍自甘於時代正

理想當然的一種責任、一種道德。可是，當這種批判由純學理對古人言行的評論，一旦下延到涉及近人的人事準則時，就構成了許多複雜的人性考驗和情理糾結。

翟志成《徐復觀最後日記》代序[19]：

> 徐先生在戎馬戰陣中，是勇敢的戰士，由沙場轉移到捍衛中國文化的新陣線，徐先生仍不失其戰士的本色。在他的眼中，容不下半點虛偽和邪惡。他絕少人情的牽扯和利害的計較，義之所在，即使明知是刀山，是陷阱，是龍潭虎穴，他也要去碰，也要去闖。……儒家的批判和抗議精神，也在徐先生的文章中，得以伸張到前所未有的高度和廣度。

徐先生的好惡性太強、太明顯，特別是站在民族大義、人間不平和宏揚文化方面，絕斷的完全沒有任何討價還價的空間。他耿直的批判文字也太絕裂、太強調對錯，因而在許多行政事務上、人情上就不容易圓融處理。

徐復觀《中國人性論史》序[20]：

> 我之所以不怕時代，說出這些使人厭惡的話，是痛切感到由於我們知識分子之不曾盡到起碼地責任而來的民族命運之可悲。……以我在今日的環境、地位，難說除了希望在學術上為民族留一線生機的真誠願望以外，還能有其他的個人企圖？而這類的真話說得越多，越會使我陷於孤立。

徐復觀《牟宗三的思想問題》[21]：

> 這些年來，「組織專家」藏在暗處做孤立我的部署，無微不至，我知道得一清二楚，但我從來不以為意；因為正如汪中所說「學成而後孤」，屬節好學的人，從來不怕孤立。……因為不怕孤立，所以當今之世，俺是一個最穩定的人。我反共產黨、反漢奸、反文化上的詐欺盜竊。政治上主張民主主義，主張民族主義，提倡民主社會主義，這是三民主義的另一表達形式。學術上主張復興中國文化，主張融通中西，主張以文化導引政治。凡此都是二十多年來，不唯出之於口，而且筆之於書的「八風吹不動」的態度。

統主流之外的地位，往往只扮演著一個消極抗議者的角色、維持在野者的身分、保持不妥協的姿式，狷介自喜，山林氣極重。」參龔撰《近代思想史散論》，頁 213。東大圖書公司，1991 年 11 月。

[19] 參翟志成、馮耀明校注《徐復觀最後日記》的翟志成代序，頁 7。
[20] 見徐著《中國人性論史》序，頁 8。
[21] 參見《補編》第二冊〈思想文化卷〉（下），頁 402。

民族和文化,明顯是徐先生以生命捍衛的兩條紅線,是沒有商量餘地的。徐當日行文,直接主動點名批評的,如學界名人胡適、李濟、傅斯年、毛子水、殷海光、許倬雲、潘重規、屈萬里、李敖、張其昀、李辰冬,甚至其業師熊十力等[22],無疑是沿自一份單純的責善求真和對文化的憂患責任,但在黨同伐異的年代,這些犯顏的文字自然都被認為是毫不留情面的羞辱和得罪。他面對兩岸專制的政權和文化機關,更是嚴厲的提出許多諫諍和抗議。因此,他在校外的孤立獨行,沒有真正的朋友,無疑是必然的。同樣的,他以這種剛毅正直的個性,用來面對東海校內的同事,也往往變成一種嚴苛的標準要求,似乎也構成一些同事的無形壓力,而敬而遠之。梁容若事件的發生,由始自終未見所謂「東海友朋」的公開援手,錚錚鐵骨的徐在這一刻應該能夠體察到世俗悲涼的真正感覺。

三

徐復觀年青時自願從軍,為國家為民族品味了平生第一度的動盪飄零,應該是無怨無悔的。遷臺後以東海為其學術發展的基地,成為一代儒宗,其後卻被迫踏上二度飄零的路途。這恐怕是徐先生始料不及的遭遇。正如徐武軍說:「先父以垂暮之年離開東海大學到香港,是有其背景。」[23]要了解徐先生當年沉痛心情的背景,首先要交代東海梁容若事件。

梁容若先生,1904 年 7 月生(與徐同年生),曾參加國民黨革命軍,擔任黨職。梁是在 1958 年 8 月由徐建議校方聘請開授中文系「中國文學史」的教授,1961 年且代徐兼主任一職。徐、梁二人出身背景有相類似的地方,剛開始往來密切,一直至 1962 年二人甚至同在校內仍有正常的書信往返[24]。二人的衝突,一般認為有兩個起因。遠因是所謂「漢奸」的爭議。相關事由是早在 1937 年秋至 1938 年 11 月 30 日,日本國際文化振興會籌辦徵文,從徵集文稿中挑選出 39 篇文章,結集成《日本文化的特質》一書,該書交由《日本評論》出版。其中收有梁容若遠自北京投稿的〈日本文化與支那文化〉一文,並獲發獎金三千元(一說三萬元)。徐得悉此文是撰寫於 1938 年冬日本剛進行南京大屠殺之後,且文中居然指「日本

---

[22] 徐先生批評時人和政權的文字,散見《學術與政治之間》、《補編》、《中國人性論史》、《兩漢思想史》等專書和大量報刊雜文;不盡引。

[23] 參徐武軍〈感恩與懷念〉一文,《補編》第一冊,頁4。

[24] 參《補編》第二冊〈思想文化卷〉(下),頁172。

的大屠殺行動是由於龔德柏們宣傳反日的應有結果」[25]，徐怒斥此屬「公開以文字賣國求利」[26]的行為，於是直冠以梁某「文化漢奸」之名。二人的嫌隙由此而表面化。至於徐是何時得知此文此事？尋查徐的雜文，推測早在 1964 年 6 月徐撰〈反漢奸為當務之急〉一文[27]，文中提及「漢奸問題實今日之最嚴重問題，弟擬寫一長文申論」時，恐怕對梁的獲獎徵文一事已經悉曉[28]。其後徐在 1965 年反訴李敖誣告的答辯文，懷疑梁某私下為李敖作錄音工作[29]，此時徐梁二人已應交惡。但徐似乎仍礙於情面，遲遲未正式公開此事，與梁決絕，且對梁有一定的忍讓[30]。一直到 1967 年底因不滿梁獲得中山學術獎金，才一併將所謂「文化漢奸」事件掀開。兩人衝突的近因，是梁容若在 1967 年獲得中山學術文化基金會文藝創作獎一事。梁得獎著作為《文學十家傳》，徐據梁向人稱述此次獲獎係會中預定，復以梁實無任何文藝創作或學術新成就，其代表作更被徐認為是「無個性，無思想，無生命力，無對的文學觀點」[31]之作品，遂主動刊登啟事要求以毛子水為首的中山學術獎金委員會公開答覆說明。而東海吳德耀校長和顧姓院長因屬梁在校方的推薦人，亦因而牽入被迫表態[32]。此事的爭執由校外一直燃燒回校內，梁在《臺灣日報》、《文壇》91 期刊登並在校內散發公開信，且於課堂上責罵徐，遂構成二人在校內連續的衝突[33]。

　　以上兩點，是徐復觀所謂的「民族大防」和「學術真偽」[34]之爭。事實上，二人的積怨尚有一條直接導火線是旁人所忽略的。在 1965 年 11 月梁的兒子梁一成以

---

[25] 見 1967 年 12 月徐著〈致胡秋原先生書並代答梁某的公開信〉，《補編》第二冊，頁 360。

[26] 見 1967 年 12 月徐著〈反共與漢奸〉一文，《補編》第二冊，頁 345。

[27] 文載《中華雜誌》第二卷第 7 期給胡秋原信。參《補編》第二冊，頁 264。

[28] 據先後訪查徐的兩位學生，得悉梁徵文一事是系中同事方某告知徐。方某與梁當日都在北京《國語日報》共事，此訊息有一定的可靠性。

[29] 互參徐撰〈對李敖控告誹謗向臺中地方法院所提答辯書〉和〈以事實破謊言〉二文。文見《補編》第二冊，頁 278，頁 381。

[30] 徐在〈反共與反漢奸〉一文，曾謂在梁接系主任後，「依然不斷地找我的麻煩。我再三懇切告訴他：『我已經老了，只希望在你這棵大樹下面遮一下陰，讓我能在東海大學全始全終。』有兩次沒有辦法，我只得告訴他，最好大家此後不要來往。」，文見《補編》第二冊，頁 349。足見在這一階段，徐仍希望與梁維持一表面的和諧。

[31] 語見徐撰〈反共與漢奸〉一文。參《補編》第二冊，頁 354。

[32] 參徐撰〈教會大學在中國的偉大貢獻〉，《補編》第二冊（下），頁 413。

[33] 參徐撰〈致胡秋原先生書並代答梁某的公開信〉，《補編》第二冊，頁 356。

[34] 參徐文〈以事實破謊言——致《文壇》書〉，《補編》第二冊，頁 367。

黑函辱罵系上老師江某、方某，這使經常接到辱罵的匿名信的徐大為憤慨[35]，徐有一定程度介入學校清查此事，並請託鑑定筆跡，最後「學校當局把梁的孩子記了兩次大過、兩次小過」，梁的夫人帶著兒子登門道歉，如此匿名案鬧劇才告中止，而校方亦接受徐的建議停止了梁的主任一職[36]。東海人素喜以家庭聚會作為鞏固學校同仁之間情誼的一種互動方式，此事無疑是將二人在校內僅有的家庭表面情誼也切除殆盡的關鍵點，稍後才全面引爆出1967年二人連串的筆戰和互道惡言。

然而，手持著民族大義和學術桂冠的徐復觀，很顯然是錯估了臺灣教育界辦公的標準。東海校方無疑是以息事寧人的態度來處理這種無論對錯卻都有損校譽的事例。首先是吳德耀校長出面，勸說雙方不要再在課堂或撰文談論日本徵文一事，同時，吳「明白地不承認有所謂漢奸問題」，「並在事實上，常站在漢奸的一邊」[37]。1968年12月，梁印刷了兩本小冊子，持續造謠攻擊徐是「狹義民族主義者」，徐要求校方召開臨時校務會議或座談會，以求相互對質，但卻遭吳校長阻撓和拒絕[38]。徐在此時對校方、對吳校長，甚至對創校的聯合董事會的態度肯定大有微詞，甚至有所誤解。

徐復觀在〈是美國的中國通恢復正常體溫的時候〉[39]一文，率直大膽的說：

> 我在東海大學教書，發現有些美國人假宗教之名，辦一個以分裂中華民族為目的的學校。我在一次校務會議席上，義正詞嚴地打了這一邪惡陰謀的代理人一棒子。

他對於聯董會在臺辦學的立場亦提出嚴肅的抗議[40]。文化的狂狷者，顯然不易

---

[35] 參見徐撰〈反共與漢奸〉，《補編》第二冊，頁352。

[36] 參徐撰〈反共與漢奸〉，《補編》第二冊，頁351。我曾就此匿名信事查問當時的中文系助教薛某。薛告知認得匿名函的字跡，其實是出自梁容若本人之手。梁有一很明顯的回筆書寫習慣，熟人一看便知。

[37] 參見徐撰〈反共與漢奸〉和〈敬謝胡秋原兄〉二文，《補編》第二冊，頁414、頁438。

[38] 參見徐撰〈反共與漢奸〉，《補編》第二冊，頁414。

[39] 文見《補編》第六冊〈兩岸三地卷〉（下），頁334。另見〈太平山上的漫步漫想〉：「因為我反漢奸、反欺詐，一種組織力量與洋奴勾結，把我在臺灣的飯碗打掉了。」，同書頁401。

[40] 文參1969年3月，徐著〈教會大學在中國的偉大貢獻〉：「我曾在校務會議上嚴肅地提出了抗議。第一點，報告中說大陸人和本省人是屬於兩個不同的民族，是屬於兩個不同的文化；這完全是政治性地挑撥，我要抗議！第二點，報告中要求教中國文化的人，

為世俗所容,他的道德勇氣,讓他很快的切入問題的核心,但亦由於他接近宗教情懷的霸氣性格,讓他得罪更多與事件不相干的人,使單純的事件變得複雜。校方似乎已定調徐是麻煩的製造者,至於聯董會當日有否介入此事,值得進一步觀察[41]。此時的徐復觀在校內不但是四面樹敵,幾無援手,且由純屬徐、梁二人的意見對立,模糊的轉進為徐與東海校方的爭執。這是由於徐過分固執個人立場的不聰明,或者是梁處事做人的高妙,又抑或是有更複雜的人際關係介入的結果?當時似乎沒有留下太多清晰的文件記錄,只知在 1969 年 6 月 26 日東海大學校方採取斷然的切割行動,由吳德耀校長正式給予徐一簡單的通知函,以其行為「影響校風」,強迫退休[42]。徐未見有任何辯解的文字記錄,隨即移居臺北,遷出他寄身十多年的東海宿舍。當時的校方如何有權作出這樣的判決?這是吳德耀校長個人抑或根據任何高層會議的決定?校方有否嘗試其他更有智慧的行政處置?而徐在最後關頭為何不見任何抗爭的行動?目前看仍缺乏較詳細的資料說明[43]。不管如何,徐不出惡言,旋即遷居香港,躍進又一次沉重的飄零生活。而梁亦緊接在 1970 年(67 歲)自東海退休[44],二人之爭真可謂兩敗俱傷。

徐復觀《兩漢思想史》自序[45]:

要負責使所教的學生信仰基督;此一要求,為什麼不向教西洋文化的人提出?並且當牧師的人能不能提供此一保證?我要抗議!」文見《補編》第二冊(下),頁 415。

[41] 參王孝廉〈無慚尺布裹頭歸——徐復觀老師的讀書生涯〉:「老師之所以被迫離開東海,表面上固然是由漢奸問題而引起的,其實卻是於老師對中國傳統文化的肯定與堅持,而和東海的宗教勢力產生衝突的結果。……老師所作的東海校歌歌詞中的『求仁與歸主,神聖本同功』的兩句話,卻引起了東海董事會的反對。他們的理由是:『中國的聖,怎可以比西方的神?』」(文見《徐復觀全集・追懷》,頁 209。)

[42] 見徐著〈敬謝胡秋原兄〉文末附〈強迫退休啟事〉。文見《補編》第二冊(下),頁 439。

[43] 據訪查當時的一位中文系同仁面告,他曾主動勸阻徐復觀,為維護學校的聲譽,不宜持續的鬧大此事。徐似乎是聽從了他的意見。但他亦認為徐的離開,與董事會要求吳校長處理有一定的關係。

[44] 梁於 1970 年東海退休,但 1971 年仍在臺中靜宜大學兼課,1974 年始移居美國,復自 1981 年返回大陸任北京師範大學客座教授。1997 年在美國逝世。由此可見,梁當年在東海離退,也實屬不得已之舉,恐與學校內部的氛圍而亦遭強逼切除有關。另,吳德耀校長於 1971 年接著離開東海,轉赴新加坡大學任教。

[45] 參徐著《兩漢思想史》卷一自序,頁 1。新亞研究所叢刊,臺灣學生書局,1980 年 3 月臺四版。

> 三年前，受到東海大學一位「以說謊為業者」的迫害，離開在裏面研究寫作了十四年的書屋，客食香江，使寫書工作，受到莫大的困擾。

王孝廉〈古道照顏色──徐復觀師逝世三週年祭〉[46]：

> 一九六九年，老師因為梁先生的「漢奸問題」，被迫離開教了十四年書的東海大學。離開東海以後，有段時間，老師是完全失業的，那時候臺大哲學系曾安排了三小時的兼課給老師，可是也被反對掉了[47]。輔仁大學的哲學系也曾想找老師兼課，也沒成。那時新亞要找老師去香港，起初也是有人從中破壞。

從此之後，徐復觀失去了東海，失卻了一份提供家人凝聚生活的工作；東海亦失去了徐復觀，丟掉了學校開創人文精神的領頭羊[48]。徐以安身立命的心情，視大肚山為極具光榮傳統「立人極」於宇宙的學術殿堂標準來奉獻給東海，但東海似乎沒有將徐視為中國文化精神所寄望的珍貴資產般加以善待。平情看整宗事件，徐以民族的大是大非、讀書人的良知良能和文化傳承的高標準來批判梁，在人情上容有過於嚴苛或可待商榷的地方；只是面對學校的行政官僚，徐顯然並沒有絲毫虧欠東海，相反的東海當日粗糙的行政手段實是愧對這一位國學大師，虧欠他一個公道。終究這到底是徐的損失，抑或是東海的蒙羞，恐怕又是一既有趣又值得深思的文化議題。無論如何，65 歲高齡的徐義無反顧的再踏上另一次人生征途。對以救中國民族文化為己任的徐而言，第一度飄零，是在政治軍事理想的挫敗；接著的第二次飄零，則是面對學術界教育界人情的挫敗。徐對離開東海的生活自有無限的痛心和不捨，他最不甘心的，仍是學術生命的面臨中斷。然而，兩次現世人事挫敗的考驗，

---

[46] 王文見 1985 年 4 月 1 日~2 日中國時報第八版〈人間副刊〉。王孝廉是徐在東海早期的學生，只因與徐親近的師徒關係，遂遭當時的東海中文系江姓主任斷然拒絕返校服務，終其一生飄泊於日本。相關資訊，參閱王與系上陳姓、薛姓老師間的返往信件內容。這未嘗不是徐案之後又一個無情的辜負人才的案例。

[47] 據東海中文系某退休老師告知，當時臺大中文系屈萬里曾主動邀約徐北上講授中國哲學史的課，但為王昇所阻撓而告吹。

[48] 在東海大學談人文精神，徐復觀無疑具開山的貢獻。幾十年來，東海素以重視人文精神為其辦學口號，然而細審東海創校以來確實兼具傳統人文光華，而廣為學界所推崇認可的，唯獨徐先生任職十數載時所奠定的一段典範時期而已。其後要算有代表性的，是在楊承祖教授掌管中研所務時的一段，楊曾主動羅致周法高、李孝定、龍宇純、李田意等一批退休的名教授，也算一度重聚人才，學術風氣得一時之盛，至於其他的時段恐怕是名實大有落差。

都不足以動搖他內心對文化、對民族的肯定。

1971 年徐復觀在香港寫給女兒的〈致均琴的家書〉附對妻子王世高的書信中,透露了兩度飄零的生活之苦：

> 我們在民國三十七年以前,一直過的是流浪式的生活。逃難來臺灣,我們用盡全力,想在臺中生根。將近二十年的心血,給吳某和蕭某毀掉了。但因臺灣連兼課都找不到,逼著我作久留香港之計,重新向江湖上找生活。……幸而我們的四個孩子,雖然成就不大,可是在精神上一直團結在一起,這在今天可以說是少見的。[49]

徐先生移居香港後,以賣文為生,生計的維持實是居大不易。翟志成在《徐復觀最後日記》附註說:「一九六九年徐先生被逼在東海大學退休,流寓香江,而在中文大學兼課之鐘點費,委實難以糊口。岑維休有感於徐先生恩義,決每月由『華僑日報』津貼徐先生港幣三千元,徐先生不願白拿『華僑日報』的金錢,決意每月替『華僑日報』寫稿兩篇,以為交換,遂開始了徐先生和『華僑日報』十多年的文字姻緣。」[50]徐當時能憑藉的,只剩下家人的同心共濟,與個人堅定的文化信仰。一直到十年後的 1980 年,徐在日記和書信中仍然對當日讓家庭的飄蕩不安難以息懷：

> 妻是不願移美的,我也很徬徨。四海之大,竟難覓老夫婦二人安身之地。這便是我們今天的遭遇。[51]

> 我們精神上最大的挫折,在於我們沒有可歸的故鄉,因而沒有真正的家。[52]

> 我在新亞研究所有一研究員兼導師的名義,但無一文錢的待遇,進入中文研究所的機會不大,甚至不可能,因為年齡的關係。我每月為華僑日報寫兩篇文章,上三小時課,還要常常講演,常擱了我的研究工作,但已經是忙個不了。三年以來,蜷伏在一間小房子裡,連轉身的地方也沒有。[53]

---

[49] 參黎漢基、曹永洋編《徐復觀家書集》,頁 88。中研院文哲所,2001 年 10 月。頁 90 註釋「吳某和蕭某」,指東海大學中文系的蕭繼宗教授和校長吳德耀。二人所代表的,是否直接與政治和教會有關,仍需要進一步查證。

[50] 參見《徐復觀最後日記》1980 年 11 月 24 日附註,頁 63。

[51] 參徐在 1980 年 10 月 26 日的日記,見《徐復觀最後日記》,頁 43。

[52] 參徐在 1980 年 10 月 28 日的日記,見《徐復觀最後日記》,頁 46。

[53] 文見徐復觀 1973 年 1 月 20 日給王孝廉的信。原載中國時報 1985 年 4 月 1 日、2 日〈人間副刊〉王孝廉〈古道照顏色〉。

徐先生在這最困頓的日子,仍不忘著書立說的初志。重陷於飄泊與憂患的他,反而更堅定學術文化的責任。短短不到十年光景,他在香港竟完成了百萬字以上的雜文,專書七本,三卷本的《兩漢思想史》很快的在 1979 年正式出版,並持續整理《西漢經學史》的文稿[54],他書寫的速度可以說以不要命來形容[55],只可惜到最後天不假年,終究未能讓他完成《中國經學史》的遺願。1982 年 4 月 1 日徐因胃癌細胞的擴散,與世長辭。享年八十歲。徐的二度飄零亦到此結束。

四

本文排比不同來源的文字資料,復訪查了一些相關人仕的回憶,企圖釐清徐在 1956 年至 1968 年間的心路歷程和應對。徐在東海的衝突,如果只是徐、梁二人之爭,終究仍停留在人性或人格的探討,屬於一種對等的爭執。但事件一但失控,演化為徐和學校之爭,後者的準則已經離開人性的問題,是以集團功利的角度來考量每一步驟,屬於個人道德與權力機構的爭執。徐一生先後面對與政治集團和教育集團的對抗,都是落寞而歸,始終沒有學到半點現實投機的教訓,這種不顧一切的浩然正氣,是他所謂「求仁得仁」[56],抑或是不識時務,恐怕有待後代知者的評定。無論如何,徐在現實生活是輸了,儘管他在身後獲得大量的美名。

統觀徐先生在大肚山的十年安頓,提出著名的「憂患意識」和儒家自覺精神(仁)的展示,《中國人性論史》成為近代研治先秦思想根源的經典。再度飄零的十年,他勇敢的面對困頓,更激勵他「發憤忘食」,迅速完成關鍵的三大卷《兩漢思想史》,作為上通先秦,下開宋明近代,旁接兩漢文史的另一傳世著作[57]。徐在《兩漢思想史》中的〈論史記〉[58],談到司馬遷「究天人之際」的分界,集中批判

---

[54] 參《徐復觀最後日記》1981 年 12 月 15 日後的記錄,頁 201。

[55] 徐先生在 1981 年給楊乃藩的信,說:「除授課寫文外,每日所作古典研究工作必在八小時以上,精疲力盡,將書筆放下時,全身為之癱軟,內人常罵弟為一條不知死活的老牛」。詳見《徐復觀雜文續集》序,頁 2。時報文化出版企業公司,1981 年 5 月。

[56] 語見徐〈強迫退休啟事〉一文,參《補編》第二冊〈思想文化卷〉(下),頁 439。

[57] 徐的思想史,是考據與精神並重,強調的是「史的思想」,與其他如胡適、馮友蘭、勞思光、侯外廬等撰寫的「思想的史」大不相同。徐重視兩漢思想,是要以「通古今之變」的史識立場,點出知識分子能在幽暗的專制政權中不失其志,展現人的自主精神此一永恆價值的可貴。這和孔子作《春秋》、司馬遷撰《史記》抗議暴政強權的人本精神是一以貫之的。

[58] 參徐著《兩漢思想史》卷三,頁 331。臺灣學生書局,1980 年 9 月。

專制權力是歷史黑暗的根源,由此根源所發出的各種悲劇,稱之為天,稱之為命。他率直道出司馬遷內心無限的感慨,「以作史來與無憑的天道作抗爭」[59],也何嘗不是自道內心的不甘不平。當年東海粗暴的強迫退休舉動,一紙文書,縱使讓徐的身心流浪,但未料竟成就了徐積極的落實完成傳統讀書人「良心與勇氣」的不朽典範[60]。這恐怕也是一生孤立獨行的徐所樂於見到的。

東海人總喜談緬懷大師,都在訴說著當年大師的光華魅力,但往往忽略了大師也有如平凡人般的落寞悲涼。徐作為東海學術殿堂永恆的大師,是東海傳誦歷史的光榮,但他默默離開東海的一段,卻成為東海人無言的過去。他憑藉個人的諤諤豪情,挑戰古今人間種種不平事,無怨無悔,成就一代文化巨人。他對後世人文精神的影響,無疑已經超越了整個東海,成為中國文化洪流中巍然屹立的一座大山。今日掀開這段塵封的歷史,如實的鋪排還原當時的人事資料,無非是滿足個人的一點考據癖,並不是要批判什麼。只盼以史為後人戒鑑,今後的某些大肚山仍能夠有緣吸取更多的徐復觀,讓他們能「全始全終」,再聚中華文化精神。

(轉引自朱歧祥《亦古亦今之學——古文字與近代學術論稿》,萬卷樓圖書公司,2017 年 12 月)

---

[59] 參徐著《兩漢思想史》卷三,頁 430。
[60] 參啟良《新儒學批判》第七章〈第三代新儒家思想批判〉,頁 316。上海三聯書店,1995 年 10 月。

國家圖書館出版品預行編目資料

中國近代學術講義

朱歧祥著. – 初版. – 臺北市：臺灣學生，2024.12
面；公分

ISBN 978-957-15-1956-2 (平裝)

1. 學術思想 2. 學術研究 3. 文集 4. 中國

112.07　　　　　　　　　　　　　113015061

中國近代學術講義

著　作　者	朱歧祥
出　版　者	臺灣學生書局有限公司
發　行　人	楊雲龍
發　行　所	臺灣學生書局有限公司
地　　　址	臺北市和平東路一段 75 巷 11 號
劃撥帳號	00024668
電　　　話	(02)23928185
傳　　　眞	(02)23928105
E - m a i l	student.book@msa.hinet.net
網　　　址	www.studentbook.com.tw
登記證字號	行政院新聞局局版北市業字第玖捌壹號
定　　　價	新臺幣六〇〇元
出版日期	二〇二四年十二月初版
I S B N	978-957-15-1956-2

11218　　　有著作權・侵害必究